부산의 도시 형성과 일본인들

부산의 도시 형성과 일본인들

필자소개

홍순권 | 동아대학교 사학과 교수
최인택 | 동아대학교 중국일본학부 교수
하지영 | 동아대학교 사학과 강사
강재순 | 동아대학교 석당학술원 연구교수
이송희 | 신라대학교 사학과 교수
김　승 | 동아대학교 석당학술원 연구교수
박철규 | 진실화해를위한과거사정리위원회 조사1팀장
전갑생 | 한국제노사이드연구회 회원
양미숙 | 동아대학교 사학과 강사

부산의 도시 형성과 일본인들

초판 1쇄 발행　2008년 6월 30일
초판 2쇄 발행　2009년 8월 24일

저　자 | 석당학술원 지역문화 연구소
　　　　홍순권 외
펴낸이 | 윤관백
펴낸곳　선인

편　집 | 이경남 · 장인자 · 김민희
표　지 | 정안태
교정교열 | 김은혜 · 이수정
제　작 | 김지학
영　업 | 이주하

인　쇄 | 한성인쇄
제　본 | 광신제책

등록 | 제5-77호(1998.11.4)
주소 | 서울시 마포구 마포동 324-1 곳마루 B/D 1층
전화 | 02)718-6252 / 6257　　팩스 | 02)718-6253
E-mail | sunin72@chol.com

정가　28,000원
ISBN　978-89-5933-140-6　　93910

동아대학교 석당학술원 지역문화총서 001

부산의 도시 형성과 일본인들

홍순권 · 최인택 · 하지영 · 강재순
이송희 · 김승 · 박철규 · 전갑생 · 양미숙

선인

〈지역문화총서〉를 처음 간행하면서

지난 2006년 6월 종전 동아대학교 석당전통문화연구원이 동아대학교 석당학술원으로 이름을 바꿔 확대·개편되면서 그 산하 연구기관으로 지역문화연구소가 탄생하였다. 지역문화연구소를 석당학술원에 두게 된 것은 그동안 소홀히 다루어져 온 지역사와 지역학 연구를 체계화하고, 지역문화연구를 활성화시킴으로써 인문학과 사회과학의 인식기반과 저변을 확대·심화시키기 위해서였다.

석당학술원 지역문화연구소가 추구하고자 하는 중심 과제인 '지역문화'는 단지 부산이나 경남지역에 국한된 것은 아니다. 지역문화의 고립적인발전을 상상할 수 없는 것과 마찬가지로 보편성과 특수성은 모든 지역문화의 기본적 속성을 이룬다. 지역문화 개념의 외연이 확대되고 그 연구가 심화될수록 아마 지역문화의 보편성은 더욱더 강조될 것이고, 부산경남지역이외에 국내외 다른 지역의 지역문화에 대한 관심과 연구 활동도 증대될 것이다. 이러한 점을 고려한다면, 지역문화 연구는 그 구체적 대상에 대한 실증적 검토 못지않게 이론적 탐색을 꾸준히 모색하는 것이 매우 중요하다. 우리 지역문화연구소가 지향하는 바도 그와 다르지 않다.

최근에 들어와서 지역사(또는 지방사)를 비롯한 지역연구의 활성화가 매우 긍정적으로 받아들여지고 있지만, 이를 뒤집어 생각해 보면, 사실상 그

동안 우리 학계에서 지역학 연구는 그다지 각광을 받는 분야가 아니었음을 깨달을 수 있다. 연구 축적 또한 대단히 미흡한 편이었다. 이러한 현상은 부산과 경남지역이 타 지역보다 더 두드러졌던 것이 아닌가 싶다. 그래서 그런지 아직도 얼마 되지 않는, 우선 당장 접근 가능한 자료마저 체계적으로 수집·정리되지 못한 것이 많고, 연구 분위기는 조금씩 높아가고 있으나 연구의 방향이나 방법론에 대한 고민은 턱없이 부족한 편이다. 아마도 이러한 문제점들을 본격적으로 토론하고 구체적인 연구 활동을 통해 공동의 해결책을 모색해 나가는 것이 지금 우리 지역문화연구소가 지향해야 할 기본과제가 아닐까 생각한다.

〈지역문화총서〉는 장차 지역문화연구가 지향해야 할 방향과 우리 연구소의 정체성을 모색하는 과정에서 생산된 개별 또는 공동의 연구 성과를 일반 연구자들의 편의를 위해서 단행본으로 묶어 제공하고자 기획된 것이다. 따라서 이 학술총서에 실리는 글들은 새로 집필된 경우도 있겠지만, 많은 경우 이미 여러 학술지에 발표된 것들로 꾸며질 수도 있을 것이다. 다만, 이미 학술지에 실린 것이라 할지라도 석당학술원 지역문화연구소의 정해진 편집계획에 따라 우리 연구소의 공식적인 학술행사를 통해 발표한 것을 수록함을 원칙으로 한다. 이러한 총서 가운데 우리 연구소가 추천·지원하는 단행본의 개인 연구 성과도 포함될 것이다. 〈지역문화총서〉는 매년 정해진 출판 계획에 따라 연구논문 중심의 공동연구 성과를 연 1회 정도 정기적으로 간행하고, 이와는 별도의 개인 저작을 수시 발간할 작정이다.

〈지역문화총서〉 제1집의 주제는 "부산의 도시 형성과 일본인들"로 정하였다. 부산이 우리나라 최초의 개항장 도시라는 점에서 지역 연구의 시발점으로 삼고자 한 의미가 있다. 앞으로 당분간은 한국 근대의 지역 연구에 중점을 두어 총서를 발간할 예정이다. 물론 우리의 연구가 여기에 국한될 까닭은 없다. 연구 역량이 커지면 그에 따라 관심 영역도 확대될 것이다. 연구소 운영 초창기인 지금으로서는 이번 총서 발간이 연구소 발전 방향을 가늠하는 시금석이 될지도 모른다. 많은 연구자들의 관심 속에서 이러한 실험이 성공적인 사업으로 확대되기를 희망한다. 독자들의 질책과 비판이 있기를 바란다.

2008년 6월
석당학술원 지역문화연구소장 홍순권 씀

차 례

서설 :
부산 도시사 연구의 기초적 검토
한말 일제초기 재부일본인의 자치조직과 정치활동

홍 순 권

* 이 글은 필자가 종래에 발표한 일제시기 부산지역의 지방정치와 관련된 일련
의 논고를 토대로 향후의 연구 방향을 재검토하기 위하여 작성된 것으로 시론
적인 성격을 띠고 있다. 따라서 부산지역 지방정치와 관련된 보다 진전된 구체
적인 논의는 다음 기회로 미루고자 한다.

Ⅰ. 근대 도시사연구의 디딤돌로서 재부일본인 연구

일본 제국주의의 조선 식민지 지배와 영국 등 서구 제국주의의 식민지 지배 간의 중요한 차이점 가운데 하나는 어느 정도의 제국주의 본국민이 식민지에 어떠한 방식으로 정착하고 있었는가에 있다. 이 점에 있어서 일본은 영국 등과는 달리 본국민의 식민지 이주를 농업, 어업, 상업 등 여러 방면에 걸쳐 정책적으로 장려하였다. 이는 비단 조선 식민지에 국한된 것은 아니지만, 영국의 인도 지배와도 뚜렷이 구별되는 일본제국주의의 특징이다. 이를테면, 1931년경 영국의 식민지였던 인도 · 버마의 총인구는 약 3억 3,500만이었던 데 비하여, 영국인은 겨우 15만 6,000명이 거주하고 있었다. 이는 총인구의 0.05%에도 못 미치는 수준이다. 그나마 인도와 버마 거주 영국인 가운데 6만 명 가까이는 군인과 경찰관이었고, 4,000명은 공무원이었다.[1] 이처럼 군인과 경찰과 관료 등 직접적인 통치인력을 중심으로 소수이 본국민이 시민지에 정착하였던 영국의 식민지에 비하여, 일본의 식민지는 그 양상이 매우 달랐다. 이를테면, 1931년 조선의 총인구 약 2,000만 명 중 일본인 인구는 약 50만 명으로 총인구 대비 기의 2.5%에 이르고 있다. 물론 직업별 인구 구성에서도 이들은 군인과 경찰, 공무원 이외의 산업 종사자들이 압도적인 비중을 차지하고 있어서 영국의 식민지 지배의 모습과는 전혀 다른 양상을 나타내고 있었던 것이다.[2]

비교적 큰 규모로 식민지에 정착한 일본인들이 주로 개항장 등 도시에서 집주하였다는 것 또한 일제의 식민지 지배의 중요한 특징이었다. 1939년경 조선 전역에 거주하는 일본인들은 총인구의 2.9%에 불과하였지만, 그들이 도시 인구에서 차지하는 비중은 15.5%나 되었다. 부산의 경우는 총인구 222,690명 중 51,802명을 차지하여 총인구 대비 약 23.3%였다. 이는 1910년

---

1) 橋谷弘, 『帝國日本と 植民地都市』, 吉川弘文館, 2004, 69쪽.
2) 李如星 · 金世鎔, 『數字朝鮮研究』 제4집, 1933, 10쪽 참조. 1931년 조선의 총인구 20,078,873명 중 조선인 인구와 일본인 인구는 각각 19,540,177명과 497,882명이다.

일제의 강점 이후 부산 주변 조선인 인구의 계속된 유입으로 그 비중이 낮아진 결과이며, 1914년 부제가 처음 실시되던 당시 부산의 일본인 인구는 총인구 55,094명 중 28,254명을 차지하여 조선인 인구를 오히려 상회할 정도였다.[3] 이러한 일본인들의 도시 집주는 이후 우리나라 근대 도시의 형성과 발전에 큰 영향을 미쳤다. 따라서 우리나라 근대 도시의 발전 과정과 성격을 올바르게 이해하기 위해서는 이들 일본인들의 활동에 대해서 보다 깊이 있는 연구가 선행되어야 한다.

한말 일제초기는 정치적·사회적 변동이 극심했던 시기이다. 특히 1905년 일제가 을사조약을 강제로 체결한 이후 더욱더 그러하였다. 을사조약으로 대한제국의 국권을 빼앗은 일제는 통감부를 설치하고 조선을 완전 식민지화하기 위한 준비 사업에 착수하였다. 이러한 식민지화를 위한 준비 사업은 여러 가지 제도적 개편을 수반하였는데, 지방제도의 개편은 그중 핵심적인 사업이었다. 일제는 지방제도 개편을 통해서 각 지역의 행정조직과 사회조직을 식민통치체제에 맞게 재편함으로써 식민지 지배의 안정성과 효율성을 높이려 하였다. 일제의 지방제도 개편은 군(郡)과 부(府)를 분리하여 이원적으로 추진되었다. 즉, 군의 경우는 행정구역의 개편과 지방세력의 친일세력으로의 교체를 통한 간접적 지배를 추구한 반면, 부의 경우에는 일본인들을 중심으로 한 직접적 지배와 상대적인 자율적 경영을 도모하였다.

개항장 도시였던 부산은 한말 일제초기 지방제도 개편을 통해서 일제가 추구했던 식민지 도시 운영의 성격을 파악하는 데 더없이 좋은 사례를 제공한다. 이러한 사례 연구는 또한 근대도시사 연구방법에 대한 하나의 성찰적 계기를 마련해 줄 수 있다. 근대시기, 특히 일제시기의 도시 연구는 단순히 도시의 근대적 발전에 국한된 연구는 아니다. 왜냐하면 그것은 일

---

3) 홍순권, 「일제시기 부산지역 일본인사회의 인구와 사회계층구조」, 『역사와 경계』 51, 2004, 45~47쪽.

제의 식민지 지배방식과 매우 밀접히 결합되어 있었기 때문이다. 이러한 의미에서 일제시기의 도시 연구는 이중적인 의미를 지닌다. 부산도 예외일 수는 없다.

1906년 이후 지방제도의 개편과 동시에 전국 개항장 도시에 설치된 이사청은 바로 이러한 일본제국주의의 식민지 지배의 특성을 반영한 것이다. 개항장 도시인 부산에서는 1876년 개항과 동시에 사실상 조계나 다름없는 일본거류지가 만들어졌고, 부산의 도시 발전은 다른 개항장의 경우와 마찬가지로 일본거류지를 중심으로 이루어졌다. 일본거류지에는 일본거류민 중심의 자치조직이 존재하였으며, 이는 1906년에 이르러 '거류민단'이라는 이름으로 법제화되었다. 본고의 중요한 논점은 바로 이러한 거류민단이 조선의 식민지화 과정을 거치면서, 어떠한 운명을 겪게 되었는가, 그리고 그것은 부산의 도시 발전에 어떠한 영향을 미쳤는가를 살펴보는 데 있다. 이를 통해서 1910년대 부산부에 있어서 도시 운영의 주도권을 둘러싼 지방세력 내부의 갈등과 지역 내 정치지형의 변화에 대한 이해의 단초를 마련하고자 한다.

Ⅱ. 1906~1914년 부산부 지방제도의 변화

1. 통감부의 설치와 지방제도의 이원화

1905년 11월 을사조약을 강제 체결한 일제는 1906년 통감부의 설치와 동시에 대한제국의 내정에 대한 간섭과 통제를 본격적으로 전개해 나갔다. 그 일환으로 일제는 지방제도의 전면적인 개편을 시도하였다. 그리하여 1906년 2월 통감부가 설치되고 두 달이 지난 뒤 대한제국 정부 내부에 지방제도 조사소(地方制度調査所)가 설치되어 그해 7월 「지방제도 개정을 위한 청의서」가 완성되었다.[4] 이때 일제가 추진한 지방제도 개편의 핵심은 우선 군의 통합을 통해 군 행정구획을 개편하는 것과 이사청을 신설하는 것이었다. 그러나 군의 통합으로 인하여 자리를 잃게 될 서리층과 이 문제와 직간접의 이해관계를 가진 현직 관리 및 향반 등의 반발이 예상되는 데다가 의병투쟁의 가열을 우려하여 전면적인 합군 계획은 유보되었다. 그 결과 통감부 초기의 지방제도 개정은 개항장 업무와 관련된 일부 부·군의 명칭 개편에 그치고 말았다.5) 이러한 가운데 1906년 9월 '지방관관제'의 개정과 함께 '지방관전고규정'이 공포되었는데, 칙령 제50호로 개정·공포된 지방관관제의 주요 내용은 다음과 같았다.

첫째, 관찰사는 내부대신의 지휘감독을 받고, 탁지부·군부·법부·학부·농상공부 주관사무에 관하여는 당해 부 대신의 지휘감독을 받아 법률명령을 집행하고 관하 행정사무를 관리하도록 하였다(제2조).

둘째, 관찰사는 외국 및 외국인에 관한 사항에 대하여는 당해 도에 주재한 일본이사관과 직접 교섭할 수 있되, 이 경우에는 곧바로 그 사유를 소관부(所管府) 부(部)에 보고하도록 하였다(제3조). 이때 부윤은 관찰사의 위탁을 받아 일본이사관과 교섭하고 외국 및 외국인에 관한 사항을 판리(辦理)하며, 관계 군수에 대하여 지휘할 수 있도록 하였다(제16조).

셋째, 관찰사는 관하 행정사무에 관하여 그 직권(職權) 범위 내에 도령(道令)을 발포할 수 있으며(제4조), 관하 부윤 군수의 정령시조(政令施措)가 성규(成規)에 벗어나 공익을 해하고 권한을 범한 자는 그 정령시조를 폐철하고, 또 정지할 수 있는 권한이 부여되었다(제5조).

---

4) 「地方制度改正ㅎㄴ請議書」·「地方行政區域說明書」[국립중앙도서관 소장, 『地方制度調査』(朝-31-62) 所收].

5) 이와 관련하여 1906년 실제로 추진된 지방제도의 주요 개정 내용은 다음과 같다.
　(1) 각 港市 監理를 폐지하고 그 사무를 府尹이 인계한다(칙령 47호 제1조).
　(2) 평양부와 제주목을 각각 폐지한다(칙령 47호 제2, 3조).
　(3) 廣州府와 江華府와 開城府를 郡으로 개칭한다(칙령 48호 제1조).
　(4) 仁川郡, 沃溝郡, 務安郡, 昌原郡, 東萊郡, 德源郡, 城津郡, 三和郡, 慶興郡, 義州郡, 龍川郡은 府로 개칭한다(칙령 48호 제2조).

넷째, 관찰사는 내부대신과 탁지부대신이 정한 바에 따라 지방세를 부과 징수할 수 있으며(제8조), 경무관은 관찰사의 명령을 받아 경찰사무를 장리(掌理)하도록 하였다(제10조).

다섯째, 부윤과 군수는 관찰사의 지휘감독을 받아 법률명령을 집행하고 소관 내 행정사무를 장리도록 하였다(제17조와 제24조).

이상과 같이 지방관관제의 개정에 의해 관찰사는 도의 일반 행정은 물론 징세권과 경찰권을 장악함과 동시에, 종전에 비해 단순한 행정관으로 지위가 떨어진 부윤과 군수를 지휘 통솔하는 상급기관으로서의 권한과 지위를 지니게 되었다. 그런데 이 개정된 지방관관제는 형식적으로는 도-부윤·군수 계열의 단일한 수직적 지방행정 체계처럼 보이지만, 실제로는 개항장(전관거류지) 관할의 이사청이 별도로 설치되고, 부윤은 이사청의 일본이사관의 지휘를 받게 되어 있어서 실제로는 이원적인 체계로 편제되어 있었다. 또 군수는 별도의 규정을 두어 외국 및 외국인에 관한 사항에 대해서 관계 부윤의 지휘를 받도록 함으로써(지방관관제 제16주), 이 경우에도 군의 상급기관으로 도와 부가 병립하는 이원적인 지방제도가 실시되고 있었다. 그러면서도 특히 도시의 일본거류지에서는 군 행정과는 전혀 별개로 '부'로 특화된 지방행정제도가 실시되었다.

2. 거류민단제의 실시와 성격

1876년 개항 이후 조선과 일본의 교역이 확대되고 부산항이 국제무역항으로 부상함에 따라 부산항으로의 일본인 이주가 매년 크게 늘어났다. 부산의 일본인 인구는 청일전쟁 이듬해인 1895년에 4,353명으로 증가하였으며, 이후에도 급속히 증가하여 러일전쟁이 일어난 1904년에는 11,996명에 이르렀다.[6] 이러한 일본인의 인구 증가는 필연적으로 일본거류지의 확장

---

6) 부산상업회의소 편, 『부산상업회의소연보』, 1909, 293~294쪽. 개항 이후 부산의 일본인 인구통계는 일률적인 것은 아니다. 이에 대한 구체적인 분석으로는 김대래,

을 통한 도시의 성장을 가져왔다. 이 과정에서 일본정부는 자국민을 보호하고 행정업무의 효율성을 기한다는 명분 아래 1891년에는 '거류지규칙'을 발포하였고, 러일전쟁 이듬해인 1905년 3월에는 마침내 거류민단법을 공포하여 거류민단제를 실시하기에 이르렀다. 개항 이후 전관거류지가 설정됨으로써 부산 등 개항장의 일본인들은 치외법권적인 특권을 누려왔던 것인데, 이제 '거류민단법'이 실시됨으로써 이들 거류지는 명실상부하게 일본정부가 통치하는 자치구와 같은 성격을 지니게 된 것이다. 1906년 이사청의 설치는 바로 이러한 거류민단의 설치와 운영을 대한제국의 법률로서 뒷받침하기 위한 것이었다. 거류민단제의 실시는 특히 부산지역 일본인사회의 발전에 있어서 특별한 의미를 지녔던 것인데, 무엇보다도 거류지 일본인들의 자치행정이 법률적으로 보장되었다는 점에서 그러하였다.[7]

거류민단법에 의하면,[8] 거류민단은 스스로의 기관에 의해 스스로의 책임하에 사무를 행하며, 거류민회는 선거 선임에 의해 조직되며, 의원의 정수는 선거에 의한 의원의 정수를 넘을 수 없게 되어 있었다. 또 거류민단 내에는 이러한 자치행정을 실현하기 위하여 의결기관인 거류민회 이외에도 집행기관인 참사회(參事會), 거류민단장과 보조기관인 민단리원(民團吏

「개항이후 부산거주 일본인 호구통계의 정비와 분석(1876~1914)」, 『부산연구』 3, 신라대학교 부산학연구센터, 2006을 참조할 수 있다.

7) 물론 1905년 이전에도 부산의 일본거류지에 자치조직의 형태가 없지 않았다. 개항 이전인 1873년 부산 왜관에 보장두취(保長頭取)를 두어 관청과 인민 사이에 서서 사무를 취급하기 시작한 것이 흔히 자치행정의 단초로 지적되고 있다. 그러다가 1881년에 이르러 거류지제도를 발포하여 거류지회 의원을 두고, 보장두치를 고쳐 거류지총대(居留地總代)로 하고 총대역소(總代役所)를 두어 단체사무를 집행함으로써 일본인사회 내의 본격적인 자치행정의 발전을 보게 되었다. 1902년에는 총대역소를 거류지역소(居留地役所)로 하여 총대를 민장(民長)으로 개칭하였는데, 1905년 거류지역소를 다시 고쳐 거류민역소(居留民役所)로 하였다가, 그 뒤 거류민단법이 시행하게 되자, 1906년 8월 거류민단을 설치하고 그 구역을 확정하였던 것이다(釜山府, 『釜山府勢一斑』, 1917, 4쪽).

8) 釜山理事廳法規編纂委員會, 『釜山理事廳法規類集』, 1909의 第3類 「民團及日本人會」 참조.

〈사진〉 좌측부터 부산일본인거류민단사무소, 부산이사청, 부산경찰서의 전경

員)을 두도록 되어 있었다. 거류민단조례는 거류민회의 의결에 의해 제정, 개폐되었다. 거류민단조례는 자치체가 자치 권능에 기초해 발하는 명령이기 때문에 그 자치행정권의 객체인 민단의 단원, 준단원이 이에 구속당하며, 이를 준봉(遵奉)하지 않으면 안 되었다. 거류민단 재산의 관리 및 처분에 대해서는 거류민회의 의결을 필요로 하였다.

이러한 거류민단의 실제 활동은 다음의 〈표 1〉로 정리된 거류민단의 세출입예산의 과목 구성에서도 잘 나타나 있다.[9]

〈표 1〉의 과목 중 세입을 보면, 호별세와 토지세 등 그 구성에 있어서 일반 지방자치단체의 세입구조와 큰 차이가 없음을 알 수 있다. 영업세와 양조세를 징수하고 거류민단채까지 발행하고 있는 데서 당시 일본거류민단이 사실상 지방자치단체와 다름없는 공법인으로서의 지위를 지니고 있었음을 확인할 수 있다. 이 점은 세출에서도 마찬가지이다. 일본거류민단은 자체적인 행정조직을 운영할 수 있었을 뿐만 아니라, 항만 매축을 비롯하

---

9) 부산상업회의소 편, 앞의 책, 304~308쪽 참조.

여 위생, 공원, 수도와 교육, 더 나아가서 공창이라고 할 수 있는 유곽 경영
에 이르기까지 매우 광범위한 공공사업을 전개하였다. 이러한 사업들은 근
대적 도시의 창출을 위해서도 필요불가결한 사업이었다. 이러한 점에서
1910년 일제 강점 이후 부산을 비롯한 각 부의 도시 운영은 이전 시기 거류
민단의 경험적 토대 위에서 이루어진 측면이 많았던 것이다.[10)]

〈표 1〉 1908~1909년 부산거류민단 세입출예산 과목

구분	경상부	임시부
세입	호별세, 토지세, 영업세(상업세,공업세), 잡종세, 양조세(주세, 장유세), 사용료, 수수료, 재산수입(부동산수입, 동산수입), 잡수입	전년도조월금(前年度繰越金), 보조금, 재산매각대, 거류민단채, 매축지 수입, 적립금으로부터의 조입(繰入)
세출	역소비(役所費), 회의비, 토목비, 교육비, 위생비, 구조비, 경비비, 호포비(號砲費), 공원비, 신사비, 묘지비, 조세(租稅) 및 부담, 재산관리비, 기본재산편입금, 접대비, 수도비, 적립금에의 편입, 퇴직일시금, 잡지출, 예비비	토목비, 수도비, 기부 및 보조금, 민단채비, 신사비, 교육비, 권업비, 위생비, 경비비, 공원비, 특별회계편입금, 신유곽지

　　이러한 거류민단에 대하여 거류민단 소속의 일본인들은 대체로 그것을
본국의 시정촌(市町村)과 비교하여 결코 손색이 없는 자치적 지방행정기관
으로 이해함과 동시에 큰 자부심을 지니고 있었다.[11)] 특히 거류민단에 대
한 부산부 거주 일본인들의 이러한 인식은 민단이 해체되고 3년이 지난
1917년 한 신문의 논설에서도 잘 드러나 있다.

---

10) 부산일본거류민단의 재정에 관한 보다 구체적인 분석은 김대래 · 김호범, 「부산일
　　본거류민단 재정 연구(1907~1914): 부산부재정의 성립과 관련하여」, 『지방정부연
　　구』 제10권 2호, 한국지방정부학회, 2006 참조.

11) 高尾新右衛門 編, 『元山發展史』, 1916, 600쪽.
　　"거류민단은 원래 조선, 중국 양국에 거류하는 我同胞 자치를 위해 설한 것으로서
　　이제 민단법에 의해 자치기관을 조직하여 我母國의 市町村에 비하여 결코 손색없
　　이 宛然 일부의 지방행정기관이다."

"그 거류시민의 부담과 경영에 의해 학교의 경영도 서고 위생 시설도 만들어지고 또는 각 公有建物의 축조 및 市區改正 등의 사업을 행해져 어쨌든 금일의 상황과 같은 일이 가능하게 된 것은 필경 시민의 노력이다. 또 그 자치적 權分을 부여한 결과 그들 居留民會, 用番, 會議所, 保長 및 居留民制의 실시에 의해 부산의 경영을 진보시키기도 했고, 各般의 시설을 완수하기도 하였다. 게다가 이러한 것들이 없었더라면 금일과 같이 依遲不振하여 적극적인 향상의 발전적 시설을 볼 수 없었을 것임을 생각하지 않을 수 없다."[12]

거류민단의 성격에 관해서는 의결기구인 거류민회의 의원 구성을 통해서 그 일단을 살펴볼 수 있을 것이다. 여기서는 1911년 2월 1일 부산의 일본거류민의 선거에 의해 선출된 임기 2년의 거류민회 의원을 일례로 들어보고자 한다. 32명이 후보자로 등록한 이 선거에서 당선된 의원 총수는 24명이며,[13] 그중 최고 득표자는 459표의 하자마(迫間房太郎)이고, 미노와(三輪保吾), 오오이케(大池忠助), 이와바시(岩橋一郎) 등의 순으로 많은 득표를 하였다. 아래 〈표 2〉는 당선자를 정파별로 분류한 것이다.[14]

---

12) 『朝鮮時報』, 1917년 7월 5일자, 「부산과 도시경영 3」. 민단에 대한 이러한 평가는 『釜山日報』의 다음 기사에서도 발견된다.
  "건설이래 이제 3백년의 역사를 자랑하는 우리 부산항민은 거류민단제시대에 있어서 교육, 토목, 위생, 수도, 식림 등 각 방면에 능히 상당한 시설을 성취하여 內地에 있는 諸縣과 거의 동일한 사업을 경영하여 일찍이 事績의 볼만한 것이 있고, 모범 자치체로서 우리도 주민도 또한 인정하였다. 그런데 민단자치제가 한번 철폐되자마자 항민은 교육 사업을 제외하고는 완전히 鮮人과 동등의 治下에 설 수밖에 없게 되기에 이르러, 근저부터 명실공히 명예인 자치를 잃음은 時運이 그렇게 한 바이지만, 역시 일대 痛恨事가 아닐 수 없다."[『釜山日報』, 1915년 3월 20일자(1), 「회의소의원개선에 대하여 2」 ; 이하 각주에서 신문의 연월일 표시 다음의 ( )의 숫자는 신문의 면수를 표시한다.]

13) 釜山甲寅會 編, 『日鮮通交史(附 釜山史近代記)』, 1916, 146쪽 제15조, 156쪽 제7조, 146쪽 제16조와 제17조(선거권과 피선거권).

14) 『朝鮮時報』, 1911년 2월 3일자. 기사 원문에는 '政派'를 '憲派'라고 표현하고 있다. 또 〈표 2〉에서 확인되듯이, 지역사회의 영향력 있는 세력가들을 일컬을 때 사용되는 '有志'란 단어는 일찍부터 일본거류민사회에서 통용되던 용어임을 알 수 있다.

〈표 2〉 1911년 2월 부산 일본거류민단 의원 당선자의 정파별 구분

구분	당선자 명단
防長筑豊廣島연합	五島甚吉, 山本純一, 坂田文吉, 伊藤甚三郎, 香椎源太郎, 和田野茂光
對寶實業團	大池忠助, 岩橋一郎, 安武千代吉, 福田增兵衛, 小宮萬次郎
釜山府民會	迫間房太郎, 秋野彌左衛門, 岡楳三郎, 竹下佳隆
絕影島草梁연합	三輪保吾, 河內山品之助, 田端正平, 岩鶴金之助, 堤貞之
實業懇話會	小澤宇三郎
西部團	磯村武經
公道會	迫間保太郎
南濱有志團	岩崎新平
四國人團	岡楳三郎('부민회'를 겸함)

　위의 〈표 2〉에서 알 수 있듯이 당시 부산 일본거류민회의는 출신지, 거주 지역, 직업 등을 자신의 지지기반으로 갖고 있는 부산의 '유지'들로 구성되어 있었다. 또 여기서 유지란 사실상 선거권자임에 다름 아니다. 이러한 인적 구성은 선거제가 실시되는 1920~1930년대의 부협의회 또는 부회의 의원 구성과 원리상 크게 다르지 않다. 또 1914년 부제 실시 이전 거류민단에서 거류민회 의원으로 활동했던 인물들은 그 이후 부협의회와 부회에 진출하여 나름대로 중요한 역할을 한 인물이 많다.[15] 이러한 의미에서 1906년부터 1914년 3월까지 존속하였던 거류민회는 이후 부제 실시와 더불어 설치된 부협의회의 모태였다고도 볼 수 있다. 다만 1910년대의 부협의회는 외형만 거류민회의 흉내를 냈었던 까닭에, 이를 개선하기 위한 식민지 조선 거주 일본인들의 '시민운동'이 계속되었다. 물론 이 문제는 근대적 도시운영의 주도권 행사와 깊은 관련성을 지니고 있었다.

---

15) 이에 대해서는 홍순권, 「1910~20년대 '부산부협의회'의 구성과 지방정치」, 『역사와 경계』 60, 부산경남사학회, 2006 및 「1930년대 부산부회의 의원선거와 지방 정치 세력의 동태」 참조.

Ⅲ. 1910년 행정구역 개편과 민단제 폐지를 둘러싼 논란

1910년 8월 일제가 조선을 강점하여 일본 영토에 강제 편입함으로써, 조선 내의 일본거류지와 일본인거류민단은 사실상 불필요하게 되었다. 왜냐하면 일본거류지와 일본인거류민단은 법률적으로 어디까지나 외국의 영토에서 그 존립 근거를 갖는 것이기 때문이다. 그러나 일제는 병합 직후 기존의 통감부를 조선총독부로 바꾸고, 지방제도를 개편하면서도 통감부 시기

〈사진〉 1914~1937년 부산부청 전경

〈사진〉 1937년 이후 부산부청 전경

의 도·부·군 체제의 기본 골격은 일시 그대로 유지하였다. 다만 수도였던 경성부를 보통의 부로 하여 경기도에 소속케 하고, 일부 부·군에 대해서는 그 체제나 명칭을 바꾸기도 하였다. 동래부가 부산부로 명칭이 바뀐 것이 그 일례이다.

종래의 부는 주로 개항장과 개시장이 있었던 곳인 데 반하여, 1910년 9월 30일자로 공포된 '조선총독부지방관제'에 의해 새로 편성된 12개 부는 모두 통감부 치하에서 일본이사청과 일본거류민단이 있었던 지역이다. 일제가 지방행정체계인 부와 군을 이러한 방법으로 분리한 것은 일본거류민단에 속한 일본인들의 사정을 고려하였기 때문이다. 결과적으로 부의 행정 업무는 종전에 조선인을 대상으로 했던 군의 행정업무와 일본인을 대상으로 했던 이사청의 업무를 통합한 것이 되었다. 그러나 이는 일본인들의 처지에서 볼 때 '내선인(內鮮人)' 공동의 부정(府政)이 시행되어 형식적으로는 자신들의 정치적 지위가 저하된 것을 의미하는 것이기도 하였다.

'병합' 이전 일본 거류민단은 본래 외국인과 같은 지위였던 일본인으로 조직되었기 때문에 1910년 병합과 동시에 자연히 지방행정기관에 편입되어야 할 것이었다. 그러나 일제로서는 일종의 자치제로 운영되어 온 거류민단을 지방행정기관에 편입한디먼 그 해체기 불기피히여 민단의 원래 자치적 기능은 모두 상실할 우려가 있었다. 그렇다고 해서 식민지 조선에서 거류민제 대신에 자치제를 실시할 수도 없는 노릇이었다. 그리하여 일제는 총독부 설치와 동시에 제령(制令) 제1호의 규정에 의한 거류민단법 및 동시행규칙을 당분간 식민지 조선에서는 그 효력이 있는 것으로 인정하였다. 나아가 훈령(訓令) 제16호에 의해, 거류민단의 정리는 장래에 이를 대신할 지방행정제도의 완성을 기대하면서 착수하기로 하고, 동시에 종래 이사관이 관장하던 거류민단의 감독에 관한 사항은 병합에 따른 이사청의 폐지로 도장관이나 부윤의 권한에 분속시켰다.[16] 이처럼 1910년 조선총독부의 지

---

16) 朝鮮總督府, 『官報』, 1910년 8월 29일자, 제령 제1호 및 통감부훈령 제16호. 『경성

방관제는 부제 실시 이전의 임시방편적인 것이었다. 물론 비록 임시적인 것이기는 하지만, 병합 이후에도 당분간 거류민단은 존속되었으며, 병합 이전과 다름없는 기능과 권한을 행사하였다. 따라서 이 기간 동안에도 민회의원선거가 실시되었다. 첫 번째는 1911년 2월 1일 실시되었고, 두 번째는 1913년 2월 실시되었다.[17]

병합과 함께 거류민단의 폐지가 지방제도 개정의 중요한 현안으로 대두되자, 거류민단 소속의 일본인들은 병합의 당위성과 그로 인한 '획일적 행정제도'의 필요성을 인정하면서도, 거류민단의 폐지로 인한 자치기관의 상실에 대해서는 이구동성으로 우려를 나타내었다. 예컨대, 원산거류민단은 이 문제에 대하여 '합방'의 결과로서 '신구인민(新舊人民)'을 바로 동일 제도 아래 놓을 경우 "다년의 고신참담(苦辛慘憺)한 경영도 수포로 돌아가고 모처럼 기초를 닦은 자치제도 마침내 파괴되어 버릴 것이기 때문에 거류민의 발전에 장애를 낳아 오히려 퇴보하기에 이를 것이라고 전도를 비관하는 사람이 많다"라고 하면서, 1910년 9월 28일 민회의 결의를 거쳐 자치기관의 존속을 희망하는 청원서를 데라우치(寺內正毅) 총독에게 제출하였다.[18] 1911년 7월에는 부산민단도 경성민단에 이어 자치제 존속을 요구하는 진정서를 데라우치 총독에게 제출하였다.[19] 이어서 1912년 9월 20일에는 서울에서 전국 민단 대표 47명이 모인 민단연합회의가 열렸는데, 이 회의에서는 경성·부산·원산·군산 등 4개 민단의 제출안을 기초로 자치제 실시를 요구

　　부사』 제2권, 370쪽 참조.

17) 이 사실은 『釜山日報』 1913년 1월 21일자 사설과 『釜山日報』 동년 3월 5일자 기사 등을 통해서 확인할 수 있다.

18) 『원산발전사』, 601~602쪽.

19) 『京城新報』, 1911년 7월 14일자(2), 「치외법권」.
　　"半島 最古의 민단 부산민단이 접때 我京城 민단이 제출한 것과 같은 의견인, 內地人 자치제 존속의 진정서를 지난 7일부로 寺內 총독에게 제출하였다. 생각하건대, 內地人 자치제 존속의 희망은 각 민단이 모두 동일하다. 그러면, 동 의미의 진정서는 금후 각 민단으로부터 속속 나올 것이다."

하는 결의안을 작성하여 9월 24일 야마가타(山縣伊三郎) 정무총감에게 전달하였다.[20]

　거류민단 폐지에 대하여 반대하고 자치제를 유지하려는 재조일본인들의 운동은 이후에도 계속되었다. 1912년 11월 전국에 있는 11개 일본거류민단을 대표하는 재선(在鮮)민단의원연합회는 앞서 9월에 제출한 결의안과 거의 동일한 취지의 진정서를 작성하여 야마가타 정무총감을 방문하여 조선총독부에 전달하고 이것이 본국에 있는 제국의회에서 심의되기를 희망하였다. 이 진정서는 11개 지역 거류민회에서 대표로 선정된 19명의 대표단 이름으로 작성되었다. 여기에는 부산거류민회 의원으로 사카다(坂田文吉), 야스타케(安武千代吉), 오카(岡模三郎) 등 3명이 대표단의 일원으로 명단에 올라 있다.[21] 이 진정서에서 알 수 있듯이, 1914년 일본거류민단이 폐지되

---

20) 『원산발전사』, 684~685쪽. 결의안의 주요 내용은 다음과 같다.

　一, 민단소재지역에 있는 '내지인'에 대해서 현행 민단법 이상으로 완전한 자치제를 존속 시행할 것.

　一, 지방의 상황에 따라서는 '日鮮人' 합동의 특별자치제를 시행할 것. 그리고 이에 대한 운동 방법으로 다음 조항을 議定한다.

　· 본회는 본회 결의의 목적을 달성할 때까지 존속하는 것으로 한다.

　· 결의사항을 조선총독부에 제출할 것.

　· 총리대신, 拓植局 총재, 貴衆兩院 의장 및 각 정당에는 특별히 진정서를 제출할 것.

　· 결의사항에 관한 총독부의 의향은 상설위원이 각지 간사에게 통지할 것.

　· 진정을 위해 위원을 東上(東京으로의 上京)케 할 것.

　· 본회에 상설위원 3명을 놓되, 별도로 각지에 1명씩 간사를 선출할 것.

21) 『日鮮通交史(附 釜山史近代記)』, 118~122쪽. 진정서의 핵심 요지에 해당되는 부분을 인용하면 다음과 같다.

　"근래 당국에서는 장래에 금일의 민단제도를 철폐하고 하급행정은 日鮮人 모두 하나의 제도 아래 모두 관헌의 손에 행한다고 하는 의견이 있지만, 실로 청천벽력의 감이 없지 않다. 혹자는 말하기를 병합의 취지라는 것이 널리 조선인으로 하여금 一視同仁의 施政에 젖게 하는데 있다고도 하지만, 그들의 다수는 여전히 의탁케 할 수 있을지 알 수 없는 民이다. 그와 함께 자치제도와 같은 일을 행하는 것은 장래 더 많은 세월을 요한다. (중략) 吾人은 오히려 나아가서 현행 민단제 이상의 자치제도를 요구한다. 현재의 민단제도는 이를 모국의 市村制에 비하면 여러 가

기 직전, 부산을 포함한 조선의 주요 도시에 거주하고 있던 일본인들은 조선인의 민도가 낮음을 들어 이들과 함께 자치제를 실시하는 것은 곤란하다고 주장하면서, 오로지 재조선일본인들의 자치제만은 어떠한 형태로든 본국과 차별 없이 유지되기를 희망하였던 것이다.

이러한 논란에도 불구하고 일제는 조선 강점 이후 논란이 되었던 지방제도의 일부를 정비하여 1913년 10월 30일 제령 제7호로써 '부제'를 공포하고, 1914년 1월 25일에 '부제시행규칙'을 공포하여 1914년 4월 1일부터 시행하였다. 부제의 제정 취지는 거류민단과 거류지회와 같이 조선인, 일본인 및 외국인을 구별하는 행정단체를 폐지하고 시정을 통일하기 위한 것이었다. 그리하여 일제는 우선 일본인 집주지역을 중심으로 설치된 부를 법인화하고, 지방 공공단체로서 법인격을 가진 부를 관의 감독 아래 두었다(부제 제1조). 다음으로 일제는 부에는 자문기관인 부협의회를 두며, 부윤과 협의회원으로써 이를 조직하며, 협의회원은 명예직으로 부의 주민 가운데서 조선총독의 인가를 받아 도장관이 이를 임명토록 하고, 부협의회의 의장은 부윤이 겸하도록 하였다(제11~13조). 여기서 일제가 비록 자문기관에 불과하나마 특별히 부협의회의 설치를 법제화한 데는 일본인 집주지역인 부의 행정을 군의 행정과 차별함으로써 자치권의 상실로 인한 조선 거주 일본인들의 불만을 다소나마 무마해 보려는 의도가 있었던 것이다.[22]

일제는 1914년 부제의 실시와 동시에 행정구역도 새로 개편하였다. 즉,

지 不備不便한 점이 있다. 오인은 감히 총독부의 시설에 함부로 이의를 달려는 것은 아니지만, 금일의 在鮮邦人은 이미 단순한 移民이나 出稼人과 같은 부류가 아니며, 도처에 主義情神을 가진 자치단체를 경영한다. 이제 강제로 민단제도를 폐지하고 자치의 권능을 부인하면 필시 官民騷離의 端이 여기서 생길 것이다. 此處에 民情을 토로하니 삼가 淸鑑을 청한다."

22) 이 밖에도 부제는 거류민단의 사무 및 권리와 의무에 있어서 교육에 관해서는 학교조합이 이를 승계하고, 기타는 부가 이를 승계하도록 하였다(제35조). 이 또한 부제하에서 학교조합의 설치를 통해 교육에 관한 일본인들의 자치적 기능을 일부 인정함으로써 거류민단의 해체에 대한 일본인들의 불만을 무마하려는 것이었다.

부역(府域)을 기존 부의 구역 가운데 현재 시가지를 형성한 지구와 장래 시가지가 될 만한 지역으로 하고, 나머지 지역은 종래의 군으로 환원하였다. 예컨대, 종래에는 동래군 일원을 모두 포괄하던 부산부를 도시 지역인 부산부와 그 외의 동래군으로 다시 분리하였던 것이다.[23] 일제의 이러한 행정구역의 개편은 '내선일체'에 의한 일원적 통치를 강력히 반대해온 기존 일본거류민단의 의견을 반영한 것으로 이를 통해 일제는 일본인 집주지역인 시가지를 중심으로 부를 재편하여 이를 일본인 중심으로 운영하려는 의도를 확실히 하였다.

그럼에도 불구하고 일본인들은 부제의 실시에 대하여 비판적이었는데, 그 가장 큰 이유는 부제가 종전의 민단제하에서와 같은 일본인들의 자치권을 보장해주지 않았기 때문이다. 그들은 부제의 실시로 인하여 일본인과 조선인이 법리상으로 동등한 행정체계에 놓이게 되었다는 사실에 대해서도 강한 거부감을 나타내었다. 이러한 거부감 안에는 조선인은 미개하며, 일본인은 우월하다는 인종주의적인 차별의식 또한 존재하고 있었다.[24] 부제의 실시에 따라 일본인 8명, 조선인 4명으로 부산부협의회가 구성된 부산부도 사정은 마찬가지였다. 특히, 부산은 경성 다음으로 일본인 인구가 많고 조선의 다른 어느 도시보다 일본인 인구 밀도가 높은 곳이었기 때문에 부산의 일본인들은 이 문제에 대하여 매우 민감하게 반응하였다.

이처럼 부제는 형식적으로는 '내선일체'의 미명 아래 자치제의 외양을 띠고 있었지만, 실제 내용상 부협의회는 사실상 부윤의 부속기관에 불과하였다. 즉, 부제는 일제가 겉으로 표방한 '동치동화(同治同和)'·'일선융화(日鮮

---

23) 『釜山府勢一斑』, 3~4쪽. "43년 8월 일한병합이 성립된 데 이어서 9월 말일 이사청을 폐하고 지방제도의 개혁과 함께 부산부를 두고 구이사청 및 구동래부의 사무를 계승하였다. 그 관구는 舊각거류지와 구동래부 소관 일원으로 하였는데, 그 뒤 大正 3년 부제의 실시, 군면의 폐합이 있자, 부의 일부를 떼어 새로 동래군을 두었기 때문에 現時의 관리구역은 舊일본거류지, 舊지나거류지, 釜山面, 沙中面, 일원, 沙下面內 富民洞, 大新洞, 富平洞, 大峙洞의 일부, 龍珠面內 龍塘洞의 일부로 한다."
24) 木村健二, 「明治期の日本居留民団」, 『三千里』 47号, 73쪽 참조.

融和)'의 식민정책을 합리화하면서 내용적으로는 식민지 내 조선인과 일본인의 행정적 차별을 제도화한 식민지적 특별행정제도였다. 종래의 거류민단을 철폐하고 조선 내 일본인과 조선인의 융합과 동화를 명분으로 실시된 부제였지만, 실제 부는 자치제도가 없어진 것 빼고는 종전의 거류민단 시절의 모습과 크게 달라진 것이 없었다. 즉, 일제는 일본인이 많이 집주하는 전국의 '개항장 도시'를 사실상의 통치거점인 '부'로 특화하면서, 그곳의 수장인 부윤에 일본인을 앉혔다. 이러한 점에서 부는 일제가 하나의 통일적 법제하에 만들어낸 식민지 행정구역의 상징이면서, 식민성과 근대성을 담지한 일제시기 전형적인 도시 공간이었다. 바로 이 점이 근대 도시로서의 부산에 관한 지역사 연구에서 간과해서는 안 될 부분이다.

Ⅳ. 부제의 실시와 갑인회의 창립

1910년 8월 29일은 문자 그대로 '국치무망일'로 조선인에게는 씻을 수 없는 치욕의 날이었던 반면, 일본 국민들로서는 역사상 겪어보지 못한 영광의 날이었다. 두 나라의 '합방'이 발표되던 그날 일본 국민과 언론들의 반응이 어떠했으리라는 것은 굳이 사료를 들추지 않아도 상상하고 남을 일이다. 그런데, 이러한 국가적 경사를 지켜보면서 마음이 편치 않은 일본인들이 있었다. 그들은 바로 '합방'을 드러내놓고 반대하지는 않았지만 결과적으로 '합방'으로 인해 피해를 입었다고 생각하는 재조일본인들이었다.

'합방'이 되자, 재조일본인들은 조선총독부에 대하여 거류민단이 해체되더라도 재조일본인사회의 자치제는 계속 유지할 수 있도록 해 줄 것을 강력히 요구하였다. 그러나 '내선일체'를 앞세워 조선 지배를 합리화한 일본으로서는 식민지 조선에서 조선인과 차별하여 일본인에게만 자치를 허용한다는 것은 명분상으로도 맞지 않고, 법리상으로도 모순되는 일이어서 그러한 요구는 받아들여질 수 없었다. 대신에 일제는 1914년 '부제'를 공포하

여 일본인이 밀집 거주하는 부는 동급 행정구역인 군과는 달리 '부협의회'
라는 것을 두어 일본인의 지방정치에의 참여를 다소 허용하는 절충적인 해
법을 제시하였던 것이다. '내선일체'라는 미명하에 만들어진 부협의회에는
조선인과 일본인이 함께 참여하였으나, 이는 의결권이 없는 자문기관이었
다. 그 구성원인 협의회원도 전원 부윤이 임명하는 관치행정이었으며, 실제
지방자치와는 거리가 멀었다.

그 결과 1914년 부제 실시 이후에도 재조일본인들의 지방자치에 대한 요
구는 끝없이 계속되었다. 이러한 지방자치에 대한 요구는 경성 다음으로
많은 일본인이 거주하고 일본인의 거주 비율이 가장 높았던 도시인 부산부
에서 가장 강력하게 일어났다. 부산의 일본인들은 1914년 3월 말 부제의 실
시로 부산 일본인거류민단이 해체되던 그날 대규모 '시민집회'를 열고 장차
자치제의 회복을 결의하고 그 실행을 위한 조직으로 '갑인회'를 결성하였
다. 이 갑인회의 설립에 대하여 민단 의원이었던 쯔쯔미(堤貞之)는 훗날 행
한 연설에서 다음과 같이 술회하였다.

> "자치 폐지의 卽日 부산고등여학교 교정에서 결별식을 거행했는데 모인
> 자가 실로 3천7백여 명이었다. 각자 자치 부활을 절규하고 해산하였지만,
> 의원 및 열성적인 유지는 바로 一堂에 모여 자치제 부활의 결속을 다졌던
> 것이다. 마침 그 해가 '甲寅'이었기 때문에 갑인회로 이름짓고 금일에 이르
> 렀다."(1925년 11월 3일 부산 태평관에서)

갑인회 회원 대부분은 상공인으로 성공한 지역사회의 유지들이었고, 과
거 민단 간부와 의원 경력을 가진 자들이 핵심 구성원이었다. 이들은 갑인
회란 조직을 배경으로 지역 문제의 해결주체인 시민의 대표조직으로 자임
하면서 민단 시절의 자치제 회복을 목표로 한 '시민운동'을 선도적으로 수
행하였다. 당시 부산부 일본인들이 주장한 정치 참여 및 자치제의 실현 방
안은 대체로 다음 두 가지로 요약된다.

첫째, 부산부를 비롯하여 조선에 거주하는 일본인들의 중의원 선거권 인

정이었다. 이는 중의원 선거를 통해 지역의 대표를 국회에 파견하여 자치에 대한 요구를 보다 철저하게 관철할 수 있는 방안이었다. 그러나 당시 거주지가 아니라 본적지를 기준으로 중의원 선거권 자격을 부여하고 있었던 일본정부로서는 이 문제는 조선인 전체의 선거권 부여 문제와 관련되어 있었기 때문에 받아들이기 어려웠다.

둘째, 조선의 모든 부에 자치를 실시하기 어렵다고 한다면, 경성과 부산 그리고 평양과 대구를 포함하여 2~4개 지역만이라도 자치를 부여하자는 이른바 '특별시제(特別市制)'의 제안이었다. 이 안은 부산부 거주 일본인들이 조선에서 자치제의 급진적 확대를 우려한 조선총독부의 입장을 어느 정도 고려하여 내놓은, 말하자면 '점진적 방안'이었다. 특히 부산부의 일본인들은 이 안을 내놓으면서 특별시제가 실시되더라도 부산부의 경우 일본인이 경제적으로 조선인을 압도하고 있기 때문에 재산권에 의한 제한선거를 실시할 경우 부의 자치운영은 일본인 중심으로 유지될 수밖에 없다는 논리를 내세웠다. 이는 일본인사회 일각에서 제기하고 있는 자치제 실시로 인한 조선인의 정치참여에 대한 우려를 불식시키기 위한 것이었다.

이처럼 부산부 일본인들이 주요 도시에만 특별자치제 실시를 강력히 요구한 것은 본질적으로 식민지 조선에서의 자치제 시행 그 자체보다는 특별자치제 실시를 통해 일본인 중심의 도시 운영을 계속함으로써 식민지배자로서의 특권을 유지하려는 데 더 큰 의도가 있었기 때문이었다. 일본인들은 이를 위해 다양한 활동을 전개하였다. 이들은 무엇보다 당시 지역신문인『釜山日報』와『朝鮮時報』를 통해 자치제의 필요성을 수시로 역설함으로써 자치제 실시를 위한 여론 형성에 힘썼으며, 일본인이 발행하고 있던 이들 지역신문들도 이에 적극적으로 호응하였다.

3·1운동이 일어난 이듬해인 1920년 일제는 '문화정치'라는 이름 아래 지방제도를 개정하였다. 이때 일제는 '부제'를 개정하여, 부협의회의 협의원을 임명제에서 선거제로 바꾸었다. 부협의회는 여전히 자문기관에 불과하였으나, 선거제를 실시함으로써 '지방자치'의 외양이나마 갖추어진 것은 '자치운

동사'의 측면에서만 볼 때 약간의 진전이라면 진전이랄 수도 있었다. 부협의회가 선거제로 바뀌자, 1910년대 자치운동을 주도한 부산 갑인회의 회원인 과거 거류민단의 의원들은 1920년대 부협의회에 대거 진출하였다. 선거제가 됨으로써 부협의회가 공식적인 지방의 대의기구로 인정된 것이다.

1920년대 들어서도 갑인회를 비롯한 부산의 일본인 유지들은 '부협의회의 의결기관화', '재조일본인의 선거권 확대' 등 보다 더 완전한 형태의 지방자치 실시를 요구하며 '지방자치운동'을 지속적으로 전개하였다. 이러한 재조일본인들의 지방자치 요구는 조선인의 자치운동과도 연동되어 지방사회에 미묘한 변화를 일으키며 새로운 정치질서를 형성해 나갔다. 1920년대 이후 여러 지방 도시에서 전개된 조선인과 일본인 간의 협력관계를 통한 '유지정치'의 도모는 그러한 정치질서의 반영으로, 그 본질적 성격을 규명하는 것은 장차 지역사연구의 새 과제라고 할 수 있다.

〈사진〉 부산의 유곽(녹정) 전경

〈사진〉 부산 수원지 전경

개항기 오쿠무라 엔신(奧村圓心)의 조선포교 활동과 이동인

최 인 택

Ⅰ. 머리말

본고는 일제시대 일본종교단체들의 조선포교활동 내용 중 최초로 조선에서 포교활동을 전개하였던 불교계의 히가시혼간지(東本願寺)를 중심으로 그 전개 과정을 재구성하는 데 목적이 있다. 특히, 김옥균을 중심으로 하는 당시의 개화파 인물들과 연결되는 점과 선을 더듬어 보면, 포교라고 하는 종교적 활동과 더불어 일제의 조선침략 과정의 첨병 역할이라고 하는 정치적 활동에 오쿠무라 엔신(奧村圓心)을 중심으로 한 히가시혼간지가 깊숙이 개입되었음을 알 수 있다. 특히, 기존의 연구에서 '기걸(奇傑)했던 개화승(開化 僧)'[1]으로 형용되던 출자가 불명한 이동인(李東仁)이라는 승려의 움직임은 개화기 조선의 정치·외교적 역정 및 종교문화 유입과정을 되짚어 보는 데 있어서 중요한 동선을 제공해 주고 있다.

한편, 부산의 히가시혼간지 포교소를 스스로 찾아온 이동인을 일본으로 부내 일본의 주야인사들과 연결시켜주고 활동자금까지 돌보아주는 등, 개화파 인사들과 일본정부의 주요 인사들을 연결시킨 포교승 오쿠무라 엔신의 움직임도 간과할 수 없다. 근대 한일관계사라고 하는 커다란 역사적 무대에서 조선의 개화파와 식민지합병을 목표로 하는 일본정부 사이에 오고간 주요 동선에 오쿠무라 엔신은 빠짐없이 등장한다. 뿐만 아니라, 이미 기존의 연구 등에서도 지적되어 있듯이[2] 조선의 불교계가 당시 침체의 위기를 극복하기 위한 계기를 오쿠무라 엔신을 통해 이루려고 한 점, 이는 그의 포교일지를 통해 구체적인 정황을 포착할 수 있다. 또한 초기의 조선 포교

---

1) 이선근, 「奇傑했던 開化僧 李東仁의 業績과 生涯」, 『東亞論叢』 제3집, 동아대학교, 1966, 63~80쪽.

2) 예를 들어, 정광호, 『근대한일불교관계사연구－일본의 식민지정책과 관련하여－』, 인하대학교 출판부, 1994 ; 채상식, 「日本 明治年間 淨土眞宗의 추이와 그 특성－한말 불교침탈 배경과 관련하여－」, 『한국민족문화』 16집, 부산대학교 한국민족문화 연구소, 2000, 119~158쪽 ; 한석희, 『日本の朝鮮支配と宗教政策』, 未来社, 1988 등이 있다.

소활동의 주된 포교대상은 부산의 일본인 거류자들에 한정되어 있었으나, 여러 가지 경로를 통하여 찾아온 많은 조선인들도 포교대상에 포함되어 있었다는 사실이다. 때로는 필담으로 때로는 통역을 통하여 히가시혼간지의 종지를 설파하고 경전을 나누어 주는 등, 비록 한정된 공간 안에서의 포교활동이었지만 상당히 적극적인 포교활동이 이루어졌다.

따라서 본론에서는 개항기 부산에 유입되었던 각종 종교단체의 전개과정을 간단히 언급한 다음 히가시혼간지의 포교방침과 전개과정 그리고 일본정부의 개입과정을 살펴보고, 이동인과 오쿠무라 엔신을 중심으로 엮어졌던 조선 개화파의 활동과 일본 조야인사들의 접점을 구체적으로 되짚어 보겠다. 기본적으로는 부산이라는 지역을 중심으로 실마리를 풀어나가되, 경우에 따라서는 다른 지역들에 대해서도 필요에 따라 적절한 언급을 해 갈 것이다. 구체적으로는 이미 제시된 사료군에서 기본적인 자료를 취합하여 자료의 보완과 새로운 발굴을 가미하였다.

본고를 통하여 개항기 각종 종교단체들이 어떠한 과정과 실천을 거쳐 한반도에 유입되었으며, 일본정부 혹은 식민지정부는 어떠한 입장에서 이들을 지원해 왔는지를 조감하여 그 전모의 일부를 밝혀 봄으로써 여타 지역의 일본종교 유입에 대한 실마리를 제공하는 것을 그 목적으로 한다.

Ⅱ. 각 종교단체의 부산거류지 유입과정

부산거주 일본인의 수는 1890년 4,344명, 1900년 5,758명, 1907년 16,040명, 1910년 24,936명, 1913년 27,610명[3]의 추이를 보이고 있다. 단지 직업별 인구통계자료를 참고로 한다면, 1906년 신사관련 신관이 5명으로 1910년에는 25명으로 늘어나고, 승려 및 선교사가 1897년 8명, 1906년 72명, 1910년 121

---

3) 木村健二, 『在朝日本人の社會史』, 未來社, 1989.

명으로 점증하고 있다. 이는 물론 부산거류민들의 인구증가에 상응하는 숫자이다.

한편, 1939년 제작된 부산안내도(관광의 부산사 제작)를 살펴보면 종교관련 시설이 21개소로 표시되어 있다. 신도계통으로는 龍頭山神社, 龍尾山神社, 水天宮, 稻荷社 등이 표시되어 있으며, 불교계통으로는 東本願寺, 牧島東本願寺, 西本願寺, 牧島西本願寺, 智恩寺, 總泉寺, 妙心寺, 金□寺(?), 草梁金□寺(?), 高野山分院, 妙覺寺, 天□地明會(?), 牧島弘□寺(?), 金光敎, 成田山, 神理敎(?) 등으로, 기독교 계통은 메소티스토교회라는 이름으로 유일하게 표시되어 있다. 주목할 점은 지금의 남부민동(?) 왼쪽의 깊은 산자락(谷町2丁目)에 공동묘지와 두 개의 화장장이 표시되어 있다는 사실이다. 이상의 종교관련 시설들은 어디까지나 1939년 현재의 것으로 이를 통해서는 다음에서 살펴볼 각 종교단체의 유입과정에서 볼 수 없었던 종교단체들이 약간은 증가했다는 것을 알 수 있을 뿐이다. 특히 기독교계 계통 중, 일본의 교단이 아닌 호주·미국 등의 교회들이 주로 조선인들을 대상으로 포교활동을 한 반면, 신도계·불교계는 일본인들이 주요 대상이었음은 명백한 것 같다.

우선 각 종교관련 시설의 개요(이하는 1912년 부산상업회의소가 발간한 『釜山要覽』에서 발췌한 것임)를 간략히 보기로 하겠다.

1. 神道系

1) 龍頭山神社

용두산신사는 시의 중앙, 용두산에 있으며, 연보(延寶)년간(1673~1681)에 왜관을 현재의 거류지로 옮기자 대마도 영주 소오 요시자네(宗義眞)이 용두산 정상에 석조물로 작은 제각을 세워 '고토히라진자(金刀比羅大神)'를 모시고 한일 간의 항해안전을 기원하였으나, 명화(明和) 원년(1764) 7월 '스미요시다이진(住吉大神)' 및 '텐만텐진(天滿天神)'을 합사한 이후 230여 년이 지나 건물이 피폐하여 명치(明治) 13년(1880) 9월 거류민들이 기부하여 신전을 건축하였다. 그러나 명치 30년(1897) 10월에 다시 사전개축(社殿改築)의 여론이 일어나 널리 기부금을 내외로 모집한 결과, 8,000여 엔에 달했다. 여기에 거류지비 2,000여 엔을 보조하여 합계 10,000여 엔으로 명치 31년(1898) 9월에 기공하여 다음해 5월에 낙성해 현재의 신사가 세워졌다. 개축과 동시에 '고토히라진자(金刀比羅神社)'의 명칭을 '거류지신사'로 개칭하였으나, 1899년 다시 거류민회의 의결에 따라 '용두산신사'로 개칭하고 동사의 유지는 민단비 및 우지꼬(氏子)의 공진금(共進金: 기부금)에 의해 충당하기로 하였다. 이후 매년 4월 21, 22일 양일에 걸쳐 대제전을 올리고 '부산거류지제(釜山居留地祭)'라 칭하여 당일은 시중에 각종의 여흥과 이벤트가 열리게 되었다. 동사 경내는 노송이 울창하고 경치가 빼어난 영지로서 항만 내외의 전경을 조망하기 위해 온 참배자들이 끊이지 않았다.

2) 龍尾山神社

용미산신사는 부산항 거류지의 동남부 후미진 작은 언덕(용미산이라고 함)에 있었으나, 연보 6년(1679) 3월 왜관 이전 당시 사전(社殿)을 세워 처음으로 다케시우찌노스쿠네(武內宿禰)를 봉사하고 그 후, 문정(文政) 2년(1819) 3월에 가토 기요마사(加藤淸正)를 합사하였다. 명치 초년(1868) 용두산의 중턱에 있던 아사히나 요시히데(朝比奈義秀)의 사전이 피폐하여 여기에 이것을 합사하였으나 명치 11년(1878) 봄, 화재로 인해(불타버려) 유지들의 뜻을 모아 새로이 사전을 조영하기로 하고 명치 23년(1890)에 이르러 처음으로 민단비로 응급수선을 행하고 명치 27년(1894) 거류지회의 결의를 거쳐 거류지신사의 칭호를 올리고 명치 32년(1899) 2월 용미산신사로 개칭하였다. 그러나 사전이 해가 갈수록 황폐해지자, 후에 경신회원(敬神會員)의 발기로 당시의 민장 이시하라 한엔몬(石原半右衛門)씨와 협의한 결과 거류지회의 승낙을 거쳐 호세가와후작(細川侯爵), 소오백작(宗伯爵)을 필두로 하여 널리 돈을 거출하여 약 5,500엔을 모았다. 바로 사전개축을 도모하여 명치 39년(1906) 11월 기공하고, 명치 41년(1908)에 준공하게 되었다. 민단본부에서는 800여 엔을 지출하여 경내주변의 석축공사를 하고 그 면모를 일신하였다. 동사(同社)유지법은 민단의 보조와 우지꼬(氏子)의 헌금 및 기부금으로 충당하며, 매년 10월 2, 3일에 걸쳐 예제(例祭)를 집행하게 되었다. 현재는 신직(神職)대리로서 龜谷造太郎씨가 궁사(宮司)를 맡고 있다. 사전 앞은 항만의 전경을 전망할 수 있는 빼어난 자리로 참배자들이 많고 풍류객들의 노래를 이끄는 좋은 곳이다.

2. 寺院系

1) 大谷派本願寺釜山別院(西町)

본원은 명치 10년(1877) 11월 5일 창립되었다. 옛적에 천정(天正)년간(1573~1592) 美濃國(현재의 岐阜현)의 奧村掃部介라는 사람이 삭발하고 법명을 정심(淨心)이라 칭하였다. 조선에 들어와 작은 절을 부산에 창건하여 부산해(釜山海) 고덕사(高德寺)라 하였다. 이것은 진종(眞宗)에 있어서 첫 해외포교의 효시였다. 정심이 만년에 肥前(지금의 佐賀, 長崎현 일대)의 唐津에서 죽게 되자 포교가 끊이게 되었다. 후대 명치 10년(1877)에 이르러 테라시마(寺島)외무대신은 오쿠보(大久保)내무대신을 통하여 본산(本山)에 대해 조선개교를 권유하였다. 이에 본산은 옛적(에 조선과) 인연이 있었던 정심의 후예 오쿠무라 엔신 등을 파견하고 당시의 관리관에게 부탁을 하여 참판관관사(參判官官舍)를 빌려 혼간지출장소(本願寺出張所)라 칭하고 조선포교에 착수하였다. 그 후, 11년(1878) 12월에 관의 허가를 얻어 오오타니파 부산별원으로 개칭하여 오늘에 이르고 있다. 본원은 일본의 불교 각 종파 중 부산에 있어서 포교의 효시를 이루고 신도 수도 가장 많아 현재 1,700호를 헤아린다. 부속사업으로서 자선교사(慈善敎社) 및 유치원 등을 경영하여 좋은 성과를 쌓고 있다. 창립 이래 본산의 보조를 받았으나 명치 35년(1902)부터 독립경영을 하게 되었다. 신도들의 희사금, 화장 및 임대수입 등으로 유지하고 있다. 현재의 주임승려는 大幸頓慧師이다.

2) 本派本願寺釜山出張所(西町)

본소는 명치 31년(1898) 8월에 창립하였으나, 이에 앞서 명치 27년(1894) 11월 혼파혼간지(本派本願寺)로부터 일등순교사(一等巡敎師) 大洲鐵然師를 한국에 파견하여 이왕(李王)을 알현하고 불교와 관련하여 상신한 적이 있다. 그 후 한국 주요도시 및 항만 연안의 마을을 시찰하고 귀국하여 포교자 파견을 결심하였다. 그리하여 명치 31년 8월 처음으로 포교사를 파견하고 본항 남빈3번지에 포교장을 설립하였다. 동 37년(1904) 러일전쟁 때 혼파혼간지 連枝超誓院이 본항민(本港民) 위문 때 부산으로 와 본원의 발전을 위해 동 38년(1905) 서정(西町)에 포교장 건축 기공을 하여 동 39년(1906) 1월에 준공하여 옮겨 오늘에 이르고 있다. 유지법은 창립 이래 동 41년(1908)까지는 본산으로부터 경비를 보조받았으나 동 42년(1909)부터 독립경영을 하게 되었다. 오로지 신도들의 기부금 등으로 충당하고 있는데 현재 신도 수는 596호이다. 또한 부속사업으로서 부인회(회원 540명), 동심회(회원 175명), 청년교회(회원 220명), 소년교회(회원 650명) 등을 조직하고 있고, 주임승려는 龍末法憧師이다.

3) 峨嵋山總泉禪寺(峨嵋山)

총천선사는 아미산의 중턱에 있어 본항의 전경을 일망할 수 있는 좋은 곳에 자리 잡고 있다. 명치 35년(1902) 9월 30일 창건하여 선종교회로서는 부산에서 처음으로 개교하였다. 개교 당시는 신도 수가 미미하였으나 포교사 村松良寬의 열성적인 전도에 의해 종(宗)의 법문을 넓혀 신도 수가 증가하게 되었다. 이에 따라 동 38년(1905) 이래 사원의 신축을 계획하고 동 41년(1908) 가을 낙성식을 거행했다. 현재의 신도 수는 약 200여 호에 이른다. 현재의 감리자(監理者)는 本田祖信師이며 유지법은 신도들의 보시와 기부금으로 충당하고 있다.

4) 報德山智恩院智恩寺(大廳町)

지은사는 정토종에 속하며 명치 30년(1897) 9월 18일에 창립하였다. 당시 본종(本宗) 관장(管長)의 명을 받아 관청의 인가를 얻어 처음으로 본정(本町)3정목25번지 松前才助씨 댁을 본종교회소(本宗敎會所)로 하고 본산으로부터 三隅田持門師가 파견되어 포교활동에 전념하였다. 그리고 동 31년(1898) 11월 사원의 건축을 기공하여 다음해 8월 11일에 준공하였다. 동 40년(1907) 3월 1일 당시의 소재지인 복병산의 굴착으로 인해 사원을 해체할 수밖에 없게 되어 일시적으로 가포교소를 토성정(土城町)에 설치하고, 그 후 현재의 장소를 골라 사원재건을 기획하여 동 43년(1910) 8월 준공하였는데, 부산에 있는 사원 중 가장 광대하고 그 아름다움 또한 빼어나 현재 신도 수는 300여 호를 헤아려 신도 수에 있어서는 양 혼간지 다음으로 많다. 유지법은 신도들의 쌀, 돈 등의 보시와 임대수입 등으로 충당하고 있다. 주임승려는 岡部學應師이다.

5) 眞言宗金剛寺(大廳町)

금강사는 속칭 고야산이라고도 불리는데 시내 대청산 산복에 있다. 지난 명치 31년(1898)에 창립하여 경내에 대사당을 두고 매년 음력 3월 21일은 대사의 기일에 해당하여 법요를 거행한다. 대사의 영상(靈像)은 고야산별격본산(高野山別格本山) 용천사(龍泉寺)에 봉안되어 있던 것을 명치 31년

(1898)에 본산에 청원하여 천불(遷佛)하게 되어 당시 이 종파의 고승 武藏, 고미산(高尾山)주지 志賀照林師를 개기(開基)로 하여 크게 포교에 힘써 현재 수백 호의 신도를 보유하고 있다. 특히 조선 각지에 10여 개의 말사포교소를 두고 있으며 현재의 주지는 見田政照師이다. 절의 뒤편 산복에는 시코쿠(四國) 하치쥬핫카쇼(八十八ケ所)의 영장(靈場)을 만들어 매년 3월 대사의 기제 법요를 행한다. 이때 관례로서 대사신앙(大師信仰)을 믿고 있는 시내 요정들은 영장참배자들에게 다과 등을 접대하여 당일은 사람들로 들끓는데 때는 바야흐로 화창한 봄날이라 각처는 본항 내외의 풍경을 한눈에 조망할 수 있는 수려한 경관을 자랑한다. 이에 남녀노소 가리지 않고 봄의 행락객으로 북적여 부산 봄나들이의 하나로 꼽힌다.

6) 日連宗妙覺寺(西町)

묘각사는 명치 17년(1884)에 창립하였으나, 이에 앞서 명치 12년(1879)경 본종(本宗)에 귀의한 신도들이 서로 모여 하나의 소집단을 조직하였으나 적당한 포교사가 없어 해산에 처하게 되자 명치 14년(1881) 5월 坂井兵三郎라는 사람을 총대(간사)로 하여 나가사끼(長崎)의 본연사(本蓮寺)에 보내 사정을 설명하고 한 명의 포교사 파견을 요청하던 중, (마침) 산본행원(山本行院)주지 渡邊日運師가 큐슈순례 중 직접 이를 듣고 흔쾌히 받아들여 동년(1881) 7월 14일 노구를 이끌고 부산으로 왔다. 당시 (묘각사의) 기초가 아직 약하고 재정형편도 나빠 한 신도의 알선으로 서정(西町) 대장가(大長家)를 빌려 임시포교소로 삼았다. 주야로 포교에 정진한 결과 조금씩 부흥하여 명치 17년(1884)에 이르러 자금을 모아 서정(西町)2정목20번지에 절을 세우고 묘각사라 칭하여 오늘에 이르고 있다. 현재 신도 수는 250호를 유하며, 유지법은 신도들의 보시 및 기부금으로 충당하고 있다. 현재 주임승려는 高佐顯照師이다.

3. 基督敎會

1) 日本基督敎釜山傳道敎會(辨天町)

본 교회는 일본인 전도를 주로하고 일본기독교파에 속하며 창립은 명치 37년(1904) 2월에 하였다. 秋元茂雄목사가 전도에 종사한 이후 신도의 수가 증가하여 현재 75명에 이르고 있다. 본 교회의 유지법은 경비의 반을 일본 기독교회가 보조하고 잔액은 신도들에 의한 기부금으로 충당하고 있다. 현재의 목사는 秋元茂雄씨이다.

2) 釜山聖公會(大廳町)

본 교회는 오로지 일본인 전도를 위해 세워졌으며 교파는 일본성공회 소속이다. 명치 27, 28년경(1894~1895) 신자 수 명이 있었다. 당시 경성으로부터 영국인 선교사가 가끔 부산으로 와 장수통(長手通) 林虎之介씨 댁에서 포교를 하였으나 점차 신도 수가 늘어 동 38년(1905) 12월 임시포교소를 설립하고 뒤이어 동 44년(1911) 7월 현재의 신축 강의소(講議所)에 이전하였다. 현재의 신자 수는 53명이다. 유지법은 내외 신자의 기부금으로 충당하며, 부인회 및 청년구락부 등의 조직을 가지고 있다. 현재의 목사는 鹽崎信吉씨이다.

3) 米國一致敎會傳道所(草梁)

본 전도소는 초량에 있고 명치 24년(1891) 미국일치교회는 처음으로 부산에 전도소를 설치하였다. 목사 바이야드4)씨를 파견하여 전도에 힘쓰게 하

---

4) 이 목사는 미국 북장로교 선교사인 윌리엄 베어드(William M. Baird, 한국명 裵緯良, 1862~1931)인 것 같다(이상규, 「釜山地方에서의 基督敎 傳來와 敎育·醫療活

였으나 이듬해에 이르러 동 교회에 속한 닥터 휴 브라운씨[5]가 와 의술전도를 시도하였으나 본인의 건강문제로 인하여 미국으로 귀국하였다. 다음 해인 26년(1893) 닥터 알벤[6] 부부가 또한 부산으로 와 교대하였으나 이들은 전도를 함과 동시에 조선인들을 위해 병원, 나병원 및 남녀학교 등을 지어 종교, 교육 및 치료 등에서 조선인들을 위한 교화자선사업에 공헌하였다. 동 44년(1911) 이 부부가 그 임무를 사임한 후에는 원목사 및 스미스목사 양씨가 그 임무를 대신했다. 이들은 부산에서 각종 전도, 교육사업 외에 인근지방의 교회들도 감독하였다. 현재 회원 수는 73명이나 매주 일요집회 때는 보통 150명 이상이 모인다.

4) 濠洲一致敎會傳道所(釜山鎭)

호주일치교회전도소는 부산진에 있고 창립은 명치 23년(1890)이다. 첫 선교사는 데이비스[7]목사였는데 부임한 지 얼마 되지 않아 병사하였다. 잠시 중단되다가 동 27년(1894)에 이르러 아담슨목사[8] 부부가 런던으로부터 부임하여 와 호주일치교회파(濠洲一致敎會派) 전도의 재흥을 꾀하였다. 아담슨목사는 학술에도 조예가 깊었고 전도자로서도 가장 유력한 사람으로 조선인들 사이에서 존경을 받았으며 남부조선의 많은 교회를 감독하였으며

動(1880~1910)」, 『港都釜山』 제11호, 부산시, 1994, 183쪽).

5) 이 선교사는 미국 북장로교 선교사 휴 브라운(Dr. Hugh M. Brown) 의사인 것 같다(이상규, 위의 글, 188쪽).

6) 1893년 11월 브라운선교사의 뒤를 이어 파송된 어빈의사(Dr. Charles. H. Irvin, 한국명 漁乙彬)를 지칭하는 것 같다(이상규, 위의 글, 188쪽).

7) 이 목사는 아마도 호주장로교가 파송한 최초의 한국선교사 조셉 데이비스(Joseph Henry Davies, 1856~1890)인 것 같다(이상규, 위의 글, 180쪽).

8) 이 목사는 1894년 5월 20일 부산에 파송된 앤드류 아담슨(Andrew Adamson, 한국명 孫安路)을 지칭하는 것 같은데, 그는 1914년 한국에서 은퇴할 때까지 20년 동안 부산(1894~1909), 마산(1910~1914)에서 봉사하였다고 한다(이상규, 위의 글, 192쪽).

부인은 남편의 전도활동을 돕는 한편, 조선여성들의 교육을 위해 힘썼다. 그러나 명치 44년(1911) 동 전도소의 본거지를 구마산으로 옮겨 이사를 하게 되자 현재에는 맥켄지목사가 그 뒤를 이어 주제를 하고 그의 부인과 딸 및 엥겔씨 부부 등이 각지에서 전도를 하고 있다. 전도 외에도 특히 조선의 여자아이들을 위한 고아원과 소학교를 세웠다. 고아원은 미스 무어[9])가 전담하고 소학교는 미스 위벤이 담당하였다. 동 교회의 회원 수는 현재 65명이고 매주 일요집회 때는 보통 150~160명이 모인다.

이상의 부산지역 종교현황을 개략해 보면 몇 가지 특징적인 부분을 지적할 수 있다.

첫째, 신도계통의 용두산신사와 용미산신사의 기원을 17세기 후반부로 끌어올리고 있다는 점이다. 전자의 경우, 『釜山要覽』에서는 왜관 이전 후 대마도주가 세운 신사가 "1764년 '스미요시다이진(住吉大神)' 및 '텐만텐진(天滿天神)'을 합사한 이후 230여 년이 지나 건물이 피폐하여 명치 13년(1880) 9월 거류민들이 기부하여 신전을 건축하였다"는 내용으로 되어 있으나, 230여 년이라는 시간을 훌쩍 뛰어 넘어 현재와의 영속선상에서 신사 유래기를 기술하고 있다는 점이다. 특히 명치기, 국가신도의 확립을 통하여 일본인들의 종교적 세계관을 천황 중심의 세계관으로 수렴시켜 애국충정이라는 내적 통합의 근거로 삼아 온 것은 주지의 사실이나, 이러한 작업들은 대부분 시간적, 공간적 편년 체제를 거의 무시하여 날조와 은폐라는 도구로 무장되어 있는 경우가 많다. 이 점은 첫 개항지인 부산 점유의 정당성부여를 추인하게 하는 레토릭으로 보아야 할지 어떨지 금후 정치한 조사로 보완해 나갈 것이다.

둘째, 가장 먼저 부산에 포교의 발을 내디딘 불교계 종교단체인 히가시

---

9) 이 선교사는 장로회 여선교사인 베시 무어(Miss Bessie S. Moore)인 것 같다. 그녀는 1919년 한국에서 은퇴할 때까지 약 17년 동안 부산(1892~1913), 통영(1918년 이후) 등지에서 봉사하였다고 한다(이상규, 위의 글, 190쪽).

혼간지의 유입과정을 보면 여러 논고들이 이미 밝힌 바 있지만, 식민지통치를 위해 그려진 청사진 안에 종교의 역할이 정책적으로 반영되었다는 것이다. 이는 엔신의 포교일지 등을 통하여 새로이 조명되고 분석되어져야 할 몇몇 문제점들을 내포하고 있는 것 같은데 후술하겠다.

한편 부산, 원산, 인천 등과 같은 개항지를 포교지점으로 삼은 것은 재조일본인사회의 형성과 어떠한 형태로든 인과관계를 맺고 있었겠지만, 주로 당시 부산에 거주하고 있던 일본인을 대상으로 한 포교활동을 벌이는 한편, 이곳에서 축적된 경험을 바탕으로 조선인들을 포교대상으로 삼아 제국주의적 충성과 애국이라고 하는 호국 불교적 맥락에서 포교활동을 벌이고자 하는 의도가 엿보인다는 것이다. 그러나 실질적으로 이러한 의도가 충분히 성공했는지에 대해서는 의문이 남는데 이 점은 금후의 과제로 삼겠다.

셋째, 기독교계의 각 교파들 중 일본기독교 계통의 교파들은 새로운 일본영토(?) 부산에 이식한 자국민들을 포교대상으로 삼고 있었던 것에 반해, 미국, 호주, 영국 등 구미교회들의 선교활동은 조선인들을 대상으로 하고 있었다는 점이다. 특히, 의료선교를 통하여 문명의 이기를 경험하게 하고, 교육사업 등을 통해 서구문명의 이식, 계몽에 힘쓰고 있었다. 또한 고아원 등을 설립하여 자선사업을 실시함으로써 압박받는 민중에게 관심을 기울이고 전근대 체제하의 구조적 차별을 기독교를 통하여 해소, 완화시키고자 했던 점도 아울러 지적할 수 있겠다.

Ⅲ. 오쿠무라 엔신과 이동인
– 조선포교일지[10]를 중심으로 –

오쿠무라 엔신(奧村圓心: 이하, '엔신'이라 함)은 1588년(천정 15) 혼간지

---

10) 奧村圓心, 「朝鮮國布敎日誌」, 柏原祐泉, 『眞宗史料集成』 제11권, 1975, 451~494쪽.

10대 주지 敎如上人으로부터 1촌8분(약 5.5cm)의 황금불과 아미타여래 외 24품목을 받아 조선포교를 명받고 부산에 건너와 고덕사(高德寺)라는 절을 세운 奧村掃部之介의 자손이다. 그는 교단 본부의 명을 받아 1877년(명치 10) 9월 28일 부산에 도착하였다. 엔신과 히라노 케이스이(平野惠粹)가 내무대신 오오쿠보 토시미치(大久保利通)와 외무대신 테라시마 무네노리(寺島宗則)의 종용으로 1877년 9월 부산에 당도했다. 이들은 부산에 별원을 설치하고 일본인 포교뿐만이 아니고, 조선인을 대상으로 포교활동을 하기 위한 개교사(開敎師) 양성을 목적으로 하는 어학사(語學舍)를 설립했다. 또한 이들은 뇨닌코(女人講: 여성들에게 불법을 전수하는 모임. 이 단체는 후에 부산부인회로 바뀐다)를 조직한다든지, 일본에서 온 어학연수생들의 뒷바라지에도 힘쓰고, 일본의 문명개화에 관심을 보인 조선 승려 이동인을 일본으로 밀항하게끔 도움을 주기도 했다.[11] 특히 엔신은 1880년 원산 개항, 1882년 인천 개항에 따라 원산과 인천으로 부임하여 포교활동을 전개하였고, 부산에 남아 있던 히라노는 별원에서 거류민 자제들의 교육을 담당하였다.[12]

그러나 히가시혼간지의 조선포교 출발점은 다분히 정치적 목적에 의해 이루어졌다. 외무대신 오오쿠보 등은 히가시혼간지 관장(管長)에게 서한을 보내 조선포교를 종용하였던 것이다. 조선포교의 출발점이 정치적 혹은 외교적 목적에 의한 것이라 하더라도 포교활동 그것 자체는 불교라고 하는 종지가 그 중심이 될 수밖에 없다. 포교일지를 살펴보면, 부산별원 초기에는 나름대로 진종의 포교를 위하여 매진하고 있는 모습이 엿보인다. 내지인 포교와 끊임없이 별원을 찾아오는 조선인 승려와 일반인들을 향해 진종에 대해 설명하고 주요 조선인들에게는 교지인 『眞宗敎旨』를 나누어 주는 등 상당히 적극적인 포교활동을 펼친다. 그럼에도 불구하고 약 1년 반 뒤인

---

11) 高崎宗司, 『植民地朝鮮の日本人』, 岩波新書, 2002, 15쪽.
12) 奧村圓心, 앞의 책.

1879년(명치 12) 중반부터는 당시 개화파였던 김옥균, 박영효와 밀접한 관계에 있던 이동인이라는 승려를 일본으로 보내고 이후 박영효, 김옥균의 일본에서의 활동에 깊이 관여하여 지원과 주선을 아끼지 않았다. 즉, 당시 조선의 조야인사들과 일본정부를 이어주는 창구역할을 적극적으로 주도하였을 뿐 아니라, 때로는 일본으로의 도항과 관련한 정치자금의 대여[13] 등 직접적인 개입도 서슴치 않았던 것이다. 뿐만 아니라, 엔신의 조선포교 활동에 본국 정부는 물론 영사업무 등을 통하여서도 적극적인 지원을 아끼지 않았다. 예를 들어 당시의 한국에 기항한 군함에 이동인을 태워 보낸다든지, 포교활동과 관련한 업무에 영사들이 직간접적으로 관여하여 일일이 보고와 대책을 지시한다든지 여러 가지 면에서 상당히 유기적이면서 적극적인 도움을 주고 있었다.

그런데 이러한 동본원사를 매개로 한 일본정부와의 관계는, 적어도 포교일지 상으로는 이동인의 적극적인 접근으로부터 시작된다. 엔신을 찾아와 조선불교의 피폐함과 나라의 국운이 기울어가고, 세계의 정치, 외교적인 움직임에 제대로 대응을 하지 못하고 우왕좌왕하는 모습에 대해, 서로 이야기를 나누고, 새로운 문물이나 정보를 엔신과 부산의 일본영사관 등을 통하여 입수하는 등 이동인의 적극적인 접근이 기술되어 있다.

그런데 엔신의 도움으로 일본에 건너간 자는 이동인이 처음이 아니다. 이미 1878년(명치 11) 12월 30일자 일지에 "富谷組 사원 江口竜兵衛가 西京 본산에 별원사무관계로 출경. 김철계(金鐵桂) 二諦의 교지에 감득하여 한번 본산에 (*직접) 가서 宗乘을 배워 한국에 포교하고자 하는 뜻을 밝혀 에구치씨에게 부탁하여 서경에 같이 보냄. 이것은 한인이 종교에 귀의하여 우리나라로 도항하는 것은 처음 있는 일이다(후주: 본산에 거주하여 불교를

---

13) 1890년 11월 11일자에 "동인에게 서경(*교토)에서 금 천엔을 빌려줄 것을 본산에 상신. 또한 원산 설교장으로부터 삼백엔을 대여함"이라고 기록되어 있어, 엔신의 권한 안에 있는 원산별원의 경비로 300엔을 대여함은 물론, 동인의 일본체재와 관련하여 본산이 동인 등에게 막대한 자금을 빌려 줄 것을 상신하고 있다.

배우게 함. 이 사람은 한인 일본유학 제1호다. 그 뒤 2년간 본산에 있게 되나 發狂하여 죽었다).”라고 나와있다. 김철계라는 사람에 대해서는 12월 8일자에 “함양 김철계가 와서 불교에 대해 이야기를 청함. 그래서 이체에 대해 설교하자 크게 깨달아 스스로를 구하기에 이르렀다.『眞宗敎旨』를 한부 주었다”고 적고 있는데, 아마도 김철계는 스스로 부산별원을 찾아와, 진종의 교지에 귀의하고 계속 체제하며 엔신의 지도를 받고 있었던 것 같다. 뿐만 아니라, 동년 12월 11일자의 일지에는 김철계와 이동인이 함께 엔신의 도움으로 일본군함 비예함(比叡艦)을 견학한다. 이 사실로 미루어 보면 이동인과 김철계는 서로 아는 사이가 된다.

위의 일지내용으로 보면 김철계는 1878년 12월부터 1880년 후반에 이르기까지 약 2년간 조선에서 온 유학승 제1호로 동본원사에 체재하고 있었다는 이야기이다. 일지 상에는 간단히 발광하여 죽게 되었다고만 기술되어 있어 상세히는 알 수 없지만, 시기적으로 보아 이동인과 같은 시기에 동본원사에 있었던 것이 된다. 또한 엄한 국금을 어기고 일본으로 건너갔다는 것은 당시의 여러 정황으로 보아 획기적인 일이며, 영사관 등 일본정부의 허락 혹은 묵인 없이는 불가능한 일이었음에도, 김철계에 대한 언급은 더 이상 존재치 않는다. 이 점과 관련하여 동본원사 측의 사료 등 일본 측의 사료발굴은 금후의 과제로 삼겠다.

엔신의 일지에 정식으로 등장하는 조선 측 승려의 초견은 1878년(명치 11) 1월 3일자에 나오는 금강산 신계사(神溪寺) 승려이다. 일지에는

> 강원도 금강산 神溪寺 普光庵 승려 太黙堂 治玟이 와서 한국불교의 쇠퇴를 개탄하며, 소생의 渡韓을 만강성심을 가지고 환영하였다. 그에게『眞宗敎旨』를 선물하자 그도 가지고 있던 기이한 나무지팡이를 나에게 선물했다.

고 되어 있는데, 이후에도 이 승려와는 자주 교류하였고, 1880년 12월 16일 일기에 금강산 신계사 보광전(普光殿) 태묵(太黙)이 와서 묵암(黙庵)의 편

지와 그 외의 서찰을 가져왔다고 적혀 있으며, 1월 9일에 태묵암(太黙庵)이
또 서찰을 가지고 와 금강산을 한번 둘러보기를 권한다. 그러나 엔신은 한
국어를 못하기에 통역관인 카에데(楓)를 다음날 1월 10일에 대신 보내는데,

> 이때는 (*한국)내지 여행이 금지되어 있었다. 따라서 카에데는 조선인
> 복장을 하고 금강산으로 가는 위험한 여행이었다. 일본인으로서는 처음으
> 로 한국내지 여행을 한 것이 된다.

고 기술하고 있으며, 1월 18일자에는 묵암이 다음 해 봄에 일본에 건너가기
를 원한다는 내용의 이야기를 영사에게 보고한다.

한편, 이동인의 활동에 대해서는 이선근[14] · 이광린[15] · 한석희[16]의 연구,
그리고 엔신의 조선포교일지에 상세히 기록되어 있으므로 이를 중심으로
서술해 보겠다.
엔신의 일지에서 이동인이라 생각되는 내용이 처음 등장하는 것은 1878
년(명치 11) 6월 2일자로

> 경기도 三聖庵의 승려가 외서 종일 진종에 대해 담화를 나누었다(後頭
> 筆註 즉, 東仁이다).

라고 적혀 있다. 그러나 원문에서도 보듯이 이 사람이 이동인이라는 사실
은 괄호 안에 있는 후두필주(後頭筆註)에 의한 것이다. 또한,

> 6월 3일 또 삼성암의 승려가 와 수차례에 걸쳐 필담을 나누고 『釋氏要覽』
> 을 빌려감. 전라도사람 1명, 동래 2명, 부산 1명 방문. 그들에게 施藥을 한포

---

14) 이선근, 앞의 글, 63~80쪽.
15) 이광린, 「개화승 이동인에 관한 새 사료」, 『동아연구』, 서강대학교 동아연구소,
 1968, 473~486쪽 ; 이광린, 「개화승 이동인」, 『개화당연구』, 일조각, 1973, 93~110쪽.
16) 한석희, 앞의 책.

씩 나누어 줌(후주: 당시 해군의 대군의 야노소테츠(矢野蘇徹)를 부산에 파
견하여 재류민들의 치료를 담당하게 하였다. 이 사람 외에 의사는 없었다).

이라고 기록되어 있다. 한편, 9월 15일자에는,

　　또한 통도사 白蓮庵 西明, 實名은 琪印이 와『稽古釈氏録』를 반환.『大
蔵目録』『維摩経』한 부『阿弥陀経註書』한 부를 西京本山에 기증하고 제
자가 되기를 원했다. 또 충청도 西垣이 와 두 손님과 이야기를 나누다 보
니, 날이 어두워지고 밤중까지 필담이 이루어졌다. 이야기가 깊이 있게 이
루어져 도합 삼일 밤낮으로 조선이 고립되어 政綱이 번성하지 않고 종교도
패퇴함을 이야기함. 기인에게는 七祖聖教 한 부를 주고 서원에게는『眞宗教
旨』를 한 부 주었다(*18일에 헤어짐).

라고 되어 있어 책을 서로 빌려보는 내용이 나오는데 이 점에 비춰 보아 같
은 인물, 즉 이동인일 가능성이 큰 것 같다. 또한 12월 9일자에는,

　　통도사 승려 東仁이 와 수 시간 후에 돌아감

12월 10일자에는,

　　東仁(琪印)에게 염주와 聖教 한부를 본산에서 주었다.

라고 되어 있으며, 12월 11일자에는,

　　東仁이 체재하며 護國扶宗를 되풀이 하여 이틀에 걸쳐 (*이야기를 나누
었다). 나중에 우리 군함을 보고자하여 김철계와 같이 比叡艦을 보러 갔다.

고 기술되어 있다. 그리고 엔신의 일지 전반에 걸쳐서도 알 수 있듯이 많은
조선인들이 별원을 방문한다. 부산, 경남지역에서는 통도사, 범어사 등으로
부터 많은 승려들이 부산별원을 방문한다. 뿐만 아니라 양반계층이나 일반

인들 또한 원근 각지에서 방문하여 적게는 하루 2, 3명으로부터 많게는 하루에 30여 명이 다녀가는데, 이미 부산에 당도하여 얼마 지나지 않은, 별원의 모습이 거의 갖춰지는 11월의 일지에는 "무엇보다 기쁜 일은 다른 것도 아닌 조선인의 왕래가 빈번한 것이라"고 적고 있다. 이러한 과정에서 초기의 바쁜 와중에 일지내용에 약간의 혼선이 있을 수 있다고 본다면, 이동인은 상당히 이른 시점에 엔신과 교분을 쌓기 시작했다고 보아도 무방할 것 같다. 이 점은 『서재필박사 자서전』에 나오는 일화17)에 이동인이 외국의 사진, 역사, 지리, 물리, 화학 등과 같은 책, 성냥 등 당시로서는 쉽게 구할 수 없을 뿐만 아니라 가지고 있는 것이 발각되기라도 하면 사학(邪學)이라 하여 엄중한 벌을 받는 것들을 가지고 봉원사에 가서 김옥균 등에게 보였다고 한다. 이에 놀란 김옥균 등은 이동인에게 이러한 물건을 더 구할 수 없느냐고 요구한다. 결국 이러한 신문물에 대한 욕구가 이동인이 도일하게 되는 간접적인 계기가 되는데, 아마도 이러한 문명물들은 엔신을 통하여 입수했을 가능성이 높다. 결국 어떤 의미에서는 문명을 받아들이는 입구18)

---

17) 이선근, 앞의 글, 67쪽. 한편 한석희, 앞의 책, 31쪽에서는 金道泰의 『徐載弼博士自敍傳』(乙酉文庫, 1972), 85쪽을 인용하여 다음과 같이 기술하고 있다. "그 때 가져온 책들은 많았는데, 역사, 지리, 물리, 화학 같은 책들도 있었다. 이 책들을 읽기 위해 3, 4개월간 그 절(봉원사)에 다녔는데, 당시는 이러한 책들이 적발되기만 해도 邪學이라 하여 무거운 벌을 받았기 때문에, 한군데서 오랫동안 읽고 있을 수 없어 다음은 永導寺라든지, 또 다음은 봉원사라든지 하여 1년 이상이나 걸려 그 책을 전부 읽었다. 그 책들은 일본어로 쓰여 있었지만, 우리는 대략 한문은 알고 있었기 때문에 의미는 거의 통했다. 이렇게 하여 책을 모두 읽고 난 다음, 세계의 대세를 알 수 있게끔 되었다. 그리고 우리나라도 다른 나라와 마찬가지로 인민의 권리를 내세워 보려고 하는 생각이 들게 되었다. 이것이 우리들이 개화파로서 처음 출발의 근본이 되었다. 바꾸어 말하자면, 이동인이라고 하는 승려가 우리들을 인도하여, 그러한 책들을 읽고, 그 사상을 익히게 되었으므로 奉元寺가 우리 개화파의 온상이 되었다."

18) 이 점은 동경에서 김홍집과 조우한 후, 귀국길에 오른 이동인이 자신의 도일비용과 히가시혼간지로부터 지급받은 천 엔을 더하여 램프, 석유, 그 외의 잡화를 다량 구입하여 왕가(王家)와 각 방면의 지인들에게 선물하였다는 내용과 아사노토진(淺野東仁)이라는 일본명을 사용하며 일본의 외무성에서 잠시 봉직하고 있다가

로서도 엔신 등을 적절히 이용해 왔다는 점을 간과할 수 없다.

여하튼, 엔신의 일지에 이동인에 대한 언급이 여러 번 등장하는데, 이동인의 소속에 대해서는 불명확한 점이 많다. 일지에는 삼성암과 통도사로, 한석희의 논문에서는 범어사설을 채용하고 있는 등 불명확한 점이 많으나, 이선근의 논문을 원용해 보면, 이동인은 원래 부산사람이었는데 승려의 특성상 여러 절을 옮겨 다니다 보니 봉원사 혹은 통도사의 승려였으나, 1876년 이후 5, 6년 동안은 봉원사 승려였을 것이라고 추측한다. 산등성이 하나를 사이에 둔 초대 일본공사관(天然亭)에 자주 출입하였을 것이라 추측하고 있는데, 어디까지나 추측의 범주를 넘어서지 못하고 있다. 또한 이광린의 논문[19]에서는 이능화의 『朝鮮佛敎通史』에 의거하여 동래 범어사의 승려로 소개하고 있다.

한편, 이동인이 도일하게 된 연유와 소개가 상세히 일지에 소개되는 것은 한참 뒤인 1879년(明治 12) 6월자 일지이다.

> 6월 상순에 일이 생겨 본국으로. 본산 사무소에 한국포교 등에 관한 회의를 하고 잠시 사무를 끝내니 8월 중순이 되었다. 이때 포교시찰을 위해 敎育課錄事 和田圓什씨와 韓語학생 金色良忍이 출장하게 되어 같이 歸韓함. 이때 한국 승려 東仁이 일본에 들어가려고 부산별원에 체재하고 있었다. 와다씨에게 상담하여 동인을 본산에 보내기로 함.

東仁日本漫遊事情

> 동인은 원래 승려인데, 항상 나라와 護法을 걱정하는 神經家였다. 최근 조선국의 국운이 쇠퇴하고 종교는 이미 땅에 떨어지고 있었다. 이때, 혁명당 朴泳孝, 金玉均 등이 국가의 쇠퇴한 운명에 분개하여 크게 쇄신하려고 하였다. 또한 동인도 뜻을 같이하였으므로 박영효, 김옥균이 동인을 불러

다시 귀국길에 오를 때에도 이만 엔의 거금을 혼간지로부터 빌려 신문물들을 사 가지고 갔다는 내용(『朝鮮開敎五十年誌』, 조선개교감독부, 1927, 143~144쪽)에서도 알 수 있다.

19) 이광린, 앞의 글, 1968, 480쪽.

들여 중용하게 되었다. 따라서 열국의 公法 등을 알기 위해 우리 종문에 歸
入하여 일본에 건너가려고 하였다. 동인은 박영효로부터 받은 純金棒 4개
(길이 2寸余, 둘레 1寸余)를 나에게 보여주며 이것으로 여비로 써 달라며
건네주었다. 이에 와다씨 및 총영사관 前田獻吉씨와 상의하여 본산에 보내
기로 하였다. 이것은 한국개혁당이 일본에 건너가는 처음시도라. 동인이
일본에 도착하여 나에게 편지를 보내왔다.

즉, 이동인은 부산별원의 엔신의 주선으로 총영사, 동본원사의 협력 아래
1879년 9월 상순에 도일[20]하여 교토의 동본원사에 도착한다. 다음 해 4월에
득도식을 마치고 약 7개월간의 교토생활을 마무리짓고 동경의 아사쿠사 별
원에 기숙하게 되는데, 도일 후에는 일본어를 습득하고 동본원사의 승려가
되어 일본 국내정세는 물론 국제정세 등에 대해서도 학습하고 있었다. 이
때 이동인의 동경행은 4월 2일자에 의하면, 동경에 있던 본산동경사무소장
겸 외국포교장 鈴木惠淳씨의 종용에 의한 것이다. 이동인과 동행한 엔신은
외무성에 들려 나중에 부산 총영사가 되는 마에다(前田獻吉)씨에게 보고하
고 4월 11일 이동인을 마에다씨에게 데려가 만나게 한 다음 이동인을 동경
본원사(淺草別院: 에도의 德川시대부터 조선으로부터의 손님은 이곳에 묵
게 하였다고 한다)에 묵게 하였다. 이후 이동인은 동경에서, 코마고메라는
곳에 있는 眞淨寺 주지승으로 慶應義塾에서 공부를 한 테라다 후쿠쥬(寺田
福壽)의 소개로 후쿠자와 유키치 등의 지식인들과 조야 정치인들과도 친분
을 쌓으며, 김홍집이 수신사로 내일(來日)하였을 때 드디어 운명적인 만남
이 이루어지는데, 1879년 9월 28일자 엔신의 포교일지가 전하는 내용은 이
러하다.

---

20) 이광린의 전게서(1973) 「개화승 이동인」에는 엔신의 포교일지를 인용하여 이동인
　　의 도일 일시를 1879년 6월 상순으로 기술(95쪽)하고 있으나, 이는 잘못이다. 엔신
　　이 일본의 본산사무소에 사무협의차 들러 부산으로 되돌아 온 것이 8월 중순이었
　　고, 이때 일본에 들어가기 위하여 부산별원에 와 있던 이동인을 일본에서 같이 들
　　어 온 본산 교육과 녹사(錄事)였던 和田圓什에게 동반시켜 9월 상순에 일본으로
　　보낸 것으로 되어 있다.

9월 28일, 田子ノ浦丸(타고노우라마루)입항하다. 본산 동경寺務所長 겸 外國布敎長 鈴木惠淳씨로부터의 다음과 같은 서한을 동인에게 지참시켜 전해왔다. 이것은 특기할 만한 사실인데, 원래 나의 알선으로 일본 본원사에 도항시킨 승려 동인[당시는 淺野東仁(*아사노 토오진)이라 하였음]이 몰래 歸韓하여 나에게 말하길, 당신의 배려로 일본 본원사에 체재하여 교법과 국정, 어학 등을 대충이나마 듣고 익혔다. 그리고 나서 동경본원사(淺草別院)으로 가 스즈키소장의 알선으로 유명 조야인사들과 의미 있는 만남을 통하여 목하 한국의 국운에 대해 이야기를 나누고, 모두들 한국 扶植에 대해 후의를 가지게 되었다. 마침 이때 수신사 金宏集이 일본에 와 아사쿠사별원에 묵게 되었다. 스즈키敎正의 접대에 김수신사, 李組測이 감복하였다. 하나후사(花房)공사가 김씨에게 인천개항의 건에 대해 이야기를 해도 나의 임무가 아니라고 하여 하나후사공사의 말에 귀를 기울이지 않았다. 이 건에 대해 하나후사공사가 스즈키에게 말했다. 스즈키가 나에게 懇願하였다. 스즈키가 충고하여 말하기를 동인을 일본인으로 하여 김수신사를 면회하게 하고, 일본정부의 후의로 재야에 있는 뜻있는 자의 實意를 이야기하게 하면 김수신사도 안심하여 하나후사의 뜻에 따르도록 될 것이다. 이러한 내용을 스즈키가 하나후사에게 이야기했다. (그러자) 하나후사가 말하기를 동인은 밀항을 한 자로 수신사를 만나게 하면 그 나라의 폭정 여하에 따라 처치될 수도 있으므로 대단히 위험한 방책이다. 스즈키가 그 뜻을 동인에게 전했다. 동인이 말하기를 내가 일본에 와서 국은에 보답하고 불은에 보답하고자 결심하여 나라를 위해 어떠한 일이라도 감내해 낼 것이다. 원하기는 김수신사를 만나게 해 달라. 하나후사, 스즈키 양씨가 감탄하여 결국은 김수신를 면회케 했다. 동인이 일본 옷을 입고 조선어로 말하자 김씨가 수상히 여겨 상세하게 물었다. 동인이 바싹 다가가 나라를 위해 작년에 일본으로 와 (兩京) 체재하며 貴人은 물론 재야 유지들과 만나 (*조선에 대해) 어떤 뜻을 가지고 있는지 알아보니 조선에 대해서는 다른 뜻이 없고 단지 조선을 開明으로 이끌고자 하는 뜻뿐이라. 이 참에 하나후사의 말을 받아들여 귀국해서는 잘 주선해야 할 것이라고 열성껏 설득하자 김수신사가 무릎을 치며 말하길, 오호 이런 기인남아가 있어 국은에 보답하는구나 하고 감복하였다. 이후부터 친밀하게 되어 만사가 잘 이루어졌다. 그 후는 하나후사가 나를 대단히 신뢰하게 되었다. 나(*동인) 또한 수신사의 뒤를 이어

귀한하였다고 일본어로 여러 가지를 나누길 이상과 같이 어느새 한밤중이 되었다. 9월 29일 승려 아사노동인 출발하여 경성을 향했다.

이상에서 볼 수 있듯이 이동인은 일본정부 측의 의뢰를 받아 일본인으로 변장하는 과감한 행동과 술책을 펼치며, 일본정부의 요구를 들어주기를 열성적으로 설득하고 있다. 이동인으로서는 국금을 어기고 동본원사, 일본정부의 도움으로 도일하여 있었기 때문에 본국 정부에 알려지기라도 하면 목숨이 위태로울 아주 위험한 상황이었다. 그러나 이러한 위험을 감수하고 일본정부 측의 의뢰를 받아들임으로서 그동안의 후의에 보답하는 기회를 얻었을 뿐만 아니라, 하나후사 공사로부터 더없는 신뢰감을 얻을 수 있었다. 또한 한편으로는 수신사 김홍집의 허를 찌르는 이동인의 대담함과 그동안 일본에서 익힌 국제정세, 새로운 지식, 탁월한 일본어실력 등을 피력하여 김홍집으로부터 커다란 신임을 이끌어내게 되었다. 귀국 후[21] 김홍집은 이러한 이동인을 민영익에게 천거하였고 그를 각별히 아꼈던 민영익은 자기 집 사랑채에 기거케 한 후 국왕을 알현케 하여 이동인은 일본 등의 국제정세를 아뢰고, 후에는 외교업무를 담당하는 참모관이 되었으며, 조미수교 초안 작성을 담당하는 등 일약 출신가도를 달리게 되었다. 이러한 과정에서 이동인이 왕의 밀명을 받아 청의 주일공사 何如璋에게 조미수호통상조약 체결을 위한 알선을 부탁하기 위해 도일하게 되는데 엔신의 일지에 당시의 긴박한 모습이 기술되어 있다. 즉, 1880년 10월경부터 원산별원을 중심으로 유대치, 이동인, 무불 등에 대한 기사가 거의 매일 등장하여 급박한 상황이었음을 알 수 있다.

---

21) 김홍집 수신사 일행이 경성에 도착하는 것은 1880년 9월 16일인데, 이동인은 타고 노우라마루를 타고 9월 28일 거의 1년 만에 귀국, 원산에 도착하여 원산별원의 엔신을 찾아가 본산동경사무소장 겸 외국포교장 스즈키 케이준씨로부터의 서한을 전달한다.

10월 4일

경성의 劉大致가 와서 승려 無不에 대해 이야기를 나누었다. 김옥균의 편지를 가지고 왔다. (중략) 유대치는 원래 자산가이며 상당한 학식과 경험의 소유자다. 특히 우국의 지사로서 항상 박씨(*박영효) 및 김씨(*김옥균) 그 외의 신사상을 품은 자들 사이에 들어 항상 좌우하였다. 그래서 생각을 정리하여 소생의 거소인 원산까지 와서 憂國頹敎(*나라와 불교의 쇠퇴를 걱정)에 대해 많은 이야기를 나누었다. 나에게 청옥의 담배통을 선물로 가져왔다. 또한 총영사에게도 몇 점의 선물을 가져 왔다.

10월 7일

유대치가 와서 한국에 대해 여러 이야기를 나눔. 물품 다섯 점을 가져 옴.

10월 12일

대치옹이 와서 여러 이야기를 나눔.

10월 15일

승려 동인 경성에서 왔다. 박, 김 그 외의 혁명 제씨들의 사정을 들려줌. 박영효가 동인을 통해 여우의 털로 만든 조끼를 보내면서 이렇게 말하였다 한다. 이 조끼는 작년에 만든 것으로 게다가 일 년 동안 내가 입던 옷으로 이러한 헌 옷을 선물로 하는 것은 대단히 결례이겠지만 실은 귀승이 한국을 위해 여러 가지로 배려해 주어 장래 한층 더 舊好를 따뜻하게 하려 하는 것이니 나쁘게 생각지 말고 받아주시어 이 옷을 입고 추위를 견뎌 주길 바란다고 하였다. 나도 그의 마음을 통찰하여 지금까지도 가지고 있다.

10월 16일

대치 및 동인과 설교장에서 밀회하여 일본사정으로부터 한국의 현 상황에 대해 종일 이야기를 나누었다.

10월 17일

동인 嫌疑가 두려워 총영사에게 이야기하여 관사의 바바(馬場)씨 집에 寓居하였다.

10월 19일

대치가 또 와서 동인과 여러 가지 이야기를 나누었다.

10월 21일
동인과 대치를 만나 종일 밀담을 나누었다.

10월 22일
동인이 와서 나와 한국의 일에 대해 하루 종일 이야기를 나누었다.

10월 23일
德源府에 총영사와 동행하여 한국육군의 열병식을 보았다. 그러나 마치 어린아이들의 유희처럼 보였다. 또한 경성에서 밀사가 와 동인에게 조선정부의 논의를 보고 하였다. 따라서 동인, 대치와 함께 밀회하여 이야기를 나누었다.

10월 24일
동인을 동반하여 총영사를 만나 조선정부의 사정을 보고하였다.

10월 25일
대치가 금 3품을 가지고 와 배불하였다. 이날 밤 동인 병을 앓다.

10월 28일
또 대치가 와서 경성으로부터 내신이 있었음을 이야기함.

10월 30일
대치와 동인을 총영사에게 데려가 한국의 일에 대해 이야기를 나눔.

10월 31일
경성의 승려 수 명이 와 배불하고 이야기를 나눔. 대치 고서화 수점을 동인에게 줌.

11월 1일
天城艦 입항함. 동인이 동 함정에 승선하여 일본으로 도항하는 데 있어서 부산까지 편승하는 것에 대해 논의함. 따라서 사정을 총영사에게 상담. 대치 및 경성의 승려 수명이 와서 배불하고 감.

11월 2일
천성함 출발에 즈음하여 총영사관으로부터 비밀리에 나에게 전갈이 와 동인 등을 편승시킬 것을 전해 옴. 때마침 무불이 경성으로부터 왔다. 경성의 사정을 동인, 대치, 무불 3명과 만나 이야기를 나눔. 동인, 무불 2명은

외국여행권을 한국정부로부터 허가를 얻음. 이날 김씨, 장씨 외에 수 명이
왔다. 또한 대치를 총영사관으로 데려가 국사를 논함.

11월 3일
천장절. 영사관의 개관식을 집행함. 德源府伯 등 도합 90여 명이 와서
축하함. 이때 총여사의 소개로 덕원부백을 만남. 오후 1시 관민 일동에게
술과 안주가 내려졌는데, 동인도 역시 이 연회에 참석함.

11월 4일
동인, 대치, 무불 총영사에게로 가서 이야기를 나눔. 이날 밤 동인은 무
불과 함께 군함을 타고 대치와 헤어짐.

11월 5일
대치 작별을 고하고 경성으로 출발. 군함 천성함 출발.

이상에서 볼 수 있듯이, 유대치는 일본으로 건너가 있던 이동인과 원산
별원으로 옮겨 온 엔신, 그리고 경성에 있던 개화파 인사들의 중간에 서 연
결망의 정점에 서 있있다. 아울러 경성으로부터 들려오는 정보를 예의주시
하고, 그 대책을 논의하기 위해 엔신을 매개로 하여 총영사와 만나는 등 이
동인과 무불이 일본으로 출발하기까지 싱딩히 긴박했던 모습도 엿볼 수 있
다. 이러한 긴박한 상황은 이동인이 동경에 거하고 있을 때 관계를 맺고 있
던 청나라 외교관 何如璋·黃遵憲 등이 제시한『조선책략』의 제안을 받아
들여, 조미수호통상조약 체결을 진행시키려 했던 일련의 움직임과 관계가
있다. 즉, 2차 수신사 임무를 마치고 돌아온 김홍집 등은 청의 何如璋·黃
遵憲 등의 충고에 따라 조미수호조약을 제안하고, 이를 실행하기 위해 밀
명을 띠고 일본에 건너가 우선은 何如璋의 도움을 받기로 했는데, 그 임무
를 맡은 자가 이동인이었다.[22] 그런데 이 시기는 유림을 중심으로 하여 조
정 내외에서 위정척사론이 일어 비밀리에 일을 진행시킬 수밖에 없었고,
사람들의 왕래가 잦은 부산을 피해 비밀리에 원산에 집결하여 도일하려고

---

22) 이광린, 앞의 글, 1973, 98쪽.

하는 상당히 긴박한 상황이었던 것 같다. 그런데 국가적인 대사에 국왕의 밀명을 받고 있던 이동인이 기밀을 요하는 여러 가지 사안에 대해 엔신이나 일본 총영사와 긴밀히 협의한 부분은 상당히 미심쩍은 부분이다. 이에 대해 한석희는 아마도 도일, 체재비용 및 개화파의 자금조달을 위한 차금(借金) 등을 교섭하기 위해 자주 만났을 것으로 해석하고 있다.[23] 이러한 국가적인 대사에 유대치·이동인·무불 등이 깊이 관여하였으며, 엔신과 일본 총영사 또한 긴밀한 협력을 아끼지 않고 있었다.

한편, 당시 개화파였던 김옥균·박영효 등과 이동인의 관계에서 빼놓을 수 없는 인물들이 몇몇 등장하는데, 앞서 언급한 중인 출신의 한의였던 유대치, 역관이었던 오경석, 그리고 승려 무불 등이다. 특히 유대치의 경우는 당시 혈기왕성한 젊은이 김옥균·박영효 등에게 불교의 도를 전하고, 개화사상으로 이끈 사람으로 평가되고 있다.[24] 또한 엔신의 일지에도 유대치에 대한 소개가 기술되어 있는데, 1879년 10월 4일자에 "경성의 유대치가 와서 승려 무불에 대해 이야기를 나누었다. 김옥균의 편지를 가지고 왔다. 유대치는 원래 자산가이며 상당한 학식과 경험의 소유자다. 특히 우국의 지사로서 항상 박씨(*박영효) 및 김씨(*김옥균) 그 외의 신사상을 품은 자들 사이에 들어 항상 좌우하였다. 그래서 생각을 정리하여 소생의 거소인 원산까지 와서 憂國頹敎(*나라와 불교의 쇠퇴를 걱정)에 대해 많은 이야기를 나누었다. 나에게 청옥의 담배통을 선물로 가져왔다. 또한 총영사에게도 몇 점의 선물을 가져 왔다"고 소개되어 있다.

즉, 개화파들에게 있어서는 자신들의 뜻을 펼치고 정치적 입지를 공고히

---

23) 한석희, 앞의 책, 33쪽.

24) 예를 들어 이광린은 "유대치는 새로운 불심을 얻어 그것을 개화사상으로 승화시켰던 사람이다. 그는 젊은 승려들뿐만 아니라 유학자들과 접촉하여, 그들로 하여금 새 문물과 세계에 눈을 돌리게 하였다. 서울의 광교 부근에 있었던 그의 집은 개화사상을 빚은 온상의 역할을 하였다. 그의 감화를 받은 젊은이들이 날마다 그의 집을 출입하면서 불교를 비롯하여 국내외 문제에 대해 토론하였다"고 평가하고 있다(이광린, 앞의 글, 1973, 94~95쪽).

해 줄 수 있는 일본 측의 협조와 도움이 절실하였고, 일본은 이들을 통하여 개항을 선점해 청과의 경쟁에서 우위를 확보하고, 조선을 식민지화하는 교두보를 구축하게 되는 기회를 얻게 되었다. 한편, 명치유신체제 아래 어떠한 형태로든 일본정부에 협력을 할 수밖에 없었던 동본원사 측25) 입장에서는 해외포교의 거점을 확보하고, 정부와 공고한 협력관계를 유지함으로써 교세를 넓히고 교단의 존재감을 강화하는 좋은 기회가 되었다. 이러한 삼자의 이해관계가 잘 어우러져 하나의 역사적 작품을 일구어냈다고 할 수 있겠다. 이 점에 대해 한석희는 다음과 같이 지적하고 있다. "필사의 연명책으로서 유신정부의 국운진전 발양계획에 발을 맞추려고 한 오오타니파의 조선포교를 이용하여 조선침입의 첨병으로 삼으려는 일본정부의 종교정책은 한편으로는 표면상 무력을 표방하면서 민간에 침잠하여 영향력을 넓히고, 개항기에는 특히 개화파에 깊은 관심을 보이면서, 하루빨리 봄이 찾아오기를 기다리는 조선불교의 승려와, 다른 한편으로는 親淸체제의 변혁과 새로운 체재수립의 방도를 모색 중인 개화파들을 표면상 비정치적인 불교포교활동을 하는 사원, 승려임을 내세워 안심시켜 끌어안는데 성공한다."26) 결국 조선의 개화파들을 통하여 자국이익을 대변해 줄 수 있는 친일인사를 끌어안아, 조선침탈의 유리한 고지를 점령하게 된 것이다.

앞에서도 언급한 것처럼 귀국 후의 이동인은 민영익의 각별한 총애를 받아 사상의학으로 유명한 이제마(李濟馬)와 함께 청의 총리아문(總理衙門)을 모방한 외교업무의 중심을 이루는 통리기무아문(統理機務衙門)의 참모관이 된다.27) 그런데 이러한 사정 즉, 가까운 시일 신사유람단을 일본을 보

---

25) 작게는 명치유신에 즈음하여 막부 쪽에 서 있던 동본원사 측이, 유신정부에게 잘 보일 수밖에 없는 약점을 가지고 있었으며, 크게는 유신 단행으로 인한 국가신도의 확립과정에서 신불분리(神佛分離)정책이 펼쳐져 불교의 지위가 현격하게 약화되어 가는 상황 아래 호국호법론(護國護法論)에 근거한 국가주의와 그 실천에 한 몫함으로서 살아남을 길을 택하였다.

26) 한석희, 앞의 책, 26쪽.

27) 이선근, 앞의 글, 69쪽.

낼 것이며, 일본 육군의 교관을 초빙하고 공채를 발행하여 무기를 조달할 것이며, 통상(通商), 이용(理用), 교린(交隣) 등의 분장업무 그리고 인원배치 등을 정부의 공식 발표에 앞서 이동인이 하나후사공사에게 상세히 알려 준다.[28] 이러한 상황에 대한 이선근의 평가는 이동인에게 상당히 우호적이다. 예를 들어, "李東仁은 花房 日本公使에 對하여 (金弘集 대신)政府가 公式으로 詳細한 人事配置 其他를 발표하기에 앞서 日本關係에 알려도 無妨한 部分만을 情報로 提供해 준 것이 틀림없다. 그리고 또 다시 檢討해 볼 때 당시의 政府는 統理機務衙門의 配置만이 아니요, 이른바 朝士＝紳士 視察團의 日本派遣과 軍制改革, 軍事敎鍊官의 招聘, 起債에 의한 武器購入 其他 重要한 開化施策을 거의 똑같은 時期에 秘密히 計劃推進하되, 閔泳翊, 金弘集 등을 중심으로 하고 이들과 불가분인 李東仁을 參謀로 삼아 그의 남다른 知識과 力量을 高度로 活用한 것임에 틀림없다"[29]고 하여 정략적인 정보유출을 통해 고도의 외교술을 발휘한 것으로 평가하고 있다. 하지만 그것이 정략적인 이유에서 이루어졌다고 하는 방증은 없으며, 어떤 의미에서는 일본 측과 긴밀한 관계에 있던 이동인에 의한 정보유출이라는 측면도 간과할 수 없다. 이에 대해 이광린은 조금 다른 평가[30]를 하고 있다. 즉, 김홍집의 입장에서 보면, 애초에 자기가 천거하여 승려의 신분으로 일약 임금과 알현하여 의견을 개진하는 입장이 되었고, 나아가 통리기무아문의 참모관이라는 관직에까지 오르게 되었지만, 이후부터는 민영익이나, 김옥균 편에 서서 일을 진행하는 한편, 경솔하게도 국가의 기밀을 발설하고, 일을 성급히 추진하는 등 믿을 수 없는 자로 비춰졌다는 것이다. 게다가 한미수교와 한영수교를 둘러싸고 독자적인 행동을 하고 있던 이동인을 위험인물로 간주하기 시작했다는 것이다. 물론 어떠한 과정을 거쳤던지 간에 그것이 우리 측에 유리한 결과를 낳았는지, 아니면 결과적으로 일본 측에게 유

---

28) 이선근, 위의 글, 69~70쪽.
29) 이선근, 위의 글, 70쪽.
30) 이광린, 앞의 글, 1973, 104~108쪽.

리하게 전개되었는지에 따라, 상당히 다른 평가가 내려질 것이다.

Ⅳ. 마무리에 가름하여

오쿠무라 엔신은 1877년부터 약 5년간에 걸쳐 부산, 원산, 인천에 별원을 세워 일본인을 중심으로 포교활동을 벌이는 한편, 조선인에 대한 포교활동도 병행하였다. 이후에도 귀국한 다음 다시 1897년에는 히가시혼간지로부터 조선포교활동의 강화를 명받아 오쿠무라와 여동생 이오코(五百子)는 전라남도 광주를 새로운 포교활동지로 정한다. 먼저 와 있던 오빠의 뒤를 따라 수개월 뒤에 도착한 이오코는 오빠의 포교활동을 돕는 한편, 당시의 귀족원 의장 코노에 아쯔마로(近衛篤磨), 외무대신 오오쿠마 시게노부(大隈重信) 등의 적극적인 지원 아래 1898년 9월 양잠, 농업기술 개발 등을 목적으로 하는 오쿠무라실업학교(奧村實業學校)를 개교하고 히가시혼간지로부터 교장으로 임명받는다. 뿐만 아니라, 후에는 애국부인회를 창설하는 주도 역할을 담당하면서 한편으로는 일본으로 망명 와 있던 김옥균, 박영효 등에 대해서도 헌신적인 뒷바라지를 한다. 이처럼 엔신과 이오코는 한반도 침탈 초기과정부터 동본원사의 조선포교라는 활동을 통해 당시의 조선과 깊은 관계를 맺어 오면서, 양국의 정치·외교적인 장면의 주요인물로 등장한다. 이는 서구열강들이 군함을 앞세워 개항을 하게 하고, 선교사들을 파송하여 식민지지배의 기초를 마련한다는 상투적인 수법을 일본 역시 그대로 답습한 결과이기도 하다. 특히, 엔신의 조선국포교일지는 앞서도 언급하였듯이, 이동인을 중심으로 한 당시 조선의 개화파, 동본원사와 엔신, 그리고 일본 정부라고 하는 점과 선이 빚어낸 역사기록물이라 할 수 있겠다. 엔신의 일지를 방증할 수 있는 다양한 사료, 특히 김철계와 이동인이 동본원사에 체재하고 있을 때의 기록이나, 동경 아사쿠사 별원 체재 시의 기록 등이 새롭게 제시된다면, 개항기 한일관계의 또 다른 질곡의 역사를 확인할 수 있을 것 같은데 이는 앞으로의 과제다.

한편, 일지 등을 통하여 알 수 있는 중요한 사실 중의 하나는 조선인을 대상으로 한 포교가 일본 측이 원근 각지를 돌아다니며 직접적인 접촉을 통해 한 적극적인 포교가 아니라, 여러 연유로 인해 스스로 찾아온 조선인 승려 및 속인들을 대상으로 포교가 이루어졌다는 점이다. 물론 이러한 포교 상황은 일본인들이 자유롭게 당시의 조선 각지를 돌아다니며 포교할 수 없었다는 점을 간과할 수 없다. 하지만 분명한 것은 당시 많은 조선의 승려와 일반인들이 엔신을 찾아와 어떠한 형태로든 직간접적인 영향을 받았다는 것이다. 어떻게 소문을 듣고 찾아오게 되었는지, 원근 각지를 막론하고 수많은 조선인들이 연일 찾아온다고 일지에도 기록되어 있듯이, 호기심에서 혹은 땅에 떨어진 조선불교의 부흥과 새로운 진전을 꿈꾸는 승려들, 새로운 문물과 문명을 접해 보려는 지식인들, 특히 소위 개화파의 초기 멤버들은 물론 중심인물들이 엔신을 매개로 하여 일본조야의 거물 정치, 지식인들과 연결되었다.

또한 포교활동에서 포교자와 피포교자의 대면적인 관계에서 생성된 개인적·정서적 유대관계가 한국인 신자를 획득하는 전제가 되었다는 지적[31]에서도 알 수 있듯이, 엔신은 다양한 한국인과의 인간관계를 통해 포교는 물론 한말 급변하는 조선국내 정세에 개화파 인사들을 직간접으로 도우면서 간여하였다. 비록 불교라고 하는 비정치적인 포교활동을 명분으로 하였지만, 이에 대한 평가는 대개 한 묶음으로 내려져 있다. 즉, 한반도 식민지화의 첨병으로서의 동본원사, 혹은 엔신이라는 것이다. 그러나 간과해서는 안 될 부분은 당시 개화파 사상가들이나 그와 관계된 인물들이 엔신이나 동본원사 측에 적극적으로 접근하여 자신들의 이익(그것이 국가를 위한 것이었던, 개인의 입신공명을 위한 것이었던)을 위해 정략적으로 이용(?)해

---

31) 李元範, 「近代日韓関係と天理教運動」, 柳炳徳・安丸良夫・鄭鎭弘・島薗進 編, 『宗教から東アジアの近代を問うー日韓の対話を通してー』, ぺりかん社, 2002, 201쪽.

왔다는 것이다. 결과적으로는 일본의 조선침탈을 가속화하는 데 일조를 하게 된 셈이지만, 이 부분에 대한 평가 역시 새로운 조명을 받을 필요가 있을 것 같다. 또한 엔신의 조선포교활동이 빚어낸 부차적인 산물로서 사회진화론적인 입장에서의 신문명 도입의 창구역할이라는 부분도 새롭게 거론할 필요가 있을 것이다. 단순히 일제의 앞잡이, 친일이라는 정치적인 구도와는 다른 입장에서의 접근이다. 일지에서도 볼 수 있듯이, 엔신이 들여온 신문물, 예를 들어 서적, 램프, 석유, 성냥, 약 등 사소하게 보이는 이러한 문물들이 새로운 문명에 대한 일반인 혹은 지식인, 승려 계층의 호기심을 자극하는 기제로서도 이용되었다는 점도 지적할 수 있을 것 같다.

부록

조선포교일지

당시 조선의 상황과 포교활동의 개략, 그리고 조선인들과의 관계 부분을
발췌하여 번역한 것이다.

***1877년(明治 10)**

9월 29일

관리관으로부터 출장 이유에 대해 찬동을 얻었다. 조선에 거주하는 일본인들에게
의 포교활동은 협의해서 진행하도록 한다. 그러나 조선인에 대한 포교는 곤란한 점들
도 있을 것이므로 본청에 의논한 뒤에 통지할 것(후주 영사관원 56명, 순사 45명). 이
때 거류민의 가옥은 30호 정도로 인구는 대개 300명 정도였다(후주 그 대부분은 대마
도 사람). 이때는 거류지가 東館과 西館의로 나뉘어져 있었는데, 거류민의 대부분은
동관 쪽에 살았다.

서관에 양국 대사의 응접소가 3동 있는데 그곳은 빌릴 수 있다고 하여 가 보니 잡
초가 무성한 곳에 오랫동안 사람이 살지 않아 건물상태가 아주 좋지 않았다. 그곳 사
람들 이야기로는 무서운 호랑이가 출몰하는 곳이라 한다. 상담 결과, 3동 중 한 동(택
지 8백 평)을 빌리기로 하고 관청의 허락을 받았다. 이날이 11월 1일이다.

11월 4일

松本白樺, 北方蒙 양씨에게 花房대리공사에게 보내는 서한을 부탁. 동 공사는 4일
부산항에 도착. 따라서 본인은 즉시 공사를 찾아갔으나 공무로 바쁜 관계로 면담할
수 없어 9일에 만나 자세한 이야기를 전해 듣고 되돌아 왔다. 12일 공사로부터 초대의
전갈을 받고 즉시 면담하러 갔으나 못 만나, 다음날 13일에 다시 찾아가 공사 및 관리
관 近藤씨와 함께 만났다. 공사로부터 어떠한 방법으로 포교할 것인가에 대해 질문을
받아, 『眞宗敎旨』 및 『御文』, 『和讚』을 보이고, 眞俗二諦[1]라는 교지를 가지고 포교할

---

1) 정토에의 귀의는 불법에 따르고 세속적인 도리는 왕법을 따른다는 정토진종의 교
　리. 여기서 왕법이란 교육칙어에 규정된 내용을 이른다. 따라서 진속이체론은 결
　국 전쟁협력이라는 책임론으로부터 자유롭지 못하다고 하겠다.

것이라 답했다. 그 후, 여러 차례 포교 상의 문제로 공사를 방문하였다. 그리고 기쁜 일이 하나 있는데, 무엇보다 기쁜 일은 조선인들의 왕래가 빈번하게 된 점이다.

11월 21일

경상도 知礼士人 金済万이라는 사람이 와 필담을 나누며 인과의 도리에 대해 토론했으나 날이 저물어 이튿날을 기약하고 헤어짐. 약속대로 또 다시 찾아와 서로 이야기하고 마지막에 시를 한 수씩 주고받았다. 이러한 것을 단서로 하여 부산 전천리(田川里) 崔 京希라는 사람이 와, 글을 하나 써 주었다. 글의 내용의 진종의 교지를 믿어 스스로 구함을 나타낸 것이다. 서로 필담을 주고받아 신의를 쌓아 불상과 염주 등을 선사하였다. 그는 절을 하고 머리를 숙이고 더하여 감격의 눈물을 보이며 돌아갔다. 그가 스스로 구함을 이야기하여 매일 조선인들이 5, 10명 정도 오는 날이 끊이지 않았다. 원래 조선인들은 시를 짓기를 좋아한다. 따라서 한국에서 포교하려면 반드시 시를 짓는 것이 좋겠다.

11월 27일

앞서 기술한 임차가옥 다섯 방을 수복하다(後筆頭註: 수복비 四百圓). 일실에 본존상을 봉치하고, 일실은 응접실로 하며, 일실은 거실로 하고, 일실은 머슴의 방으로 하여 일실을 현관으로 함(후필두주: 당시 1년간 경비는 1,200圓). 이후, 날이 흐름에 따라 韓人포교의 효과를 볼 수 있었다. 내지인 포교는 靑山如竹(후필두주: 대마도 사람으로서 富屋組의 주임으로 한학에 능통하고 원래 대마도번의 교토거류 시절부터의 신자)(후필두주: 부산상업회의소 부의장. 선종)가 솔선하여 매주 토요일에 설교연설을 함. 이에 따라 내외인 포교의 기초를 쌓음.

11월

내외인의 왕래가 빈번하여 쉴 틈도 없다. 특히 방인 長州(*지금의 야마구치현) 馬島 출신의 吉村松藏가 상업의 틈을 타 매일 아침 동관으로부터 8시에 참배를 와, 근행을 배청하고, 담화를 청문하고 돌아가기를 하루도 쉬지 않았다. 다른 내지인들을 데리고 와 참배를 했다. 14일부터 방인 자제들의 교육에 관해 거류민 의장 靑山如竹 및 총대로부터의 청원에 의해 히라노 케이스이를 그 임무에 맡기고 현관방을 교실로 하여, 17, 18명의 아이들에게 독서, 산술, 습자 등을 가르침. 의무교육으로 하여 사례비는 받지 않음.

12월 18일

관리관청으로부터 일이 있으니 출두하라는 통보를 받고 즉각 출두하여 다음과 같은 통지서를 받음. 포교를 할 때는 일본인만을 대상으로 하는 것을 업무로 할 것. 명치 10년 12월 18일 관리관 近藤直鋤. 眞宗東派訓導 奧村圓心 殿(후주: 명치 11년에는 대원군이 기독교인을 살육하여 外敎를 금지하는 결과가 되었다. 단, 포교는 금지되었지만, 종래의 한국인교도 출입은 자유였다).

***1878년(明治 11)**

1월 3일

강원도 금강산 神溪寺 普光庵 승려 太黙堂治玟이 와서 한국불교의 쇠퇴를 개탄하며, 소생의 渡韓을 만강성심을 가지고 환영하였다. 그에게 『眞宗敎旨』를 선물하자 그도 가지고 있던 기이한 나무지팡이를 나에게 선물했다.

2월 2일

한국의 음력정월이다. 히라노케이스이와 어학생 3명을 데리고 부산의 거리로 나선다. 한국의 풍속으로 남녀 공히 이날은 새로운 옷을 장만한다. 특히 눈길을 끈 것은 오색의복(색동저고리?)을 입는 것이다. 또 남자아이들은 연을 날리고, 여자 아이들은 널뛰기를 한다.

2월 9일

동래 범어사 승려 混海가 승려 2명, 하인 1명과 왔다.

2월 11일

양산 통도사 승려 2명 방문.

2월 15일

금강산 승려 및 그 외 한국 속인들이 많이 왔다.

3월 6일

부산에서 2백리 떨어진 충청도에서 李中元, 李基元이 7백리(?) 떨어진 공주의 河范彦, 80리 떨어진 梁山房伯, 槐亭 文學如 및 俞德和, 今在如 7명이 먼 길을 마다하지 않고 와서 *弘敎*의 뜻을 물음. 각자에게 *眞俗二諦*의 교지에 대해 설명하였다. 각자 이해를 하고 돌아갔다. 이후에도 많은 조선인들이 왕래하였으나 생략한다.

3월 13일

통도사 승려 秋山雲山 외 1명이 와, 곶감을 100여 개 선물로 가져왔다. 그들에게 초와 목면을 선물하였다. 이 두 사람에게 『眞宗敎旨』를 1부씩 주었다.

3월 14일

조선인 3명에게 타력(他力 *단순히 나무아미타불을 읊조려 스스로가 구제받는 것으로는 안 되며, 아미타여래의 신심에 의지하여야 구제받을 수 있다는 정토진종의 교의)의 깊은 뜻을 설교함.

3월 15일

30명의 내지인들이 참배를 와, 설교함.

3월 16일

동래 士人 朴進權이 감, 밤, 붓을 선물로 가져 옴. 『眞宗敎旨』에 대해 설명하자 빌려감. 그 후에도 조선인 여럿이 방문하였다.

3월 28일

조선인 승려 여럿이 찾아옴.

4월 9일

복병산에 늙은 호랑이가 출몰하여 일본인 부인을 향해 포효함.

4월 10일

관청의 연락으로 거류민이 총출동하여 용두산을 에워싸고 호랑이를 포획하려 했으나 이미 사라지고 없었다.

4월 18일

조선인 4명이 와서 불전에 참배를 하고 『眞宗敎旨』를 구하기에 주었다.

4월 21일

조선인 승려 5명과 일반인 2명이 와서 불전에 참배하고 돌아감.

4월 22일

조선인 4명이 와서 각자에게 『眞宗敎旨』를 주었다.

4월 23일

조선인 손님 3명 방문.

4월 25일

조선인 승려 2명, 일반인 3명이 와 불전에 참배하고 갔다.

4월 27일

조선인 승려 2명이 와 불전에 참배하고 갔다.

4월 30일

부산 거주 조선 일반인 崔璟希가 와 『阿彌陀經』을 조선어로 번역하여 유포할 것을 상담하였다.

5월 4일

조선인 승려 7명, 일반인 4명 방문.

5월 6일

대마도 사람들이 습관적으로 낙태를 하였다. 관리관인 소에다 세츠(添田節)씨로부터 이러한 습관을 없애도록 설교하여 교정해 줄 것을 부탁받음. 따라서 설교하고 깨닫게 하여 그런 일이 없게 되었다.

5월 9일

경기도에 있는 조선 승려 3명이 하인 1명과 함께 찾아옴. 그 외에 조선인 손님 4명이 왔다. 담배 등을 선물로 가지고 왔다.

5월 10일

조선인 승려 4명, 일반인 4명이 와 『眞宗敎旨』에 대해 이야기하자 모두 감격하여 절하고 돌아갔다.

5월 12일

조선인 손님 2명 방문.

5월 14일

통도사 승려 5명 방문.

5월 15일

통도사 승려 3명, 密陽寺의 승려 老納(?) 2명이 밀양사 禮雲이 보낸 서면과 붓, 두루마리 한 권을 가지고 왔다. 그들에게 (*답례로) 안약, 시첩(*시를 쓸 때 쓰는 종이?) 한 첩을 보냈다. 동래사람 2명, 밀양사람 3명, 海關吏 1명, 김해 華嚴寺 승려 6명, 그 외 수 명의 조선인들이 왔다.

5월 16일

동래사람 2명, 강원도 金剛山神溪寺 승려 巨仁, 澤鮮, 卯俊 3명이 와 금강산의 錄을 가져 왔다. 각자에게 『眞宗敎旨』를 한 부씩 주었다.

5월 20일

조선인 손님 10명 방문.

5월 21일

조선인 손님 3명 방문.

5월 22일

施藥屆를 제출. 울산 尹充和 및 승려 1명 방문. 珍丹을 한 포씩 나누어 주었다.

5월 24일

崔璟希 통속적으로 『觀經』 일부를 번역.

5월 26일

경상도의 승려 3명 및 강원도 승려 2명, 동래 범어사 승려 4명, 東萊府吏 1명 외 4명, 또한 양산사람 2명, 울산사람 10명, 충주 1명, 김해 1명, 경주 2명, 청도 2명, 밀양 1명, 그 외 堂裏(*堂里?)사람 수 명이 와서 수차에 걸쳐 필담을 나누고 불전에 참배를 하고 돌아감(*약 40명 방문).

5월 29일

기장사람 5명, 울산 1명, 경주 2명, 부산 1명 그리고 최경희가 수십 명을 데리고 왔다.

5월 30일

동래사람 2명, 부산사람 1명 방문.

6월 1일

양산 통도사 승려 3명, 동래부중사람 2명, 부산사람 3명, 경기도사람 1명 방문. 『眞宗敎旨』를 읽고 감배하고 돌아감.

6월 2일

경기도 三聖庵의 승려가 와서 종일 眞宗의 宗意에 대해 이야기를 나눈 뒤 부처에 참배하고 감(후주: 즉, 東仁이다).

6월 3일

또 삼성암의 승려가 와 수차례에 걸쳐 필담을 나누고 『釋氏要覽』을 빌려감. 전라도사람 1명, 동래 2명, 부산 1명 방문. 그들에게 施藥을 한 포씩 나누어 줌[후주: 당시 해군의 대군의 야노소테츠(矢野蘇徹)를 부산에 파견하여 재류민들의 치료를 담당하게 하였다. 이 사람 외에 의사는 없었다].

6월 5일

부산사람 2명 방문.

6월 6일

조선인 승려 2명이 방문하여 小료 한 되를 가져옴.

6월 7일

양산 1명, 부산 3명 방문.

6월 8일

울산 1명, 조선의 통역관 2명 방문. 이들에게 『眞宗敎旨』를 설명, 그것을 듣고 정말로 적당한 布敎史(?)라고 감탄하였다.

6월 9일

강원도 금강산 楡岾寺의 승려 2명, 乾鳳寺 승려 7명이 동래사람을 동반하여 방문.

6월 11일

古館 승려 2명, 普州(*晋州?) 大源庵의 승려 2명이 와 불전에 참배하고 감.

6월 12일

밀양사람 3명, 동래의 승려 2명, 부산사람 1명 방문.

6월 13일

동래사람 3명 방문.

6월 14일

김해에 사는 五衛將(官名) 活南 방문. 이 사람은 색다른 인물이었다. 그 외에 승려 1명 방문.

6월 15일

부산사람 2명 방문.

6월 16일

일요일이어서 한테히(ハンテヒ)촌까지 산보를 갔는데, 가옥은 모두 불결하고 악취가 코를 찌른다. 사탕, 떡 등을 나누어 주니 동네사람들이 굶주린 호랑이처럼 모여들었다.

6월 17일

동래사람 2명, 부산사람 5명, 강원도 明珠寺 승려 1명, 그 외에 부산사람 2명이 와 담뱃대와 부채, 생선을 가지고 왔다. 그 대가로 술을 주었다.

6월 19일

경성 興國寺의 승려 1명, 범어사 승려 3명이 와 각자에게 시약을 주었다.

6월 20일

범어사 승려 混海가 서한 및 붓, 문양 있는 종이 한 축, 먹 한 통을 가지고 왔다. 또한 동래의 朴稻峰이 생선을 보내왔다. 범어사의 聖奎도 柿紙壹, 명주를 보내왔다. 울산사람 3명, 그 외에 범어사 승려 3명이 왔다. 혼해에게 水吸器를 성규 등에게는 珍 丹 한 포씩을 보내 주었다.

6월 21일

조선국 국왕모가 붕어. 나라 전체가 휴업하기를 3일. 인민들의 애곡소리가 도처에 서 끊이지 않았다.

6월 22일

범어사 승려 혼해가 3명을 동반하여 방문.

6월 23일

조선사람이 豹兒를 가지고 왔다. 가격은 2百文(일본돈 1엔 정도)을 주고 샀다.

6월 24일

조선어교사 우라세 유(浦瀬祐, 대마도사람) 관청통역사가 와서 조선사정을 이야기 해 주었다(후주: 나중에 혼간지 전임통역사로 고용. 월봉 40圓).

6월 25일

통도사 승려 4명, 함양군사람 1명, 경주사람 任聖宰 등 7명, 강원도사람 1명, 경기도 三角山 太古寺 승려 2명, 속인 1명 방문. 그중에서 경주사람 임성재는 『眞宗敎旨』를 능히 읽고 대단히 좋다고 칭찬함.

6월 26일

東萊府士 5명 방문.

6월 27일

조선인 1명 방문.

6월 28일

부산 1명, 강원도 神興寺 승려 2명, 범어사 승려 2명 방문.

6월 29일

전기의 豹兒를 용두산 산중에서 조선인이 다시 포획.

6월 30일

동래부 金允魚 등 5명 방문.

7월 1일

밀양 表忠寺 靈雲堂 외 승려 2명 방문. 긱긱에게 시약을 배품.

7월 5일

동래 박석봉 외 2명 방문.

7월 6일

경상도 함양읍 方丈山 法華寺 승려 圭享 등 5명 방문.

7월 11일

경상좌도 승려 4명이 왔으나 병으로 누워 있어 대화를 나눌 수 없어 谷覺立에게 『眞宗敎旨』에 대해 설교하게 함. 참배하고 돌아감.

7월 12일

병이 호전되지 않은 상태에 승려 수 십 명이 방문하였으나 담화는 뜻대로 이루어지지 않음. 모두 참배 후 돌아감.

7월 14일

동래사람 1명 방문.

7월 22일

李乃玉의 서찰 및 담뱃대 보내옴. 李圭三이 와서 상업에 관한 이야기를 나눔. 부산 金英七 등 4명 방문. 통도사 승려 碧波 외 2명의 승려가 와 배불하고 돌아감.

7월 25일

부산사람 秋允散 등 3명 방문.

7월 29일

朴散圓(園?)이 紅扇 한 개와 닭 한 마리를 가져 옴. 李書房 등 4명을 인솔하여 옴.

7월 30일

李乃玉의 초청으로 사카노시타(坂下)의 古館에서 연회에 참석. 이 지역은 대단히 청량한 곳으로 모두 여러 잔의 술을 마셨다.

7월 31일

범어사의 승려 圓識 등 2명 방문. 원식은 이채로운 인물로 조선인으로서는 드물게 재능을 가진 사람으로 밤새 이야기를 나눔.

8월 3일

양산의 金文見이 와 본교의 본인의 가르침 아래 제자가 되고 싶다고 청원하여 후일을 약속하고 돌아감. 부산 朴散園 등 2명 방문. 경성사람 張星七의 役吏 방문.

8월 4일

李乃玉이 수 명을 데리고 방문. 이내옥은 미소년으로 재기가 넘쳤다. 또한 범어사 승려 1명 방문. 박산원이 도미 두 마리를 보내 왔다. 본인은 램프와 석유를 보냈다.

8월 18일

전라도 七佛寺 승려 文定이 와 교의에 대해 이야기를 나누고 혼간지에 문하에 귀의할 것을 청하였다. 그래서 一泊을 권했다. 그 외에도 조선인 한 명이 와 배불하고 돌아갔다.

8월 21일

김해 鳴湖 金仲瑞 등 3명 방문. 또한 조선 通事(통역사) 金明學이 尙州 賀嶺 崔舜如를 데려왔다. 순여는 문학도 가능한 자로 우리 『敎旨』를 일독한 후, 크게 감명을 받아 진실로 지상의 聖敎라 감탄하였다. 불전에 참배 후 시 한절을 남기고 떠났다.

8월 29일

浦瀨祐氏를 어학교사로 채용하여 오늘부터 출장소에 근무하게 함(후주: 20일부터 전임교사로 채용).

9월 11일

大陰曆 8월 15일. 조선은 이날에 조상의 영을 제사 지낸다. 연중 큰 祭日이라 조선인들의 왕래가 끊어짐. 또한 이때 희생되어 도살되는 소가 전국적으로 6만여 마리라 한다.

9월 15일(6월 3일자와 관련?)

양산 下北開, 簹(?)地洞, 朴和則, 洪承秦 등 4명이 와 眞宗의 宗義에 대해 설명을 구해 옴. 여러 가지로 설명을 하자 聖敎라 감탄하고 『眞宗敎旨』를 구하기에 한 부씩 건네주었다. 또한 통도사 白蓮庵 西明, 實名은 琪印이 와 『稽古釈氏録』을 반환. 『大蔵目録』·『維摩経』 한 부, 『阿弥陀経註書』 한 부를 西京本山에 기증하고 제자가 되기를 원했다. 또 충청도 西垣이 와 두 손님과 이야기를 나누다 보니, 날이 어두워지고 밤중까지 필담이 이루어졌다. 이야기가 깊이 있게 이루어져 도합 삼일 밤낮으로 조선이 고립되어 政綱이 번성하지 않고 종교도 패퇴함을 이야기함. 기인에게는 七祖聖敎 한 부를 주고 서원에게는 『眞宗敎旨』를 한 부 주었다(*18일에 헤어짐).

9월 19일

산청에 사는 梁麒軫, 丹城 李尙鵬이 약속대로 찾아와 시 수 편을 써 받았다. 양씨 말하기를 진종의 교법은 지금의 우리들의 根機에 적합한 교법으로 본인도 그것을 信行하기를 원한다고 하였다. 그래서 『眞宗敎旨』를 한 부 건네주었다.

9월 22일

범어사의 승려가 4명 왔으나 불전에 참배를 하지 않기에 그들을 훈계하여 배불하
게 함.

9월 23일

浦瀨祐가 부산진에 사는 朴乃盛을 데리고 왔다. 이 사람은 진종의 교의를 듣고 감
격한 나머지 敎社(*신도단체?)에 가입함. 본존과 염주, 『眞宗敎旨』를 주었다.

9월 25일

밀양 金在垸, 朴文虎, 청도사람 文程 방문하여 『眞宗敎旨』를 구하였다. 각각에게
한 부씩 주었다. 그중 박문호는 信敎의 의사가 있는 것 같다. 각각 배불하고 돌아갔다.

11월 29일

比叡艦來釜.

12월 4일

해병 釜山城에 이르러 발포함. 그 소리가 산야를 흔들었다.

12월 8일

함양 金鐵桂가 와서 불교에 대해 이야기를 청함. 그래서 이체에 대해 설교하자 크
게 깨달아 스스로를 구하기에 이르렀다. 『眞宗敎旨』를 한 부 주었다.

12월 9일

통도사 승려 東仁이 와 수 시간 후에 돌아감.

12월 10일

東仁(琪印)에게 염주와 聖敎 한 부를 본산에서 주었다. 또 金福珠가 왔다.

12월 11일

東仁이 체재하며 護國扶宗를 되풀이 하여 이틀에 걸쳐 (*이야기를 나누었다). 나중
에 우리 군함을 보고자하여 김철계와 같이 比叡艦을 보러 갔다.

12월 12일

군함 승무사관이 죽어 복병산에 장례 지냈다. 澤田艦長 이하 장례참석.

12월 30일

富谷組 사원 江口竜兵衛가 西京본산에 별원사무관계로 출경. 김철계 二諦의 교지에 감득하여 한 번 본산에 (*직접) 가서 宗乘을 배워 한국에 포교하고자 하는 뜻을 밝혀 에구치씨에게 부탁하여 서경에 같이 보냄. 이것은 한인이 종교에 귀의하여 우리나라로 도항하는 것은 처음 있는 일이다(후주: 본산에 거주하여 불교를 배우게 함. 이 사람은 한인 일본유학 제1호다. 그 뒤 2년간 본산에 있게 되나 發狂하여 죽었다).

1879년(明治 12)

1월 7일

오전 내, 외지인 약 400여 명이 모여들다. 오후 1시 遷佛供養會를 거행. 한국어설교 1회, 일본어설교 1회.

6월

상순에 일이 생겨 본국으로. 본산 사무소에 한국포교 등에 관한 회의를 하고 잠시 사무를 끝내니 8월 중순이 되었다. 이때 포교시찰을 위해 敎育課錄事 和田圓什씨와 韓語학생 金色良忍이 출장하게 되어 같이 歸韓함. 이때 한국 승려 東仁이 일본에 들어가려고 부산별원에 체재하고 있었다. 와다씨에게 상담하여 동인을 본산에 보내기로 함.

東仁日本漫遊事情

동인은 원래 승려인데, 항상 나라와 護法을 걱정하는 神經家였다. 최근 조선국의 국운이 쇠퇴하고 종교는 이미 땅에 떨어지고 있었다. 이때 혁명당 朴泳孝, 金玉均 등이 국가의 쇠퇴한 운명에 분개하여 크게 쇄신하려고 하였다. 또한 동인도 뜻을 같이 하였으므로 박영효, 김옥균이 동인을 불러들여 중용하게 되었다. 따라서 열국의 公法 등을 알기 위해 우리 종문에 歸入하여 일본에 건너가려고 하였다. 동인은 박영효로부터 받은 純金棒 4개(길이 2寸余, 둘레 1寸余)를 나에게 보여주며 이것을 여비로 써 달라며 건네주었다. 이에 와다씨 및 총영사관 前田獻吉씨와 상의하여 본산에 보내기로

하였다. 이것은 한국개혁당이 일본에 건너가는 처음 시도라. 동인이 일본에 도착하여 나에게 편지를 보내왔다.

12월

상순이 되어 원산진이 내년 5월 1일 개항함으로, 그전에 무엇보다도 별원건설 등 사무적인 회합을 위해 귀경.

1880년(明治 13)

3월 19일

京都에 도착하여 동인과 여러 번 만나다.

4월 2일

동경의 鈴木惠淳씨로부터 동인이게 동경에 올 것을 재촉.

4월 4일

동인을 동반하여 동경으로 갈 것을 명받음. 같은 날 동인이 得度式을 신청. 그날로 허가가 내렸다. 본인은 조선국 원산진 출장명령을 받았다.

4월 5일

동인 得度마침.

4월 6일

동인을 동반하여 神戸에서 乘船하여 동경으로 출발.

4월 11일

동인을 동반하여 마에다씨(前田獻吉: 2월 21일 부산총영사에 임명)를 방문해 앞으로 일을 상의. 후에 동인은 浅草別院에 머물게 하였다.

5월 1일

전라도 威鳳寺 승려 文定, 약속대로 부산별원으로부터 와서 長崎에 도착한다는 전보가 본산에 도착.

5월 3일

조선의 승려 無不 또한 온다는 전보가 長崎로부터 도착.

5월 11일

오전 9시 원산진을 향해 출발. 동인으로부터 金校里(박영효를 가리킴)에게 서적 탁송을 받음. 神戸에 도착하니 승려 無不(전년도에 부산별원을 찾아와 만난 적 있음)이 常盤舍에 와 있었다. 박영효, 김옥균 등의 명을 받아 동인을 도우러 온 자로서 京都를 거치지 않고 바로 동경을 향해 출발하고자 하여 마침 鈴木敎正이 동경에 올라가게 되어 부탁하다.

5월 17일

본인은 부산 도착.

5월 20일

오전 10시 원산진 도착. 군함 天城가 도착하여 있었다. 조선정부로부터 弁察官이 와 있었다. 당시의 거류지에는 30호 정도를 빌리고 있었다.

6월 25일

오전 12시 天城艦 입항(*원산진). 아사야마(淺山)이 와서 승려 無不이 歸韓했다고 하여 楓玄哲(かえでげんてつ통역관)을 天城艦에 보냄. 天城艦의 수병 상륙. 훈련병의 포성이 천둥같이 울려 조선인들 혼이 빠짐. 오후 8시 天城艦에서 무불을 동반하여 돌아옴. 무불은 이튿날 오전 3시 경성으로 출발.

7월 12일

弁察官을 찾아가 인민에게 종교를 믿게 할 때는 소위 부국강병의 기초로 하여 一日モ無ル可ザルモノナリト, 또한 승려는 나라를 위해 힘을 쓰지 않으면 종교를 널리 알릴 수 없는 것이라고 설득하기를 수 시간. 德源府使 김 모가 인삼, 초를 보내왔다.

9월 28일

田子ノ浦丸(타고노우라마루) 입항하다. 본산 동경 寺務所長 겸 外國布敎長 鈴木惠淳씨로부터의 다음과 같은 서한을 동인에게 지참시켜 전해왔다.

이것은 특기할 만한 사실인데, 원래 나의 알선으로 일본 본원사에 도항시킨 승려 동인[당시는 淺野東仁(*아사노 토오진)이라 하였음]이 몰래 歸韓하여 나에게 말하길, 당신의 배려로 일본 본원사에 체재하여 교법과 국정, 어학 등을 대충이나마 듣고 익혔다. 그리고 나서 동경본원사(淺草別院)로 가 스즈키소장의 알선으로 유명 조야인사들과 의미 있는 만남을 통하여 목하 한국의 국운에 대해 이야기를 나누고, 모두들 한국 扶植에 대해 후의를 가지게 되었다. 마침 이때 수신사 金宏集이 일본에 와 아사쿠사별원에 묵게 되었다. 스즈키敎正의 접대에 김수신사, 李組測이 감복하였다. 하나후사(花房)공사가 김씨에게 인천개항의 건에 대해 이야기를 해도 나의 임무가 아니라고 하여 하나후사공사의 말에 귀를 기울이지 않았다. 이 건에 대해 하나후사공사가 스즈키에게 말했다. 스즈키가 나에게 빌었다(?). 스즈키가 충고하여 말하기를 동인을 일본인으로 하여 김수신사를 면회하게 하고, 일본정부의 후의로 재야에 있는 뜻있는 자의 實意를 이야기하게 하면 김수신사도 안심하여 하나후사의 뜻에 따르도록 될 것이다. 이러한 내용을 스즈키가 하나후사에게 이야기했다. (그러자) 하나후사가 말하기를 동인은 밀항을 한 자로 수신사를 만나게 하면 그 나라의 폭정 여하에 따라 처치될 수도 있으므로 대단히 위험한 방책이다. 스즈키가 그 뜻을 동인에게 전했다. 동인이 말하기를 내가 일본에 와서 국은에 보답하고 불은에 보답하고자 결심하여 나라를 위해 어떠한 일이라도 감내해 낼 것이다. 원하기는 김수신사를 만나게 해 달라. 하나후사, 스즈키 양씨가 감탄하여 결국은 김수신를 면회케 했다. 동인이 일본 옷을 입고 조선어로 말하자 김씨가 수상히 여겨 상세하게 물었다. 동인이 바싹 다가가 나라를 위해 작년에 일본으로 와 (兩京) 체재하며 貴人은 물론 재야 유지들과 만나 (*조선에 대해) 어떤 뜻을 가지고 있는지 알아보니 조선에 대해서는 다른 뜻이 없고 단지 조선을 開明으로 이끌고자 하는 뜻뿐이라. 이 참에 하나후사의 말을 받아들여 귀국해서는 잘 주선해야 할 것이라고 열성껏 설득하자 김수신사가 무릎을 치며 말하길, 오호 이런 기인남아가 있어 국은에 보답하는구나 하고 감복하였다. 이후부터 친밀하게 되어 만사가 잘 이루어졌다. 그 후는 하나후사가 나를 대단히 신뢰하게 되었다. 나(*동인) 또한 수신사의 뒤를 이어 귀한하였다고 일본어로 여러 가지를 나누길 이상과 같이 어느새 한밤중이 되었다.

9월 29일
승려 아사노동인 출발하여 경성을 향했다.

10월 4일

경성의 劉大致가 와서 승려 無不에 대해 이야기를 나누었다. 김옥균의 편지를 가지고 왔다.

유대치는 원래 자산가이며 상당한 학식과 경험의 소유자다. 특히 우국의 지사로서 항상 박씨(*박영효) 및 김씨(*김옥균) 그 외의 신사상을 품은 자들 사이에 들어 항상 좌우하였다. 그래서 생각을 정리하여 소생의 거소인 원산까지 와서 憂國頹敎(*나라와 불교의 쇠퇴를 걱정)에 대해 많은 이야기를 나누었다. 나에게 청옥의 담배통을 선물로 가져왔다. 또한 총영사에게도 몇 점의 선물을 가져 왔다.

10월 7일

유대치가 와서 한국에 대해 여러 이야기를 나눔. 물품 다섯 점을 가져옴.

10월 12일

대치옹이 와서 여러 이야기를 나눔.

10월 15일

승려 동인 경성에서 왔다. 박, 김 그 외의 혁명 제씨들의 사정을 늘려 숨. 박영효가 동인을 통해 여우의 털로 만든 조끼를 보내면서 이렇게 말하였다 한다. 이 조끼는 작년에 민든 것으로 게디기 일 년 동안 내가 입던 옷으로 이러한 헌 옷을 선물로 하는 것은 대단히 결례이겠지만 실은 귀승이 한국을 위해 여러 가지로 배려해 주어 장래 한층 더 舊好를 따뜻하게 하려 하는 것이니 나쁘게 생각지 말고 받아주시어 이 옷을 입고 추위를 견뎌 주길 바란다고 하였다. 나도 그의 마음을 통찰하여 지금까지도 가지고 있다.

10월 16일

대치 및 동인과 설교장에서 밀회하여 일본사정으로부터 한국의 현 상황에 대해 종일 이야기를 나누었다.

10월 17일

동인 嫌疑가 두려워 총영사에게 이야기하여 관사의 바바(馬場)씨 집에 寓居하였다.

10월 19일

대치가 또 와서 동인과 여러 가지 이야기를 나누었다.

10월 21일

동인과 대치를 만나 종일 밀담을 나누었다.

10월 22일

동인이 와서 나와 한국의 일에 대해 하루 종일 이야기를 나누었다.

10월 23일

德源府에 총영사와 동행하여 한국육군의 열병식을 보았다. 그러나 마치 어린아이들의 유희처럼 보였다. 또한 경성에서 밀사가 와 동인에게 조선정부의 논의를 보고하였다. 따라서 동인, 대치와 함께 밀회하여 이야기를 나누었다.

10월 24일

동인을 동반하여 총영사를 만나 조선정부의 사정을 보고하였다.

10월 25일

대치가 금 3품을 가지고 와 배불하였다. 이날 밤 동인이 병을 앓다.

10월 28일

또 대치가 와서 경성으로부터 내신이 있었음을 이야기함.

10월 30일

대치와 동인을 총영사에게 데려가 한국의 일에 대해 이야기를 나눔.

10월 31일

경성의 승려 수 명이 와 배불하고 이야기를 나눔. 대치 고서화 수 점을 동인에게 줌.

11월 1일

天城艦 입항함. 동인이 동 함정에 승선하여 일본으로 도항하는 데 있어서 부산까지 편승하는 것에 대해 논의함. 따라서 사정을 총영사에게 상담. 대치 및 경성의 승려 수

명이 와서 배불하고 감.

11월 2일

천성함 출발에 즈음하여 총영사관으로부터 비밀리에 나에게 전갈이 와 동인 등을 편승시킬 것을 전해 옴. 때마침 무불이 경성으로부터 왔다. 경성의 사정을 동인, 대치, 무불 3명과 만나 이야기를 나눔. 동인, 무불 2명은 외국여행권을 한국정부로부터 허가를 얻음. 이날 김씨, 장씨 외에 수 명이 왔다. 또한 대치를 총영사관으로 데려가 국사를 논함.

11월 3일

천장절. 영사관의 개관식을 집행함. 德源府伯 등 도합 90여 명이 와서 축하함. 이때 총영사의 소개로 덕원부백을 만남. 오후 1시 관민 일동에게 술과 안주가 내려졌는데, 동인도 역시 이 연회에 참석함.

11월 4일

동인, 대치, 무불 총영사에게로 가서 이야기를 나눔. 이날 밤 동인은 무불과 함께 군함을 타고 대치와 헤어짐.

11월 5일

대치 작별을 고하고 경성으로 출발. 군함 천성함 출발.

11월 11일

동인에게 서경(*교토)에서 금 1,000엔을 빌려줄 것을 본산에 상신. 또한 원산설교장으로부터 300엔을 대여함.

11월 15일

경성에서 金正模가 와서 박영효의 서한을 보여줌. 거기에는 일본에 건너가 究理學을 연구하고자 한다는 첨서가 있었다. 따라서 김정모를 도항시키기 위해 주선함. 이 사람 나에게 고서화를 선물하였다.

11월 16일

김정모를 데리고 가 영사를 만나게 함. 후에 協同社에 들러 배편을 알아 봄.

11월 17일

김정모에게 영사가 셔츠 외 몇몇 물건을 보냄.

11월 20일

총영사가 별원에 와 김정모와 작별 인사를 나누고 과자를 선물. 이날 밤, 협동사의 同福丸(*도오후쿠마루)에 승선. 박영효로 하여금 김정모에게 스즈키교정에게 보내는 편지를 지참시켰다.

12월 6일

조선정부, 일본정부에 대한 의향을 경성의 밀사에게 전함.

1881년(明治 14)

1월 13일

유대치로부터의 서한 2통을 그의 사위가 가져옴.

1월 14일

유대치의 사위 金彰熙가 와서 유대치에 대해 이야기를 나눔.

1월 21일

김창희가 작별을 고하러 옴. 유대치에게 답장을 써 주었다.

1월 23일

[1880년 12월 16일 일기에 금강산 神溪寺 普光殿 太黙(부산별원에도 온 적이 있다)이 와서 黙庵 그 외의 서찰을 가져왔다. 1월 18일자에는 묵암이 다음 해 봄에 일본에 건너가기를 원한다는 내용의 이야기를 영사에게 보고한다. 한편, 1월 9일 太黙庵이 또 서찰을 가지고 와 금강산을 한번 둘러보기를 권함. 그러나 오쿠무라는 한국어를 못하기에 통역관인 楓(카에데)를 다음날 1월 10일에 대신 보냄] 이때는 (*한국)내지 여행이 금지되어 있었다. 따라서 카에데는 조선인 복장을 하고 금강산으로 가는 위험한 여행이었다. 일본인으로서는 처음으로 한국내지 여행을 한 것이 된다.

2월 2일

총영사가 별원에 와, 이홍장의 서한을 복사한 것을 가지고 옴. 정략상의 필요에 의해 포교하는 것에 대해 이야기를 나눔.

2월 5일

田子浦丸(타고노우라마루)편으로 무불승려가 옴.

2월 6일

무불 총영사와 만나 일본 조야의 인시들의 사정을 이야기함.

2월 7일

무불 경성을 향하여 출발.

2월 12일

유대치로부터 온 상품, 꿀 35단지, 명주 삼십을 針屋吉藏에게 부탁하여 나가시키로 보냄.

2월 17일

花房공사로부터 승려 동인이 임관했다는 소식을 총영사로부터 전해 들었다. 인천개항 결의, 조선력 12월 27일, 일본력 1월 26일이 된다.

2월 24일

인천개항 소식을 서경 본산과 동경의 스즈키 교정에게 보고.

5월 2일

총영사에게 묵암 그 외의 사람들이 일본으로 도항하는 것에 대해 京都府와 兵庫縣에 첨서를 부탁함.

5월 3일

범선 海運丸이 출항함에 따라 묵암 외에 제자 3명을 승선시킴. 호송 脇坂三應, 통역 金色良忍.

5월 9일

이날 밤 총영사로부터 동인이 암살됐다는 이야기를 들음. 또 부산으로부터 승려 무불, 상하 한국인 손님 李祖淵, 魚允中 등 30명을 인솔하여 일본으로 도항한다는 소식이 왔다.

10월

원산항 설교장 어학생 蓮元憲誠, 谷覺立, 協同社사원 모씨와 함께 규정 외 지역인 안변에 놀러 감. 土人(*한국인)이 둘러싸고 돌을 던짐.

개항기 조선상인과 일본상인 간의 자금거래와 곡물유통

부산·경상 지역 '양민교섭채안'의 분석을 중심으로

하 지 영

I. 머리말

개항 이후 유통구조의 변동에 관한 지금까지의 연구로 불평등조약체제하에서 한일 간 무역이 확대되는 가운데 일본상인의 상업침탈은 가속화되었고, 이에 대응한 시전상인, 객주, 상회사 등의 상권수호운동이 활발히 전개되었음이 밝혀졌다. 또한 일본화폐의 유통과 일본 금융기관의 진출로 인한 화폐·금융적 종속화 과정과 조선 후기 이래 성장해 오던 선운업(船運業)과 선상(船商)의 상업활동이 외국 해운업의 침투에 영향받아 변모되어 갔음도 설명되었다.[1] 이러한 일련의 연구는 자주적 근대화로의 가능성을 조선 내부에서 찾아냄과 동시에 그것이 외래자본에 의해 어떻게 좌절·몰락되어 갔는지를 해명해 내는 작업이었다.

그런데 유통구조에 관한 기존의 연구들은 상권을 둘러싼 양국 상인의 갈등을 설명하면서도 대개 일본상인의 상권침탈에 대응한 국내상인의 활동에 연구의 초점을 맞추었다. 때문에 상권침탈의 당사자였던 일본상인의 실체를 구체적으로 밝히는 데에는 일정한 한계를 보였다.[2] 그러나 일본상인의 경제활동을 명확히 설명하는 것은 그 자체로서도 의미있는 작업이지만 개

---

1) 한우근, 『한국개항기의 상업연구』, 일조각, 1970 ; 唐澤たけ子, 「防穀令事件」, 『朝鮮史研究會論文集』 6, 1969 ; 吉野誠, 「朝鮮開國後の米穀輸出について」, 『朝鮮史研究會論文集』 12, 1975 ; 안병태, 『한국근대경제와 일본제국주의』, 백산서당, 1982 ; 이병천, 「개항기 외국상인의 침입과 한국상인의 대응」, 서울대 박사학위논문, 1985 ; 나애자, 「개항후 외국상인의 침투와 조선상인의 대응」, 『1894년 농민전쟁연구』 1, 역사비평사, 1991 ; 김경태, 『한국근대경제사연구』, 창작과비평사, 1994 ; 하원호, 『한국근대경제사연구』, 신서원, 1997 ; 나애자, 『한국근대해운업사연구』, 국학자료원, 1998.

2) 개항기 조선으로 진출한 일본인에 대해서는 그들의 도항시기와 규모, 거류지 내에서의 직업과 단체분석, 관계정책 등을 중심으로 연구되었다. 대표적 연구로는 이현종, 「개항장내 외국인영업」, 『사학연구』 27, 1977 ; 손정목, 「개항기 한국거류 일본인의 직업과 매춘업·고리대금업」, 『한국학보』 18, 1980 ; 木村健二, 『在朝日本人の社會史』, 未來社, 1989 ; 임승표, 「개항장 거류일본인의 직업과 영업활동－1876~1895년 부산·원산·인천을 중심으로」, 『홍익사학』 4, 1990 등이 있다.

항기 조선의 상권을 둘러싸고 일본상인과 경쟁하였던 조선상인의 대응 및 성장, 몰락·예속화 과정을 구체화하기 위해서도 필요하다.[3] 나아가 개항기 유통구조의 변화상을 전체적으로 이해하는 데에도 도움이 된다. 개항기 곡물유통의 지배를 둘러싸고 발생한 '양민교섭채안(兩民交涉債案)'에 관한 분석은 그러한 작업의 일환이다.

개항기 일본과의 대외무역은 곡물 수출과 면제품 수입이 기본 골격이다. 당시 일본상인은 일본으로 수출할 곡물을 확보하기 위해 다양한 방법을 시도했는데, '차금매(差金買)'[4]라 불린 일본상인의 곡물매입방법은 그중의 하나이다. 이는 일본상인이 곡물매입에 앞서 조선상인에게 대금을 미리 지불하고 이후에 곡물로써 인도받았던 방법이다. 그런데 당시는 수운 사정의 악화나 재래 선척 사정 등으로 인하여 곡물이 제대로 인도되지 못하는 경우가 많았다. 이럴 경우 조선상인에게 지불된 대금은 그대로 부채로 남았고, 일본상인은 지불한 대금의 청산을 외교적으로 처리하기 위해 영사관으로 소송하였다. 1876년「朝日修好條規」의 체결로 가장 먼저 개항한 부산항은 일찍부터 일본상인이 진출해 있었던 데다가 전라도와 경상도를 배후지로 둔 까닭에 곡물의 수출량이 많았던 만큼 곡물 매입대금 청산을 요구하는 일본상인의 소송이 특히 많았다. '양민교섭채안'은 이들 일본상인이 소

---

3) 최근 차철욱은 개항 직후 일본근대잡지에 게재된 무역관련 기사를 중심으로 조선 내 무역품의 거래방식과 담당자인 조선상인과 일본상인의 활동을 살펴보았는데, 기존연구의 문제점을 수정·보완하는 한편 그 실상을 보다 구체적이고 동태적으로 설명하고 있어 그 의미가 크다. 차철욱,「개항 직후(1876~1894) 한일무역」, 부산대학교 한국민족문화연구소 학술세미나 발표문, 2006.

4) 이와 관련해서 기존연구에서는 '선대제(先貸制)' 혹은 '전대제(前貸制)'적 거래방법이라는 용어를 사용하기도 한다. 그런데 일반적인 개념에서의 '선대제'란 상인이 생산물을 선점(先占) 매입하는 조건으로 생산자에게 자금을 선불하는 상업자본의 생산자 지배의 한 형태를 의미한다. 하지만 당시 일본상인의 자금대부 형태는 1900년대 초반까지도 생산자에게 직접 대부한 것으로는 보기 어렵고 객주나 곡물중매상 등 중간상인을 대상으로 하는 것이 일반적이었다. 때문에 본고에서는 그것이 일반적인 개념에서의 '선대제'와는 성격이 다른 것으로 보아 '선대제'라는 용어 대신 '자금대부에 의한 거래방법(자금거래)'으로 서술할 것이다.

장을 영사관에서 접수해 둔 것이다.

개항기 양국 상인 간의 부채문제를 자금거래에 기인한 것으로 보고 본격적으로 접근한 연구자는 이병천이다. 그는 일본상인의 곡물매입방식을 거류지무역과 내지통상의 형태로 구분한 뒤 거류지무역의 한 형태로서 자금거래를 상정하였다. 규장각 자료를 기초로 일본상인의 대부실태를 분석한 그는 자금거래가 조선상인에 대한 일본상인의 금융지배를 의미하는 한편 고리대적 성격과 저당물에 대한 가혹한 처리는 조선상인이 몰락하게 되는 하나의 원인이었음을 설명하였다. 이러한 그의 연구는 다른 연구자들에게도 일반적으로 받아들여졌다. 나아가 조선상인에 대한 일본상인의 자금대부가 가능했던 근저에는 이들을 금융적으로 지원한 금융기관이 있었다는 것, 청일전쟁 이후로는 '입도선매(立稻先賣)'의 단계에까지 이르게 되면서 일본상인은 곡물의 유통과정뿐 아니라 생산과정에 대한 지배까지 가능하게 되었다는 사실도 설명되었다.[5]

자금거래에 관한 이상의 해석은 곡물 매입을 위해 대부된 자금이 개항장으로의 곡물반출루트와 관련된 상인들에게 순차적으로 대부되면서 상인들의 상업활동을 자극하는 한편 곡물의 상품화를 촉진시켰다는 기존의 해석[6]과는 견해를 달리한 것으로 자금거래로 인하여 양국 상인 간의 민족적 모순과 대립이 보다 심화되었음을 설명한다. 그러나 이는 관련 자료에 대한 면밀한 분석은 결여한 채 단편적인 기록에 근거한 추론으로 일관하고 있어 자금거래에서의 곡물매입절차나 가격조건, 대금결제방식 등 상세한 거래내역을 정확히 드러내지는 못하였다. 특히 거래의 주체인 채권·채무자, 그리고 보증인에 관한 분석은 결여한 채 조선상인의 금융적 종속화가 일률적으로 실현된 것으로 결론지었다. 또한 양국 상인 간의 부채문제에 초점을 맞

---

5) 도면회, 「화폐유통구조의 변화와 일본금융기관의 침투」, 『1894년 농민전쟁연구』 1, 역사비평사, 1991 ; 나애자, 앞의 글 ; 홍순권, 「근대 개항기 부산의 무역과 상업」, 『항도부산』 11, 1994 ; 하원호, 앞의 책.

6) 吉野誠, 앞의 글.

춘 해석은 소송이 제기된 이후 일본상인의 약탈적 처리과정으로 인한 조선상인의 몰락만을 다소 과장되게 설명한 경향도 있다. 이는 당시의 곡물유통구조 속에서 자금거래가 '거래관행'으로서 가지는 의미를 정확히 드러내는 데에는 장애가 되었다.

본고에서는 이상의 연구성과를 염두에 두면서 개항기 조선·일본상인 간의 자금거래를 부산·경상지역 '양민교섭채안'의 검토를 통해 살펴보도록 하겠다. Ⅱ장에서는 부산항 거류 일본상인이 자금거래를 곡물을 매입하기 위한 방법 중 하나로 시도했음을 설명할 것이다. Ⅲ장에서는 '양민교섭채안'의 대부조건에 근거하여 자금거래의 구체적인 내용과 그 의미에 대해서 살펴보도록 하겠다. Ⅳ장에서는 거래의 주체인 채권·채무자, 보증인을 분석함으로써 자금거래를 통한 곡물의 유출경로를 밝히는 한편 유통구조의 성격을 살펴볼 것이다. 이는 개항기 곡물거래 과정에서 성장, 혹은 몰락해 간 조선·일본상인에게 있어 자금거래가 가지는 의미를 보다 분명히 해 줄 것이다.

Ⅱ. 부산항 거류 일본상인의 곡물매입활동

개항 이후 일본과의 무역은 곡물 수출과 면제품 수입이 골격을 이루는데, 가장 먼저 개항한 부산항은 전라도, 경상도 등 조선의 주요한 곡창지대를 배후지로 둔 데다가 일본과는 지리적으로도 가까웠던 만큼 개항 직후부터 많은 곡물을 일본으로 수출하였다. 부산항을 통한 곡물 수출액의 대략적인 추이는[7] 풍흉, 정치·사회적 요인 등에 따라 다소의 등락을 보이기는 하나 전반적으로는 증가 추세를 보였는데, 1877년에 약 7만 엔에 불과하던 수출액은 1889년에는 33만 엔, 1890년에는 157만 엔으로 1890년을 전후해서 크

---

7) 부산항을 통한 곡물수출액의 구체적인 추이와 관련해서는 이헌창, 「한국개항기의 상품유통과 시장권」, 『경제사학』 9, 1985를 참고.

게 증가하고 있다. 이는 조선의 총 곡물수출량 가운데서도 50% 이상을 점하는 큰 비중이었다. 이처럼 곡물의 수출량이 1890년을 획기로 급증한 것은 조선 내부적으로는 1893년을 전후한 몇 년을 제외하면 대체적으로 풍작이어서 많은 양의 곡물이 출하되었던 탓도 있겠으나, 본격적으로 산업화가 진행되는 가운데 공업인구의 증가로 식량수요가 급증한 일본에서 1899년의 대흉작으로 '쌀소동'마저 일어나 많은 곡물을 수입하게 된 때문으로 파악된다.[8]

일본상인의 부산 진출은 1877년「釜山口租界條約」의 조인으로 초량을 중심으로 한 일본인 거류지가 설정되면서 본격화되었는데, 이는 해마다 급증하여 개항 직후 40여 호, 인구 80여 명에 불과하던 일본인[9]은 1895년에는 거의 5,000명에 달하였다.[10] 이들 가운데 과반수 이상이 중매상이나 무역상으로서 무역과 관계된 일에 종사하였다. 특히 곡물은 주요 수출지인 오사카 도지마(堂島)로 가져가 판매할 경우 운반비를 감안한다 하더라도 1석에 평균 1엔 정도의 이윤은 남길 수 있어 큰 이익이 되었다고 한다.[11]

그렇다면 이들 일본상인은 수출할 곡물을 어떠한 방법으로 매입했을까. 당시 일본 측의 한 보고서는 이 점에 대해 다음과 같이 기록하고 있다.

> (가) 지금 또 當港(부산항−인용자) 상인의 수출화물 매입방법을 기술하면 ①조선인 객주의 손에서 매입함을 보통으로 한다 …… 그 밖에 ②무역상(80여 명)이 점원을 각 산지에 파견하여 買收하거나 혹은 ③신용있는 조선상인에게 미리 상당한 착수금을 대부·예약하여 買收한다. 또 무역상과 조선상인 간에 중매상(180여 명)이 있어 이들 상인은 자력으로 또는 ②무역상으로부터 자금을 차입하여 늘 여러 산출지로 여행하면서 매입해 오거나, ①매일 거류지로 조선인이 수송해 오는 소규모의 미곡을 매입하여 무역상

---

8) 김경태, 앞의 책, 66~75쪽.

9) 박원표, 『開港九十年』, 태화출반사, 1966, 53쪽.

10) 홍순권, 앞의 글, 115쪽.

11) 『通商彙纂』 제90호(1897. 12. 28)「三十年十一月中釜山港商況」.

에게 轉賣한다. 이처럼 그 매입방법에 대해서는 여러 관계가 있으나 대략
위의 방법에 의한다.[12)]

(가)에서 부산항 무역상이 수출화물을 매입하는 방법으로는 ①부산항으
로 운반된 화물을 조선인 객주 혹은 일본인 중매상을 매개로 매입하는 방
법, ②점원이나 일본인 중매상을 직접 각 산지로 파견하여 매수해 오도록
하는 방법, ③무역상이 '신용있는 조선상인에게 미리 상당한 착수금을 대
부·예약하여 매수'하는 방법이 있다고 설명한다.

개항기 부산항으로 운반되는 곡물은 대개 낙동강 선운으로 운반되었다.
1900년대 초반의 자료에 따르면, 일본상인은 낙동강 연안의 주요 집산지인
성주, 인동, 선산, 상주, 안동 등과 현풍, 초계, 창녕, 영산, 밀양, 김해 그리
고 의령, 진주 등 배가 기항하는 곳의 객주와 연락해서 부근 지방에서 출하
되는 곡물의 매집을 위탁하였다. 이를 선적한 후에는 구포, 하단, 엄궁 등에
있는 일본상인의 출장점 혹은 객주에게로 신고와 표장(俵裝)을 고쳤는데,
부산으로는 육로로 운반했다고 한다.[13)] 이처럼 부산항에 거류한 일본상인
이 내지의 곡물을 매입하기 위해서는 1900년대 초반까지도 구포, 하단, 엄
궁 등의 개항장 객주를 통하는 것이 일반적이었다.[14)]

그런데 주지하다시피 부산항 객주를 중심으로 형성되어 있던 복잡한 유
통단계는 유통비를 증가시켜 곡물의 매입가격을 상승시키는 주요한 원인
이 되었다. 게다가 당시는 지역마다, 그리고 시기에 따라 곡물가격에 차이
가 심하여 생산자나 산지의 상인들은 그때그때의 가격조건을 보아 판매지
역을 선택하고 있었다.[15)] 이에 일본상인은 수출할 물량을 보다 안정적으로

---

12) 『通商彙纂』 제100호 부록(1898. 5. 16) 「三十年中釜山港貿易年報」.

13) 新納豊, 「철도개통 전후의 낙동강 선운」, 『추언권병탁박사화갑기념논총』 Ⅱ, 형설
　　출판사, 1989, 182쪽 ; 大阪商業會議所, 『韓國産業視察報告書』, 1907, 28面.

14) 객주의 유통지배가 인정되었던 개항기 유통구조에 관한 연구는 홍순권, 「개항기
　　객주의 유통지배에 관한 연구」, 『한국학보』 39, 1985를 참고.

15) 『通商彙纂』 제231호(1902. 4. 23) 「韓國慶尙道視察復命書」.

확보하는 한편 복잡한 유통단계를 단축시키기 위해 다양한 방법을 강구하게 된다.

(가)의 ②와 같이 일본상인이 직접 내지로 들어갈 수 있는 길은 1885년 「朝鮮國內地旅行取締規則」이 제정되면서 열렸다. 일본상인은 호조(護照: 일종의 통행증)를 발급받기만 하면 내지로 진입해서 돌아다니며 행상할 수 있게 되었다. 이처럼 내지로 진입할 수 있는 공식적인 길이 열리자 거류지 무역상들은 일제히 고용인을 파견하거나 일본인 중매상에게 위탁해서 내지상인과의 직접거래를 시도하게 된다. 부산항 감리서에서 작성한 노조(路照 또는는 護照)의 발급대장인 『路照存案』(奎 18117)에 따르면, 부산항에 거류한 중매·무역상, 혹은 그의 대리인 등이 경상·전라도 내륙으로 진입하기 위해 여러 차례 노조를 발급받았던 사실을 확인할 수 있다. 부산항을 출발한 행상자 규모는 예컨대, 1895년 당시 통행권을 받은 사람은 138명에 불과하나 김해, 마산포, 창원, 기장, 양산, 구포, 삼랑 등 간행리정 내에 있어서 통행권 없이 진입할 수 있었던 곳까지 감안한다면 행상자는 몇 백 명이 었는지 알 수 없을 정도로 많았다고 한다.[16] 이는 부산항을 중심으로 형성되어 있던 당시의 곡물유통구조 속으로 침투하여 배타적인 지배력을 행사하고자 한 일본상인들의 노력의 일환이었다.

그런데 지리, 인정, 농민 개개의 성질, 빈부 등 내지의 사정에 대한 충분한 지식이 없던 일본상인이 상설시장이 설치되어 있지 않던 당시의 실정에서, 적지 않은 비용을 소요하면서 홀로 내지로 진입한다는 것이 용이했던 것만은 아니었다.[17] 게다가 무거운 엽전을 소지한 채 진입해야 했던 수고로움,[18] 불편한 교통편으로 개항장까지 곡물을 운반해야 하는 어려움, 방곡령에 저촉되어 지방관에게 압류될 가능성 등도 감수해야 했다.[19] 일본인에

---

16) 『通商彙纂』 제55호 號外 2(1896. 7. 8) 「二十八年中釜山港貿易年報」.

17) 『通商彙纂』 제115호 부록(1898. 10. 14) 「韓國榮山江岸ノ商業」.

18) 『通商彙纂』 제155호(1899. 11. 8) 「釜山ニ於ケル韓國通貨及本邦貨紙幣流通景况」.

19) 『日案』 1책, 1888년 4월 4일조·4월 5일조 ; 『日照』 3책, 1893년 9월 18일조.

대해 좋지 않았던 내지 조선인의 감정을 고려하여 조선인을 고용해야 하는 경우도 있었다.[20]

이처럼 일본상인이 곡물을 매입하기 위해서는 개항장 객주를 통하든 혹은 직접 내지로 진입하든 이상과 같은 장애를 감수하지 않으면 안 되었다. 더해서 곡물 매입을 둘러싼 일본상인들 간의 치열한 경쟁은 그들이 목적한 물량 확보를 보다 어렵게 하였다.[21] 때문에 일본상인들은 보다 유리한 입지에서 곡물을 확보할 수 있는 또 다른 방법을 모색하게 된다. (가)의 ③에서 설명하는 '신용있는 조선상인에게 미리 상당한 착수금을 대부·예약하여 매수'하는 방법이 그것이다. 이는 일본상인이 조선상인에게 곡물의 매입대금을 미리 지불한 후 정해진 날짜에 곡물로써 인도해 줄 것을 약속받았던 거래방법이다.[22]

당시 거류지 무역상이 개항장과 일본 오사카 지역과의 가격차에 기인해서 이윤을 취하고 있었다는 것은 주지한 사실이다. 때문에 일본상인으로서는 일본으로 수출할 다량의 물량을 안정적으로 확보한다는 것만으로도 상당한 상업적 이윤을 획득할 기회를 가지는 것이었다. 1899년 예상치 못한 한해(寒害)로 농민들 사이에서 쌀을 비축해 두려는 추세가 만연한 가운데

---

20) 『日案』1책, 1888년 4월 5일조·11월 26일조 ; 『通商彙纂』 제193호(1901) 「韓國慶州地方狀況」 ; 『東萊監理各面署報告書』 5책, 1902년 8월 15일조.

21) 『韓國土地農産調査報告』(경상·전라도 편), 514쪽.

22) 개항기 조선상인과 일본상인 사이에서는 상로(商路)를 확장하고자 하는 목적하에 현금거래 이외에도 혹은 화물을 먼저 인도받은 후에 가격이 지급되기도 하였고, 혹은 가격이 지급된 후에 화물이 인도되기도 하였다(『彼我往復書謄錄』, 1886년 11월 22일조). 가격을 먼저 지급(대부)하는 관행은 부산항의 경우, '노부세(路浮稅-倭債)'라고 하여 17세기 왜관을 통한 무역이 허용되었을 당시부터 밀무역에서 공공연히 행해지고 있었다. 곧 일본상인은 쌀이나 인삼 등 물량의 선점(先占)을 위해 조선상인에게 자금을 대부해 주곤 했던 것이다. 노부세의 미상환 총 액수는 대략 10여 만 냥에 이르렀는데, 그것의 징수를 독촉하는 과정에서는 양국 상인이 살해되는 지경에까지 이르기도 했다(김동철, 「17세기 일본과의 교역·교역품에 관한 연구-밀무역을 중심으로」, 『국사관논총』 61, 1995, 259~262쪽).

서도 한 달 전에 매매하기로 약정된 것은 어김없이 출하되고 있었다는 사실은[23] 일본상인이 곡물을 안정적으로 확보하는 데에 자금거래가 얼마나 유용한 것이었는지 시사하는 바가 크다.

일본상인의 곡물매입방법 가운데서 자금거래가 당시 어느 정도로 이용되었는지는 정확하지 않다.[24] 다만 1879년 1월 14일자『大阪日報』에서는 貸賣(대매), 곧 자금대부를 폐지하게 되면 그 영업금의 2/3가 감소하게 될 것이라고 보도하고 있으며,[25] 1903년에 작성된 한 언론인의 시찰자료에서는 자금거래를 곡물과 우피 등 일본상인이 수출 주요품을 매입하는 주요한 방법, 곧 일종의 '상관습'으로까지 서술하고 있다.[26] 이러한 기록에 근거할 때 자금거래는 일본상인이 곡물을 매입하는 중요한 수단의 하나로, 개항 직후부터 1900년대 초반에 이르기까지 적지 않게 행해졌던 것으로 보인다. 그 사례는 부산항 이외의 지역에서도 단편적으로 확인되며,[27] 곡물 외에도 면화, 우피 등을 매입하기 위한 자금거래가 시도되었다.[28]

---

23)『通商彙纂』제143호(1899. 7. 29)「釜山六月商況」.

24) 유승렬은 일본상인이 조선인 객주를 배제하고 직접 내지로 들어가기 위한 방편의 하나로 자금대부를 통한 곡물 선매(先買)가 시도되었다고 한다. 하지만 당시 일본 상인의 내지진출은 상당히 부진했는데, 설사 내지로의 침투가 가능하였다 하더라도 한인의 거센 배일감정에 직면하여 후퇴할 수밖에 없었다고 한다. 그 결과 내지 행상은 곤란하였고 곡물매입을 위한 자금대부는 성공적일 수 없었는데, 대신에 개항장 객주에게 의존하는 것이 일반적인 경향이던 것으로 설명하였다(유승렬,「한말·일제초기 상업변동과 객주」, 서울대박사학위논문, 1996, 87~88쪽).

25)『大阪日報』, 1879. 1. 14(김경태, 앞의 책, 77쪽에서 재인용).

26) 岡庸一,『最新韓國事情』, 1903, 785쪽.

27)『通商彙纂』제125호(1899. 2. 6)「木浦附近內地商業ノ近況」;『通商彙纂』제101호(1898. 5. 10)「三十年中鎭南浦商況」;『財務週報』제1호(1907. 4)「復命書」;『通商彙纂』제187호(1900. 12. 1)「平壤三十二年貿易年報」.

28)『通商彙纂』제1책(1893. 10. 16)「二十六年九月中仁川港商況」;『韓國土地農産調査報告』(경상·전라도 편), 437쪽 ;『東萊監理各面署報告書』5책, 1902년 9월 29일조.

Ⅲ. 조선 · 일본상인 간의 자금거래 내용

일본상인이 곡물을 안정적으로 확보할 목적으로 곡물의 매입대금을 조선상인에게 미리 지불해 두는 관행이 있었다는 사실은 앞에서 지적하였다. 그런데 당시 조선상인은 수운사정의 악화나 재래선척 사정,[29] 혹은 곡물의 역외유출(域外流出)을 금지하기 위해 지방관들이 발포한 방곡령[30] 등으로 인하여 약속한 대로 곡물을 인도하지 못하는 경우가 많았다. '양민교섭채안'(이하 채안)은 이 경우 조선상인에게 부채로 남게 된 대부금을 처리하기 위해 작성한 것이다. 『日案』(奎 18120), 『彼我往復書謄錄』(奎 18134), 『日照』(奎 18144)는 개항기 부산 주재 일본 영사관과 동래감리서 사이에서 오고간 공문을 모아 감리서에서 철하거나 혹은 편집한 책자로 양국인 사이에서 발생한 다양한 분쟁 건을 포함하고 있는데, 채안은 조선인을 상대로 한 일본인의 부채소송과 관련된 것이다. 일본 영사관에서는 일본인이 제출한 소장을 '양민교섭채안 제○호'[31]라는 형식으로 접수한 후, 그것의 처리를 동래감리서로 조회(照會)하였다. 이때 일본상인의 소장인 '조회원(照會願)'과 채권 · 채무관계를 증명하기 위해 제출된 차용증격의 표(標), 매매 · 양도 문서인 명문(明文)[32] 등을 첨부했는데, 『日案』(奎 18120), 『彼我往復書謄錄』(奎 18134), 『日照』(奎 18144)과 『日債報關錄』[33]을 통해 확인한 부채내용을 정

---

29) 『日照』 4책, 1898년 9월 17일조, 문서번호 5 ; 『東萊監理各面署報告書』 4책, 1899년 8월 13일조.

30) 『釜山港監理署日錄』 2책, 1890년 2월 8, 9일조 ; 『日案』 2책, 1890년 2월 9일조.

31) 문서번호는 영사관에서 일본인의 소장을 접수한 순서대로 붙인 것으로, 해가 바뀔 때마다 1번부터 새 번호로 붙였던 것 같다.

32) 토지나 가사, 노비, 물품 등의 매매, 상환(相換), 환퇴(還退)를 입증하는 증서로서 다짐(侤音)의 성격을 갖는 문기이다. 일반적으로 매도인과 매수인, 증인, 필집이 참여, 매매사실에 대한 확인을 수결(手決), 수부(手付) 또는 인(印)으로 한 뒤, 매수인이 이를 매물과 교환한다. 보다 확실히 하기 위하여 관으로 소지(所志)를 제출하고 관이 입증하는 입안(立案)을 발급받기도 하였다[한국사학회, 『조선후기 통신사와 한 · 일 교류 사료전』(대마도종가사료), 1991].

리한 것이 〈부표 1〉이다.[34]

　조선인이 일본인으로부터 돈을 차입한 이유는 다양하겠으나, 〈부표 1〉 채안의 용도란을 통해 확인된 것의 대다수는 콩·대두·쌀·보리·가사리 등 물품 매입을 위해, 일본풍속화(倭繪) 등 물품 판매대금 미회수분, 이전에 거래하다가 남은 자금, '객주일', '상리(商利)를 목적으로', '행상을 위해' 등 상거래와 관련된 것이었다.[35] 그 용도를 알 수 없는 경우도 많은데,『彼我往復書謄錄』에서 "양국 인민의 貸借라는 것은 통상·일반적인 것과는 달라서 양국 상인이 주고받은 錢文을 貿資로 충당해 화물로써 이르게 한 것인 바, 그 약속이 이행되지 않아 貸借로 귀결되었다"[36]고 한 것으로 보아 이 경우 역시 상거래 과정에서 발생한 것이 대다수였음을 알 수 있다. 요컨대 채안의 채권·채무관계는 대다수가 상거래에 기인한 것으로, 곡물이 인도되지 않음으로 해서 미리 지불한 대금이 부채로 남게 된 것이다. 때문에 채안의 대부·상환시기와 대부기간, 대부액, 상환조건 등에 대한 분석은 비록 성사되지 못한 거래이기는 하나 당시 자금거래의 내용을 구체적으로 살필 수 있는 좋은 단서이다. 특히 거래 당사자들이 직접 작성한 표와 명문은 개항기 양국 상인 간 곡물거래의 내용을 생생하게 보여주는 중요한 자료이다.[37]

　여기서 분석할 대상시기는 채안을 통해 확인할 수 있는 구체적 사례에

---

33)　『日債報關錄』(奎 18122)은 1885년 당시 양국 상인 간의 부채문제에 대해 정부에서 지시하였던 공문과 해당 각 군의 보고 등을 동래부에서 필사해서 모아 둔 자료이다.

34)　〈부표 1〉의 채안은 이병천이 박사학위논문에서 작성한 것을 수정·보완하는 한편 자금을 대부한 날짜별로 재구성한 것이다.

35)　명확하게 상거래 과정에 기인한 것으로 보이는 않는 대차관계 5건은 〈부표 1〉에서 제외하였다.

36)　『彼我往復書謄錄』(奎 18134), 1886년 8월 21일조, 제98호 문서.

37)　물론 채안은 누락된 호수가 많고, 첨부문서 없이 채권·채무자 성명과 상환금액, 상환날짜 등 접수한 내용만을 기록한 것도 있어 채안만으로 거래의 상세한 내용까지 확인할 수 없는 것도 많다. 본고에서는 당시의 통상관련 자료들을 활용해 이를 보완하고자 하였다.

근거하여 1881~1902년으로 한정했는데,[38] 총 거래 건수는 273건이다. 자료의 한계상 단정할 수는 없으나 그 거래량은 1890년을 전후해서 폭증하고 있다.

1. 대부 · 상환시기와 대부기간

〈부표 1〉 채안을 통해 확인한 대부 · 상환시기와 대부기간을 정리하면 다음과 같다.

〈표 1〉 자금거래의 대부 · 상환시기

	1월	2월	3월	4월	5월	6월	7월	8월	9월	10월	11월	12월	기타	합계
대부 건수	14	10	19	10	7	5	16	7	10	15	8	11	6	138
상환 건수	17	14	11	10	5	5	5	9	7	11	9	12	27	142

* 〈부표 1〉에서 구체적 시기를 확인할 수 있는 136~273번 채안 138건을 대상으로 하였음.
* 223, 225, 257번 채안은 상환일이 나누어져 있는데, 이것은 각각 하나로 처리하였음.
* 날짜는 음력날짜를 기준으로 하였음.

〈표 2〉 자금거래의 대부기간

	1개월 미만	1~2개월	2~3개월	3~4개월	4~5개월	5개월 이상	기타	합계
거래 건수	27	35	17	10	12	13	28	142

〈표 1〉에서 자금의 대부는 음력 7월부터 이듬해 3월까지, 곧 곡물이 출하되기 시작한 직후부터 이듬해 농사가 시작되기 직전까지 지속적으로 이루

---

38) 1885년 4월 24일 밀양부에서 해당 관서로 보낸 공문서에 따르면, 일본상인 伊藤爲作이 이미 4년 전에 소송한 고성진(高成辰)과의 채안이 4년 동안 해결되지 않은 채로 남아 있어 그 청산을 재차 요청한다고 하고 있다. 이것으로 보아 伊藤爲作과 고성진 사이의 자금거래는 늦어도 1881년에는 있었을 것으로 추측된다(『日債報關錄』, 1885년 4월 24일조). 마지막 자금거래는 1902년 3월 14일 小野愛治와 김석성(金石聲)의 것으로 확인된다(『日照』 5책, 1902년 5월 23일조).

어지고 있다. 대부금의 상환시기는 음력 10월부터 이듬해 4월 사이에 집중
된다. 기타는 그 구체적 시기를 알 수 없는 경우가 대다수이고, 일부 채안
은 특정한 시기 대신 '보리가 여물었을 때', 혹은 '가을수확기'라든가 '(해빙
후) 선척이 도착했을 때', '미두(米豆)를 두량(斗量)한 후'라고 하여 곡물수확
기 혹은 곡물을 실은 선척이 도착한 이후 시기를 상환시기로 지정해 두었
다. 〈표 2〉에서 대부기간은 1, 2개월 내외의 기간이 전체의 55% 이상으로
높은 비중을 차지하는데, 그중에서도 78% 이상이 1개월 내외의 짧은 기간
이다. 5개월 이상(약 9%)으로 비교적 그 기간이 긴 사례는 篠原才吉, 磯村
孝一 등 특정상인과 1890년대 후반의 몇몇 채안에서 한정적으로 발견된다.

　그러면 이 대부·상환시기와 대부기간이 자금거래에서 가지는 의미는 무
엇일까. 1895년 일본영사관 보고서 자료에서는 조선 내지의 포구에서 곡물
을 매입하는 일본인 곡물상의 모습을 "米穀類의 매입에 있어 …… 보통 농
민이 1俵 내지 4, 5俵씩 가지고 오는 것을 …… 10일 혹은 12일을 체재하면
서 買集"한다고 하였다.39) 이것은 곡물상이 내지에서 직접 곡물을 매입하
기 위해 여러 날 체재해야 했던 실정을 보여준다. 물론 구입물량이나 시장
의 규모에 따라 다소의 차이는 있었을 것이다. 하지만 내지에서 곡물을 매
입하던 일본상인의 사정은 대략 이러하였고, 일본상인으로부터 자금을 차
입한 한인 중매상의 사정 또한 비슷하였을 것이다. 매입한 곡물을 개항장
까지 운반하는 데에도 상당한 시일이 소요되었다. 하단을 출발, 상주 낙동
으로 가서 일본소금 1,320표(俵)를 판매한 후 다시 하단으로 돌아온 소금상
최씨의 사례를 참고하면, 배가 떠난 날부터 하단으로 돌아오기까지는 3개
월 내지 4개월의 긴 시간이 걸렸다고 한다.40) 이 외에 낙동강 수운을 통해

---

39) 『日韓通商協會報告』 제4호(1895. 12) 「內地行商」.

40) 물론 崔某 상인은 단지 곡물을 매입할 목적으로 낙동강을 거슬러 올라갔던 것은
　　아니다. 또한 풍랑, 강수사정 등으로 도중에 수일 지체하기도 하였다. 하지만 낙
　　동으로 집산된 곡물 역시 낙동강 선운을 통해 하류로 운반되었던 사실을 상기한
　　다면 낙동에서 하단까지 곡물을 운반하는 데에도 이에 상당하는 시일이 소요되었
　　을 것이다『通商彙纂』 제19호(1895. 5. 15) 「朝鮮國慶尙道巡回報告」].

대구에서 부산까지 곡물을 운반할 경우 5일 내지 15일이 소요되었다고 한다.[41] 물론 그보다 상류지역이라면 보다 많은 시일이 필요했을 것이다.

이처럼 곡물을 매입·운반하는 데에 소요되는 시일을 감안한다면 채안의 1, 2개월의 대부기간은 상대적으로 단기간에 속한다.[42] 때문에 곡물 매입을 위해 대부된 일본상인의 자금은 생산자에게 대부한 농업자본으로는 보기 어렵다. 더구나 대부·상환시기가 수확기 이후부터 농번기 이전까지 지속적으로 있었음을 볼 때, 이는 일본상인이 곡물을 확보할 목적으로 조선상인에게 융통해 준 상업자금이었던 것으로 보인다. 특정지역의 조선상인을 대상으로 한 동일한 일본상인의 대부가 비슷한 시기에 여러 건 확인되는 것은 일본상인이 특정지역 여러 명의 조선상인에게 자금을 대부해 줌으로써 다량의 곡물을 매집하려 했기 때문인 것으로 보인다.[43]

---

41) 『通商彙纂』 제202호(1901. 10. 14) 「韓國釜山大邱間運搬事情一斑」.

42) 대부기간으로 제시된 1, 2개월의 기간은 곡물을 매입·운반하는 데 소요되는 시일을 고려했을 때, 조선 상인이 일본상인과 약속한 날짜를 지키는 데 결코 넉넉한 시간은 아니었다. 더구나 양력 12월부터 2월까지는 낙동강 결빙기인 관계로 선척의 운항은 정지되었는데, 이 결빙기가 쌀 수확기 직후여서 그로 인한 수송의 지체는 조선상인이 약속날짜를 지키는 데에 일정한 장애가 되었다(大阪商業會議所, 앞의 책, 11~12面). 또한 곡물을 재래선박으로 운반할 경우 풍랑 등으로 침몰하여 하물(荷物)이 훼손되거나 매매기일에 늦는 사례는 빈번하였다[『通商彙編』(1884, 하반기) 「釜山港之部」]. 가까이 다대포만 하더라도 하단에서 부산으로 회항하던 한선(韓船)이 침몰하는 경우가 연중 50, 60척이나 되었다고 한다[『通商彙纂』 제202호(1901. 10. 14) 「韓國釜山大邱間運搬事情一斑」]. 요컨대 상설시장이 설치되지 않았던 유통구조상의 조건이나 미발달된 교통운수사정 등 당시 조선의 실정을 감안한다면 자금거래는 그것이 성사될 당시에 이미 불이행될 가능성을 다분히 내포하고 있었다.

43) 이러한 사례는 1889년 福田增兵衛과 밀양상인, 1892년 迫間保太郎과 고성상인, 1892~1893년 坂口九平과 진주·의령·함안상인, 1893년 佐伯萬次郎과 밀양상인, 1898년 中島仁三郎과 밀양상인, 森宗二郎과 대구상인, 1901년 篠原才吉과 고성상인 간의 채안에서 발견할 수 있다.

2. 대부액

〈부표 1〉 채안에서 곡물의 매입대금은 대부분이 엽전으로 지불되었는데,[44] 1회 대부액은 전체의 약 75%가 1,000냥 이하의 것이다. 이것은 어느 정도의 물량을 매입할 수 있는 금액이었을까. 이를 알아보기 위해 1,000냥을 당시의 곡물가격을 기준으로 해서 물량으로 환산해 보았다. 물론 곡물가격이라는 것은 원래 곡물의 생산량에 영향을 받는 것이므로 그 본래의 특성상 계절마다 그리고 매해의 풍흉에 따라 일정하지 않다. 뿐만 아니라 부산항의 곡물가격은 일본, 특히 오사카 지역의 곡물가격에 의해 크게 좌우되었기 때문에 일률적으로 단정하기는 어렵다. 여기서는 편의상 자료로 확인되는 1895년도 곡물가격을 기준으로 대략적인 물량만 알아보기로 한다.

1895년 당시 인천, 전라지역으로부터 부산항으로 운반된 미곡의 가격은 〈표 3〉과 같다.

〈표 3〉 1895년 부산항 미곡시세

	上白米		中白米		下白米		玄米
	並品	精選	並品	精選	並品	精選	平均
인천	7.80	8.20	7 / 7.40	7.50	6.70	6.80	6.70 內外
전라도	8	8.50	7.15 / 7.60	7.65	7 內外		7 內外

* 출전: 『通商彙纂』 제26호(1895. 9. 2) 「慶尙道地方稻作ノ現況並各種産米ノ相場」.
* 단위: 엔/1석

〈표 3〉에 따르면 당시 부산항의 미곡 시세는 미곡의 산출지와 품질에 따

---

44) 이 외에도 엔화로 지불되거나 환이나 어음, 가마니나 새끼로 지급된 사례가 있었다. 진남포에서는 대두를 매입할 목적으로 미리 쌀, 조, 소금 등의 물품이 대부되기도 했다『韓國土地農産調査報告』(평안·함경·황해도 편), 172쪽]. 물품이 대부되는 경우, 특히 일본으로부터의 수입품을 미리 대부해 주면서 조선의 수출품을 구입하고자 했던 거래방법을 당시의 자료에는 '사입대(仕込貸)'라 기록하고 있다(차철욱, 앞의 글, 10~11쪽).

라 약간씩 차이를 보인다. 여기서는 임의로 중백미(中白米)를 기준으로 살펴보았는데, 1석에 약 7엔 이상의 가격으로 거래되고 있음을 알 수 있다. 7엔을 1895년 9월의 평균상장(平均相場)[45]인 20할 8분[46]으로 계산하면, 일화(日貨) 7엔은 엽전 약 34냥으로 쌀 1석은 약 34냥에 거래되었던 것으로 상정할 수 있다. 이것으로 1,000냥의 금액으로는 약 29석 정도의 곡물을 매입할 수 있었다는 결론이 도출된다. 이것은 일본상인의 매입규모가 몇 백 석이 보통이고, 천 석 이상인 경우도 적지 않으며 드물게는 몇 만 석인 경우도 있었다고 하는 거류지에서의 일반적인 거래량에 비추어 볼 때,[47] 상대적으로 소규모 거래였다.

당시 상품화된 곡물은 가을 추수기부터 다음해 봄 2, 3월까지의 기간 동안에 판매되는 것이 일반적이었으나 일부는 남겨졌다가 모내기 이후 기후 여하에 따라 판매되기도 했는데,[48] 그것은 지주나 부농의 소작미, 곡물상들에 의한 무곡미(貿穀米), 그리고 소생산자의 잉여물에 이르기까지 다양했다.[49] 주지하다시피 일반 농민들에 비해서 판매량이 많았을 지주나 부농은 당연히 생활상의 여유가 있었던 만큼 자신의 곡물을 보다 유리한 조건에서 판매하고자 하였다. 때문에 곡물의 가격조건을 고려하여 출하 시기를 조정하는 한편 유통단계를 단축시키기 위해 직접 선박을 구입하여 개항장으로

---

45) 일본통화에 대한 엽전의 가격을 전할(錢割)이라고 하는데, 예를 들어 엽전 1관문(貫文)이 은화(銀貨) 50전에 해당할 때는 5할, 31전에 해당할 때는 3할 1분이라고 한다[『通商彙纂』 제10호(1894. 9. 25) 「朝鮮國通用舊貨幣」]. 법률이 정한 바에 의하면, 엽전을 은화로 교환할 때는 엽전 1관문에 은화 2엔의 비율, 곧 20할의 시세로 교환하도록 규정되어 있다. 그러나 실제 시장에서의 시세는 여러 가지 요인으로 인하여 다소의 증감을 보인다[『通商彙纂』 제37호(1896. 2. 14) 「釜山港ニ於ケル銀貨欠乏ノ情況」].

46) 『通商彙纂』 제30호(1895. 11. 2) 「二十八年九月中釜山港商況」.

47) 唐澤たけ子, 앞의 글, 72~73쪽.

48) 『韓國土地農産調査報告』(경상·전라도 편), 512쪽.

49) 이세영, 「18·9세기 곡물시장의 형성과 유통구조의 변동」, 『한국사론』 9, 1989, 219~243쪽.

반출하는 형태도 있었다.[50] 반면에 소생산자들은 생산한 곡물을 중매상, 혹은 내지의 시장이나 포구의 객주에게 위탁해서 판매하는 경우가 일반적이었다.[51] 이 경우 규모도 작았을 뿐만 아니라, "舊 정월 이전에 시장에 출현하는 벼의 대부분은 소작인들이 연말계산의 준비로서 그 所得米를 판매한 것이 대부분이었다"[52]고 한 것처럼 납조기(納租期)에 임박하여 궁박판매(窮迫販賣)하는 경우가 많았다.

요컨대 일본상인으로부터 소액의 자금을 차입한 조선상인이 내지로 진입해서 매입할 수 있었던 상품은 납조기에 임박하여 궁박판매한 영세농의 잉여물인 경우가 많았다. 이러한 사실은 자금의 대부·상환시기가 곡물의 출하기 직후부터 음력 1, 2월까지 이어졌던 것에 의해서도 뒷받침된다. 결국 곡물매입을 위해 대부된 일본상인의 대부금은 농촌으로까지 유입되어 궁핍한 생활로 인하여 궁박판매를 피할 수 없었던 소생산자들의 잉여생산물, 경우에 따라서는 필요생산물까지 대일수출을 위한 상품으로 편입시켰다.

3. 상환조건 : 곡물의 상환가격

〈부표 1〉 채안에서 곡물의 상환가격은 특정가격으로 약정해 둔 경우와 곡물이 도착하면 '시가(時價)'대로 상환토록 한 경우, 두 가지 경우가 확인된다.

우선 곡물의 상환가격을 특정가격으로 약정해 둔 경우를 보면, 예컨대

---

50) 지주의 소작미는 객주를 통해서 방매되고 있었으나, 직접 선상을 통해서 개항장으로 수출하기도 하였다. 지주나 부농이 직접 선운을 지배하여 무곡하는 사례는 개항 이전부터 흔히 볼 수 있다. 이러한 사정은 개항 이후에도 마찬가지였던 것으로 보이는데, 1890년 이후 곡물수출이 증대하면서 지주들은 직접 선박을 구입하여 곡물운송에 가담하기도 하였다(하원호, 앞의 책, 129~130쪽).

51) 『通商彙纂』 제20호(1895. 5. 1) 「朝鮮國忠淸道地方巡廻復命書」.

52) 『通商彙纂』 改 제48호(1903. 10) 「木浦籾接業商況」(이병천, 앞의 글, 159쪽에서 재인용).

〈부표 1〉 채안에서 1889년 일본상인 福田增兵衛과 박여분(朴如扮)의 거래에서는 콩 1석을 10냥으로 약정했고,[53] 1899년에 일본상인 中村岩次郎은 허성서(許聖瑞)로부터 쌀 33석 5두 2승 5합을 1,488냥 2전 3리분, 곧 쌀 1석을 약 44냥의 가격으로 상환받았다.[54] 이 약정된 가격은 각각 1889년의 부산항 대두가격 25냥 8전보다, 1899년의 부산항 쌀가격 50냥보다 염가였다.[55] 두 상인 사이에서 이 가격이 어떻게 책정되었는지 여기서는 확인할 길이 없다. 하지만 당시 부산항의 곡물 시세와 비교했을 때 상당히 염가였다는 사실은 확인할 수 있다. 이처럼 곡물가격을 미리 약정해 두면 곡물 출하 시 곡물가격이 갑자기 상승한다 하더라도 약정한 가격으로 곡물을 인도받을 수 있어 일본상인에게는 유리하였다. 설사 곡물가격이 하락하더라도 가격 차이가 커서 일본상인은 손해를 보지 않아도 되었다.[56]

그런데 〈부표 1〉 채안에서 상환조건을 보면 곡물가격은 미리 약정해 두기보다는 "米太는 時價대로 賣買할 것", "黃租는 時價에 따라 갚을 것" 등이라 하여 '시가'에 따르도록 한 것이 많다. 밀양에서도 대금(貸金)하여 계약할 때에는 현물을 주고받을 당시의 가격으로 인도하는 것이 보통이었다고 한다.[57] 여기서 특히 '상시가(上時價)', '상가(上價)'로 약정된 것이 눈에 띈다.[58] 자금거래에서 곡물의 상환가격을 '시가', 그것도 '상시가'에 따르는 것

---

53) 『日照』 3책, 1889년 11월 26일조, 문서번호 11.

54) 『日照』 4책, 1899년 5월 13일조, 문서번호 57.

55) 이와 관련해서는 하원호, 앞의 책, 219쪽에 인용된 〈부산항 연도별 곡물가격 변동표〉를 참고하였다. 물론 당시 곡물가격의 계절적 변동폭은 상당히 컸으므로 특정 곡가를 기준으로 하여 단정적으로 설명하는 데에는 다소의 비약이 있을 수도 있겠다. 또한 이상의 변동표는 어디까지나 '수출가격'을 기준으로 작성된 것이므로 부산항 양국 상인들 사이에서는 실제로 이보다는 낮은 가격으로 거래되었을 것임을 지적해 둔다.

56) 『通商彙纂』 제125호(1899. 2. 6) 「木浦附近內地商業ノ近況」.

57) 『通商彙纂』 제149호(1899. 10. 10) 「韓國慶尙道尙州·大邱·蔚山沿道地方情況」.

58) 일본상인 中村寬二郎과 울산 김명원(金明元)의 거래에서 '기한을 어겼을 때 태가(太價)는 시가에서 매승 1분씩 감한다'는 조건이 있는 것으로 보아, '상시가'는 시

으로 정한 것은 일본상인이 자금을 대부한 일차적 목적을 가격조건보다는 수출물량을 확보하는 데에 두었기 때문인 것으로 보인다.

앞에서도 언급했듯이 곡물은 본래의 특성상 매년 풍흉에 따라 생산량이 영향을 받으므로 출하량이 고르지 않았으며, 일본상인들 간의 경쟁이 치열해지면서 수출물량을 확보하는 데에도 어려움이 많았다. 특히 부산으로 도항한 이후 아직 거류지 무역에서의 경쟁력을 갖추지 못했던 영세한 일본상인들의 경우 기존 곡물상과의 경쟁 속에서 수출물량을 안정적으로 확보한다는 것은 중요한 문제였다. 흉년이나 출하되는 곡물이 소량인 시기에는 조선상인에게 자금을 대부하지 않고서는 곡물을 확보하기 어려울 정도였다.[59] 때문에 일본상인 가운데에는 매입대금의 일부를 지불하여 예약하는 형식으로 대부하는 자도 있었고,[60] 1897년과 같이 오사카의 쌀값이 많이 올랐을 때에는 곡물가격을 비싼 가격으로 계산해서라도 곡물을 확보하려 한 이도 있었다.[61] 요컨대 일본상인은 자금거래를 통해 곡물을 선점하고자 하였다. 이때 조선상인은 안정적인 판매처를 확보한 상태에서 내지와 개항장과의 가격차만큼 상업적 이윤을 남길 수 있었다.[62] 더구나 '상시가'라는 가격조건으로 짐작되듯 경우에 따라서는 조선상인에게 유리한 곡물가격이 책정되기도 하였다. 다만 '상시가'라는 가격조건은 1890년대 초반의 채안에서만 보이는데, 이는 자금거래에서의 조선상인의 위상변화와도 관련이 있지 않나 생각된다. 이것은 1890년을 전후한 시기부터 이자가 부과되기 시작

세보다 높은 가격인 것으로 해석된다(『日照』 4책, 1899년 4월 25일조, 문서번호 33).

59) 하원호, 앞의 책, 141쪽.

60) 『日照』 3책 1893년 11월 8일조 ; 『韓國土地農産調査報告』(평안·함경·황해도 편), 168~169쪽.

61) 『通商彙纂』 제100호 부록(1898. 5. 16) 「三十年中釜山港貿易年報」.

62) 하지만 이는 고정적인 것이 아니라 내외상인의 활동이 활발해지고 경쟁이 치열해짐에 따라 현저히 감소해 갔는데, 따라서 지역 간 가격차를 이용한 이익은 점차 축소되어 갔다. 개항기 곡가동향에 대해서는 하원호, 앞의 책이 참고된다.

했다는 사실과도 연관된다.

채안에서 이자는 월 3분과 5분이 대부분이고, 높게는 월 7분이었다. 당시 이자율은 관행상 대부규모, 저당의 유무, 대부기간, 기타 신용정도 등에 따라 달랐으며,[63] 지역에 따라서도 조금씩 차이를 보였다.[64] 그런데 일본인이 조선인을 대상으로 금전을 대부할 경우, 특히 상업자금은 단순한 대부금이 아니라 상거래를 위한 것이었으므로 그 금액은 컸을 뿐 아니라 이자는 상당히 저렴하였다.[65] 가령 1,000엔 이상의 금액을 상업자금으로 대부할 경우, 이자율은 월 2분 혹은 그 이하였다고 한다. 사실이 이와 같다면 자금거래에서의 이자율은 당시 양국인 간의 대차관계에서 관행적으로 적용되었던 그것과 비슷한 수준에서 약정되기는 했지만 그것이 소액이었다는 점, 주로 신용대부의 형태로 이루어졌다는 점[66] 등으로 인하여 상업자금으로서는 다소 높은 비율로 책정된 것이었음을 알 수 있다. 이상과 같은 비율로 부과된 이자는 곡물이 인도될 때 판매가격에서 공제되었다.[67]

---

63) 『通商彙纂』 제60호(1904. 10) 「韓國事情」(이병천, 앞의 글, 110쪽에서 재인용).

64) 『韓國土地農産調査報告』에 따르면, 일본인이 조선인을 대상으로 금전을 대부할 경우 부산지역에서의 이자율은 유담보 대부는 10관문 이하가 월 1할, 50관문 이하는 월 7분, 50관문 이상은 월 5분이었고, 무담보 대부는 50관문 이하가 월 4전, 그 이상은 월 3전이 보통이었다고 한다. 김해지역에서는 월 3~5분, 의령은 연 3, 4할, 영산은 월 5분, 울산은 월 5분, 창녕은 월 1~2할 등이었다[『韓國土地農産調査報告』(경상·전라도 편), 440~442쪽].

65) 『韓國土地農産調査報告』(경상·전라도 편), 434~435쪽.

66) "한국에서의 상업은 모두 신용에 의해 약정되었는데 …… 前金을 貸與해 두고 곡물출하기에 대여금에 대한 계약을 이행하는 것이 일종의 습관으로 되어 있는데, 이 습관의 성립 또한 신용에 기초하지 않을 수 없다"(岡庸一, 앞의 책, 758쪽)라고 하여 자금거래 역시 양국 상인 간의 신용에 기초하고 있음을 알 수 있다. 이는 토지나 물건을 담보로 설정하지 않고서도 자금대차가 가능하였다는 점에서 금융융통을 원활하게 했다는 장점을 가진다. 하지만 신용대부는 자금 회수에 대한 보장 문제로 이자가 높을 수밖에 없었다.

67) 『韓國土地農産調査報告』(평안·함경·황해도 편), 168~169쪽.

4. 기타 상환조건

〈부표 1〉 채안에서 자금거래는 이자 외에도 다양한 상환조건을 포함하고 있는데, 주목해야 할 것은 이것이 1890년을 전후한 시기부터 부과되기 시작했다는 점이다. 구체적인 항목을 정리해 보면 다음과 같다.

가. 가사(家舍), 전답(田畓), 염전(鹽田), 선척(船隻) 등 저당물의 설정 및 유질(流質).

나. 처음에는 없었던 이자가 첨가되거나, 혹은 이자율의 인상.

다. 벌금, 위약금, 잡비(부채상환 청구를 위한 일본상인의 왕복체재비 등) 명목의 일정액 추가.

라. 곡물 상환 시 시가보다 매 승 1분씩 감할 것.

마. 대부금 상환이 연체되거나 채무자 상환능력이 인정되지 않을 경우 보증인이 대신 상환할 것.

바. 곡물을 운송하는 데 소요되는 비용을 채무자가 담당하도록 하거나 곡물이 상환가격을 채권자에게 유리한 특정지여이 시세에 따르도록 할 것.

1890년 이후 부과되기 시작한 이상의 상환조건은 일본상인이 보다 유리한 조건하에서 곡물을 매입하고자 한 의도로 첨가된 것도 있지만(바) 대부분(가~마)은 '곡물 인도기한을 넘겼을 때'의 조건인데, 자금거래가 불이행되는 경우가 종종 발생하면서 그로 인해 입을 수 있는 손해의 가능성을 최소화하기 위해 마련해 둔 안전장치였다. 하지만 이로 인해 증가되는 상환액이나 가사, 전답 등의 저당설정 등은 조선상인에게는 부담이 되는 것이었다. 조선상인들은 왜 이러한 조건들을 감수하면서까지 일본상인으로부터 자금을 차입해야 했던 것일까.

1890년 이후 한일 간의 무역이 확대되면서 보다 많은 곡물을 확보하고자 한 일본상인들 간의 경쟁 또한 치열해졌다. 그 결과 곡물을 안정적으로 확보할 수 있는 방법이었던 자금거래도 보다 활성화되게 되었다. 다른 한편 곡물거래를 통해 이윤을 획득하고자 한 조선상인 가운데에는 융통 가능한 상업자금을 필요로 한 자도 있었을 것이다. 자금거래가 양국 상인 중 누구의 필요에 의해 보다 확대되었는지 여기서 단언할 수는 없다. 하지만 조선 상인이 이자가 부과되는 불리한 가격조건하에서도 대부금을 상업자금으로 차입했다는 사실, 그리고 부담이 되는 여러 가지 상환조건을 받아들이면서까지 자금거래를 시도했다는 사실만으로 추측해 본다면, 자금거래는 곡물을 안정적으로 확보하고자 했던 일본상인 못지않게 조선상인에게 역시 필요한 거래방법은 아니었을까? 이와 관련해서는 다음 장에서 살펴보도록 하겠다.

Ⅳ. 자금거래를 통한 일본상인의 곡물유통지배

자금거래는 곡물을 안정적으로 확보하려는 일본상인의 의도하에 시도되었던 것으로 조선상인은 산지, 혹은 집산지에서 매입한 곡물을 일본상인에게 되파는 과정에서 이윤을 획득할 수 있었다. 그런데 이러한 거래관행이 당시 부산항으로 이어진 곡물유통구조 속에서 양국 상인에게 주는 의미는 무엇일까. 본 장에서는 채안의 채권·채무자, 그리고 보증인을 분석하여 자금거래가 어떤 상인들에 의해 행해졌으며, 그들이 당시의 곡물유통을 장악해 가는 데에 자금거래라는 '관행'은 어떤 역할을 담당했는지 등을 살펴보고자 한다.

우선 〈부표 1〉 채안의 채권자인 일본상인에 대해 살펴보자. 여기서 일본상인에 대해 확인할 수 있는 것은 그들이 영사관으로 제출한 '조회원'을 통해 원적과 현 거주지, 신분 정도이다.[68] 그런데 이 몇 가지 사실만으로 이

---

[68] 일본상인의 출신지별 분포는 나가사키현, 후쿠오카현 등 큐슈지방(61.7%)과 야마구찌현, 오카야마현 등 혼슈 남단지역(34.04%) 등 서일본 특정지역에 집중되며, 특히 아가사키현(36.17%)과 야마구찌현(29.79%) 출신이 많았다. 일본에서의 신분

들을 구체적으로 설명해 내기는 어렵다. 다행히 1900년대 초반의 자료이기는 하나 당시 일본인들이 발간한 조선거주 일본인 명사(名士)·신사(紳士)에 관한 자료, 그리고 한국을 소개하는 안내 책자의 광고란 등에서 채권자들의 이름을 발견할 수 있었다.[69] 채권자 모두를 찾아내지는 못했는데, 확인된 이들을 중심으로 정리해 보면 〈부표 2〉와 같다.

해당 자료에 따르면 1900년대 초반 채권자 대다수는 부산항 일본인 거류지 내에서 미곡상, 정미소, 잡화상, 여관 등을 경영하는 무역상들이었다. 이들 가운데에는 大池忠助나 迫間保太郎, 五島深吉, 福田增兵衛와 같이 부산의 유력한 거상(巨商)도 포함되어 있다. 이러한 사실은 이들이 그 이전부터 무역과 관계된 일에 종사해 왔음을 짐작케 한다. 개항 이후 양국 간의 무역에 종사하기 위해 많은 일본인들이 부산으로 진출했다는 것은 주지한 사실이다. 이들 역시 그러한 부류의 사람들로, 이들의 도항은 개항 이후 전 시기에 걸쳐 지속적으로 확인된다.[70] 당시 부산으로 건너와 무역에 종사한 일본상인들 중 도산하여 귀국한 이들도 적지 않았다는 사실을 감안한다면 이들은 그동안 관련업에 종사하면서 꾸준하게 성장해 온 이들로 보아도 크게 틀리지 않을 것이다.

은 전체의 약 94%가 평민이었고, 자금거래를 약정할 당시에는 거의 부산항 일본인 거류지 내에 거주하고 있었다.

69) 이는 『韓國案內』(香月源太郎), 『在韓人士名鑑』(목포신문사, 1905), 『在韓實業家名鑑』(日韓商業興信所, 1907), 『朝鮮神士錄』(경성신보사, 1909)을 중심으로 확인한 것인데, 일본상인의 약력과 관련된 이하의 내용은 특별한 전거(典據)를 밝히지 않는 한 이상의 자료에 근거하였다.

70) 保家貞八(1863)과 大池忠助(1875)는 개항 전에 이미 부산으로 건너와 관련업에 종사하고 있었고, 五島甚吉은 1880년에 건너온 것으로 확인된다. 坂口甲治(1892)와 岡野政次郎(1891)은 앞서 건너온 친척들과의 연줄로 1890년 이후에 건너왔으며, 일찍이 인천으로 건너와 무역업에 종사하였던 力武平八은 사업이 실패하자 부산으로 옮겨왔는데 그 시기는 1896년 이후이다. 한편 개항 이후 한일 간의 회선업(廻船業)에 종사하던 야마구찌현 출신의 磯(礒)谷喜三郎(1891)과 後藤卯三郎은 야마구찌현 지역의 회선업이 쇠퇴하면서 새로운 활로를 찾아 조선으로 건너와 정착한 것으로 확인된다.

이들의 상업 활동을 보다 구체적으로 살펴보면, 물론 그 가운데에는 大池忠助와 같이 일찍부터 회선업·정미소 등을 겸업하면서 무역을 위한 안정적 기반을 자체적으로 소화해 낼만큼 경영규모를 확장한 이도 있었다. 그러나 대다수는 1900년 무렵까지는 무역상의 고용인이나 중매상으로서 주로 활동하였던 것 같다. 예컨대, 藤井淺太郎은 대마도 출신의 사람들이 모여 운영한 중림사(重林社)에서 무역에 종사하다가 회사가 문을 닫자 佐佐木상점으로 들어가 일을 했고, 佐佐木상점이 문을 닫은 이후에는 독립하여 자신의 무역상을 경영하기 시작했다. 岡野政次郎은 金平지점에서 3년간 근무하다가 1894년부터 독립하여 무역상을 경영하기 시작했고, 今西彌一郎은 일본 오사카에 본점을 둔 武內상점의 지점에서 주임으로 일했다. 한편 坂口甲治나 小宮萬次郎의 경우 앞서 도항한 친척들의 도움을 받아 보다 안정적인 기반 위해서 영업할 수 있었는데, 특히 大池忠助의 상점에서 일한 小宮萬次郎은 그것을 기반으로 1890년 이후에 독립, 유력한 무역상으로 성장할 수 있었다. 이 외에 古谷茂右衛門, 堀田忠三郎, 力武平八 등도 무역상에 고용되어 그들의 대리인으로써 활동한 자들이었다.

Ⅱ장의 (가)에서 거류지 조선상인과의 소규모 거래는 일본인 중매상이 직접 담당했던 것으로 설명한다. 중매상은 1881년에 제정된 「居留人民營業規則」에서 "양국 상인의 사이에 서서 仲賣買를 주로 하나 스스로 수출입을 하지 않는 자"로 한정하면서 독립적인 업종으로 규정되었는데, 수출화물이 중매상을 통해 무역상에게 되팔렸던 것은 당시 유통과정의 한 특징이기도 했다.71) 물론 당시에는 중매·무역업을 겸업하는 경우가 많아 그것을 확연히 구분하기는 어렵다. 하지만 당시 부산항에도 다수의 중매상이 서정변(西町邊)에 거주하면서 곡물거래를 통한 수익을 올리고 있었고, 특별히 '중립인[仲立人: 미곡의 중차업(仲次業)을 전업으로 하는 자]'이라고 하여 상업회의소 감독하의 일정한 구역 내에서 양국 상인 간의 거래를 매개하는 자

---

71) 임승표, 앞의 글, 163쪽.

도 있었다.[72] 이들은 거류지로 운반된 곡물을 조선상인으로부터 매입하여
무역상에게 되파는 역할을 담당했다.[73] 경우에 따라서는 직접 내지로 진입
하여 곡물을 매입하거나, 혹은 거래계약을 성사시키기도 했다.[74] 이때 곡
물의 매입자금은 보다 신용이 확실한 자라면 은행으로부터 직접 차입할 수
있었으나,[75] 대다수의 경우 Ⅱ장의 (가)에서와 같이 곡물을 내다 팔 거류지

---

72) 岡庸一, 앞의 책, 778쪽.

73) 이들 중매상을 경유해서 곡물을 매입하는 절차에 대해서는 영사관 보고서에서
"……本邦人(일본인-인용자)이 조선인으로부터 물품을 買入하려고 할 때는 우선
荷主인 조선인으로부터 조선인 問屋(객주-인용자)의 손을 거치고 다시 本邦 중
매인을 경유하고, 仲立人(미곡의 仲次業을 전업으로 하는 자)을 거쳐 무역상의 손
으로 옮겨지는 것으로서 이 사이 매매 쌍방의 중간에 3명의 손을 거치지 않으면
안 된다……"고 설명하고 있는데, 덧붙여 "(이것은) 쓸데없이 3種의 口錢을 지불해
야 하는 弊習이다"라고 지적하면서 이들을 배제함으로써 유통단계를 줄일 것을
촉구하고 있다[『通商彙纂』 제167호(1900. 4. 21) 「釜山三十二年貿易年報」].

74) 福島勝太郎, 富永源助, 新原慶之助, 新田要吉, 小宮龜助, 中上定太郎, 波多野好松,
坂口九下, 松田行藏, 秦孫右衛門, 深見常吉, 梅野德治, 淺野芳太郎, 馬木健二, 小
宮萬次郎, 後藤卯三郎, 米田徹直 등이 1888년부터 1893년 사이에 경상·전라지역
으로 진입할 목적으로 부산감리서로부터 노조를 발급받는 사실이 확인된다[釜山
港監理衙門, 『路照存案』(奎 18117)].

75) 당시 일본상인의 자본규모에 대해서 상세히 알 수는 없다. 다만 관련 기록에서 개
항장의 금융이자가 높은 이유를 "거류지 商估 중 자본있고 신용있는 상인이 적기
때문"이라고 지적한 것으로 보아 대체적으로 자본규모가 영세했던 것 같다. 하지
만 신용있는 무역상의 경우에는 국립일본제일은행을 비롯한 일본오십팔은행(日
本五十八銀行), 일본제십팔은행(日本第十八銀行) 등 당시 부산으로 진출해 있던
은행으로부터 다액의 상업자금을 융통받을 수 있었다. 주요 수출품(곡물)에 대한
담보대부나 하환(荷爲替)의 비율은 제일은행의 경우 무릇 시가의 8, 9할이었는데,
그것은 일본상인이 가령 5만 엔의 자금을 빌려 곡물을 매입하려고 할 때면 은행
은 8괘(掛), 즉 4만 엔에 해당하는 곡물을 저당잡고 5만 엔을 대부해 주었던 것이
다. 이와 관련된 논문으로는 村上勝彦, 「第一銀行朝鮮支店と植民地金融」, 『土地
制度史學』 61, 1973 ; 高嶋雅明, 『朝鮮における植民地金融史の硏究』, 大原新生社,
1978이 있다. 한편 일본상인은 이 외에도 오사카 문옥(問屋)을 매개로 한 일본상
인들 간의 자금융통방법인 시중환(市中爲替)을 통해서도 상당한 자금을 융통할
수 있었다[『通商彙纂』 제101호 부록(1898. 5. 16) 「三十年中釜山港貿易年報」]. 1898
년 시중환 취결은 그 총액의 4/10 내외에 이르렀다고 한다[『通商彙纂』 제138호

무역상으로부터 차입했다. 이 과정에서 일본인 중매상은 객주와 마찬가지로 거래의 주선에 대한 일정한 수수료인 구전(口錢)을 취득하였다. 그 구전의 액수는 물품에 따라 달랐던 것은 물론이고, 현매매(現賣買)와 예약매매(豫約賣買)에서도 약간씩의 차이를 보였다.[76]

　요컨대 채안의 채권자들은 개항 이후 상업적 이윤의 획득을 목적으로 건너온 상인으로 당시에는 대다수가 무역상의 대리인이거나 중매상이었다. 곧 이들은 협동상회(協同商會)와 같은 사족 중심의 무역상[77]이나 미쓰비시(三菱), 미쓰이(三井), 오오쿠라쿠미(大倉組) 등과 같은 거대자본으로서 일본정부의 정책적·금융적 지원을 직접 받았던 정상(政商)들과는 달리 생존을 위해 부산으로 건너와 거류지 무역에 종사하였던 평민출신의 영세한 상인들이었다. 하지만 이들은 일반상인들의 편의를 위해 제공된 일본정부의 시책들을 배경으로 거류지 무역상으로부터 상업자금을 융통받는 등 다양한 지원에 힘입어 안정된 입지를 확보한 가운데 1900년대 초반 무렵에는 상점광고를 낼 정도로 영업을 확장해 간 자들이었다. 자료로 확인되지 않

(1899. 4. 19)「釜山三十一年中貿易年報」]. 또한 해당 지역의 군수가 수집하거나 객주가 유치하고 있던 상납전을 곡물매입자금으로 차입할 수도 있었다. 영사관 보고서에 따르면 1897년 부산항으로의 미곡 출하량이 전년에 비해 1/3로 감소한 세 가지 이유 중 하나를 "當港(부산항－인용자) 무역상이 내지의 관찰사 및 군수와 계약해서 上納米를 인수함을 상례로 했는데, 금년에는 그것(上納米－인용자)을 다시 인천지방으로 바로 보내는 경우가 보여 當地(부산항－인용자)로의 수송이 적었다"는 점을 지적하고 있다. 이처럼 당시 상납전은 수출량에도 영향을 미칠 만큼 많은 금액이 곡물매입자금으로 융통되었는데, "日商 江內善助가 밀양군의 戊戌條 己亥納結錢 중 3,000兩을 貿資로 捧標出給" 한 사실로도 확인할 수 있듯 그 일부는 일본상인의 상업자금으로도 사용되었던 것 같다(『東萊監理各面署報告書』 1책, 1899년 11월 7일조). 이는 산지로 엽전을 휴대할 필요가 없을 뿐 아니라 납조 기한까지 무이자로 자금을 융통할 수 있어 이익이 되었다고 한다(『通商彙纂』 제92호(1898. 2. 3)「三十年十二月中釜山港商況」].

76) 岡庸一, 앞의 책, 779쪽.

77) 김광옥, 「근대 일본의 협동상회와 조선무역」, 『동아시아역사연구』 제7·8합집, 2000, 12쪽.

은 다수의 채권자는 확인된 이들보다는 더 영세한 중매상이었을 것으로 짐작된다.

다음으로 채안의 채무자인 조선상인에 대해서 알아보자. 아래의 자료를 보자.

> (나) 하단에는 해·륙물산 위탁업을 업종으로 하는 객주가 수 십 군데 있어서 이 나락을 사 가지고 현미를 만들어 부산에 있는 大池精米所 등 일본 상인들에게 팔아서 축재를 한 사람도 부지기수였다. 이 객주들에게는 시내 부평동 일대의 일본 상인들이 현미 매수대금을 선금으로 주었기 때문에 자기 자본을 많이 들이지 않고 장사 재미를 톡톡히 보았다.[78]

> (다) 또 내지에는 問屋(객주 - 인용자)이라 불리거나 혹은 조선인 중매상이라 불리는 일종의 영업자가 있는데, 우리 정당한 商估는 이들에 대해서 항상 소위 貸倒의 결과로 빠지는 자가 많았다고 한다. 또 한편으로는 그 大豆의 買纏을 하기 위해 本地(원산항 - 인용자)에 있는 金主(거류지 무역상 - 인용자)로부터 자금을 借出하여 그긋으로서 자기의 융동을 도모하거나 혹은 스스로 진출하는데, 각 지방에 이르러서도 중매상 사이에서 소위 자유경쟁의 폐단을 낳아 오히려 金主의 손실로 됨으로서 일시 金主는 그 貸付를 정지하게 되어 該商의 신용이 거의 땅에 떨어지기도 하였다.[79]

낙동강 700리의 첫 포구인 하단은 경상도 내지의 각 집산지로부터 수운으로 운반된 화물이 부산항으로 옮겨지기에 앞서 집산되었던 곳으로 일찍부터 객주업이 성하였다. (나)에서 해·륙물산 위탁업에 종사하던 하단의 객주 가운데에는 부평동 일대의 일본상인들로부터 선금을 받아 현미를 매입·판매하므로 자기자본을 많이 들이지 않고서도 축재한 이들이 많았다고 한다. (다)는 원산지역에서 일본상인이 대두를 매입하는 양상을 보여주는 사례이다. 여기서 거류지 무역상으로부터 자금을 차입해 거래를 해 오던

---

78) 박원표, 『鄕土釜山』, 태화출판사, 1967, 34쪽.
79) 『通商彙纂』 제11호(1895. 11. 28) 「元山港大豆輸出景況」.

일본인 중매상은 무역상이 대부를 중지함에 따라 거래를 중단할 수밖에 없었고, 다른 한편 내지의 객주나 조선인 중매상에게 자금을 대부해 주었다가 화물(대두)을 인도받지 못하여 '돈을 떼이고 도산'하게 되었던 실정을 확인할 수 있다. 원산항의 사례이기는 하나 이로써 대두매입을 위해 일본상인이 산지나 포구의 객주, 조선인 중매상에게 자금을 대부했다는 사실을 확인할 수 있다.

〈부표 1〉채안의 채무자에 대해 확인할 수 있는 자료는 거의 찾지 못했다. 단편적인 몇몇 기록을 통해 이명서(李明瑞),[80] 김현일[金顯(現)逸],[81] 윤봉오(尹奉五), 김운외[金雲(云)五] 등 개항장 지역에 거주한 객주를 일부 확인하였을 뿐이다. 다만 채무자의 거주지역을 참고로 한다면, 그것은 경상남북도 거의 전 지역에 걸쳐 있는데, 특히 하단·엄궁·대치·부평·부민·초량·구포 등 개항장 지역과 명호·김해·양산·삼랑·밀양 등 낙동강 연안 지역, 함안·의령·진주 등 내지의 주요한 곡물집산지, 진해·창원·마산·고성·울산 등 동·남해 연해지역 등 당시 부산항으로 운반되던 수출품의 주요 집산지에 집중적으로 분포되어 있어, 채안의 채무자 역시 당시의 곡물유통과 관계된 객주이거나 곡물 중매상임을 쉽게 추측할 수 있다(〈부표 3〉참고).

여기서 〈부표 3〉채무자 거주지역의 변화추이를 시기별로 살펴보자. 자료의 한계상 확연한 변화상을 설명해 내기는 어려우나, 전반적으로 1890년을 기점으로 내지에 거주하는 채무자가 눈에 띄게 증가하고 있음을 알 수 있다. 즉 개항장 지역에 거주하는 채무자가 전 시기에 걸쳐 지속적으로 존재하고 있는 데 반해, 밀양·영산·함안·의령·진주·고성·울산 등을 중심으로 한 내지의 주요 곡물집산지에 거주한 채무자는 1890년 이후 일정하게 증가하고 있는 것이다. 이것은 개항 직후 부산항 상인을 대상으로 대부

---

80) 『訓令編案』 6책, 1900년 11월 3일조.
81) 『釜山港關草』 1책, 1887년 6월 26일조·8월 4일조.

되던 것이 1890년 이후가 되면 이들 내지의 상인들에게까지 확대되어 갔음을 보여준다. 여기서 지적해 둘 것은 일본상인과 내지상인과의 거래가 단순한 행상에 한정된 것이 아니라 상업자금의 대부를 통한 유통과정 자체에 대한 지배까지 가능했다는 사실이다. 이는 곧 내지상인을 매개로 내지시장에 대한 금융적 지배까지 관철했던 것으로 일본상인의 영업망은 청일전쟁 이전에 이미 그만큼 확대되어 있었다는 의미로도 받아들일 수 있겠다. 이러한 자금거래는 일본상인의 내지정주(內地定住)가 현실적으로 가능해지는 1900년대 초반에는 생산자에게 직접 대부되는 입도선매의 단계에까지 이르게 된다.[82] 이것은 일본상인에 의한 생산자 지배까지 가능해졌음을 의미한다.

그렇다면 조선상인은 일본상인의 대부금이 왜 필요했던 것일까. 우선 아래의 자료를 보자.

> (라) 我 상인이 物産을 買收하는 방법으로는 …… 조선인 間屋(개항장 객주―인용자)이 내륙 각지의 間屋에게 위탁하여 買集한 것을 일본인에게 넘기도록 하는 것이 있다. 그런데 이들 間屋도 또한 일본인의 앞잡이를 많이 했다고 한다. 그리고 또 보통 前貸法을 행하였기 때문에 화물을 모으기 쉬웠다. 환언하면 間屋은 금융기관으로 되어 다소의 이익을 예상하고 대부하게 된다. 그렇더라도 근래 이 방법은 계속 감소하고 있는데, 원래 이 間屋이라는 자는 거의 無資産으로서 오직 일본인의 자본에 의해 口錢만으로 생활하는 자이다. 때문에 매매 兩者로부터 口錢을 수취한다.[83]

(라)에서 일본상인으로부터 곡물 매입을 위탁받은 개항장 객주는 그것을 다시 내지의 객주에게 위탁하고 있다. 이때 그들은 '전대법(前貸法)'을 사용하기 때문에 화물(곡물)을 쉽게 모을 수 있었으며, '금융기관'으로 되어 다소의 이익을 볼 수도 있었다고 한다. 아울러 이 전대법을 행하는 객주는 거

---

82) 『韓國土地農産調査報告』(경상·전라도 편), 434쪽.
83) 『韓國土地農産調査報告』(경상·전라도 편), 513쪽.

의가 '자산이 없는'인 까닭에 오직 일본인의 자본에 의지하여 생활할 수밖에 없었다는 사실도 덧붙이고 있다. 여기서 '전대법'을 행한 객주는 '자산이 없는 자'로 설명된다.

객주의 자본규모에 대해서 명확히 제시해 주는 자료는 없다. 그러나 그 내부에도 상당한 차이가 있었다는 사실은 선행연구에서 이미 밝히고 있다. 이들 가운데에는 자기 자본만으로 거류지 무역을 담당하기 어려울 만큼 자본력이 취약한 객주도 있었다. 당시 금융기관이 부재한 조선의 실정에서 상업자금을 융통할 수 있는 유일한 방법이었던 외획(外劃)은 세력있는 유력한 객주나 지방관, 이서배와 연결된 일부 상인층에 국한되어 있었다. 이러한 사정은 당시 자본력이 취약했던 객주가 자금을 융통하는 데에 많은 한계를 가지고 있었음을 시사한다. '신용 없는 객주에게 의뢰함으로 해서 손해를 입은 자'가 많았던 것도 이 때문일 것이다. 상대적으로 대상(大商)이었다고 하는 객주의 자금 사정이 이러했다면 중매상을 포함한 여타 소상인들의 자금 사정은 더욱 열악했을 것이다. 이는 그나마 자금 사정이 나았던 청국상인이나 일본상인 등 외국상인에게 의지했을 가능성을 다분히 보여준다. 때문에 곡물을 인도하기에 앞서 일본상인들로부터 대금을 지불받을 수 있었다면 영세한 조선상인에게 그것은 곡물거래를 위한 상업자금을 융통받을 수 있는 하나의 기회였다.

그런데 신용이 확실하지 않는 조선상인과의 자금거래는 일본상인들로서도 경제적 손실에 대한 상당한 위험부담을 가지는 것이었다. 특히 내지시장의 사정에 밝지 못했던 일본상인이 내지상인과의 자금거래를 시도한다고 했을 때 실패에 대한 위험부담은 보다 커질 수밖에 없었다. 여기서 조선상인의 채무를 보증하는 보증인이 필요했던 것 같다. 〈부표 1〉 채안에서 보증인은 객주를 비롯하여 참봉(參奉), 책실(冊室), 존위(尊位)와 같은 지방의 유력자 등 위상이 다양해서 일률적으로 단정하기 어려운데, 대략 다음의 몇 가지로 정리해 볼 수 있다.

첫째, 1890년을 전후한 시기부터 객주를 중심으로 보증인이 설정되고 있는데, 그 가운데에는 엄궁·하단·대치·초량 등 개항장에 거주하는 자가 많았다. 곧 개항장에 거주한 상인이 채무자였던 86건의 채안 가운데서는 14건(약 16%), 그리고 내지에 거주한 상인이 채무자였던 187건의 채안 가운데서는 58건(약 31%)의 채안에서 보증인을 확인할 수 있다. 이것으로 자금거래에서의 보증인은 1890년을 전후한 시기부터 개항장 객주를 중심으로 설정되고 있으며, 그것도 내지상인과의 거래에서 주로 확인된다는 사실을 알았다.

〈부표 1〉 채안의 채무자 개개인에 대한 신용이나 지불능력에 대해서 해명할 길은 없다. 하지만 객주가 보증인으로 설정됨으로서 일본상인은 객주를 믿고 채무자에게 대부할 수 있었을 것이라는 정황은 쉽게 생각해 볼 수 있다. 특히 그 시기가 내지에 거주한 채무자가 급증하였던 1890년을 전후한 시기와 일치된다는 것, 그리고 내지에 거주한 상인과의 거래에서 주로 확인된다는 사실은 내지시장에 대한 정확한 정보를 확보하지 못했던 일본상인이 내지상인과의 거래에서 안정성을 보장받기 위해 당시 상당한 자금력의 소유자로서 '채무의 대행능력'이 인정되었던 부산항의 유력객주를 보증인으로 필요로 했기 때문일 것이다.[84]

둘째, 보증인이 양국 상인 간의 자금거래를 주선한 사실이 확인된다.[85]

---

84) 일부 저당이 설정된 사례도 확인되기는 한다. 하지만 저당이 설정된 채안은 18건으로 전체의 약 6.6%에 불과하다. 그것도 절반 이상이 부산, 김해 등 개항장 주변에 거주한 상인과의 거래에서 확인된다. 이는 당시 내지에서의 토지소유가 아직 공인되지 않은 실정에서 일본상인이 내지에서의 토지소유를 꺼려한 때문이기도 하다『韓國土地農商調査報告』(경상·전라도 편), 434쪽]. 어떻든 이것으로 당시의 자금거래는 대물적(對物的)보다는 대인적(對人的) 신용에 바탕을 두고 있었음을 알 수 있다. 더구나 秦喜左衛門과 이두칠(李斗七) 채안의 경우 문서상으로는 보증인이 확인되지 않지만 秦喜가 이두칠로부터 받아낸 채전을 '소개인 박원백(朴元伯)'으로 하여금 운반해 오도록 한 사실로 보아 秦喜가 이두칠에게 대부해 주었던 것 역시 박원백의 '소개'로 가능한 것이었음을 알 수 있다(『日債報關錄』, 1885년 4월 10일조). 이는 내지상인과의 채안에서 보증인이 확인되지 않는 경우라 하더라도 실질적인 거래에서는 일본상인이 신뢰할 만한 제3자의 소개가 있었음을 시사한다.

이를 좀 더 상세히 살펴보기 위해 보증인이 설정된 경위, 그리고 그의 역할에 대해서 비교적 상세히 알 수 있는 일본상인 中島仁三郎과 조선상인 박윤명(朴允明)의 채안을 참고하였다.

> (마) 明治 31年(戊戌 3월 13일) 被願人 客主 朴吉和의 주선으로 被願人 朴允明에게 米穀代金의 先渡로 韓劵劵文 200냥을 대부하며 머지않아 米穀積船이 도착한 후 返劵受取할 것을 약정하였던 바, 그 후 여러 달이 경과하여도 朴允明은 入館不致하고 穀物積送도 하지 않으므로 被願人 客主 朴吉和에게 누차 엄중히 청구하여도 말을 돌리며 返劵하지 않으니 아무쪼록 被願人 모두로부터 該 劵額을 이자와 함께 別紙 計算書대로 속히 返劵토록 照會해 주시기 바랍니다.[86]

> (마-1) 右標는 密陽 後洞에 사는 朴允明에게 米穀買來次 先代給條로 錢文 200兩을 出債한 것으로 이자는 每朔頭 3分씩해서 다음 달 같은 날까지 本利를 합쳐서 米穀으로 換來報給할 뜻으로 成標함 / 債用主 朴吉和[87]

(마)는 일본상인 中島仁三郎이 조선상인 박윤명에게 대부한 건으로 영사관에 제출한 조회원이고, (마-1)은 초량객주 박길화가 中島에게 작성해 준 표(標)이다. 여기서 거래의 보증인인 박길화는 中島와 박윤명의 거래를 주

---

85) 초량객주 박길화(朴吉和)는 1898, 1899년 2년에 걸쳐 일본상인 中島仁三郎과 7명의 밀양상인과의 거래를 주선하고 있으며(『日照』 4책, 1899년 5월 13일조, 문서번호 48~54), 홍향옥(洪享玉)과 홍향용(洪享甬)은 1900년 울산 웅상면에 사는 박사윤(朴四潤)으로부터 자금융통을 부탁받고 岩田重左衛門으로부터 2,500냥을 차입할 수 있도록 주선해 주었다(『日照』 5책, 1902년 3월 11일조, 문서번호 3). 한편 1899년 藤井淺太郎은 미두(米豆)의 매입 건으로 지속적인 거래를 해 오던 구관 사는 김대윤(金大潤)의 주선으로 이성옥(李成玉)에게 한전 45관문을 대여했으며(『日照』 1책, 1899년 7월 4일조, 문서번호 97), 1902년 小野愛治는 구관 사는 조인칠(趙仁七)의 주선으로 부산 사는 김석성(金石聲)에게 6,000냥을 대부해 주었다(『日照』 5책, 1902년 5월 23일조, 문서번호 12).

86) 『日照』 4책, 1899년 5월 13일조, 문서번호 40.

87) 위와 같음.

선한 사람이다. 그런데 (마-1)을 보면 표의 채용주가 채무자인 박윤명이 아니라 보증인인 박길화로 되어 있다.[88] 곧 中島로부터 자금을 차입한 사람은 박윤명이 아닌 박길화인 것이다. 이로써 보증인인 박길화는 中島와 박윤명의 자금거래를 주선한 사람인 것을 확인할 수 있는데, 그가 거래를 '주선'했다는 구체적인 의미는 곡물의 매입대금을 中島로부터 차입한 후 박윤명에게 다시 빌려주었다는 것으로 해석할 수 있다.

셋째, 채권-보증-채무자의 관계에 대해서 명확히 알 수는 없으나 조선상인이 동일한 채권·채무자를 대상으로 여러 차례 보증한 사실이 확인된다. 다음의 〈표 4〉를 보자.

〈표 4〉에서 조선상인이 동일한 일본상인을 대상으로 여러 차례 보증한 사실을 확인할 수 있다. 그것도 단기에 한정되지 않고 몇 년에 걸쳐 지속적으로 이루어진다. 이것은 채권자인 일본상인과 보증인인 조선상인이 상당

---

88) 채안의 표(標)에서 보증인이 채무자와 함께 '표주(標主)'로 기재된 사례는 많다. 이때 객주는 이자로 약간의 이익을 취한 후 대부금을 중매상에게 다시 빌려주었다. 그런데 개항장으로의 곡물반출루트에 이어진 소상인 가운데에 대부금을 빌리고도 채무를 이행하지 못하는 경우가 생겼을 경우 단지 주선자에 불과한 객주가 이에 대한 모든 책임을 져야 하는지는 다소 모호할 수 있다. 특히 당시 외국상인과의 상거래에서 거래의 주선자가 입회인(立會人)으로서 문서에 연서(連書)하는 것은 일종의 관행과도 같은 것이어서 이들 보증인이 채무의 대상의무(代償義務)를 인식하면서 표에 날인했는지는 다소 의문스럽다(藤永壯, 「開港後の'會社'設立問題をめぐって」, 이해주·최성일 편, 『한국근대사회경제사의 제문제』, 부산대학교출판부, 1995, 266쪽). 또한 표에 기재된 것을 보더라도 보증인은 '보인(保人)', '증인(証人)', '증보(証保)', '표주(標主)' 등 다양한 표현으로 기재되어 있는데, 자금거래에서 이들의 역할이 어떻게 달랐는지 여기서 구체적으로 설명하기는 어렵다. 하지만 조선후기까지도 명문을 작성할 때에 증인은 '증'(證), '증인(證人)', '증보(證保)', '증보보인(證保保人)' 등이라 하여 표주(票主) 혹은 답주(畓主)와 함께 연서하고는 있지만 이것은 채무자의 채무의무를 대행하는 '보인'으로서 보다는 단순한 '증인'으로서의 성격이 강한 것이었다(서길수, 「조선후기 대차관계 및 이자에 관한 연구(Ⅱ)-借錢動機 및 擔保·保證制度를 중심으로」, 『국제대학논문집』 12, 1984). 때문에 자금거래에서 객주가 이해하고 있었던 '보증인'의 개념은 어쩌면 채무의 대상의무를 부여하고 있었던 일본상인의 그것과는 다소 달랐던 것이 아닌가 생각된다.

한 기간 동안 통상적인 관계를 유지해 오고 있었음을 보여준다. 藤井淺太郎과 이성옥·이형칠(李衡七)의 채안에서도 채권자인 藤井과 보증인인 김대윤이 그동안 미두매입 건으로 지속적인 거래를 해 왔다는 사실을 언급하고 있다.[89] 한편 초량객주 오인규(吳仁奎)[90]는 채무자 서학유(徐學有)와 일본상인 今西彌一郎과의 거래,[91] 그리고 武內·高瀨와의 거래[92]를 각각 주선·보증하고 있다. 주지하다시피 객상(客商)을 대상으로 한 객주의 대부는 지속적인 거래를 통해 상호 신용하는 사이에서 신용대부의 형태로 이루어지는 것이 일반적이었다. 그렇다면 오인규와 서학유의 관계 역시 자금거래에 한정된 일회적인 관계는 아니었으며, 지속적인 거래를 통해 일정한 '신용'을 확보한 관계였음을 알 수 있다.

〈표 4〉 특정 일본상인을 대상으로 한 조선상인의 보증사례

보 증 횟 수	대 부 시 기	보 증 인	채 권 자	채무자 거주지
2회	1891	張仁五	坂口甲治	함안
	1899~1900	裵武苕 李舜卿	坂口甲治	영산
	1898~1899	尹吉見	花岡幾次郎	의령
	1899	金雲五	江內善助	밀양
4회	1898~1901	張子盆 黃乃盆	藤田長三郎	고성
6회	1901	朴文友	篠原才吉	고성
7회	1898~1899	朴吉和	中島仁三郎	밀양

---

89) 주 85) 참고.

90) 초량객주 오인규는 1914년에 자본금 10만 원으로 법인등기를 마친 남선창고(南鮮倉庫)의 초대사장으로 취임, 1915년에는 부산 제2금융조합장이 되었고, 1919년에는 환오(丸吳)정미소를, 1920년에는 오인규상점을 경영했으며, 1920년대에는 부산 정미시장의 중매인으로 활동하였다. 한편 1910년 이후에는 구포은행의 주주이기도 하였다(차철욱, 「구포(경남)은행의 설립과 경영」, 『지역과 역사』 9, 2001, 39쪽).

91) 『日照』 2책, 1899년 6월 16일조, 문서번호 86.

92) 『東萊監理各面署報告書』 4책, 1899년 10월 18일조.

　　결국 일본상인은 그간의 지속적인 거래를 통해 일정한 신용을 쌓아 온 유력객주의 주선으로 영세한 조선상인에게 자금을 대부했고, 이로써 원하는 곡물을 선점하고자 했던 것이다. 이때 객주는 (라)에서와 같이 '금융기관의 기능을 하며 다소의 이익'을 취했는데, 여기서 '다소의 이익'이라는 것은 대부금에 대한 이자가 될 것이다. 이 외에도 객주는 거래의 주선에 대한 수수료 명목(口錢)으로 일본상인으로부터 일정액을 취하기도 하였다.93) 부산항 유력객주를 매개로 한 이러한 형태의 자금거래는 1900년대 초반까지 유지되었다.

　　여기서 (거류지 무역상)−일본인 중매상−개항장 객주−내지의 객주·중매상−(생산자)로 이어지는 개항기 곡물유통구조의 일면을 확인할 수 있다. 하지만 영세한 조선상인이 일본상인의 자금을 차입하여 상업활동을 지속해 간다는 것은 궁극적으로 일본상인의 자금에 종속되는 것이었다. 특히 특정지역 상인을 대상으로 한 일본상인의 자금대부가 지속적으로 이루어졌던 것은 특정지역의 곡물시장이 일본 상인자본의 지배를 그만큼 많이 받고 있었다는 것으로 보아야 한다. 더해서 내지상인과의 자금거래가 개항장 객주를 매개로 이루어지고 있었다는 사실은 본질적으로는 개항장 객주에게로 이어진 곡물유통구조가 일본상인의 자본에 종속되는 과정이기도 하였다.

V. 맺음말

　　개항기 한일 간의 무역이 확대되는 가운데 조선으로 진출한 일본상인들은 유리한 입지에서 곡물을 안정적으로 확보하기 위한 다양한 방법을 시도

---

93) 나주지방에서는 상업자금을 신용대부할 경우 보증인에게 금액의 3분을 보수로 지급했다고 한다[『韓國土地農産調査報告』(경상·전라도 편), 434쪽].

했는데, '자금거래'라는 곡물매입방법은 그중의 하나이다. 본고는 '양민교섭채안'이라는 곡물매입대금 미상환 건을 통해 개항기 부산·경상지역 조선상인과 일본상인 간의 자금거래와 곡물유통구조를 살펴보고자 하였다.

자금거래는 일본상인이 곡물을 매입하기에 앞서 조선상인에게 상업자금을 융통해 줌으로서 곡물을 선점·매집하고자 한 거래 관행이었다. 주로 자본력이 취약한 조선상인과 일본인 중매상 사이에서 시도되었는데, 개항 초기 개항장 객주나 중매상이 주 대상이었던 자금대부는 1890년 이후에는 내지의 객주나 중매상에게까지 확대되었다. 이는 곡물의 대일수출량이 증가함과 동시에 유통부문에 대한 일본정부의 적극적인 지원을 받으며 다양한 방법으로 자금을 융통할 수 있었던 일본상인의 영업망이 그만큼 확대되었음을 의미한다.

한편 특권상인 위주의 봉건적 상업정책을 고수하던 정부로부터 어떠한 지원도 받을 수 없었던 영세한 조선상인에게 자금거래는 금융기관이 부재했던 당시의 실정에서 상업자금을 손쉽게 융통할 수 있는 방법이었다. 자금거래를 이용해 개항기 곡물거래에 동참하고자 했던 조선상인은 그 과정에서 상당한 이윤을 획득할 수 있었다. 이 거래에서 주목되는 것은 자금거래를 주선한 보증인인데, 조선상인과 일본상인과의 통상적인 거래를 통해 재력과 신용을 인정받았던 이들은 개항기 곡물유통구조 속에서 큰 영향력을 행사하고 있었을 부산항 유력객주의 존재를 부각시켰다. 이들의 역할은 1890년 이후 내지상인과의 거래에서 더욱 중요했다. 개항장 객주를 매개로 한 이러한 형태의 자금거래는 1900년대 초반까지도 유지되었다.

하지만 조선상인이 상업자금을 일본상인으로부터 융통받는다는 것은 본질적으로는 일본상인의 자본에 종속되는 것이었다. 개항 초기에는 일본상인의 필요에 의해, 조선상인에게 유리한 가격조건으로 성사되기도 했던 자금거래가 1890년 이후에 이자가 부과되는 등 조선상인에게 불리한 가격조건과 상환조건이 제시되었음에도 불구하고 더 많은 거래가 성사되고 있었다는 사실은 조선상인의 일본상인 자본에의 종속도가 그만큼 심화되었음을 보여준다. 같은 시기 자금대부는 내지상인에게까지 확대되어 일본상인이 대부한 자금은 내지시장에서도 유통되게 되는데, 그것이 부산항 객주를 매개로 가능했다는 것은 개항기 개항장 객주에게로 이어진 곡물유통구조가 차츰 일본상인의 자본에 종속되는 과정이기도 하다. 다양한 방법으로 상업자금을 융통할 수 있었던 일본상인의 곡물유통지배가 개항장 객주를 매개로 해서 실현되고 있었던 것이다.

〈부표 1〉 '양민교섭채안'을 통해 본 일본상인의 대부실태

번호	문서번호	대부년도	채 권 자		채 무 자		요구액(兩)
			거주지	성 명	거주지	성 명	
1		~1885		印束恒作	김해부	崔敬執	70
2		〃		森田平助	김해 相山面	俞內有	171.5
3		〃		大河原源吉 河野友吉	전라도 낙안	李善仁	822.2
4		〃		上田常吉	영산 七寶面	辛性相	600
5		〃		竹田正治	진주	姜大仲	3,500
6		〃		溝口慶治	통영 松房	崔光玉	1,114.44
7		〃		下條大助 中島福三郎	김해 省火里	裵贊瑋	635
8		〃	고성	古谷茂右衛門	통영	李處五 (安)	500
9		〃		山城總助	양산군 德島 九浦 沙島	李哥 權哥 姜哥 金召史	唐木 6匹價
10		〃		深見常吉	통영	李和中	215
11		〃		櫻井覺兵衛	울산부 西南	沈士見	237
12		〃		五島甚吉	김해부 생림	盧柄容	81
13		〃		梶山嘉一	진해	徐軫基 (刑房)	3,500
14		〃		伊藤爲作	밀양	高成辰	344
15		〃		馬木健三	함안 防項里	朴在星 朴在律	5,100
16		〃		梶山嘉一	밀양 下東面	金德順	260
17		〃		梶山嘉一	밀양 下東面	劉克端	1,474
18		〃		三村麻之助	김해 鳴湖	金學老	
19		〃		伊藤爲作	영산 勿安里	朴健有	2,200
20	1	1891		中村政右衛門	양산	崔乃吉	200
21	2	〃		石田庄太郎	동래	宋基玉	372

22	3	〃		巖田重左衛門	구포	鄭致化	575
23	4	〃		巖田重左衛門	엄궁	鄭華閏	816
24	5	〃		八島善七	부평동	趙君普	28圓
25	6	〃		比田勝勇太郎	부평동	趙聖淑	200
26	7	1891		下條三郎	동래	金致文	11,639
27	9	〃		木村兵市	초량	李在汝	97.75
28	10	〃		中上福三郎	엄궁	鄭致彦	450
29	11	〃		梶山嘉一	용두포	金文浩	470
30	12	〃		中村年松	낙안	李守善	290
31	13	〃		中村年松	낙안	申德潤	549
32	14	〃		富永源助	구포	鄭和潤	197.76
33	15	〃		松野友助	엄궁	房和伯	306
34	17	〃		木村兵市	대치	李在汝	114.74
35	18	〃		木村兵市	밀양	尹贊五	320
36	19	〃		富永源助	엄궁	金子鴻	800
37	20	〃		今西民十郎	남창	金取石	1,218.37
38	21	〃		堀出忠二郎	掛內	姜聖淑	500
39	22	〃		新原慶之助	명호	李敬敏	650
40	23	〃		福島勝太郎	구포	朴英秀	340
41	24	〃		山內平助	부평리	趙敬華	150
42	25	〃		平山虎之助	부평리	李周實	300
43	26	〃		花田孫兵衛	김해	裵敬玉	866.18
44	27	〃		大久保德造	명호	張周和	279.5
45	28	〃		大久保德造	밀양	金成五	112
46	29	〃		大久保德造	밀양	金瑞鎬	1,395
47	30	〃		大久保德造	밀양	姜士仁	134.4
48	31	〃		木林叶	청산도	朱禮中	400
49	32	〃		南盈平	고성	崔文逸	270
50	33	〃		中村藤吉	웅천	曹經源	49
51	34	1891		小島恒介	엄궁	鄭致花	21.5
52	35	〃		南盈平	엄궁	金子鴻	360
53	36	〃		山本房太郎	부평동	金台鄕	12.5

54	37	〃		山本房太郎	동래	宋章玉	122
55	38	〃		山本房太郎	엄궁	李春敬	343.95
56	2	1892		眞田辰五郎	동래	梁中楫	190
57	3	〃		秦孫右衛門	김해	金性集	1,093.5
58	4	〃		友原利吉	절영도	李根律	65
59	5	〃		藤山竹次郎	고령	金敬魯	1,845.22
60	6	〃		中上定五郎	남해	崔福春	1,267.5
61	7	〃		花田孫兵衛	마산포	金允德	1,000
62	8	〃		吉崎常光	초량	金致鑑	787圓
63	9	〃		眞島長吉	부민동	趙敬伯	300
64	10	〃		雜賀德四郎	초량	卞奉植	825圓60錢
65	11	〃		佐野岩次郎	구관	朴聖五	1,000
66	13	〃		崎野政太郎	엄궁	金時敬	594.94
67	14	〃		坂口九平	진주	文明若 崔敬在	540
68	15	〃		小宮龜助	영산	田仲彦	430
69	17	〃		中上定太郎	초량	文達瑞	52.5
70	18	〃		松田行藏	부민동	玉永瑞	157 3圓75錢
71	19	〃		長谷川淸吉	고성	朴致化	1,200
72	20	〃		迫間保太郎	고성	崔仁伯	471
73	21	〃		迫間保太郎	고성	崔仁伯	410
74	22	〃		迫間保太郎	고성	姜彌叟	1,500
75	23	〃		藤山竹次郎	김해	金武具	1,038.4
76	24	〃		藤山竹次郎	덕포	宋周若	535
77	25	〃		今西丑藏	초량	金必甫	500
78	27	〃		坂口九平	의령	朴仁瑞	731.5
79	28	〃		坂口九平	함안	趙明文	612
80	29	〃		坂口九平	창원	金花潤	240
81	30	〃		龜田千代作	초량	秋晟若	357
82	31	〃		波多野好松	진주	金泰京 朴化守	133.21

83	32	〃		波多野好松	진주	文內淳	68
84	1	1893		土肥德太郎	동래	宋行一	319.8
85	2	〃		吉村虎次郎	양산	方圓爕	132,323
86	3	1893		藤山竹次郎	하단	金周彦	665.89
87	4	〃		藤山竹次郎	김해	金性瑞	1,071.6
88	5	〃		藤山竹次郎	김해	金性瑞	3,785
89	7	〃		友田計之助	김해	許應贊	3,466
90	8	〃		山內平助	부평동	李舜元	117.64
91	9	〃		坂口九平	함안	崔益瀚	1,950
92	10	〃		坂口九平	함안	韓聖秀	751.7
93	12	〃		伊藤爲作	김해	金性瑞	2,629.9
94	14	〃		坂口九平	성주	朴萬臆	1,019.2
95	15	〃		佐伯萬次郎	밀양	朴亐夢	250
96	16	〃		佐伯萬次郎	밀양	河奉日	125
97	17	〃		佐伯萬次郎	밀양	閔元植	420.14
98	18	〃		佐伯萬次郎	밀양	黃道哲	250
99	19	〃		佐伯萬次郎	부평동	李止業	245
100	20	〃		伊藤爲作	밀양	孫璋玉	317.7
101	21	〃		伊藤爲作	청도	金仁瑞	69엔
102	22	〃		坂口九平	양산	姜文與	2,729
103	23	〃		坂口九平	부평동	趙敬化	497.08
104	24	〃		坂口九平	부평동	李正業	202.8
105	25	〃		坂口九平	초량	朴文五	220.25
106	26	〃		坂口九平	부평동	李乃文	125
107	27	〃		深見常吉	부평동	金玄五	210
108	28	〃		武本利右衛門	김해	金在瑞	694.4
109	29	〃		武本利右衛門	김해	韓允汝	316.4
110	30	〃		小宮龜助	함안	田敬伯	848
111	31	〃		新田要吉	구관	尹時彦	600

번호	문서번호	대부년월일		채 권 자		채 무 자		원 금 (兩)	상 환 조 건				용도	요구액(兩)		보증인		出懲 年月	비고
		양력	음력	거주지	성명	거주지	성명		이자율 (分)	상환일 (음력)	기타		이자	합계	거주지	성명		
112		~1885			竹田正治	진주	姜大仲								3,500		鄭好年 (담보인)		담보인은 1885년 2월 초순에 이미 상환하였다 주장
113		〃		양산	上原仁平	양산군 구포	鄭元(原)汝	101			浮費 35兩 포함				136				85兩 상환. 51兩은 1885년 3월 15일까지 상환할 예정
114		〃			秦喜左衛門	영산 馬川	李斗七					곡물 매입자금			296				紹介人 朴元伯이 운반해 오던 과정에서 창녕 신천 죽전리 徐眞先에 의해 집류→돌려줌
115		~1887			伊藤爲作	하단	邊聖俊	52.45						15.76	68.18				*
116		〃			伊藤爲作	하단	姜相進	13.9						4.17	18.07				
117	28	〃			藤拜利助	괴정	金致伯 文而若	80						86	166	괴정	黃千瑞 (담보인) 僧 草友 (필집)		
118	29	〃			藤拜利助	괴정	劉先明 李明瑞 (客主) 金南奎	100							77				*
119	30	〃			岩佐喜代次	하단 당리	朴永根	170											
120	33	〃			梅野德治	구관	朴河允 崔應玉	97.6							97.6				

번호																		
121		〃			梅野德治	밀양	朴成贊 李致章 崔應學							299.4				
122		〃			梅野德治	창원 馬浦	金文國 朴重玉	154					1,144	1,298				
123	34	〃			宮原龜之助	東平 瓦安	金明振 金宗伊							280				
124	35	〃			宮原龜之助	東平 太崎	鄭致彦 洪巳尙	20					39	59				
125	36	〃			宮原龜之助	대구	孫敬瑞							2,079				
126	37	〃			宮原龜之助	주례	裵起記	280			皮牟田 30斗地을 전당			280				
127	38	~1887			宮原忠五郎	부산	安宗善	250			가옥을 전당			250				
128	39	〃			宮原忠五郎	부산	安宗善	205			家舍 및 牟田을 전당			205				
129	40	〃			宮原忠五郎	부산	安宗善	250			道理木 및 綱子를 전당		300	550	부산항 (객주)	李明瑞 (담보인)		
130	41	〃			平山善助	진주 城內	金允一	1,000						1,000				
131	42	〃			巖田重左衛門 富田市兵衛 (代理)	동래	嚴成阜	96					146.88	242.88				
132	43	〃			巖田重左衛門 富田市兵衛 (代理)	초량	河裕繪	26						26				
133		〃			豊田泉右衛門 有馬直太郎	사천	文采如	299.73						299.73				
134		〃			福田重兵衛	전라 제주목	崔保汝	7,000					700	7,700				

135		"			保家貞八	합천	姜仲執	7,649						7,649				
136	10	1889.8.2	7.6		秦孫右衛門	칠원昌仁	金再秀	500		1889.8.3	過限時 7分의 이자부과			500	칠원창인	金汝日	1889.11	
137	13	1889.8.2	7.6		福田增兵衛	밀양半月	朴如妢	100		1889.8	매석 10兩씩	太錢		100			1889.11	
138	14	1889.8.18	7.22		福田增兵衛	밀양半月	朴如凡伊	100		1889.8	매석 10兩씩	太錢		100			1889.11	
139	11	1889.8.19	7.23		福田增兵衛	밀양수산	金成七	220			매 石頭 11兩씩 船上準數, 雜費담당	太錢		220		鄭云見(証人)	1889.11	
140	12	1889.8.30	8.5		福田增兵衛	밀양永安洞	庚景集	200		1889.8	매석 12兩7戔5分씩, 石子費는 舟頭가 담당	貿太錢		200			1889.11	
141	38	1889.11	10.25		齊藤泰五郎	동래	金顯逸(船主人)	300			主人口條 中 一利計減	平林 客主事	705	855		鄭德彦(保人) 李國衛(保人)	1893.10	150兩 상환
142	33	1890.8	7.4		坂口九平	밀량삼랑	吳振五	1,026	4	1890.7	下來時 貿穀入館			1,654.2	2,750.2			1893.9	
143		1891.7	6.8					70	4										
144	40	1890.11	10.15		崎野政太郎	동래	金致文	1,000	5	1890.11.10				1,800	2,800	대치	金尙振(保人)	1893.10	
145	40	1891	1.4	서정	坂口甲治	함안	沈元仲	770	5	1891.2.4	운반해 온 米太를 時價대로 賣買			5,621(146)	6,391		張仁五(保人)	1902.11	
146	37	1891	2.11	서정	坂口甲治	함안	趙明文	306	5		米太를 上時價로 상환			2,218.5(145)	2,524.5		張仁五(保人)	1902.11	

147	39	1891.4			齊藤泰五郎	동래	尹奉五(嚴光 객주)	120		來日斗量出來時	위반시 4분 이자	穀主 金乃見 貿物次	174	294			1893.10	
148	39	1891	4.9	서정	坂口甲治	함안 馬輪	趙道允	26	5	麥登時			185.9 (143)	211.9		嚴敬寬 (保人)	1902.11	
149	44	1891.7 (改)	6.23		海江田平助	진주	李圭準	200	7	1891.7.15			470.4	710.4		金俊瑞 (保人) 鄭化允 (証人)	1893.11	推尋 과정에서의 食債·路需를 포함한 細音條 40兩
150	36	1891.8	7.27		岩田重左衛門	초량	朴乃和	400		1891.8.20	錢物 간 報給		520	920		河聖若 (証人)	1893.10	
151	34	1891.10 (改)	9.12		坂口九平	밀양	朴銀重	3,843.77	2		2,275兩價 田畓文券 典執, 매달 50兩씩 상환, 過限時 5分이자	1889~1891년 3年去來條 元利合錢	4,012.52	7,356.29	下丹 周禮	金元瑞 (証人) 辛善佑 (証人)	1893.9	500兩 상환
152	41	1892.1	12.29		米田徹直	초량	白士進	200	5	1892.2			220	420		朴文瑞 金禹建	1893.10	
153	29	1892	5.4	서정	坂口甲治	함안	韓君見	76.7	무이자	1892.9		債錢 중 남은 금액			함안	韓聖秀 (保人)	1902.11	
154		1892	윤 6.16		松田行藏	동래 부민동	玉永瑞	60		1892.11		원전(157兩, 金 3圓75전) 중 일부 상환 후 남은 액	45	105			1893.9	
155	41	1892	9.6	서정	坂口甲治	함안	韓聖秀	500	5	1892.12	穀價는 關中 上價로 賣買		3,125 (125)	3,265			1902.11	
156	81	1893.3.4	1.16	남빈정	磯村孝一	진주	金太彦	200	5	1893.6			840 (84)	1,040			1899.5	

157	42	1893.4	3.22		石田忠太郎	초량	李鐘文	1,800		1893.3.25	過限時 매일 벌금 10兩씩 辦給	倭繒 50疋價 2,500兩 중 남은 액	1,590	3,390			1893.10	
158	43	1893.7	5.20		深見常吉	대치	金云五	69.1		1893.6	過限時 違約錢 10兩			79.1			1893.10	
159	45	1893.10	9.15		堀田忠三郎	명호	金敬禧	270		船隻 下來時	船隻 下來時	太價 중 先用		270	명호	金永振(保人)	1893.11	
160	37	1894.1.4	11.28	입강정	小宮萬次郎	부산	李洛瑞	200						200			1899.5	
161		1894.2.15	1.10					50										
162	39	1896.1.9	11.25	입강정	小宮萬次郎	부산	李善玉	300		1896.12				640		金舜汝	1899.5	布·物品代로 760兩 상환
163		1896.9.13	8.7					1,050		1896.8.20 下來時	各種 物件価								
164	62	1895.4.16	3.21	남빈정	磯村孝一	진주	鄭克振	200	5	1895.6			480 (48)	680			1899.5	
165	38	1894.4.1	2.26	입강정	小宮萬次郎	부산 엄궁	河聖道	300	4	1894.3.20	過限時 罰金	加士里 本錢	732 (61)	1,032			1899.5	
166	36	1894.9.24	8.25	입강정	小宮萬次郎	부산	朴挺若	961	3	1894.12		米價 未報錢	1,614.48 (56)	2,575.48			1899.5	
167	73	1896	1.17	남빈정	磯村孝一	진주	姜敬敏	224.22	5	1896.2			437.22 (29)	661.44			1899.5	
168	58	1896	4.19	본정	今西彌一郎	마산포	孫德宇	1,800	2	1896.12							1899.5	
		1898.10.31 (改)	9.17					2,800	2	1898.12	계속되는 致敗로 갚지 못했던 1896년 債錢의 원리합계		448 (8)	3,248				

169	56	1896.10	9.5	서정	佐伯萬次郎	김해 定川浦	韓允汝 韓文臣	600	4		畓田 1石地基, 正家 3間, 行家 4間, 旧家 2間을 典執		640 (31)	1,240			1899.5	
170	28	1896.11		서정	長谷川卯太郎	구포	金化一	110	5.5	1897.1.27	過限時 家舍典執		24.2 (4)	134.2			1899.4	1897.1.17 改証
171	79	1896.11.14	10.14	남빈정	磯村孝一	진주	李文若	212.11	5	1897.3.20			327.2 (32)	539.31			1899.5	
172	69	1896.12.30	11.7	남빈정	磯村孝一	진주	金致奎	270	5	1897.2.7			418.5 (31)	688.5			1899.5	
173	74	1897.1.22	12.20	남빈정	磯村孝一	진주	金性甫	258.97	5	1897.1			375.55 (29)	634.52			1899.5	
174	57	1897.4	4.5	남빈정	中村岩次郎	절영도	許聖瑞	3,200	무이자			이전에 거래했던 자금의 원리합계		1,711.77			1899.5	1899.3.28 米33石5斗2升5合 (1,488.23兩분) 상환
175	76	1897.5.27	4.26	남빈정	磯村孝一	진주	朴正奎	148.8	5				193.4 (26)	342.2			1899.5	
176	31	1897.8.9	7.11	서정	廣川菊治郎	동래 하단	崔敬彦	122.17	4	1897.8	過限時 5分 利子	貿麥 細念 中 남은 액	128.27 (21)	250.44	부평	裵局善 (筆執)	1899.4	
177	60	1897.9	8.23	본정	小倉孝吉	하단	李文一	2,000	2	1897.10	正室 4間, 東庫 3間, 北行廊 6間을 典執		830 (20)	2,830			1899.5	
178	68	1897.10.11	9.16	남빈정	磯村孝一	고성	金士洪	95	5	1898.5			95 (20)	190			1899.5	
179	80	1897.11.14	10.20	남빈정	磯村孝一	진주	文方汝	1,713.22	5	1898.2			1,832 (20)	3,545.22			1899.5	

180	48	1898.1	12.14	북빈정	中島仁三郎	밀양읍내	朴周善	155.5	3	1898. 1.14 米穀積船 入館 후	미곡으로 상환	미곡 先代錢	59.45 (16)	214.95	草梁 (客主)	朴吉和 (賃用人)	1899.5	
181	49	1898.1	12.14	북빈정	中島仁三郎	밀양읍내	朴文光	930	3	1898.1	미곡으로 상환	미곡 先代錢	446.4 (16)	1,376.4	草梁 (客主)	朴吉和 (賃用人)	1899.5	
182	51	1898.1	12.26	북빈정	中島仁三郎	밀양읍내	丁克明	674.51	3	1898.1	미곡으로 상환	미곡매입 先代給條	344.74 (16)	1,019.25	草梁 (客主)	朴吉和 (賃用主)	1899.5	
183	61	1898. 2.2	1.12	남빈정	磯村孝一	고성	高化善	300	5	1898.5			240 (16)	540			1899.5	
184	7	1898. 2.2	1.12	입강정	藤田長三郎	고성	高化善	300	5	1898.5		商利次	750 (50)	1,050		張子益 (證人) 黃乃益 (執筆)	1902.3	
185	52	1898.3	2.13	북빈정	中島仁三郎	밀양 南浦	金達五	1,500	3	1898. 3.13	미곡으로 상환 過限時 船隻을 交附	미곡매입 先代給條	585 (13)	2,085	草梁 (客主)	朴吉和 (賃用主)	1899.5	
186	75	1898. 3.10	2.18	남빈정	磯村孝一	진주	張浩仁	128	5		買物次		160 (25)	288			1899.5	
187	54	1898.4	3.15	북빈정	中島仁三郎	밀양 後洞	朴允明	200	3	1898. 4.15	미곡으로 상환	미곡매입 先代給條	72 (12)	272	草梁 (客主)	朴吉和 (賃用主)	1899.5	
188	72	1898. 4.5	3.15	남빈정	磯村孝一	진주	王洛瑞	300	5	1898.5			210 (14)	510			1899.5	
189	28	1898.4	3.22		坂口甲治	함안	曹德有	32.02	무이자	2월말(?)				52.02			1902. 11	
190			3.26					20	무이자		買物次							
191	27	1898.4	3.24	서정	坂口甲治	함안	趙元兼	40	3	1898.3		舡粮이 부족한 까닭에	69.6 (58)	109.6			1902. 11	

192	86	1898.4.26	윤 3.6	본정	今西彌一郎	대구 陳川	徐學有	金 2,220円 (紙幣)	매일 10전/100 圓	1898.10		商路貿穀次	916圓 86錢 (413일)	3,136.86	草梁 (客主)	吳仁奎 (保)	1899.6	
193	32	1898.4.30	윤 3.10	본정	浦川松藏	경주 上薪里	柳秀汝 (別監)	金 759 (3,230)	3	1898.4.10		慶州郡 上納錢을 위해 出債, 米로써 상환	金 296.1 (13)	金 1,055.1		姜德善 (証人) 姜成七 (証人)	1899.4	上納錢 換執 후 不足錢. 家舍·産物을 發賣한 금액이 430兩, 경주 울산 등지의 族親에게 처분토록 仰訴, 利條와 浮費 포함
194	77	1898.4.30	윤 3.10	남빈정	磯村孝一	진주	張如明	180	5	1898.5			108 (12)	288			1899.5	
195	53	1898.4	윤 3.14	북빈정	中島仁三郎	밀양 池洞	金允根	500	3	1898.4.14	미곡으로 상환	미곡매입을 위한 先給錢	165 (11)	2,098.6	草梁 (客主)	朴吉和 (債用人)	1899.5	
196		1898	12.26					1,280 (爲替)	3	1899.7.3 선척 到泊時			153.6 (4)		草梁 (客主)	朴吉和 (標主)		
197	33	1898	윤 3.17	서정	坂口甲治	영산 道川面	徐乃善	30	6	1898.4.15		船商次	717.6 (57)	1,080.2			1902.11	
198		1898	8.25					230	6	1898.9.10		行商次	102.6 (52)					
199	34	1898.6.1	4.13	남빈정	中村岩次郎	거제 于島	金汝一	550	5		六報時 商船 1隻 許給		330 (6)	880			1899.4	
200	66	1898.6.19	5.1	북빈정	陶山弟吉	함안 北洞	羅文重	1,000	3	1898.6			360 (12)	1,360			1899.5	
201	46	1898.6	5.8	본정	森宗二郎	칠곡 松川里	金玉汝	622	5	1898.9.20			342.1 (11)	964.1			1899.5	
202	55	1898.7.2	5.14		下條大助	김해 台也面	孔景一	1,300	5	1898.12		蘆草 매입자금	715 (11)	2,015		徐文補 (保人)	1899.5	
203	92	1898	5.27	서정	花岡幾次郎	함안 藪谷	金聖老	600	5	1898.6	過限時 每市每兩頭 2分利	上納次	360 (13)	2,295.7		姜明守 (證人)	1899.6	상환재촉 과정에서의 잡비 39.7兩, 564兩 상환

204			7.12					1,200	5	1898. 7.20	過限時 每市每兩頭 2分利	商用次	660 (11)			姜明守 (保證人)		
205	50	1898.8	7.16	북빈정	中島仁三郎	밀양 읍내	丁世允	330	3	1898. 8.16		미곡 先代錢	79.2 (8)	409.2	草梁 (客主)	朴吉和	1899.5	
206	84	1898	7.22	북빈정	後藤卯三郎	함안	趙仁見	1,000	3	1898.8		行商	275 (9)	1,275			1899.6	
207	88	1898	7.24	서정	花岡幾次郎	의령 城堂	姜贊守	683 580.8	3, 5	1898. 9.10	過限時 每朔 5分利		326.47 261.36	1,851.63		尹吉見 (證筆) 尹吉見 (證筆)	1899.6	
208	30	1898. 10.14	9.1	서정	廣川菊治郎	울산	沈暎三	424.63	3	1898.10			89.17 (7)	513.80		張參奉 (証人) 金允兼 (証人)	1899.4	
209	11	1898. 10.22	9.1	보수정	廣川菊治郎	울산	沈暎三	424.63	3	1898.10			547.82 (43)	972.45		張參奉 (証人) 金允兼 (証人)	1902.4	
210	96	1898. 10.21	9.7	본정	武本利右衛門	거창	愼敬伯 愼舜謙	금 300圓 금 50圓		1898.10				금 350圓			1899.7	
211	65	1898. 11	10.1	남빈정	磯村孝一	고성	李乃珍	100	5	1898.12			35 (7)	135			1899.5	
212	41	1898. 11	10.6	본정	森宗二郎	대구 문산	尹士淳	800	3	1898.10 下來時			144 (6)	944			1899.5	
213	35	1898. 11	10.13	서정	山崎謙吾	절영도	朴桂先	금 12圓		1898. 12.25				금 12圓			1899.5	
214	43	1898. 11	10.17	본정	森宗二郎	대구 租巖	朴允和	1,000	3	1899년 초 下來時			180 (6)	1,180			1899.5	

215	44	1898.11	10.19	본정	森宗二郎	대구 租巖	李舜化	400	3	1899.1			72 (6)	472			1899.5	
216	42	1898.11	10.23	본정	森宗二郎	대구 干享	沈周汝	671	5	1898.12 貸穀下來時			168.3 (6)	839.3		金昌五 (保人)	1899.5	
217	87	1898.11	10.23	입강정	大池忠助	부민동	朴德秀	2,000	5	1899.1	田畓 20斗落只 典執。過限時 許給		700 (7)	2,700	影島	金希彦 (保) 趙敬善 (知成人)	1899.6	
218	71	1898.11	10.29	남빈정	磯村孝一	고성	金良淑	200	5	1899.1			70 (7)	270			1899.5	
219	67	1898.12.25	11.13	남빈정	磯村孝一	고성	金成玉	200	5	1899.3			60 (6)	260			1899.5	
220	59	1899.1.4	11.23	본정	今西彌一郎 (武內店殿)	울산 병영	金允一	3,000	3	1899.12.23			329.8	1,029.8		李性珍 (保人) 金大潤 (保人)	1899.5	2,300兩 상환
221	91	1899.2	12.3	본정	小田和市	창원 남면	薛子儀	15,000	5	1899.1	畓 11石15斗8升 地只 文記를 典執, 過限時 畓 許給	貿穀次	4,500 (6)	19,500	草梁 (客主)	金鎭奎 (保人)	1899.6	
222	29	1899.1.31	12.20	서정	坂口甲治	영산	辛德五	400	3	解氷後 船隻到 泊時	船 1隻과 家舍 6間 典執, 선척이 도착라지 않으면 200兩을 加錢		48 (4)	527.26	沙浦	李舜卿 (標主)	1899.4	곡물(1,080.54兩 가치)로 돌려받고 남은 액

223		1899.3.18	2.7					959.8		2.20 / 2.21	違約時 旧家 6間과 新築家 2間, 畓 7斗落地를 放賣, 罰錢 500兩	小麥과 太를 위한 春色持去錢			영산	辛德現 (標主)		
224		1899.4.3						200 (爲替)										
225	93	1899.1.31	12.20	입강정	大池忠助	창녕	徐君述 (參奉)	3,975 5,000 400	3 3 3	1899.4 1899.2 1899.1	出用錢 當限未報時 金海 鳴湖 소재의 塩田 4곳을 許給할 것임	日塩 1,500包価	532.65 (4.14) 115.24 (4.14) 39.6 (3.9)	5,522.49	(객주)	李聖根	1899.6	2,000兩은 手形無效, 2,140兩은 領收 元錢은 領收 1899.5.9
226	78	1899.2.5	12.25	남빈정	磯村孝一	진주	黃士連	1,270	5	1899.1			254 (4)	1,524			1899.5	
227	89	1899.2.4	1.9	본정	岡野政次郎	함경도 鏡城	金玄俊	7,824.82	3	4.15			938.96	8,763.78		李敬會 (保人)	1899.5	
228			1.11			울산 陣場	金成元	530		1899.1	米, 太 중 報給		74.4 (2) +雜費	604.4		金致玉 (保人)		
229	33	1899.2	2.9	納町	中村寬二郎	울산	金明元	670		1899.2.20	過限時 太価는 館中 時価에서 每升 1分씩 落価함	대두 매입자금	58.8 (1) +雜費	728.8			1899.4	
230		1899.2.25	1.16					2,500 (手形)					625					
231	99	1899.3.16	2.12	금평정	小島武吉	동래부 초량	朴敬郁	500				울산으로부터 대두 積出할 차	125	3,824.73			1899.7	* 74.73?

232	70	1899.3.6	1.25	남빈정	磯村孝一	晋州	千泰淑	280	5	1899.2			42 (3)	322			1899.5	
233	85	1899.3.8	1.27	남빈정	鳴尾清太郎	하단	金鳳瑞	590 금 26圓 82전	3	1899.3	家舍·地所의 放賣証書를 領收	叺과 繩의 대금	70.8 (4)	660.8 금 26圓 82전	(尊位)	朴敬執 金成直 (筆執)	1899.6	
234	94	1899.3.10	1.29	서정	江內善助	밀양 校洞	孫振玉	500	無	1899.2.20	船隻을 典執, 過限時 자의로 처분			500	(客主)	金雲五 (証)	1899.6	
235	63	1899.2	2.4	서정	花岡幾次郎	의령 崎江	徐尙源	150	5	2.20	廣船 1隻 典執(過限時 許給함), 過限時 每朔 1戔의 이자	行商	35.50 (79일)	93.15		尹吉見 (保人)	1899.6	90兩 25戔 상환 (이에 대한 이자 2兩 10戔을 상환액에서 감함)
236	90	1899.3	2.8	서정	竹田菊次郎	의령	李德裕	1,200 (下換錢)		1899.2.20	過限時 保人에게 督捧할 것	곡물 매입자금	宜寧郡守의 會計係官吏	813.27		曺册室 (保主)	1899.6	청구를 위해 소비한 雜費 271.8兩 포함, 658.53 상환
237	97	1899.4.20	3.11	본정	藤井淺太郎	영덕 長沙	李成玉 李衡七	450				米太 迴漕를 위해		450			1899.7	旧館居民 金大潤의 周旋 (현재 사망)
238	40	1899.4	3.21	본정	江村要吉	진주 代如村	鄭汝重	8,000		1899.3.24 米 迴着 후	過限時 罰金 240兩	米太 구입을 위한 先換錢		8,453			1899.5	왕복비용 213兩
239	95	1899.5.3	3.24	서정	江內善助	밀양	林尙彦 張相玉	2,100	3	1899.4		入穀次	126.06 (2)	2,226.06	(船主)(客主)	朱奉先 金雲五 李慶直	1899.6	
240	83	1899	3.25	본정	江村要吉	진주 代如村	鄭汝重	8,000			過限時 罰金 240兩	미, 대두 구입대금	360 (45일)	8,988.2			1899.6	기타 잡비 988.2 1899.4.7 전답을 저당

241	64	1899.5.17	4.8	長崎縣 壹崎郡	田口民吉	함양	鄭應玉	4,000		1899.4	黃租를 時價대로 報給함, 過限時 每兩每市頭 1分의 이자		360	4,360	晋州	金春植 (保人)	1899.6	
242	10	1899.6.7			力武善七 (代理 力武平八)	부산포 大新里	李亨玉	金 250円	5	1899.10.4 (양력)	家屋田畓 典執, 未報時 保證人이 償還 혹은 擔保物의 자의적 처리(連帶·無限保證)		금 387圓 50전 (31)	金 637円 50錢	草梁	李知實 (保證人)	1902.4	
243	98	1899	6.12	변천정	近藤佐五郎	초량	金允明	금 20圓		1899.7.12				금 20圓			1899.8	
244	34	1899 (改)	7.21	서정	坂口甲治	의령 校洞	盧敬直	79	3	1901.9			97.17 (41)	176.17			1902.11	1899.7 債錢의 상환일을 1901.9로 연기한 건
245	35	1899	7.25	서정	坂口甲治	의령	金德化	410	4	1899.9		貿太次	672.4 (41)	1,082.4			1902.11	
246	9	1899.10.28			力武善七 (代理 力武平八)	부산 大新里	李亨玉	金 200圓	5	1899.12.30 (양력)	상환이 연체될 경우 보증인이 辦償義務를 가짐(無限保證)		금 300圓 (30)	금 500圓	부산 富民里	劉必善 (保人)	1902.4	
247	4	1899.11.17	10.15	입강정	藤田長三郎	고성 堂須	辛伊伯	500	3	1899.12			870 (29)	1,870		張子益 (保人) 林聖瑞 (保人)	1902.3	

248		1899.11.27	10.25					500	3	1899.12		賣商次				林聖瑞(保人)		
249	47	1900.1.31	1.1	본정	磯谷喜三郎	엄궁	許石南	3,500	2	1900.1.20	昌寧의 時勢로 貿米	上納次	2,380 (34)	5,880	창녕	河承烈	1902.11	1900.1.1 창녕군수의 청으로 河承烈이 借入, 1900.11 창녕군수의 親族 許石南이 引受
250	5	1900.4.15	3.16	입강정	藤田長三郎	고성	諸允之	700		1900.4	不報時 每朔每兩頭 5分利		840 (24)	1,540		林聖瑞(證人) 張子益(證人)	1902.3	
251	38	1900	7.4	서정	坂口甲治	함안 坌基洞	崔益潮	1,660.4	5	가을 수확기			2,407.58 (29)	4,067.98			1902.11	債務者의 考父 崔尙龍이 1894.11.7에 빌린 債錢의 상환일을 1895.2에서 연장하여 다시 成標함
252	51	1900	8.3	서정	坂口甲治	영산	朴明振	900	3	1900.10		貿太次	783 (29)	1,683	沙浦 嚴弓	李舜卿 裵武若(標主)	1902.12	
253	32	1900	9.21	서정	坂口甲治	의령	許化伯	140	3	1900.10	過限時 月 3分利	買船次	109.2 (26)	249.2			1902.11	
254	3	1900	10	북빈정	岩田重左衛門	울산 熊上面	朴四潤	2,500	3	1901.11	家屋·田畓 등 典執, 過限時 罰金 500兩	商貨次	1,200 (16)	3,700		洪亨玉(證) 洪亨甬(證)	1902.3	朴四潤이 洪亨玉에게 간청하여 日債를 얻음
255	52	1900	11.22	서정	坂口甲治	영산	朴明振	300	3	설 전후 배가 도착하는 날		貿穀次	225 (25)	525	엄궁	裵武若(保人)	1902.12	

150 부산의 도시 형성과 일본인들

256	54	1901.1.8	11.18		黑岩市五郎(代理 佐護龜介)	부민동	朴德元	74	2	1901.1.20			34.04(23)	108.04		1902.12	黑岩市五郎은 松前豊三郎의 대리인
257	53	1901.1.18	11.28		黑岩市五郎(代理 佐護龜介)	부민동	具太殷	200 250	2 2	1901.3 1901.4			207(23)	657		1902.12	黑岩市五郎은 松前豊三郎의 대리인
258	48	1901.1.16	12.16	본정	長谷川要太郎	하동	鄭元三 金釆五 鄭吉彦 金久五	2,300	5	1901.12	기한까지 미곡으로 상환, 過限時 送人의 浮費를 담당할 것	商業次	2,645(23)	4,945	河時淵(保人) 徐泰供(保人)	1902.11	
259	2	1901	2.25	서정	花岡幾次郎	의령崎江	徐尙玉	526.36	3	1901.3	限時 每市每兩頭 2分利	船商次	536.82	1,063.18		1902.1	
260	6	1901.5.20	4.3	입강정	藤田長三郎	고성	金善一	1,000	5	1901.10		米太先手價	550(11)	1,550	張子盆(證人) 林聖瑞(證人)	1902.3	
261	43	1901	4.11	대청정	篠原才吉	고성	金東讚	190	5	1901.11		商利次	165.5(17)	351.5	朴文友(保人)	1902.11	滯在日當와 雜費를 매일 30兩씩 지불해 줄 것
262	46	1901	4.11	대청정	篠原才吉	고성	金桂源	221.6	5	1901.10		商利次 출용하였던 1900.2債錢 중 남은 금액	188.36(17)	409.96	朴文友(保人)	1902.11	滯在日當와 雜費를 매일 30兩씩 지불해 줄 것
263	50	1901	4.11	대청정	篠原才吉	고성	朴奉長	400	5	1901.11		商利次	360(18)	760	朴文友(保人)	1902.12	
264	36	1901	5.20	서정	坂口甲治	의령	林琪彦	124	3	1901.9		이미 빌렸던 元利合錢	66.96(18)	190.96	金順瑞(證人)	1902.11	

265	42	1901	6.27	대청정	篠原才吉	고성	崔祥吉	1,517.47	5	1901.11		前債 元利合錢	1,138.1(15)	2,655.57		朴文友 (保人)	1902.11	滯在日當와　雜費를 매일 30兩씩 지불해 줄 것
266	45	1901	7.20	대청정	篠原才吉	고성 南邨	李成汝	331.5	5	1901.11		작년에 빌렸던 元利合錢	232.05(14)	565.55		朴文友 (保人)	1902.11	滯在日當와　雜費를 매일 30兩씩 지불해 줄 것
267	44	1901	7.26	대청정	篠原才吉	고성	千致敬	845	5	1901.11		前債 元利合錢	591.5(14)	1,436.5		朴文友 (保人)	1902.11	滯在日當와　雜費를 매일 30兩씩 지불해 줄 것
268	31	1901	8.13	서정	坂口甲治	영산 馬川	姜致玉	200	3	1901.10		買船次	90(15)	439.1			1902.11	
269			9					105	3				44.1(14)					
270	1	1901.10.8	8.26	북빈정	島津敏右衛門	영산 中吉里	朴周成 朴允益 朴正春 朴七月	1,370	3	1901.11 (大豆載 來 斗量 後)			164.4(4)	1,534.4		朴泰允 (保人)	1901.12	
271	8	1902.2.28	1.20	보수정	廣川菊次郎	창원	李正根	1,700	割利	1902.1	過限時 割利와 함께 懲給	本邑 貿穀次	108.5	1,808.5		鄭允彥 (証人)	1902.3	割利는 대부 당일이 15할, 근래에 14할1보이므로 9보의 割下
272	30	1902	3.4	서정	坂口甲治	영산	吳永彥	500	3	船隻 도착 이후 米太 斗量 後	위반시 벌금 200兩		120(8)	820		李善有	1902.11	

| 273 | 12 | 1902 | 3.14 | 북빈정 | 小野愛治 | 부산 | 金石聲 | 8,646 | | 1902.3 | | 1901. 3.12 차용한 6,000兩과 1902.3까지의 利子 2,646兩 | 8,646 | 舊館 | 趙仁七 (證) | 1902.5 | 최초거래는 증인 趙仁七이 주선, 1902.3.9(음 1.30) 상환하는 조건 |

① 출전: 『日債報關錄』(奎 18122), 『日案』(奎 18120), 『彼我往復書謄錄』(奎 18134), 『日照』(奎 18144).

② 문서번호는 영사관에서 접수하면서 붙인 '양민교섭채안'의 번호임.

③ * 는 자료상 계산이 맞지 않는 경우임.

〈부표 2〉 '양민교섭채안'의 일본인(채권자)

성명	본적	출신	직업 및 약력
江內善助	山口縣 熊毛郡	평민	미곡상 겸 중매상(남빈정)
岡野政次郎	鹿兒嶋縣 鹿兒嶋市	평민	岡野商店(무역상·위탁판매·여관: 변천정) 경영. 부산일본인상업회의소 의원
古谷茂右衛門			大西富十郎의 대리인
屈田忠三郎			竹岡宮吉의 대리인
宮原忠五郎			무역상(변천정)
近藤佐五郎	福岡縣 久留米市	평민	近藤骨董鋪(경성 본정)
今西丑藏			비누제조업(북빈정) 경영
磯(礒)谷喜三郎	山口縣 熊毛郡	평민	무역상(본정). 赤十字社修身正社員. 부산일본인상업회의소 의원
大池忠助	長崎縣 下縣郡	평민	무역상(무역 겸 위탁판매·일본우선회사 히객취급 臨時憲兵隊御用達: 입강정), 무역상(변청정), 여관(입강정), 大池精米所(부평정), 大池廻漕業(동양어업주식회사 대리점: 본정) 경영. 大阪, 원산 등지에 지점·출장소를 설치. 부산거류민단 의장, 부산일본인상업회의소 회두, 부협의원, 일본 중의원 의원, 경상남도 평의원, 부산번영회 회장, 부산곡물시장 취체역, 부산수산주식회사 취체역(1909), 부산전등주식회사 전무취체역(1909), 부산기선주식회사 전무취체역(1909), 한국창고주식회사 감사역(1909), 구포은행 취체역(1912), 일본우선주식회사 부산대리점 점주
鳴尾淸太郎	山口縣 豊浦郡	평민	미곡중매상(남빈정)
陶山弟吉	大分縣 北海部郡	평민	미곡상(군산 본정)
藤田長三郎	長崎縣 壹崎郡		미곡상 겸 석유판매(입강정). 부산일본인상업회의소 의원
藤井淺太郎	長崎縣 長崎市	평민	무역상(본정). 부산일본인상업회의소 의원

力武善七	佐賀縣 西松浦郡	평민	力武상점(미곡잡화상: 대전) 경영
力武平八	佐賀縣		무역·정미상(본정). 日朝精米合資會社(부평정) 사장, 力武精米所(인천항) 경영, 大連과 奉天에 지점을 설치. 인천거류민단 의원
米田徹直			陸軍御用達(서정)
迫間保太郎	和歌山縣		迫間상점(무역상: 본정) 경영
保家貞八	長崎縣 下縣郡 嚴原		무역상(변천정). 부산일본인상업회의소 의원, 거류민단 의원, 적십자사·海員掖濟會 특별원.
福田增兵衛	長崎縣 下縣郡 嚴原		주조업(서정). 부산일본인상업회의소 의원, 거류민단 의원
富永源助			미곡상(변천정)
富田市兵衛			岩田重左衛門의 대리인
石井邦十郎	岡山縣 兒島郡		미곡상 겸 중매상(북빈정)
小宮萬次郎	長崎縣 下縣郡 嚴原	평민	무역상(입강정). 한국흑연상회(黑煙, 米穀, 海産商: 입강정)을 경영. 黃澗, 靑山, 상주에 출장소와 사무소를 설치. 부산일본인상업회의소 의원, 조선실업협회 종신회원(1909)
小島武吉	愛知縣 知多郡	평민	我樂多堂(과자전병제조업: 마산포)의 점주
松田行藏			부산상법회의소 서기
岩田重左衛門	愛知縣 中島郡		尾張屋旅館(여관 겸 무역, 汽車·汽船客 취급: 북빈정) 경영, 거류민단 의원.
五島甚吉	山口縣 大津郡		무역상과 부산정미소(마찰백미 조제 및 판매: 행정) 경영. 醬油를 양조. 조선실업협회 종신회원(1909), 부산일본인상업회의소 회두(1912~1914), 거류민단 의원, 부산전등회사 중역, 구포은행 감사역(1912)
長谷川要太郎	長崎縣 壹崎郡	평민	곡물중매상(북빈정), 長谷川상점(무역상: 본정)을 경영. 부산식량주식회사 감사역, 구포은행 주주

田口民吉	長崎縣 壹崎郡	평민	램프류 세공(변천정)
佐伯萬次郎	長崎縣 下縣郡	평민	중매상(서정)
佐護龜介			대서사무소(초량, 변천정) 경영
竹下佳隆	長崎縣 長崎市	사족	부산기선주식회사 취체역, 부산수산주식회사 감사역
中上福三郎			中上상점(무역상: 변천정) 경영
秦喜左衛門			秦喜商店(미곡상: 서정) 경영, 구포에 출장소를 설치
土肥德太郎			耕美園(사진관: 행정) 경영
坂口甲治	福岡縣	평민	미곡상(서정)
坂口九平			坂口甲治의 숙부
浦川松藏	福岡縣 企救郡	평민	상점(미·두·비료 一手仲買: 입강정) 경영
河野卯吉			河野卯상점(남빈정) 경영
花岡幾次郎	山口縣 熊毛郡	평민	미곡상(서정), 花岡商店(무역상, 위탁판매 겸 정미업: 서정)을 경영. 마산포에 지점을 설치. 부산일본인상업회의소 의원
後藤卯三郎	山口縣 熊毛郡	평민	중매상(북빈정)을 경영
黑岩市五郎	長崎縣 下縣郡	평민	松田豊三郎의 대리인

* 출전: 『韓國案內』(香月源太郎), 『在韓人士名鑑』(목포신문사, 1905), 『在韓實業家名鑑』(日韓商業興信所, 1907), 『朝鮮紳士錄』(경성신보사, 1909).

〈부표 3〉 ‘양민교섭채안’의 조선인(채무자) 거주지 분포

년도 / 지역	~1887	1889	1890	1891	1892	1893	1894	1895	1896	1897	1898	1899	1900	1901	1902	합계
동래 부산 양산	16	1	1	23	13	14	2		2	3	2	6	1	1	1	86
김해	5			3	2	7			1		1					19
밀양	4	4	1	6		5					8	2				30
창녕 영산	3				1						2	4	2	3	1	16
함안	1			3	3	3					7		1			18
의령					1						1	4	1	2		9
진주	3			1	3	1		1	3	3	3	4				22
하동														1		1
진해	1			1												2
마산 창원	1				2				1			1			1	6
거제 통영	3										1					4
고성				1	4					1	5	2	1	7		21
사천	1															1
남해					1											1
울산	1			1							2	3	1			8
영덕												1		1		2
경주											5					5
청도					1											1
대구 문산	1										5					6
합천	1															1
거창											1					1
함양												1				1
고령					1											1
성주						1										1

칠곡											1					1
칠원		1														1
낙안	1			2												3
제주	1															1
기타				3								1				4
합계	43	6	2	44	33	31	2	1	7	7	46	30	7	16	3	273

* 부산·동래·양산지역: 하단, 엄궁, 괴정, 대치, 주례, 부민, 구관, 초량, 동평, 영도, 대신, 구포 등 포함.

1910년대 부산학교조합의 구성과 성격

강 재 순

Ⅰ. 머리말

일제시기 교육정책에 대한 기존의 연구는 조선인 교육문제에 초점을 맞추어 민족 차별과 저항이라는 다분히 이분법적인 구도 속에 진행되어 왔다. 그러므로 식민지 조선 내 일본인 교육문제에 대한 연구는 거의 백지상태나 다름없었다고 할 수 있다. 최근 일본인 교육문제에 주목한 연구성과들이 나오고 있어 그나마 다행스러운 일이다.

식민지시기 조선에 거주하던 일본인 교육문제에 있어 학교조합에 대한 이해는 중요한 요소 중의 하나라고 할 수 있다. 최근 발표된 두 편의 논문은 그 중요도에 비해 그동안 전혀 연구되지 않았던 학교조합의 중요성을 부각시켰다는 점에서 연구사적 의의가 있다.[1] 조미은의 논문은 총독부가 간행한 『施政年報』와 『官報』를 통해 학교조합의 설립 규모를 시기별·지역별로 분류함으로써 학교조합 설립의 전반적인 양상과 외형적 규모를 파악한 것이다. 통계를 통한 분류에 치중하다보니 학교조합이 성격을 제대로 드러내지 못한 점이 있다. 송지영의 논문은 조선인 교육과 관련된 학교비와 일본인 교육에 전용되는 학교조합비를 재정적 측면에서 상호 대비하여 치밀하게 분석한 논문이다. 분석시기가 1920년대에 치중되어 있고, 학교조합의 사회적 측면에 대한 분석이 미흡한 점이 아쉽다.

기존 연구의 문제점은 학교조합에 대한 분석이 교육정책적 측면에 주로 치중되어 있다는 점이다. 물론 이러한 측면도 중요하지만 학교조합을 제대로 이해하기 위해서는 정치·사회적 위상과 성격에 주목할 필요가 있다. 그런 점에서 학교조합의 정치적 성격을 일제의 지방제도 개정과 식민지 일본인 사회 내의 자치제 실시 논의 연장선상에서 언급한 논문은 시사하는 바가 크다고 하겠다.[2]

---

1) 학교조합에 대한 연구성과로는 다음과 같은 것이 있다.
　 송지영, 「일제시기 부산부의 학교비와 학교조합의 재정」, 『역사와 경계』 55, 2005 ; 조미은, 「일제 강점기 일본인 학교조합 설립 규모」, 『사림』 제22호, 2004.

본고는 먼저 1910년대 부산학교조합의 구성과 재정상태를 분석하여 학교조합의 개괄적 상황을 파악하고자 한다. 이어 학교조합 의원 선거과정에서 나타난 지역 내 사회·경제단체와 학교조합의 상호관련성, 그리고 갑인회를 비롯한 사회단체 인물들이 왜 학교조합의 위상을 비판하면서도 학교조합 의원으로 적극 참여하고 있는가를 그들이 추구한 자치권의 신장이라는 측면에서 주목하고자 한다. 이러한 의미에서 학교조합은 식민지시기 일본인 교육을 전담한 법인단체이자 1910년대 식민지 거주 일본인들의 정치적 요구를 발현하는 중요한 정치적 공간이었음을 서술할 것이다.

Ⅱ. 부산학교조합의 구성

1. 설립과 재정

1905년 3월 '거류민단법'이 공포되고, 1906년 7월 통감부령(統監府令)으로 '거류민단법 시행규칙'이 발포되었다. 부산항에는 1906년 8월 15일 거류민단이 설립되었다. 거류민단은 일본의 시(市)·정(町)·촌(村)과 같이 교육·토목·위생·일반 공공시설에 이르기까지 관할 대상이 매우 광범위했다. 교육은 거류민단의 다양한 사업 중에서도 가장 중요한 부분에 해당됐다. 1909~1910년 거류민단 세출 예산 가운데 교육사업에 대한 지출이 최다 액수를 차지할 정도로 거류민 사회에서 일본인 자녀 교육의 비중은 컸다.

학교조합은 일제 강점기 조선에 거류하던 일본인 자녀들의 교육을 위하여 설립한 공공법인 지방단체이다. 통감부가 1909년 12월 27일 제정한 '학교조합령' 제1조는 "학교조합은 법인으로 하고, 官의 감독을 받아서 법령의

---

2) 홍순권, 「일제시기 '부제'의 실시와 지방제도 개정의 추이」, 『지역과 역사』 제14호, 부경역사연구소, 2004.

범위 내에서 전적으로 교육 사무를 처리함을 목적으로 함"이라고 하여 학교조합의 목적을 명시하고 있다. 여기서 '교육사무'는 일본인 자녀를 위한 학교를 설립·운영하는 데 필요한 재정을 확보·지원해 주는 것이었다. 학교조합령의 공포로 학교조합은 학교조합비를 징수할 수 있는 권리를 부여받았다.

일제는 1914년 4월 1일 '부제(府制)' 실시 등을 통해 지방제도를 개정하였다. 이때 거류지제도를 폐지하면서 거류지 지역은 부(府)의 행정구역으로 편입되었으며, 거류민단에서 처리하던 공공사업도 교육부문을 제외하고는 모두 부(府)로 인계되었다. 거류민단에 의해 자치적으로 운영되었던 일본인 자녀교육은 1914년 부제의 실시와 함께 '학교조합령'이 반포되고 그에 따라 학교조합으로 이관되었다.3) 학교조합령의 주요 내용을 요약하면 다음과 같다.

(1) 조합의 목적은 일본인 교육 사무에 한정한다.
(2) 부제 시행지에도 조합을 설치케 하여 종전의 거류민단 사무 중 교육 사무를 승계한다.
(3) 조합의 설립, 분리, 합동, 폐지, 구역 변경은 총독의 인가를 받아야 한다.
(4) 부제 시행지의 조합 사무는 부윤(府尹)이 관리한다.
(5) 조합회의 조직을 정하고, 의원의 임기를 3년으로 정한다.
(6) 의원의 선거권 및 피선거권은 조합 규약으로 정한다.
(7) 조합회는 조합에 관한 사건을 의결하고, 조합의 출납을 검사할 수 있다.
(8) 관리자는 조합회의 의결에 대해 취소할 수 있다.

학교조합은 공립소학교, 공립중학교, 공립고등여학교, 공립실업학교 등을 설립·경영할 수 있었다. 또 6~20인의 조합 의원을 민선(民選)하여 부

---

3) 『조선총독부관보』, 1913. 10. 30 ; 『매일신보』, 1913. 11. 3.

윤·군수 등이 관리자가 되는 학교조합회를 구성할 수 있었으며, 학교의 설립·운영에 필요한 사업을 심의·집행하였다. 학교조합은 1931년 4월 제2차 지방제도 개정에 의해 소멸될 때까지 식민지 조선 내의 유일한 의결기관이었다.

　부산학교조합의 설립 인·허가일은 1914년 4월 1일이다.[4] 1910년대 부산학교조합이 운영한 교육시설은 다음의 〈표 1〉과 같이 소학교 5개와 고등여학교, 상업전수학교, 유치원 등이다.

〈표 1〉 1910년대 부산학교조합 운영 교육기관

학교	설립연도	위치	학생 수
부산공립고등소학교	1906년	보수정	917명
부산제일공립심상소학교	1877년	대청정	1,015명
부산제이공립심상소학교	1912년	보수정	701명
부산제삼공립심상소학교	1905년	초량	579명
부산제사공립심상소학교	1908년	목도 영선정	358명
부산공립고등여학교	1906년	대청정	332명
부산공립상업전수학교	1906년	대신정	235명
부산공립유치원	1915년	금평정	35명

* 출전: 부산부협찬회, 『釜山港勢一般』, 1917, 6~7쪽.

　1915년 4월 27일자 『釜山日報』의 사설 「학교조합의 재정」을 보면 부산학교조합의 재정 상태를 알 수 있다. 부산학교조합은 〈표 1〉에서 보는 바와 같이 1915년 현재 상업전수학교 및 고등여학교 등 2개 중등학교와 제1~4 심상 및 심상고등소학교 등의 5개 소학교를 운영하고 있었다. 부산학교조합에서 2개의 중학교를 경영하는 것은 부산지역 일본인 사회의 자랑거리였다. 그러나 중등학교에 수용되는 생도는 부산지역 출신 자녀만이 아니었으며, 재정 부담을 견딜 수 없어서 이미 구 거류민단시대부터 중학교를 총독

---

4) 『조선총독부시정연보』(1914) ; 『조선총독부관보』(1914. 4).

부 산하로 인계하려고 했다.

거류민단시대에도 재정은 결코 여유롭지 않았음은 물론이며, 그것을 부산학교조합이 승계하였어도 재정은 여전히 부족하였다. 수입은 한정되어 있었으며, 재정의 범위가 심히 협소하여 학교 경영이 곤란을 겪지 않을 수 없었다. 그러므로 학교조합은 세입의 재원은 제한되고, 손을 쓸 사업은 심히 단순하여 교육 이외에는 일보도 딛지 못하는 상태였다.

부산학교조합은 재정 긴축의 대방침을 세워 거류민단시대부터 현안이었던 심상소학교 1개교 증설을 보류함은 물론 1915년도부터 심상고등소학교의 고등과를 폐하고 보습과를 두어 경비 절약과 예산 긴축을 도모하는 한편 각 소학교의 학급을 정리하고, 교사(校舍) 증축을 피하기로 결정했다.5) 그러자 총독부는 부산학교조합의 재정 사태를 고사(考査)한 결과 해당년도 보조금 18,000원에 4,800여 원을 추가해서 합계 22,000여 원을 지급했다. 그런데 〈표 2〉 1915년도 부산, 경성 학교조합 예산안을 비교하면 오히려 경성이 호별할(戶別割) 부담금이 컸음을 알 수 있다.6)

부산학교조합은 1915년 3월 10일 부산부청 내 사무소에서 대정 4년도 제1회 학교조합회를 열어 학교조합비 호별 할당액과 대정 4년도 세입출예산안을 통과시켰다.7) 이날 학교조합 관리자인 若松 부산 부윤으로부터 학교조합회에 제출된 대정 4년도 부산학교조합 예산안에 대한 설명이 있고 나서 水野巖 의원은 고등소학교 폐지와 보습과 신설에 관해 질문했고, 光藤

---

5) 부산학교조합의 보습과 설치 · 철폐문제는 다음의 신문기사에서 확인할 수 있듯이 1910년대 학교조합의 주요 현안문제 중의 하나였다.
　『釜山日報』, 1915. 2. 21,「부산학교조합 공립심상고등소학교의 고등과 폐지 인가」; 『釜山日報』, 1915. 2. 23,「부산학교조합 고등소학교 폐지에 따라 소학교 보습과 설치 인가」; 『釜山日報』, 1915. 3. 13(1),「사설, 보습과의 본령(상), 결단코 예비교육이 아니다」; 『朝鮮時報』, 1918. 9. 21,「보습과 철폐문제」; 『朝鮮時報』, 1918. 9. 30,「보습과 위원회」.
6) 『釜山日報』, 1915. 6. 18(2).
7) 『釜山日報』, 1915. 3. 9.

介 의원은 학교조합비 호별 할당액에 대해 이의를 제기했다.[8] 水上八藏 의
원은 도서관에 연액(年額) 300원을 보조하는 이유를 질문했다. 光藤介 의원
은 재차 조합 내 각 소학교의 도서 구입비가 고등여학교에 비해 다액이 증
가한 이유를 묻고 예산 절감을 주장했다. 河內山品之助 의원은 대정 5년도
신입 학년 아동을 수용하는 것에 비해 절대 부족한 교사(校舍)를 증축할 필
요가 있다고 주장하며 대책 마련을 촉구했다.[9] 香椎源太郎은 예산조사위
원장을 맡아 세입출예산안을 전체적으로 심의했다.[10]

〈표 2〉 1915년도 부산, 경성 학교조합 예산안

		부산	경성
호수	호수	7,069호	14,676호
	부과액	60,089원	149,523원
	1호당	8,500리(厘)	10,189리
학교 생도 수	소학교	3,626명	6,320명
	고등여학교	330명	581명
	상업전수학교	212명	
보조금		22,854원	31,000원
사무소비		3,888원	15,184원
소학교비	경상비	55,113원	12,4905원
	생도 1인당	15,763리	19,763리
고등여학교비	경상비	16,886원	32,619원
	생도 1인당	51,169리	56,046리

 1915년 2월 부산학교조합은 재정상의 이유로 조합 소유의 북빈(北濱) 돌
제지(突堤地)를 매각하려 했다. 이에 부산상업회의소 측이 적극 매수에 나

---

8) 『釜山日報』, 1915. 3. 11.
9) 『釜山日報』, 1915. 3. 13(2), 3. 16(2).
10) 『釜山日報』, 1915. 3. 20(2), 3. 21(2).

서게 된다. 그러나 수입상조합 측은 豊泉德次郎, 福島源次郎 등을 앞세워 학교조합이 돌제지 264평을 부산상업회의소로 매각하는 것을 반대했다.[11] 이는 기실 부산상업회의소와 수입상조합 측 간의 북빈 선류지(船溜地) 주위의 하양장(荷揚場) 사용권을 둘러싼 이권 싸움이었다.[12]

若松 부산 부윤은 두 경제단체가 북빈 하양장문제와 관련하여 북빈 선류지 돌제지의 소유권과 하양장 사용권을 혼동하는 것은 곤란하고, 학교조합의 돌제지 소유권과 하양장 경영권은 성질이 다른 것으로 거류민단의 재산 및 사무 인계와 북빈 하양장의 사용권은 별도의 문제라고 부 당국의 입장을 밝혔다.[13]

이처럼 지역 내 경제단체 간에 분규가 발생하자 학교조합 의원인 岡槼三郎과 阪本岩松은 동료 의원 內山米太郎의 집에서 회합을 갖고 재정 궁핍을 이유로 학교조합 소유의 유망한 재산을 매각하는 것은 곤란하다고 하면서 고등여학교, 상업전수학교에 대한 18,000원 내외의 예산은 국고 보조로 해결하고, 나머지 3,000원 정도는 지방비에서 부조받는 것이 좋겠다는 나름대로의 방안을 제시했다. 그리고 무엇보다도 지역 내 경제단체 간의 '평화'를 위해서라도 학교조합의 돌제지 매수에 반대한다는 입장을 표명했다.[14]

학교조합 내부의 반대에도 불구하고 부산학교조합은 북빈 돌제부의 가격을 평당 75원으로 내정해서 부산상업회의소와 교섭한 결과, 부산상업회의소 측은 평당 65원으로 재협상을 요청, 다시 학교조합회를 열어 이를 승인하고, 경상남도 도 장관의 인가를 얻어 부산상업회의소 측에 통보했다. 북빈 선류지 주위 하양장 사용 권리가 돌출부 지소에 소속되지 않으면 매수할 수 없다는 부산상업회의소 측의 의도가 관철된 것이다.[15]

---

11) 『釜山日報』, 1915. 2. 21(2), 3. 4(2).

12) 『釜山日報』, 1915. 3. 3(2).

13) 『釜山日報』, 1915. 3. 6.

14) 『朝鮮時報』, 1915. 3. 7.

15) 『釜山日報』, 1915. 4. 25(2).

학교조합회는 호별(戶別)로 나누어 조합비 부담액을 결정했는데, 조합원의 소득을 감안하여 등급별로 부과했다. 호별할(戶別割) 부과금은 40등급으로 구분되었으며, 연 수입 400원의 제40등급이 최저 등급이고, 제1등급은 15만 원 이상의 연 수입액을 기준으로 했다. 1인당 실제 부과액을 살펴보면 40등급은 소득의 9/1,000, 1등급은 50/1,000을 산출률로 계산한 것이다. 따라서 40등급의 실질적인 부과액은 3원 84전이고, 1등급의 호별할 부담금은 7,500원이다. 부산학교조합의 연도별 호별할 부과금은 다음의 〈표 3〉과 같다.

〈표 3〉 1910년대 부산학교조합의 호별할 부과금 내역표(단위 円)

연도	1914년	1916년	1917년
호별할 총액	61,731.63	69,003.46	70,540.44

부산학교조합은 1915년 4월 9일 조합사무소에서 제2회 학교조합회를 열어 대정 4년도 호별할 부과 등급표 심의를 진행했다.[16] 학교조합회는 등급표 편제의 방법, 호별할 수납 상황 및 태납자(怠納者)의 유무(有無) 등에 대해 논의하고, 구체적인 심의는 호별할조사위원회로 넘겼다. 조사 결과 상급(上級)에서 부과금을 다소 경감하고 하급(下級)에서 가중해야 한다는 이의(異議)가 있어서 결국 조합 구역을 나누어 담당 위원으로 하여금 일주일 내에 실지 조사를 종료하고, 학교조합회를 열어 최종 결정하기로 했다. 조사위원 및 구역은 〈표 4〉와 같다.[17]

부산학교조합회는 4월 23일 부청 내 회의실에서 개회하여, 香椎源太郎 의원은 호별할 등급표 조사위원장으로서 조사의 전말을 보고하였는데, 이에 대해 志賀五百技 의원의 발의에 의해 1명의 등급 변경이 있었을 뿐, 다

---

16) 『釜山日報』, 1915. 4. 8(2), 4. 10(5).
17) 『釜山日報』, 1915. 4. 11(2).

른 모든 위원들의 사정(査定)으로 호별할 등급을 확정했다.

〈표 4〉 호별할 지역별 조사위원

지역	담당 의원
초량, 고관, 부산진	辰見與市郎, 志賀五百技
목도	河內山品之助
서정, 대청정, 행정	光藤介, 香椎源太郎, 岡株三郎
본정, 매립	水野巖, 田端正平
남빈정, 변천정, 금평정	內山米太郎, 村上元治郎
관외	坂本岩松, 水上八藏, 三浦丑太郎

2. 활동

학교조합 의원은 조합 예산안의 심의·의결, 호별할 등급표의 사정과 부담금 부과뿐만 아니라, 교사의 신·증축 등 학교 운영과 관련된 제반 사항에 관여했다. 그 외에도 어대례 기념사업 선정 등 경남도청에서 부산부를 성유해서 부산학교조합으로 내려오는 학사업무를 관장했다. 예를 들면 학교조합 산하 각 중등학교 및 소학교에서 1915년 가을 거행할 즉위대례 기념사업에 관한 내용을 협의하기 위해 학교조합 내 각급 학교장은 부산공립고등여학교에 모여 논의한 결과를 경남도청에 답신하고 있다. 답신 내용은 첫째 부산 각 학교 생도 아동의 합동대운동회를 개최할 1만 평 규모의 대운동장 신설을 희망하고, 둘째로 학교조합 산하 각 학교에 어진영(御眞影) 봉안소를 운영할 수 있도록 지원을 요청했다. 각 학교에 이미 봉안소는 있지만 즉위식 후 성상(聖上), 황후(皇后) 양 폐하의 어진영이 하사되자, 명치천황, 소헌황태후의 어진영과 함께 봉안하기에는 봉안소가 협소하기 때문에 차제에 새로 조영(造營)하기로 하고 재정 지원을 요구했다.[18]

---

18) 『釜山日報』, 1915. 6. 10(2).

부산학교조합은 임의로 교육조사회, 예산조사위원회 또는 호별할조사위원회 등을 두어 예산안의 적절성을 사전 심의하거나,[19] 제3심상소학교 증축 설계에 관한 건, 학교조합 어즉위식 대전 기념사업의 계획 및 실행방법, 총독부에서 자문한 장래 부산에 설치될 조선인 공업학교의 업종 선택의 건, 북빈 선류지 하양장 매각의 건 등을 사전에 심의하여 대책을 마련하도록 했다.[20]

학교조합은 지역사회의 현안문제에도 적극 개입했다. 다년간의 현안이었던 조선 2개 사단 증설문제가 제국의회를 통과하자 곧바로 부산지역에 연대(聯隊)를 설치하기 위한 청원운동이 전개됐다. 부협의회 의원, 학교조합회 의원, 부산상업회의소 의원, 신문 기자, 기타 조선인과 일본인 50~60명이 회합하여, 10명의 청원 위원을 선임하였다. 선임된 위원은 발기인인 迫間房太郎, 香椎源太郎, 豊田福太郎, 田中秀次郎, 坂田文吉, 竹下佳隆, 河內山品之助 등과 大戶復三郎, 光藤介, 芥川正 등이다.[21] 이 중 학교조합 의원은 香椎源太郎, 坂田文吉, 河內山品之助, 光藤介 등 4명으로 사실상 연대 설치 청원운동을 학교조합 의원들이 주도하고 있었다. 『釜山日報』도 이러한 지역사회 내 유지들의 여론을 반영하여 1915년 6월 8일자 사설「연대 설치의 청원」을 게재하였다.[22]

부산항에 연대 설치를 청원하기 위해 선임된 10명의 청원위원들은 다시 위원 중 迫間房太郎, 豊田福太郎, 大戶復三郎, 竹下佳隆, 芥川正 등 5인을 뽑아 경무총장, 경무부장, 부윤 대리 등을 탐방하여 청원토록 하고 그 결과를 보고케 했다.[23] 1915년 6월 9일 재차 부산상업회의소에서 열린 연대설치문제위원회는 부협의회 의원, 학교조합회 의원, 상업회의소 의원 및 시내

---

19) 『釜山日報』, 1915. 4. 15(2).

20) 『釜山日報』, 1915. 6. 8(2).

21) 『釜山日報』, 1915. 6. 6(2).

22) 『釜山日報』, 1915. 6. 8(1).

23) 『釜山日報』, 1915. 6. 8(2), 6. 9(2).

중견 지주 등 부산지역 유지집단 약 60여 명이 출석하여, 竹下佳隆, 迫間房太郎, 芥川正 3명의 위원으로부터 각 관청 방문의 전말을 보고받고, 香椎源太郎를 좌장으로 하여 迫間房太郎, 竹下佳隆, 伊藤祐義, 堤貞之, 田中秀次郎, 竹久捨吉, 坂田文吉, 豊田福太郎, 芥川正 등을 대표로 선임해 부산항 내 일본인 유지들의 의견을 전달케 했다. 이날 청원위원을 20명으로 늘렸는데, 추가된 인원은 大池忠助, 五島甚吉, 佐藤潤象, 古木末熊, 堤貞之, 岡楳三郎, 伊藤祐義, 이규직, 박영길, 이규정 등이다. 작성된 연대 설치 청원서는 寺內 총독과 井口 군사령관에게 직접 전달됐다.[24]

Ⅲ. 부산학교조합과 '자치권'

1. 학교조합 의원 선거와 사회 · 경제 단체

학교조합은 1910년대 식민지 조선 내의 유일한 민선(民選) 의결기구였다는 점을 감안하면 지역 내 정치 · 사회적 위상이 대단했던 것으로 보인다. 반면에 같은 시기 부협의회 의원의 정치적 위상은 상대적으로 미약했다. 그러므로 민선에 의해 선출되는 학교조합 의원 선거전은 치열했고, 개인 차원의 입후보보다는 일본 내 출신지역과 부산지역 내 일본인 사회 · 경제 단체 내의 타합(打合)에 의해 사전 내정된 후보가 선거 결과 대부분 그대로 선출되었다.

1915년 5월 1일로 예정된 부산학교조합 의원 2명의 보결선거는 점차 선거일이 다가올수록 각종 사회단체의 유지들 간에 후보 물색의 소리가 들리기에 이르렀는데, 선거기간이 되면서 부산상업회의소 의원 선거에 못지 않은 격렬한 경쟁을 연출하는 형세가 되었다. 표면적으로는 자못 냉정하지만

---

24) 『釜山日報』, 1915. 6. 10(2), 6. 11(2).

이면에서는 작전 계획을 세우는 모양으로 4월 27일 갑인회(甲寅會) 임시총회에서의 후보자 결정을 도화선으로 여타의 각종 사회 · 경제단체들도 속속 후보자 선정을 하기에 이르렀다. 근일 유력자들 사이에 가장 화제로 떠오른 후보로는 竹久捨吉, 堤貞之의 환성(喚聲)이 가장 높고, 일부 유권자 중에는 伊藤祐義, 迫間房太郎, 大戶復三郎, 桐岡金三 가운데 2명을 선정해야 한다는 말도 있었다.[25]

부산학교조합 의원 보결선거는 1914년 5월 28일 확정된 선거인 명부에 근거할 예정이었는데, 학교조합의 선거유권자 자격은 25세 이상의 독립된 생계를 유지하는 일본인 남자로서 1년 이상 부산부에 거주하고 있으면서 호별할 부과금을 5원 이상 납부하는 자로 규정되었다. 1914년의 확정 명부에 의하면 선거 유권자 수는 1,800명이고, 실격자는 약 600명을 헤아린다. 결국 보결선거에서 유권자 총수는 1,200명 내외였다.

『釜山日報』는 1915년 4월 28일자 「부산학교조합회 의원의 보결선거」라는 사설에서 "학교조합은 그 이름이 시사하는 바와 같이 단순히 학교 경영을 위해서 설립된 조선 재주(在住) 내지인의 법인단체로서 무릇 구(舊) 거류민단과 같은 자치체의 실(實)을 가지는 것은 아니다. 따라서 이들 의원의 권능 역시 심히 박약 협소한 것은 이제 와서 새로이 말할 필요도 없다. 특히 타 일반 군(郡)지역 학교조합은 민간인으로 조합 관리자를 추천받아 당국이 임명하는 형식으로 조합의 대표 주재자가 조합원 중에서 나오는 '불완전하지만 약간의 자치'에 가까운 모습을 갖추고 있다. 그러나 구(舊) 이사청 소재지, 즉 부(府) 관할에 속한 학교조합은 관리자의 직무를 부윤이 관장하는 바, 따로 민간인 관리자를 뽑지 않음으로써 학교조합은 하등 민간 독립의 의사를 발표하거나 장래에 그렇게 행동할 능력을 갖지 못하고 있다. …… 부(府) 하(下)에서의 비교적 발달된 대집단을 가볍게 함으로써 능히 재선 모국민이 조선 개발의 지도자가 되고, 더욱 건전한 발달 진보를 수행

---

25) 『釜山日報』, 1915. 4. 27(2).

할 수 있을지의 여부에 의심을 가지지 않을 수 없다. 이와 같이 모든 자치의 형식 실질이 군(郡)지역의 그것에도 미치지 못하는 부(府) 하(下)의 학교조합회에 의원된 자는 모름지기 의연한 태도로써 그 직에 나아가고 본분을 다함으로써 학교 경영의 임무를 맡음과 함께 항상 장래 어느 시기에 있어서 자치(自治)상 무엇인가를 획득할 각오로써……"[26]라고 주장하고 있다. 『釜山日報』의 사설은 부(府) 단위 학교조합이 가져야 할 자치적 기능의 제도적 문제점을 지적하면서, 선거에 나서는 학교조합 후보들에게 학교조합의 자치권 강화에 적극 나설 것을 주지시키고 있다. 이는 부산일보사만의 사론이 아니라 부산지역 내 일본인 유지집단의 정치적 여론을 지역 언론사가 적극 반영한 것으로 해석해야 한다.

이어 『釜山日報』는 보궐선거 입후보 상황을 자세히 전하면서 "……갑인회(甲寅會)는 4월 27일 도서관 오락실에서 임시총회를 열어 입후보자에 대해 논의한 바가 있고, 아마 堤貞之를 올리기로 결정하였다는 말이 있다. 목도(영도)방면은 立花增愛를 추천해야 한다는 여론이 일부 유권자 간에 높지만 아직 결정을 보지 못했다. 초량, 부산진 방면은 선거 유권자 수가 실로 500여 명으로, 일치 단결한다면 일대 세력이 될 것임은 분명한데, 동 방면의 유권 유지자들은 25일 밤 회합을 개최하여 石原源三郎을 추천하기로 했다. 초량, 부산진 방면 유지들은 그 뜻을 石原에게 통고하여 승낙 여부를 확인하였으나 石原은 개인적인 사정으로 강력히 후보를 고사함에 따라, 다시 上西仁三郎을 공인 후보자로 내세울 것을 협의 중인데 이 역시 아직 결정을 보지 못했다고 한다. 여관업조합 측은 조합장인 松本小三郎을 추대한다는 소문이 있고, 松本 자신도 설욕전을 시도해 볼 야심을 가지고 있다고 한다. 보수정 일부와 대신리의 유지들로 조직된 대정회와 토성정·초량정의 유지로 조직된 토초회도 松本 자신이 회장인 관계상 이들 단체에서 누차 입후보를 종용하고 있으므로 그의 입후보는 기정사실로써 의심의 여지

---

26) 『釜山日報』, 1915. 4. 28(1).

가 없다"[27)고 학교조합 의원 선거를 둘러싼 부산지역 내 일본인 사회·경제단체 간의 치열한 경쟁을 보여주고 있다.

학교조합 보결선거에 따른 시내 각 방면에서의 후보자 선정 상황을 보면, 갑인회는 회원 중 堤貞之, 立花增愛 양씨를 적임자로 추천하기로 결정했다. 立花는 개인 사정으로 입후보를 고사했으나, 堤貞之는 축풍동지회(筑豊同志會)의 공인 후보자로 추천된다는 풍설(風說)이 있어, 갑인회 측은 安武千代吉, 光藤介 양씨를 위원으로 선임, 축풍동지회 회장 石川眞平씨를 방문하여 堤貞之를 후보 추천하는 문제를 상호 협의했다. 그 결과 堤貞之는 축풍동지회의 공인 후보 자격으로 이름을 올리고 갑인회는 이를 적극 후원하기로 결정했다. 부산지역 내 가장 유력한 두 정치단체, 즉 갑인회와 축풍동지회의 후원을 얻은 堤貞之의 당선은 추호도 의심할 여지가 없을 듯했다. 갑인회는 立花의 후보 사퇴에 대해서는 따로 그를 대신할 후보자는 내지 않기로 결정했다. 목도 방면은 목도의 유력가 立花增愛씨가 갑인회의 공식 후보를 사퇴하자, 일부 목도 유권자 중에는 목도 재주(在住) 유권자 중에 꼭 1명의 후보자를 내야만 한다는 사람들이 있었으나 쉽게 결정을 하지 못했다. 초량, 부산진 방면은 上西仁三郎의 환성(喚聲)이 가장 높은데, 4월 28일 다시 田中秀次郎을 추천하자는 일파가 나오자, 양씨 간의 경쟁을 보게 되어 지역 내 유권자 간의 일치된 지지는 기대하기 어렵게 됐다. 松本小三郎은 여관업조합 및 대정회, 초토구락부를 근거로 맹렬하게 선거운동에 착수했는데 형세는 다른 유력한 입후보자가 나서지 않는 한 당선은 의심할 여지가 없다고 낙관하는 쪽도 적지 않았다. 후보 추천 교섭을 받은 伊藤祐義, 武久捨吉 양씨는 단연코 후보를 고사했다.[28)

금일의 '세끼가 하라', 즉 부산학교조합 의원 보결선거전은 4월 28일 밤부터 각 후보자의 진영이 갑자기 활기를 띠고 참모 운동자들의 출입 왕래

---

27) 『釜山日報』, 1915. 4. 28(3).

28) 『釜山日報』, 1915. 4. 29(2).

가 빈번해지면서⋯⋯이상적 선거를 표방한 축풍동지회와 갑인회의 후원을
얻어 당당한 堤貞之 후보의 우세⋯⋯松本小三郎은 여관업조합, 초토우심
회(草土友心會), 대정회 후원하에 29일 아침부터 본진을 송정여관(松井旅
館)에 갖추고 형세 의연⋯⋯갑인회는 田中秀次郎씨가 입후보 의사가 있자
그를 추천하자는 논의가 있었는데⋯⋯그를 신뢰하는 초량, 부산진 방면의
유권자 일파가 끝까지 田中秀次郎을 추천하여 당선한 다음 승낙을 얻겠다
고 29일 선거운동에 착수했는데 의기가 자못 왕성하다. 수입상조합 측은
이번은 입후보자를 내지 않을 방침이었으나 29일 갑자기 수입상조합 유지
들이 부산상품진열관 구내 상공구락부에서 회합하여 후보자 선정을 협의,
결정한 바가 있었다. 지역 내 유력한 경제단체인 수입상조합에서 새로 후
보자의 선정을 한다면 전체 선거계에 비상한 사태가 생길지도 모른다고 관
측하는 사람도 있다.

학교조합 의원 선거로 지역 내 사회ㆍ경제단체 간에 경쟁이 과열되자 부
협의회 의원, 학교조합 의원, 구 민단의원 등 지역 내 유력자들은 돌연 선
거계의 공정을 도모한다는 명분을 내걸고 이상회(理想會)라는 명칭의 모임
을 4월 29일 가지고 입후보자를 협의, 결정하여 동 회의 후보로 내세웠다.
迫間房太郎는 자신의 의사에 비해 후보자로 거론되지 못하고 있었으며, 일
부 유력한 유권자 중에는 大戸復三郎의 추천을 설창(說昌)하는 자도 있었
다. 武經, 武久捨吉 양씨도 유권자들로부터 입후보 권고를 받는 등 2, 3명의
자칭, 타칭 후보자가 나와서 선거판은 혼미에 빠지게 됐다.[29] 한편 부산 부
윤은 공정한 조합의원 선거를 위해 입회인으로 水野巖, 志賀五百技, 河內山
品之助, 岡楳三郎을 선임하였다.

이상에서 살펴본 바와 같이 학교조합 의원 선거과정에서 갑인회와 축풍
동지회가 가장 강한 영향력을 미치고 있었음을 알 수 있다. 반면 迫間房太
郎나 大池忠助는 후보자로 거론조차 안 되고 있었다. 迫間房太郎와 大池忠
助는 1910년대 학교조합 의원으로는 전혀 활동을 하지 못하고 있었다. 반면

---

29) 『釜山日報』, 1915. 4. 30(2).

축풍동지회의 부회장이자 갑인회 회원인 香椎源太郎과 坂田文吉이 부산학교조합을 토대로 지역사회를 주도하고 있었다. 축풍동지회는 후쿠오카(福岡) 출신인 石川·香椎源太郎·坂田文吉이 주도한 정치단체로서 자치권의 획득을 목표로 했다.[30) 갑인회는 부산지역 내 사회단체 가운데 가장 정치적 성향이 뚜렷한 조직이었다. 갑인회는 거류민단 역소 마지막 간부들이 중심이 되어 1914년 부제 실시에 따라 민단이 해체되게 되자, 1914년 3월 31일 자치기관의 해체에 항의하여 결성한 단체로 '자치권 획득'을 목표로 했다.[31) 1912년 10월 전선 민단연합회는 지방제도 개정에 의한 '자치권' 상실을 우려하여 총독부에 진정서를 제출했는데, 당시 부산 거류민단을 대표한 인물이 坂田文吉, 安武千代吉, 岡楳三郎이다. 이들 3명 모두 갑인회 주도 인물들이었고, 坂田文吉은 축풍동지회의 부회장이기도 했다. 坂田文吉과 岡楳三郎은 1914년 이후 학교조합 의원으로 적극 활동하였다. 그러면 이들을 비롯한 부산지역 일본인 자본가집단은 왜 학교조합으로 적극 진출한 것인가.

2. 부산학교조합 의원과 갑인회

1910년대 부산학교조합 의원의 전체 명단은 확실한 자료가 없어 정확히는 알 수 없으나 『釜山日報』 등 신문자료에서 간간히 보이는 것을 취합한 결과는 〈표 5〉와 같다. 1914년도 부산학교조합 의원은 1914~1917년 5월까지 활약한 초대 의원들이고, 1917년 6월의 인물들은 동년 6월 학교조합 의원 선거를 통해 선출된 제2대 조합 의원들을 정리한 것이다.

---

30) 박철규, 「부산지역 일본인 사회단체의 조직과 활동 ─1910년대를 중심으로」, 『역사와 경계』 56, 부산경남사학회, 2005, 173쪽 참조 ; 『釜山日報』, 1916. 1. 15, 6. 17.
31) 부산갑인회, 『日鮮通交史』, 1916.

〈표 5〉 1910년대 부산학교조합 의원 명단

연도	부산학교조합 의원
1914년	光藤介, 水上八藏, 香椎源太郎, 河內山品之助, 辰巳武一郎, 村上元治郎, 阪本岩松, 三浦丑太郎, 志賀五百技, 水野巖, 田端正平, 山中庄太郎, 辰見與市郎, 岡楳三郎, 內山米太郎, 坂田文吉(16명)
1917년 6월	村上元治郎, 辰巳武一郎, 香椎源太郎, 岡楳三郎, 水野巖, 志賀五百技, 田端正平, 河內山品之助, 堤貞之, 松本小三郎, 阪本岩松, 水上八藏, 佐佐木淸磨, 福本良之助, 伊藤祐義, 櫻木行雄, 石原源一郎, 石躍惠之, 三島一平, 中村久藏, 加藤奧治(21명)

〈표 5〉의 부산학교조합 의원들을 개인별로 보다 구체적으로 정리한 것이 다음의 〈표 6〉이다.

〈표 6〉 1910년대 부산학교조합 의원 개인 일람표

이름	주소	직업	학교조합	활동·경력	정치·사회단체
岡楳二郎	대청정	변호사	1914, 1917	부산변호사회(1914)	거류민단의원(1910, 1912) 갑인회 회원(1914, 1916)
村上元治郎		잡화상	1914, 1917	양지어상, 연초판매상, 생명보험	부산자선교사 상업회의소 의원(1904) 거류민단 의원(1912) 기로회(1926)
辰巳武一郎			1914, 1917		
水野巖	초장정	장유·된장 제조, 전기관련 사업	1914~1920	수야장유양조소(1904) 부산부립도서관 관장(1916) 부산장유미쾌양조조합(1917) 부산일보사 이사, 대주주(1919) 조선와전회사 중역(1921) 조선화재해상보험(주) 대주주(1922) 부산미증장유동업조합 조합장(1934) 경성일환수산(주)(1935)	부산교육회 보통의원(1916.6) 부협의원(1921, 1923) 상업회의소 평의원(1916~1935), 부회두 청년상공단(1916) 전기협회 평의원
志賀五百技	초량동	의원	1914, 1917	초량 이주(1907)	내합동초량동거주민총대(1911) 부산부 제1구 총대(1911) 부협의회 의원(1914~1920)
田端正平	보수정	금전대차, 부동산	1914, 1917, 1923	만한운수(주)(1907) 회홍사 총무(1907)	상업회의소 이사장((1901) 복호회 부장(1907)

				일본인 지주회 회장(1907) 부산상품진열관 설립, 관장 부산신용조합 조합장(1929)	해원액제회 평의원 거류민단 의원(1912) 갑인회(1916) 부협의원(1926, 1929) 상공회의소((1932)
河內山品之助			1914, 1917		거류민단 의원(1912.9) 부협의원(1914~1920) 갑인회(1916)
堤貞之	남빈정	청주, 음료수 판매업	1917	러일전쟁 당시 복강현 청주 판매를 위해 내부(1904) 수입상조합, 수입주조합 인삼주 제조(1917) 부동산매매금전대차주선업	거류민단 의원(1912) 갑인회(1916) 상업회의소 평의원(1914~1930), 특별위원(1915), 상무위원 (1916)
松本小三郎	본정	여관, 토목 수부업	1917, 1923	송본여관 경영(1907) 대판상선회사 선객 취급업	거류민단 의원 갑인회(1916)
阪本岩松		상점	1914, 1917	면화상; 밀감특약점 부산서부자동차(주) 취체(1920)	거류민단 의원 갑인회(1916)
水上八藏			1914, 1917		
光藤介		의사	1914 사표 (1916.8)	부산 의사회	거류민단 의원 갑인회(1916) 대판부민회 부회장
佐佐木淸磨		창고 지배인	1917	한국창고 취체역 겸 지배인 조선흥업(주) 회장 창고업, 보험업	번영회 평의원(1908) 상업회의소 회원
三島一平	서정	선박 수선업	1918		부산실업여학교 설립, 운영(1913)
加藤奧治			1918	부산흥산(주) 전무 취체역(1923) 경남무진(주) 상임감사(1927)	부산문예회
伊藤庄之助	남빈정	해산상	1917	부산선박급수(주) 감사역(1927)	상업회의소 어업조합장 수산회 평의원 부협의원 삼중현인회
櫻木行雄			1917		
中村久藏	영선정	조선 철공소	1918	중촌조선철공소(1902) 제3금융조합 감사 목도신탁(주) 이사(1924) 부산상사(주) 취체역(1933)	상업회의소 평의원(1917) 영선정 총대, 용두산신사 씨자 총대
石躍惠之			1917		

이름	거주지	직업	가입년도	경력	활동
伊藤祐義	부평정, 보수정		1917	부산자동차(주) 감사역(1920) 부산상공(주) 감사역(1920) 부산요업(주) 감사(1920) 부산미곡증권신탁(주) 이사(1922) 남조선신탁(주) 취체역(1922) 부산증권(주) 이사(1923) 부산서부금융조합 사장(1929)	번영회 회원(1908) 상의 의원
石原源三郎	부평정	식료품	1917	수입상조합 부산식량품(주)(1911)	
山中庄太郎			1915		거류민단 의원 갑인회(1916)
辰見與市郎	변천정	요리점	1914		
內山米太郎	본정	무역상	1914	청일전쟁 이후 내부 내산상점 운영 송상석유판매조합(1905) 부산잔교(주) 감사역	거류민회 의원 부산상업회의소의원 부산번영회 회원(1908)
三浦丑太郎	남빈정		1914, 1923	사쓰마옥제과(주)이사(1922) 부산권번 사장(1935)	
福本良之助	부평정	관공리	1917	보험 대리, 대가업(1935)	부산소방조 소두(1916) 부산소방조 부조두(1928)

坂田文吉		무역상	1914	부산기선(주) 감사역(1909)
				부산수산(주) 감사역(1909), 취체역
				  (1917)
				부산전등(주) 감사역(1909)
				경남미곡개량조합(1915)
				부산일보사 이사(1919~1925)
				부산요업(주) 사장(1920)
				부산환미운송(주)이사(1920)
				부산곡물상조합 조합장(1921)
				부산곡물신탁(주)사장(1921)
				부산선박문옥업조합 조합장(1921)
				부산금융조합장(1922)
				부산미곡증권신탁(주) 중역(1923)
				부산증권(주) 취체역(1923)
				부산창고주식회사
				부산수산회사 중역
				러시아석유판매(주) 중역(1933)
				부산교통(주) 취체역(1939)
					민회 의원(1906)
					번영회 회원(1908)
					부산실업야학교 교장(1907~1916)
					부산교육회 부회두(1916.6)
					거류민단 의원(1912.9)
					상업회의소 의원(1906~1912)
					상공회의소 의원
					자선교사 경영(1914)
					갑인회(1916)
					축풍동지회 부회장
					부협의원(1914~1929)
					부회의원(1931, 1935), 부회의장
					조선방송협회 이사(1927)
					부산체육협회장(1928)
					관선 도 평의원 및 도회 의원
					  (1931)
					부산부청년단연합회 회장(1929)
					부산국방의회 부회장(1933)
					조선총독부임시치수조사회 위
					  원(1934)
					부산교통협회 회장(1934)

香椎源太郎	대청정		1914, 1917	조선 이주(1906, 玄洋社 勝海舟 사사, 이등박문) 거제도·가덕도 어업권 획득, 李堈公 어장 임차 조선수산(주) 이사(1907) 부산수산(주) 취체역(1909) 조선수산조합 평의원, 회장(1909) 경성 히노마루수산(주) 이사(1913) 부산수출수산(주) 취체역 사장(1918) 부산일보사 대주주(1919) 조선수산수출(주) 취체역 사장(1921) 조선화재해상보험(주) 대주주(1922) 부산미곡증권신탁(주) 중역(1923) 수산수출조합장(1925.4) 조선수산조합장 경성수산(주) 사장(1928) 조선와사전기(주) 취체역 사장 서선합동전기(주) 취체역 회장 조선송전 사장 남선태동전기 이사장(1939) 동양척식 고문 부산상업은행 이사 부산공동창고주식회사 산미곡증권주식회사 이사 조선서적인쇄주식회사 이사 일본경질도기주식회사 사장 경남신탁 이사	거류민단 의원(1911.2~1914), 의장(1913) 상업회의소 특별의원(1916~1938) 부협의회 회원(1914~1926) 갑인회(1916) 筑豊同志會 부회장 수양회 평의원 상업(공)회의소 회두(1920~1935) 관선 도평의원(1920) 조선수산협회 회장(1922) 조선전기협회 회장 조선전기사업조사회 회장 조선총독부 산업조사회 위원 조선철도협회평의원 제국철도협회평의원 부산국방의회회장(1933.3)

* 출전:『부산일보』,『조선시보』,『재조선내지인신사명감』(1917),『조선총독부시정25주년기념표창자명감』,『부산명사록』(1935),『근현대사인명록 5』(1935),『재한인사명감』(1905),『조선인사흥신록』(1922),『조선공로자명감』(1935),『조선인명록』(1942),『재한실업가명감』(1907),『부산번영회 회원명부』(1908),『전선부읍회의원명감』,『반도관재인물평론』.

〈표 6〉을 좀 더 분석해 보면 먼저 학교조합 내 지구(거주지)별로 구분되고, 교육·의료·법률·숙박업·제조업·수입상조합·수산계통 등 업종별로도 구분된다. 학교조합 의원들은 전체적으로 기업을 운영하는 자본가 집단이 대부분이다. 특이한 점은 일부 의원이 부협의회 의원과 학교조합 의원을 겸직하고 있는 점이다. 사회단체와의 관계를 보면 갑인회에 소속된 인물들이 압도적이다. 田端正平, 河內山品之助, 堤貞之, 松本小三郎, 光藤

介, 坂田文吉, 香椎源太郎, 岡楳三郎, 阪本岩松, 山中庄太郎 등 9명이나 된다. 거류민단 의원 출신은 坂田文吉, 村上元治郎, 田端正平, 河內山品之助, 香椎源太郎, 堤貞之, 坂田文吉, 岡楳三郎, 光藤介, 松本小三郎, 阪本岩松, 山中庄太郎 등이다. 1910년대 학교조합은 거류민단 → 갑인회로 이어지는 인물들이 주도하고 있었음을 알 수 있다. 부산번영회 회원은 佐佐木淸磨, 坂田文吉 외에는 없는 것으로 보아 세력이 미미했음을 알 수 있다. 학교조합 의원 가운데는 이후 부산일보사의 경영에 참여하는 인물들이 보이는데, 坂田文吉, 水野巖, 香椎源太郎 등이다. 1920년대 『釜山日報』의 보도성향을 이들을 중심으로 한 부산지역 자본가들의 정치적 동향과 관련시켜 볼 필요가 있다. 1910년대 학교조합을 주도하는 인물은 단연 香椎源太郎이다. 그는 학교조합 내 당면문제가 발생하면 좌장 내지는 위원장 역할을 도맡아 하였다. 아울러 수산업계 출신인 그와의 관련성 때문인지는 몰라도 동종업계 출신인 水野巖, 坂田文吉 등이 있다. 부산교육회의 실질적 수장인 坂田文吉(부회두), 水野巖(보통의원)도 학교조합에 참여하고 있다. 그 외 전기 관련 사업 인물들도 조선와전 사장이었던 香椎源太郎과 연관시켜야 될 것 같다. 주목되는 점은 迫間房太郎과 大池忠助 등은 학교조합에 전혀 관여를 못하고 있다는 점이다. 결국 1910년대 부산학교조합에는 축풍동지회의 부회장을 역임하는 坂田文吉과 香椎源太郎이 가장 영향력 있던 인물로 보인다.

1910년대 학교조합 의원들은 부협의원을 겸직하거나 1920년대 이후 부협의회, 부회, 상업(공)회의소 등의 의원과 간부로 진출하게 된다. 그런 의미에서 1910년대 학교조합은 단순한 교육 법인단체라기보다는 지역사회 내 강한 정치적 성향을 띤 조직체로 보아야 한다.

1915년 3월 17일자 『朝鮮時報』 사설 「府와 학교조합」을 보면 부협의회 의원과 학교조합원 그리고 갑인회 간의 상호 관계가 잘 드러나고 있다. "하급 행정기관인 府와 학교조합은 성질을 달리하고 경비의 부담은 공익적 이익을 가지는 것이다. 이런 이유로 부협의회 의원과 학교조합 의원 간에 상애(相愛)하고 편리(便利)를 무언가의 사정과 관계에 의해서……부협의회

의원과 학교조합 의원은 서로 왕래 상의해서 세출입 예산을 비롯한 시설의 완급 등 절충의 필요……우려가 제기되는 부분은 舊 민단 의원이 갑인회와 같아 여차한 문제를 야기. 차등의 회합에서 부협의원 또는 학교조합 의원은 예산 또는 시설 원안이 있을 때는 물론이고 정무(政務) 연구라든가 시(市) 행정 조사라든가 항상 열심히 연구한 결과 예산을 경정(更正)하거나 시설의 완급을 안배……府 및 학교조합의 운용을 교묘하게 하는 일종의 보조기관으로 활작용(活作用)……하급 행정기관의 운용을 교묘하게 하려는 바램……부담의 경중, 공정을 기할 필요……갑인회 등은 부협의원 또는 학교조합 의원으로 일치가 되고 각자 특장으로 항상 조사, 연구하는 기관을 설치해서 府 시설의 당부, 조합 경비의 완급 등을 근본적으로 평결해서 대체의 방침을 정하고 부협의회의 자문에 응하고 학교조합회의에 대한 일……."[32] 앞의 〈표 6〉에서 볼 수 있는 바와 같이 일부 의원은 부협의원과 학교조합 의원을 겸직하고 있었다.

또한 1915년 9월 17일 『朝鮮時報』 사설 「社交器官 쇄신」에서도 이들의 관계를 엿볼 수 있다. "부산의 사교기관으로서 일시 비상한 세력을 가지고 있는 부산번영회는 세월의 흐름과 회원 이동으로 내외의 형세가 창립 당시와 일변해서……당년의 활기 없는 겨우 1/2~1/3의 회원으로 명맥을 유지하고 있다. 그 외 구(舊) 민회 의원 단체로 보이는 갑인회, 부산상업회의소 의원을 중심으로 한 상공간화회(商工懇話會)가 있고, 실업가단체로서 一세력이 있는 수입상조합 같은 각종 조합단체, 동향인으로 구성된 현인회……봄, 가을 2번의 집회, 혹은 예회(例會) 등의 의해서 상업회의소 의원, 학교조합 의원 선거 시 다소의 작용을 하기 때문에 사회의 중추, 사교의 중심이 되고 상호 부단의 작용……."[33]

앞에서도 문제를 제기했지만 왜 갑인회·축풍동지회 인물들이 학교조합

---

32) 『朝鮮時報』, 1915. 3. 17.
33) 『朝鮮時報』, 1915. 9. 17.

으로 적극 진출했을까? 이 문제와 관련하여 한일병합 이후 일제의 지방제도 개정과 식민지 내 일본인 사회의 자치제 실시 논의를 다룬 논문에 주목할 필요가 있다.[34] 1906년 7월 통감부의 '거류민단법 시행규칙'의 발포로 일본인이 거류하는 모든 도시에 거류민단이 설치되었다. 거류민단제의 실시는 특히 부산지역 일본인사회의 발전에 특별한 의미를 지녔던 것인데, 무엇보다도 거류지 일본인들의 자치행정이 법률적으로 보장되었다는 점에서 그러하다.

일제 강점과 함께 거류민단의 폐지가 지방제도 개정의 중요한 현안으로 대두되자, 거류민단 소속의 일본인들은 이로 인한 자치기관의 상실에 이구동성으로 우려를 표명했다. 1911년 7월 부산민단은 경성민단에 이어 내지인 자치제 존속을 요구하는 진정서를 寺內正毅 총독에게 제출하였다. 1912년 11월 전국 11개 민단을 대표하는 재선민단의원연합회는 동일한 취지의 진정서를 총독부에 전달하고 제국의회에서 논의되기를 희망했다. 여기에 부신거류민회 대표로 참여한 인물이 坂田文吉, 岡楳三郎, 安武千代吉 3인이다. 진정서의 내용을 보면 "……오인(吾人)은 오히려 나아가서 현행 민단제 이상의 자치제도를 요구한다. 현재의 민단제도는 모국의 시촌제(市村制)에 비하면 여러 가지 불비불편(不備不便)한 점이 있다.……금일의 재선방인(在鮮邦人)은 이미 단순한 이민이나 출가인(出嫁人)과 같은 부류가 아니며, 도처에 주의정신(主義情神)을 가진 자치단체를 경영한다. 이제 강제로 민단제도를 폐지하거나 자치권능을 부인하면 필시 관민 소리(騷離)의 단(端)이 여기서 생길 것이다……."라고 오히려 식민지 내 일본인의 자치권 확대를 주장하고 있다.

일제는 1913년 10월 30일 제령 제7호로써 '부제'를 공포하고, 이어서 1914년 1월 25일에 '부제 시행규칙'을 공포하였다. 이로써 1914년 4월 1일부터 거류민단과 거류지제도는 철폐되었다. 부제하에서 학교조합의 설치는 교육

---

34) 홍순권, 앞의 글.

에 관한 일본인들의 자치적 기능을 일부 인정함으로써 거류민단의 해체에 대한 일본인들의 불만을 무마하려는 성격이 강한 것이었다.

부제의 실시에 반발하여 자치제의 회복을 위해 조직된 것이 갑인회다. 갑인회는 말하자면 당시 부산지역 일본인사회의 원로 유지단체로서 부산부 자치운동의 구심적 역할을 자임한 단체였다. 부제의 실시와 관련하여 '민의의 전달기관'으로 설립된 부협의회가 관선이고 제 역할을 못하자 비판하고, 학교조합에 대해서도 "학교조합이란 것이 있지만 그것은 그저 동포교육기관의 시설을 도모할 뿐 그밖에 하등의 권능을 가지지 못한다"[35]고 냉소적으로 보았다. 특히 학교조합에 대한 불만은 본국과 다른 학교조합 관리자의 선출방식에 있었다. 즉, 본국에서는 민간에서 조합 관리자를 추천하고 당국이 임명하는 방식이어서 불완전하지만 어느 정도 자치에 가까운 모양을 갖추고 있었다.[36] 이어 부산학교조합 의원 보궐선거와 관련하여 "민단의 폐지와 함께 항민(港民) 생존의 중심점이어야 할 자치의 형체를 망실하고 따라서 자치의 정신을 망각했기 때문이 아닐 수 없다……조선을 개발하고 선인을 진보시키고자 한다면 먼저 이것이 의표(儀表)이고 모범이어야 할 것이다"라고 하였다. 부산지역 일본인들의 논조는 "……학교조합의 권한을 확장하던가 또는 그것을 폐지하여 부(府)와 합병하던가 그렇지 않으면 경성, 부산 등지에 한해서 특별 시제 같은 것을 실시하든가 하여 시대에 맞추고 시대에 응하고……"[37]로 이어졌다.

1920년 부제 개정에 대해 갑인회 강경파인 堤貞之는 "그 사이 관선 부협의원도 민선이 되고, 협의원 및 학교조합 의원도 다수 갑인회 회원이 되어 매월 3일 예회(例會)를 열어 공공문제에 대하여 의견 교환을 해오고 있습니다만 갑인회의 주안은 역시 자치제의 부활에 있는 것"[38]이라고 했다.

---

35) 『釜山日報』, 1915. 3. 19(1).
36) 『釜山日報』, 1915. 4. 8(1).
37) 『朝鮮時報』, 1917. 7. 1.
38) 『釜山日報』, 1925. 11. 4.

이처럼 학교조합의 자치적 기능에 대해 회의하면서도 갑인회를 창립한 주역인 田端正平과 光藤介가 학교조합 의원으로 진출한 이유는 무엇인가. 그 이유는 제등지의 발언에서 찾을 수 있지 않을까. 학교조합 의원은 1910년대 유일한 선출직으로 한계는 있지만 이들이 추구하는 자치권의 확대에 유리한 사회적 지위를 제공하고, 무엇보다도 이들이 추구한 자치권의 확대를 식민지 내 일본인들로부터 가장 공감을 얻을 수 있는 교육부분에서 우선 찾았다고 보아야 한다. 즉, 식민지 내 자치권의 확대를 꾀했던 갑인회·축풍동지회 인물들은 학교조합을 통한 자치권의 확대와 동시에 부협의회의 장악을 기도했던 것이다. 그런 의미에서 1910년대 학교조합은 단순한 교육관련 조직체가 아니라 식민지 내 일본인의 자치권을 신장시킨다는 정치·사회적 성격이 농후했다고 볼 수 있다. 이는 1920년대 이후에도 자치제의 확대를 위해 坂田文吉이 "차제에 내지인 중 시험 삼아 부산으로 하여 특별자치제를 시행하자"라고 주장하거나, 부산 발전의 부진과 자치제의 필요성을 이론적으로 제시하려고 한 堤貞之의 노려 등 갑인회의 지속적인 활동에서 확인된다.

이처럼 식민지 내 일본인들은 모국 그리고 식민지 당국과는 또 다른 정치적 입장을 드러내고 있었다. 1922년 11월에 간행된 잡지 『개벽』(제29호)에 JSU生이라는 필명의 인물이 「小言一束」이라는 글에서 문화정치를 비판하면서 "……조선 사람이 말하는 문화정치, 일본사람이 말하는 문화정치는 각기 의미가 동일치 아니한 듯하다. 조선에 재주하는 일본사람이 말하는 문화정치는 어떠한 것인가? 소위 전선상의연합회 결의로 선출된 일본인 대표자 大石秀吉, 水野巖[39], 志歧信太郎 3인은 조선 사정을 중앙정부에 진술한다고 향자에 동경에 왕(往)하여 총리대신 이하 각 중요인물을 역방하면서 여러 가지로 조선의 사정을 선전하였는데 그중에서 가장 기괴한 선전은

---

39) 水野巖은 1910년대 부산학교조합 의원으로 1921년 부산부협의회 의원이면서 『조선』(1921년 10월 제80호)에 「府政에 관해서」라는 글을 기고하였다.

소위 문화를 철저히 시행하라는 선전이다. 즉 말하되 조선의 문화정치를 철저히 하자면 적어도 200만 명의 내지인을 조선에 초래하야 근본적으로 경제력의 충실을 기하여야 한다고 만일 이러한 의미의 문화정치가 완성되자면 매년 5만 명의 일본인이 조선에 이주해야 한다 하고 200만 명이 전부 이주되자면 약 40년을 요할 것이다. 그러면 지금부터 40년 후에는 완전한 문화정치의 실과(實果)를 견(見)케 될지니 이러한 문화정치가 이해 충돌을 수할 조선인은 대주의, 대경계"라는 글을 싣고 있다. 水野巖은 바로 1910년 대 내내 부산학교조합 의원이자 1920년부터 부산일보사의 대주주였다.

Ⅳ. 맺음말

학교조합은 일제 강점기 조선에 거주하던 일본인 자녀들의 교육을 위하여 설립한 공공법인 지방단체이다. 거류민단에 의해 자치적으로 운영되었던 일본인 자녀교육은 1914년 4월 '부제'의 실시와 함께 '학교조합령'이 반포되고 그에 따라 학교조합으로 이관되었다. 학교조합은 1931년 4월 제2차 지방제도 개정에 의해 소멸될 때까지 식민지 조선 내의 유일한 의결기관이었다.

학교조합 의원은 학교조합 예산안의 심의·의결, 호별할 등급표의 사정과 부담금 부과뿐만 아니라, 교사의 신·증축 등 학교 운영과 관련된 제반 사항에 관여했다. 그 외에도 어대례 기념사업 선정 등 학사업무 전반을 관장했다. 학교조합은 부산지역에 연대(聯隊)를 설치하기 위한 청원운동 등 지역사회의 현안문제에도 적극 개입했다.

학교조합이 1910년대 식민지 조선 내의 유일한 민선(民選) 의결기구였다는 점을 감안하면 지역 내 정치·사회적 위상은 대단했던 것으로 보인다. 반면에 같은 시기 부협의회 의원의 정치적 위상은 상대적으로 미약했다. 그러므로 민선에 의해 선출되는 학교조합 의원 선거전은 치열했고, 개인 차원의 입후보보다는 일본 내 출신지역과 사회·경제단체 내의 타합(打合)에 의해 사전 내정된 후보가 선거 결과 대부분 그대로 선출되었다.

학교조합의 선거유권자 자격은 25세 이상의 독립된 생계를 유지하는 일본인 남자로서 1년 이상 부산부에 거주하고 있으면서 호별할 부과금을 5원 이상 납부하는 자로 규정되었다. 1914년의 확정 명부에 의하면 선거 유권자 총수는 1,200명 내외였다.

학교조합 의원 선거에는 갑인회와 축풍동지회가 가장 강한 영향력을 미치고 있었다. 반면 迫間房太郎나 大池忠助는 후보자로 거론조차 안 되었다. 갑인회는 부산지역 내 사회단체 가운데 가장 정치적 성향이 뚜렷한 조직이었다. 일제는 1914년 1월 25일에 '부제 시행규칙'을 공포하였는데, 이로써 1914년 4월 1일부터 거류민단과 거류지제도는 철폐되었다. 부제의 실시에 반발하여 자치제의 회복을 위해 조직된 것이 갑인회다. 갑인회는 말하자면 당시 부산지역 일본인사회의 원로 유지단체로서 부산부 자치운동의 구심적 역할을 자인한 단체였다.

학교조합 의원은 1910년대 유일한 선출직으로 한계는 있지만 이들이 추구하는 자치권의 확대에 유리한 사회적 지위를 제공하고, 무엇보다도 이들이 추구한 자치권의 확대를 식민지 내 일본인들로부터 가장 공감을 얻을 수 있는 교육부분에서 우선 찾았다고 보아야 한다. 즉, 식민지 내 자치권의 확대를 꾀했던 갑인회·축풍동지회 인물들은 학교조합을 통한 자치권의 확대와 동시에 부협의회의 장악을 기도했던 것이다. 그런 의미에서 1910년대 학교조합은 단순한 교육관련 조직체가 아니라 식민지 내 일본인의 자치권을 신장시킨다는 정치·사회적 성격이 농후했다고 볼 수 있다.

학교조합 의원들은 전체적으로 기업을 운영하는 자본가 집단이 대부분이었다. 특이한 점은 일부 의원이 부협의회 의원과 학교조합 의원을 겸직하고 있었다는 점이다. 사회단체와의 관계를 보면 갑인회에 소속된 인물들이 압도적이다. 1910년대 학교조합 의원들은 부협의원을 겸직하거나 1920년대 이후 부협의회, 부회, 상업(공)회의소 등의 의원과 간부로 진출하게 된다. 그런 의미에서 1910년대 학교조합은 단순한 교육 법인단체라기보다는 지역사회 내 강한 정치적 성향을 띤 조직체였다고 보아야 한다.

일제하 부산지역 일본인의 초등교육

이 송 희

I. 머리말

일제하 통치세력인 한국 내의 일본인 사회를 밝히는 작업은 일제하 한국 사회를 조명하기 위해 필수적인 것이라고 하겠다. 왜냐하면 일본이 한국을 지배하고 식민지를 경영하는 데 그 기초에 있었던 이들이 한국 내의 일본 인들로서 이들이 한국 내에서 어떻게 존재하고 어떻게 침략자로서 또 지배 자로서 역할을 하였는가를 기초로 하지 않고는 그 실상을 정확하게 파악하 기 힘들기 때문이다.

지금까지 이에 관한 연구는 많지 않아, 실제 한국 내에서의 일제의 침략 전반을 분석·이해하는 데 한계를 가질 수밖에 없었다. 그러나 이제 일제의 지배정책 등과 관련한 다양한 연구 업적들이 쌓이면서 좀 더 구체적으로 한국 내의 일본인에게도 그 시선이 가게 되고, 이에 관한 다각적 연구가 요 구되는 시점에 와 있다.

본고도 이러한 일련의 연구의 하나로서 한국 내에 존재하였던 일본인 사 회를 탐구하고자 하는 시도에서 출발하였다. 그리고 부산지역이 한국 내의 일본인의 삶을 잘 드러내주는 지역이기에 그 대상으로 하였다.

따라서 본고에서는 부산지역 일본인 사회의 교육을 고찰해 보고자 한 다.1) 그것은 일제가 한국 내 일본인 교육을 통하여 식민지 통치의 기반이 될 인간상을 키워냈기 때문이다. 그리고 공립 초등교육에 초점을 맞추어 일본인 교육을 고찰해 보고자 한다. 특히 한국인 공립 초등 교육과 비교 검 토를 통하여 일본인 초등 교육의 성격을 분명히 해 보고자 한다. 초등교육 이야말로 기초교육으로서 가장 기본적 인간상을 만들어 가는 데 필수적인 것이기에 일제하 부산지역의 일본인 사회의 기본적 삶을 보여주리라고 생

---

1) 필자는 「일제하 부산지역 일본인 사회의 교육 (1) - 일본인 학교 설립을 중심으로」, 『한일관계사 연구』 23호(2005. 10)를 통하여 개항기에서 일제시기까지 부산에서 일본인 학교가 어떻게 설립되고 교육을 실시하였는가를 살펴본 바 있다. 본고는 그 후속으로서 초등 교육을 고찰하고자 한다.

각되기 때문이다.

먼저 교육제도의 변화 속에서 초등교육정책을 고찰하려 한다. 그리고 부산지역 초등 교육기관의 설립과 교육의 전개를 살펴보고자 한다. 특히 초등교육기관의 설립과 그 변천을 일본인 소학교와 한국인 보통학교를 비교하여 살피려 한다.

다음 학교의 부산지역 초등교육의 교과과정과 내용의 변화를 분석해 보려고 한다. 이 변화는 한편으로 일본 교육의 확장과정이면서 한국인들이 일본의 교육을 통하여 황국신민이 되는 과정이기도 하기 때문이다.

이러한 내용들은 부산지역 일본인들이 한국인들에 비하여 어떠한 기초교육을 받았는지를 보여줄 것이고, 여기에서 일본인들이 어떠한 인간으로 만들어졌는가를 드러내 줄 것이라고 생각된다. 또한 피지배계급으로서 한국인은 어떤 인간으로 키워졌는가를 보여줄 수 있으리라고 본다.

Ⅱ. 부산지역 초등교육기관의 설립과 그 변화

1. 개항기 부산지역의 초등학교

1) 일본의 초등교육정책

개항기 한국에서의 일본인 교육은 일본의 교육정책에 준하였다. 따라서 개항기 부산지역의 일본인 초등교육을 살펴보기 위해 일본의 초등교육정책을 살펴보려한다.

일본은 근대화 정책을 추진하면서 부국강병의 일환으로 교육제도를 마련하였다. 1871년 7월 문부성을 설치하고, 1872년 8월 학제를 발표하였다. 이에 따라 초등학교인 소학교를 심상소학(尋常小學) 등 여러 유형으로 분류하였으며, 심상소학을 상등(上等)과 하등(下等) 2등급으로 나누고 수업연

한은 각기 4년 합계 8년으로 하였다.[2]

그리고 1886년 소학교령을 공포하여 소학교를 심상·고등 2등(二等)으로 나누었다. 1887년에는 심상·고등 소학교의 수업연한을 각기 4개년으로 정하였으며, 심상소학교는 주요과목을 수신·독서·작문·습자·산술·체조로 하고 지역에 따라 도화·창가 중 1과나 2과를 첨가하여 교육하도록 하였다. 고등소학교는 수신·독서·작문·습자·산술·지리·역사·이과·도화·창가·체조·재봉(여학생)으로 하고, 지역에 따라 영어·농업·수공·상업 중 1과나 2과를 선택하여 가르치도록 하였다.[3]

청일전쟁 이후, 일본은 전쟁의 승리가 일본 내의 초등교육의 보급 발달과 관련이 있다고 보아 청의 보상금 중 1,000만 원으로 교육기금을 조성하였다. 1900년에는 소학교령을 개정하여 의무교육통일을 독려하였으며, 소학교의 종류를 심상소학교·고등소학교·심상고등소학교 등 3종류로 통일하였고, 의무교육 무상제도를 실현하였다. 그리고 수업료를 원칙적으로 폐지하여 시정촌비(市町村費) 국고보조금으로 지불하도록 하였다. 또한 초등학교교과서를 국정으로 하였다.[4]

일본은 러일전쟁의 승리를 계기로 1907년 소학교령을 개정하여 심상소학과 6년의 의무교육제도를 결정하였고, 중등의 모든 학교와 심상소학과를 접속시켰다. 이때 고등소학과는 성격이 변화하여 진학하지는 않지만 의무교육에 만족하지 못하는 학생들을 위한 교육의 장이 되었다.[5]

개항기 부산지역의 초등교육기관의 설립과 운영은 이러한 일본의 교육정책 속에서 전개되었다.

---

2) 安川壽之輔, 「학교교육과 부국강병」, 『일본역사』 15권, 동경: 암파서점, 1976, 216~217쪽 ; 세계교육사연구회 편, 『일본교육사』 1·『세계교육사대계』 1, 동경: 암파서점, 1976, 226~227쪽.
3) 세계교육사연구회 편, 『일본교육사』 1, 306~307쪽.
4) 세계교육사연구회 편, 『일본교육사』 2, 72~89쪽.
5) 위의 책, 89~90쪽.

2) 부산지역 일본인 초등교육기관의 설립

(1) 공립 초등교육기관 설립

부산지역 일본인 교육은 1877년에 시작하여 정치적 상황과 맞물려 변화를 거듭해 왔는데, 그 교육의 시작이 초등교육이었다. 개항과 더불어 설립된 회의소에서는 아동교육기관의 설립을 추진하여 1877년 학교 창립을 결정하고, 회의소의 방 하나로 학교를 운영하였다. 이때 학생 수는 13명이었는데, 독서·산술·습자 등을 가르쳤다. 이것이 한국에서의 일본인 학교 교육의 기원이었다.[6]

1880년 부산에 부임한 신임영사 近藤이 취임하면서 보통교육을 정비하고 학교명을 修齊학교로 개칭하였으며, 1888년에는 부산공립학교(釜山共立學校)로 칭하였다.[7] 1889년에는 일본 내의 소학교령에 기초하여 심상과와 고등과의 수업연한을 각 4년으로 하고, 경비는 일반 거류민의 부담으로 하였다.[8]

이러한 일본인 교육은 아직 일본의 한국에서의 위상이 분명하지 않았기 때문에 일본의 소학교 교육을 그대로 모방하였던 것으로, 체계가 갖추어지지 않았고, 그 목적도 일본 교육과 다른 어떤 것을 드러내지 않은 일반적인 교육을 하는 데 그쳤다. 교육의 주체는 거류민들 자신이었다.

당시 한국 내 일본인 교육기관으로는 부산 이외에 원산(1882년 설립), 인천(1885년 설립), 경성(1889년 설립) 등에 각 1개의 학교가 있었다.

1895년 이후 일본인이 1,000명 증가하면서 아동의 숫자도 450명에 달하여 학교 이름을 부산공립소학교로 개칭하고, 영어와 조선어를 선택 과목으로

---

6) 부산부 부산교육회,『부산교육 50년사』, 1928, 2쪽 ; 조선총독부 내무부 학무국,『조선교육요람』, 1916, 87쪽. 1878년에는 학생 숫자가 30명에 이르러 내대청의 한동을 빌려 이사했으며, 1879년에는 50명으로 증가하여 학교를 동본원사 별원으로 옮겼다.

7) 조선총독부 내무부 학무국,『조선교육요람』, 1915, 87쪽.

8) 부산부 부산교육회,『부산교육 50년사』, 11쪽. 이러한 형식과 내용의 정비가 인정을 받아 1891년 5월 교육칙어등본(敎育勅語謄本)을 받았고, 1892년에는 어진영(御眞影: 일본왕과 왕후의 사진)을 받았다.

하였다. 1900년 당시 학생 수는 623명, 고등 5학급, 심상 7학급, 합계 12학급, 직원 15명 등이었다.[9]

그리고 1900년 일본의 소학교령 개정과 동 시행규칙에 기초하여 고등과의 수업연한을 4년에서 3년으로 고치고 남자는 3년, 여자는 2년의 보습과를 설치하여 1901년 4월의 신학기부터 실시하였다.[10]

한편 다른 지역에서도 일본인 소학교 건립이 크게 증가하였다. 1898년 목포와 진남포, 1899년 군산, 1902년 평양·개성·마산에, 1903년 용산·통영에, 1905년 강경·대구·영등포·밀양·울릉도 등에 소학교가 건립되었다. 이때는 아직 충북, 황해, 평북, 강원, 함북 등 5도에는 소학교가 설립되지 않았다.[11]

(2) 통감부 설치 후 초등교육기관

러일전쟁 이후 일본은 소학교의 의무교육연한을 6년으로 연장하고, 한국 내의 일본인 교육에도 많은 재정적 투자를 시작하여, 1905년 문부성은 한국 거류 일본인의 교육 보조금으로 15,000원을 집행하였으며 이를 통감부의 소관으로 넘겼다.[12]

이러한 분위기 속에서 부산의 초등학교는 1906년 4월에 이르러 학생 수의 증가와 부산 내 일본인 생활의 변화에 따라 부산공립소학교가 부산공립심상소학교, 부산공립고등소학교, 초량심상소학교로 분리·확대되었다. 특

---

9) 학생 수가 1905년에 이르면 1,180명에 이르렀다. 이송희, 「일제하 부산지역 일본인 사회의 교육 (1)−일본인 학교 설립을 중심으로」, 『한일관계사 연구』 23호, 2005. 10, 210쪽.

10) 부산부 부산교육회, 『부산교육 50년사』, 13·15~16쪽.

11) 조선총독부 내무부 학무국, 『조선교육요람』, 1915, 87쪽. 당시 한국 내 일본인이 적고 비용과 설비의 부족으로 유지가 곤란하였다. 때문에 당초 소학교의 대부분이 종교가의 힘으로 창설되거나 경영되는 경우가 많았다. 원산·목포·마산은 이에 의해 설립되었고, 부산·경성·인천·군산·진남포도 일시 이들의 힘을 빌었다. 부산부 부산교육회, 『부산교육 50년사』, 20쪽.

12) 조선총독부 학무국, 『내지인 교육의 현상』, 1920, 30~32쪽.

히 심상소학교와 고등소학교로 따로 분리된 것은 학생 수의 증가에 따른 것이었다.

초량심상소학교의 경우는 처음 초량의 경부철도주식회사가 사원 자녀 교육의 편리를 위해 교사 30여 평과 직원 숙소를 건립하고 매년 500원을 거류지역소에 제공하는 계약으로 학교 개설을 신청하였다. 처음 분교로 1905년 4월 초량 고관 부산진의 아동을 받아 45명으로 출발하였는데 연말에는 86명으로 증가하였다. 그리고 이것이 초량심상소학교로 발전하였던 것이다.

이 초등교육기관들은 1906년 11월 거류민단법의 실시로 학교의 명칭이 부산거류민단립 학교로 바뀌었으며, 1908년 1월에는 통감부 지정학교가 되었다. 9월에는 문부성 고시 제233호에 따라 한국 내 일본인 학교 졸업생과 재학생들의 전학과 입학이 일본의 시정촌립(市町村立)의 소학교와 동등하게 인정되기에 이르렀다.

한편 1908년 1월 목도에 부산거류민단립 부산심상소학교 분교가 설치되었는데, 1910년에는 아동 수가 200명에 이르면서 부산 거류민단립 목도심상소학교로 발전하였다.

이 같이 부산지역에서 많은 일본인 초등학교가 설립되고 부산 거주 일본인 9.5명당 1인의 초등학생이 있었다는 것은 통감부 설치 이후 1만 명의 일본인 거주자가 증가한 것과 맥을 같이 한 것이었다.[13]

3) 한국의 초등교육정책

(1) 개항 이후 교육정책

한국은 개항 후 개화정책을 펴면서 근대교육에 관심을 갖기 시작하였고,[14] 1894년 갑오개혁 즈음에 근대교육을 널리 보급할 것을 계획하고, 홍

---

13) 1905년 거주 일본인은 13,365명이었는데, 1910년의 거주민은 23,900명이었다.

14) 박득준, 『조선근대교육사』, 한마당, 1989, 27쪽. 우리나라의 근대 교육이 개화운동의 실천적 요구를 반영하여 시급히 진행되어서 보통교육으로부터 체계적으로 진

범 14조에서 서양의 학술과 기예를 능동적으로 수용할 것을 밝혔다.[15]

그리고 1895년 2월 전 국민에게 「敎育詔勅」을 내리고[16] 1895년 7월에는 소학교령을 제정·공포하였다.[17] 소학교는 심상과 고등과 2과로 나뉘고 수업연한은 심상과가 3년, 고등과는 2년 내지 3년이 되었다(제6, 7조).

1905년까지 한국인들의 공립소학교는 서울에 10여 개, 지방에 60여 개교로 증가하였다.[18]

(2) 통감부 설치 이후의 정책

통감부설치 이후 학부는 1906년 소학교령을 폐지하고, 보통학교령(1906년 8월 27일, 칙령 제44호)을 공포하여, 소학교를 보통학교로 개편하였으며 수업연한을 4년으로 단축하였다.

그리고 점진적인 동화정책의 한 방법으로 관공립 보통학교를 확장하고자 하여, 伊藤博文는 통감 취임(1906) 후 많은 보통학교를 설립하였다.[19] 1910년 7월 보통학교 현황을 보면 관공립 59교, 준공립보통학교 73교, 사립보통학교 36교 등 도합 168개교였다.[20]

교과목은 수신·국어·한문·일어·산술·지리역사·이과·도화·체조·수예 등이며, 창가·수공·농업·상업 중 한 과목이나 몇 과목을 더 첨가하도록 하였다.[21] 교육내용에서는 특히 일본어 교육에 중점을 두어, 보통학

행된 것이 아니라, 중등정도의 교육이 먼저 실시되었다. 대표적으로 원산학교 등이 설립되었다.

15) 『舊韓國官報』, 1894. 12. 12.

16) 『舊韓國官報』, 1895. 2. 2.

17) 『舊韓國官報』, 학부고시 제4호, 1895. 9. 30.

18) 조연순, 「초등교육」, 『한국 근현대 교육사』, 정신문화연구원, 1995, 92쪽.

19) 高橋濱吉, 『朝鮮敎育史考』, 帝國地方行政學會, 1927, 193~194쪽.

20) 『舊韓國官報』, 제4756호, 1910. 8. 13.

21) 보통학교령시행규칙에서는 각 교과목의 교수요지를 규정하고 있다. 김영우, 『한국초등교육사』, 한국교육사학회, 1999, 52~57쪽.

교의 1학년에서 4학년까지 일본어 수업을 주당 6시간씩 할당케 하였다.[22]

그러나 한국의 경우 이러한 관공립의 교육은 일부였고, 1905년 이후 신교육구국운동에 따라 많은 사립학교들이 설립되면서, 교육의 중심이 사립학교 쪽으로 기울어 1906년에서 1910년까지 사립 보통학교가 1,200여 개에 이르렀다.[23] 그리고 내용에 있어서 민족주의 교육이 중요한 비중을 차지하고 있었다.[24] 이에 학부는 1908년 8월 사립 학교령을 공포하여 민족교육의 온상인 사립학교를 감시하고자 하였으며,[25] 학회령을 내려 한국인의 교육열을 잠재우려 하였다.

2. 일제 초·중반기 부산지역 초등학교

일제시기에 들어서면서 한국 내에서의 일본인 교육은 한편으로는 일본인으로서의 인재양성의 일환이면서 또 한편으로는 식민지 통치를 위한 자원 양성을 목적으로 전개되었다. 그리고 일본인 교육은 일본의 교육을 연장하는 것이었으며 또한 한국인의 교육과 일정한 연관을 가지고 전개되었

---

22) 손인수,『한국근대 교육사』, 1975, 50~52쪽. 한말 보통학교 교과과정을 보면, 1학년 2학년은 수신(1시간), 국어 및 한문(10시간), 일어(6시간), 산술(6), 도화(2), 체조(3), 창가, 수공 등으로 이루어졌고, 3학년 4학년은 모두가 동일하고 단 이과(2시간)와 농업 상업이 첨가되었다. 이후 이는 1909년 7월의 보통학교 시행령 개정에 따라 교과과정과 시수에 약간의 변동이 있었다(김영우, 앞의 책, 59쪽). 학부 서기관 三土忠造는 1908년 관립 보통학교 직원회의 석상에서 "아동들의 장래 행복을 도모하는데 일어 교수가 가장 필요하다고 인정되어 당국 대신 이하가 이를 학부에서 결의하고 각의에서도 이 안을 채택하였다"고 강조했다(高橋濱吉,『조선교육사고』, 172~173쪽).

23) 김영우, 앞의 책, 84쪽.

24) 손인수,「한국근대 민족주의 교육운동 연구」,『근대 민족교육의 전개와 갈등』, 한국정신문화연구원, 1982, 7~11쪽.

25) 『조선총독부관보』, 1908. 8. 1 ; 이송희,「대한제국말기 애국계몽학회 연구」, 이화여대 대학원 박사학위논문, 1986, 15~17쪽 ;『대한매일신보』, 1908. 9. 20,「교육발흥의 비」.

다. 특히 일제의 식민지 정책과 관련되어 전개되었다.

1) 제1차 조선교육령

조선총독부는 1911년 8월 제1차 조선교육령을 발표하였다.[26] 이는 다만 한국인에 대한 것이었고 일본인의 학제는 1910년의 통감부령에 이어 1912년 따로 정하였다. 복선형의 교육제도를 실시하였다.

(1) 한국인 교육

조선교육령(제8조)에 의하면, 보통학교의 설립 목적은 아동에게 국민의 기초가 되는 보통교육을 하는 것에 두되 신체의 발달에 유의하고, 일어를 가르치며, 덕육을 베풀어 국민된 성격을 양성하고 생활에 필요한 보통지식과 기능을 가르치는 데 있었다. 그리고 입학자격은 8세 이상으로 하고, 수업연한은 4년을 원칙으로 하였다.[27]

이 시기 일제는 특히 초등교육에 역점을 두어, 보통학교의 교육을 통해 한국인 아동들이 일본제국의 신민으로서의 자질과 성격을 기르고 일본어를 습득하도록 하였다. 또한 한국인의 노동력 착취를 위한 저급의 실업교육을 장려하였고, 이른바 '시세'와 '민도'에 맞는 교육을 통하여 한국인을 우민화하고자 하였다.[28]

---

26) 『조선총독부관보』 제304호, 1911. 9. 1 ; 조선총독부, 『시정 25년사』, 1935, 168쪽. 寺內 총독은 식민지 교육의 근본을 "조선은 아직 내지와 사정이 다르다. 그러므로 교육은 특히 그 힘을 덕성의 함양과 국어(일어)의 보급에 힘써 제국 신민으로서의 자질과 품성을 구비하여야 한다"고 하였다.

27) 藤井正昭,『식민지시대 조선교육의 개요와 일본인 교사의 역할에 대한 연구 서설』, 1998, 46~59쪽.

28) 손인수, 앞의 책, 101~104쪽. 총독 寺內는 "오늘날 조선에서는 고상한 학문은 아직 조선인들에게 서둘러 시킬만한 정도에 이르지 못하였으므로, 지금은 우선 비근한 보통교육을 실시하여 한 사람으로서의 역할을 할 수 있는 인간을 만드는 일에 안목을 두지 않으면 안 된다"고 하여 한국인에게는 저급한 초등교육을 실시하는 것이

그리고 공립보통학교의 비용은 1911년 10월 공립보통학교 비용령으로 정하였으며, 1912년부터 10원 정도의 수업료를 징수하기 시작하였다.[29] 1920년에는 한국인 교육에 관한 비용을 위해 학교비령(學校費令)을 공포하였다. 이에 따라 각 부·군 또는 도 단위에 관공단체조합인 학교비가 설립되었다.[30]

(2) 일본인 교육

일본인 교육에 관한 규칙은 1912년 통감부령으로 발포한 조선공립소학교 규칙 등이 있었다.[31]

이때 한국 내 일본인 교육은 수업연한, 교과과정, 편제 등을 일본의 동일 학교와 같이 해서 입학과 전학에 문제가 없도록 하였으며, 소학교의 수업연한은 예전과 같이 심상과 6년, 고등과 2년으로 하였다.

규칙에서 특별히 한국 내 일본인 교육에서는 식민지의 실상을 감안하여 정신교육을 강조하고 근검역행의 미풍을 함양하고 무엇보다도 시폐(時弊)에 빠지지 않도록 강조하였다.[32] 즉, 일본인 교육은 일본 본국 교육의 연장선상에 있으면서, 한편 식민지라는 조건을 의식하였던 것이다.

이때 일본인 공립학교의 설치는 거류민단이나 또는 학교조합인 경우에만 한하여 인정되었고, 그 외의 단체는 허락되지 않았다. 때문에 종래 일본

적합하다는 것을 공언하였다(高橋濱吉, 『朝鮮敎育史考』, 1927, 355~358쪽).

29) 한우희, 「식민지 전기의 보통교육」, 『근대한국초등교육연구』, 교육과학사, 1998, 72~73쪽. 수업료가 차지하는 비중은 1912년 0.2%에서 1918년 5.6%로 급증하였다.

30) 송지영, 「일제시기 부산부의 학교비와 학교조합의 재정」, 『역사와 경계』 55집, 2005, 171쪽. 학교비의 사업과 예산에 대해서는 부윤, 군수 또는 도의 자문에 응하는 자문기관으로서 평의회를 두었는데, 그 단체장은 반드시 부윤, 군수 등이 맡았다. 평의원의 선출은 부는 민선으로, 군도는 면협의회 의원의 선거 후보자 중에서 군수 또는 도사가 임명하게 하였는데, 그 정원은 6인 이상 20인 이하였다.

31) 조선총독부 학무국, 『조선교육요람』, 1915, 90~91쪽 ; 조선총독부 학무국, 『조선교육요람』, 1919, 118~119쪽.

32) 조선총독부 학무국, 『조선교육요람』, 1915, 91~93쪽 ; 조선총독부 학무국, 『조선교육요람』, 1918, 120~121쪽 ; 부산부 부산교육회, 『부산교육 50년사』, 1928, 36쪽.

인회 등의 이름으로 설립된 일본인 학교들은 이 규칙이 시행되기 전에 모두 학교조합 설립교로 변신하였다.[33] 거류민단은 1914년에 폐지되고 이후 모두 학교조합이 담당하였으며, 학교조합은 일본인 공립학교의 재원을 충당하는 역할을 하였다. 학교조합은 6인 이상 20인 이하의 조합의원을 민선하여 부윤 군수 등이 관리자인 조합회를 구성할 수 있었으며, 학교의 설립과 운영에 필요한 사업을 심의·의결·집행하였다. 학교비와는 달리 의결기구로서의 성격을 가지고 있었다.

또 공립학교 관제의 실시에 따라 교원들이 문관으로 임용되어 거기에 해당하는 특혜를 받았다.[34] 그리고 소학교 교원 양성을 위해 1911년 칙령 50호로 조선총독부 중학교 부속에 임시소학교 교원양성소를 설치하였다.[35]

2) 제2차 조선교육령

조선총독부는 1922년 신교육령을 공포하여[36] 일본 교육의 제도를 한국으로 연장하겠다고 하였다. 즉, 한국에 있는 일본인, 한국인을 불문하고 동일의 교육을 시키겠다는 것을 표면에 내세웠다.[37] 그리고 이는 한편 조선교육령의 적용범위를 한국에 거주하는 일본인의 교육에까지 확대한 것을 의미한다.

그러나 먼저 보통교육에 있어서는 일본어를 상용하는 학교와 그렇지 않

---

33) 1909년 통감부령으로 학교조합령을 발포하여 특별한 경우를 제외하고는 교육사업을 학교조합이 담당하도록 하였다. 1911년 말 그 수가 158개였다. 1911년 공립소학교 107개, 관립중학교 1개, 공립고등여학교 3개, 공립고등전수학교 2개로 학생수는 15,600여 명이었다. 조선총독부,『시정25년사』, 1935, 179~180쪽.
34) 조선총독부 학무국,『조선교육요람』, 1919, 121~122쪽.
35) 조선총독부 학무국,『조선교육요람』, 1919, 122쪽 ; 조선총독부,『시정25년사』, 1935, 181쪽.
36)『조선총독부관보』호외, 조선교육령 칙령 제19호, 1922. 2. 6.
37) 조선총독부 학무국,『조선교육요람』, 1926, 21쪽.

은 학교의 명칭을 다르게 칭하였다. 즉, 일본어를 상용하는 학교는 소학교·중학교·고등여학교로, 그렇지 않은 학교는 보통학교·고등보통학교·여자고등보통학교라고 칭하였다(제2, 3조). 결국 일본인과 한국인의 교육은 각각 다른 학교 교육령에 따라 교육이 이루어지도록 한 것이었다.

그리고 초등교육부터 전문교육에 이르기까지 각종의 학교는 입학자격, 수업연한, 학과 등 그 내용을 조선인과 일본인 모두에게 같이 적용시키고자 하였다. 그리하여 보통학교의 수업연한을 6년으로 하되, 단 지방의 형편에 따라 5년 또는 4년으로 하며, 입학연령은 6세 이상으로 하였다. 그리고 수업연한 6년의 보통학교에는 2년의 고등과를 둘 수 있다고 하였다(5조).[38] 이러한 점이 구 교육령과의 차이점이었다.[39] 특별한 사정이 있는 경우는 소위 상호 입학의 규정을 정하였다.[40]

이러한 제2차 조선교육령에서 두드러진 것은 일제가 한국인의 초등교육을 확대·강화하고 있다는 점이다. 수업연한을 6년으로 하고 2년제의 고등과를 둘 수 있게끔 하고 있으며 보통학교 확장계획을 수립하여 초등교육을 보급하고자 하였다. 그리고 보통학교에 간이학교를 부설하였다.

또한 일제는 보통학교에서 일본어 교육을 강화하고, 직업과를 설치하여 실업교육을 강화하도록 하였으며, 보통학교 졸업생 지도제를 마련하여 졸업생들을 체계적으로 지도하여서 일제에 충실한 농촌 중견청년을 양성하려 하였다.[41]

---

38) 일본인 심상소학교는 수업연한 6년을 단축할 수 없었지만, 보통학교는 지역에 따라서 4년 또는 5년으로 하도록 되어 있었다.

39) 조선총독부, 『시정25년사』, 1935, 478~479쪽 ; 『조선총독부관보』 호외, 소학교 규정 조선총독부령 제24호, 1938. 3. 15. 고등보통학교는 4년에서 5년으로, 여자고등보통학교는 3년에서 4년(5년)으로 하였으며, 실업교육·전문교육·대학교육은 일본의 제도에 따랐다. 또한 새로 사범학교와 대학 설치의 길을 마련했다.

40) 손인수, 앞의 책, 166~169쪽 ; 高橋濱吉, 『조선교육사고』, 381~384쪽.

41) 김영우, 앞의 책, 191~195쪽. 졸업생 지도제도는 1927년 경기도가 처음으로 계획하여 도내 10개 보통학교에서 졸업생 110명을 지도한 것에서 비롯되었다. 大野謙一, 『朝鮮敎育問題管見』, 조선교육회, 1936, 240쪽.

그러나 재원의 경우, 일본인 교육은 학교조합으로, 한국인 교육은 학교비로 충당되는 등 실제 교육의 내용에서는 일본인 교육과 한국인 교육은 별개로 이루어지고 있었다. 학교비와 학교조합은 1931년까지 존속하였고, 1931년 4월 지방제도 개정에 의해 학비 학조령 및 동령시행규칙을 개정하였다. 즉, 학교조합과 학교비와 지방행정단위를 통합하였다. 그러나 이후에도 한국인 교육은 제2특별경제가, 일본인 교육은 제1특별경제가 각각 담당하도록 하였다.[42]

3) 부산지역 일본인 초등교육기관

1910년 한국이 일본의 식민지가 되었을 때, 부산의 일본인 초등학교는 부산공립심상소학교(1877년 설립, 1906년 개칭), 부산공립고등소학교(1906년 설립), 초량심상소학교(1906년 설립), 목도심상소학교(1910년 설립) 등 4개교였고, 학생은 2,500명이었다(〈표 1〉 참조).

〈표 1〉 1910년 초등학교

	일본인(공립소학교)	한국인(공립보통학교)
1910년	부산공립심상소학교 부산공립고등소학교 초량심상소학교 목도심상소학교	부산공립보통학교(4학급) - 223
	합계 - 2,500명	4학급 합계 - 223명

---

42) 송지영, 앞의 글, 172쪽. 관 공립 학교의 설립 운영 주체는 국가, 도(道), 부(府), 학교비, 학교조합이었다. 학교조합은 일정 지역 내에 거주하는 일본인을 조합원으로 하는 공공(公共)조합으로 공법인이었다. 일본인의 교육에 관한 사무를 처리하였는데, 조합구역은 행정구역과 반드시 일치하지는 않았다. 주로 일본인을 교육하는 소학교, 고등여학교, 실업보습학교를 경영하였다. 학교비는 군을 단위로 하는 공공조합으로 조선인의 교육비를 지불하는 단체였다. 한국인 교육을 주로 담당하였던 소학교나 실업보습학교를 경영하였다. 조선총독부 학무국 학무과, 『조선 교육의 개관』, 1939, 19~20쪽.

반면 한국인 교육을 담당한 초등학교는 오로지 1909년에 설립된 부산공립보통학교 1개교로 학생 수는 223명이었다. 부산부 거주 한국인의 경우 213명당 1인의 초등학생이 있었다. 그러나 한국인의 경우는 사립학교들이 있어서 초등교육의 주요 부분을 담당했다. 사립학교로는 옥성학교,[43] 초량학교,[44] 좌천학교,[45] 부산진 일신학교 초등부[46] 등에 약 400명 정도의 학생이 있었다.[47]

일본인 인구의 증가에 따라 취학 아동 수가 많아지면서 초등학교는 계속 늘어났다. 1912년 부산 제2공립심상소학교(보수정),[48] 1919년 부산 제6공립심상소학교(토성정), 1920년 부산 제7공립심상소학교(대청정), 1923년 부산 제8공립심상소학교(범일정)가 설립되었다.[49] 그리하여 1926년에 이르면(〈표 2〉 참조) 부산 내의 일본인 소학교는 제8학교까지로 증가하였고 105학급에 학생 수는 5,329명이었다.

---

43) 옥성학교는 영도의 유지들에 의하여 1908년 9월 설립되어 교장 허치오를 중심으로 운영되었다. 영도와 남포동을 잇는 도선 5척을 건조 운영하여 그 도선료로 학교를 운영하였다. 이 학교는 1920년 목도공립보통학교로 개편되었다. 부산시사편찬위원회,『부산시사』1, 1989, 915쪽.

44) 초량학교는 1906년 초량의 유지들에 의해 설립되고 박영길 교장에 의하여 운영되어 왔으며, 처음에는 남자부만 교육하였으나 후에 초량부인회의 후원으로 여자부도 설치하였다. 1912년 부산공립보통학교로 흡수되었다. 부산직할시 교육위원회,『부산교육사』, 1987, 95쪽. 또 다른 주장에 의하면 이 학교는 재정난으로 바로 폐교되었다고 한다. 부산시사편찬위원회, 앞의 책, 916쪽.

45) 1908년 사립 좌천학교가 서석주 등에 의하여 설립되었는데, 뒤에 부산진 공립보통학교(1911년 설립)로 병합되었다. 부산시사편찬위원회, 앞의 책, 915쪽.

46) 일신여학교는 1895년 호주장로회여자선교회연합회의 여자 전도사들이 좌천동의 한 초가에서 소녀들을 모아 주간학교를 차리면서 시작되었는데, 1909년에는 3개년 과정의 고등과를 설치하였다. 동래학원,『동래학원 100년사』, 1995, 27~35쪽.

47) 부산직할시 교육위원회, 앞의 책, 1987, 82쪽.

48) 1912년 소학교 아동이 2,900명이 되었다. 즉, 8학급이 늘어나서 1912년 4월에는 제2공립소학교를 개설하였다. 총독부는 부산교육비로 1915년 22,800원을 보조하였다.『釜山日報』, 1915. 6. 29.

49) 홍순권,『일제시기 재부산일본인사회 사회단체 조사보고』, 선인, 2006, 527~528쪽.

〈표 2〉 1926년 초등학교

	일본인(공립소학교)	한국인(공립보통학교)
1926년	부산제1공립심상소학교(1877년)(16학급) - 813명 부산제2공립심상소학교(1912)(15) - 815 부산제3공립심상고등소학교(1906)(15) - 858 부산제4공립심상고등소학교(1910)(14) - 551 부산제5공립심상고등소학교(1906)(11) - 486 부산제6공립심상소학교(1919)(18) - 967 부산제7공립심상소학교(1920)(12) - 648 부산제8공립심상소학교(1923)(4) - 191	부산공립보통학교(1909년)(18학급) - 1,207명 부산진공립보통학교(1911)(13) - 823 목도공립보통학교(1920)(12) - 691 부민공립보통학교(1921)(16) - 998
	105학급 합계 - 5,329명 인구 40,803명 8명당 1인	59학급 합계 - 3,719명 인구 64,928명 17명당 1인

* 출전: 부산부 부산교육회, 『부산교육 50년사』.

이 시기 특징으로 꼽을 수 있는 것은 급작스러운 인구의 증가(〈표 3〉 참조)로 또한 총독부의 교육에 대한 본격적인 재정적 후원으로 초등교육기관이 증가하였다는 점이다. 이는 총독부의 한국 내 일본인에 관한 적극적 정책에서 비롯된 것으로, 식민지 인재 양성과 관련된 것이었다.

한국인 보통학교는 1911년 사립 좌천학교 등을 통합한 부산진공립보통학교, 1920년 사립 옥성학교 등을 흡수한 목도공립보통학교가 설립되었고,[50] 입학지원자가 증가함에 따라 1921년에는 3,868명이었다.[51] 그리고 한국인의 경우 교육열이 높아져서 사설의 강습소가 상당수 있었다.

1924년 5월부터는 부산 부민, 목도 공립보통학교에 정규학습의 4년이 아닌 2년 속성 과정의 공립속수학교를 설립하였는데, 1924년 당시 부산공립속수학교(釜山公立速修學校)는 135명(남학생 55명, 여학생 80명), 목도공립속수학교는 40명(남학생), 부민공립속수학교는 50명(남학생)으로 시작하였다.[52]

---

50) 위의 책, 549~552쪽.

51) 부산부 부산교육회, 『부산교육 50년사』, 101~102쪽 ; 김대상, 『부산약사』, 269~270쪽.

52) 부산부, 『부산부세요람』, 1924, 34~36쪽.

〈표 3〉 부산부 총인구 및 일본인 호구수의 연도별 현황　　　(단위 : 명, 호, %)

	총인구(A)	일본인 호구수			
		호수(B)	인구수(C)	남(D)	여(E)
1910	71,353	6,171	23,900	12,539	11,361
1911	99,833	6,528	24,794	12,886	11,908
1912	103,737	6,826	26,586	13,570	13,016
1913	111,356	6,956	27,610	14,202	13,408
1914	55,094	7,115	28,254	14,479	13,775
1915	60,804	7,369	29,890	15,355	14,535
1916	61,047	6,869	28,012	14,363	13,649
1917	61,506	7,177	27,726	14,126	13,600
1918	62,567	6,993	27,895	14,151	13,744
1919	74,138	7,575	30,499	15,480	15,019
1920	73,885	7,689	33,085	17,023	16,062
1921	76,126	7,897	33,979	17,496	16,483
1922	78,161	8,111	34,915	17,993	16,922
1923	79,552	8,281	35,360	18,221	17,139
1924	82,393	8,902	35,926	18,477	19,449
1925	103,522	9,364	39,756	20,105	19,651
1926	106,323	9,584	40,803	20,674	20,129
1927	113,092	9,533	41,144	20,892	20,252
1928	116,207	9,822	42,246	21,460	20,786
1929	119,655	9,931	42,642	21,670	20,972
1930	130,397	10,347	44,273	22,269	22,004
1931	139,538	10,836	45,502	22,815	22,687
1932	148,156	11,531	47,836	24,171	23,665
1933	156,429	12,358	51,031	26,152	24,879
1934	163,814	12,699	53,338	27,617	25,721
1935	202,068	13,142	56,512	29,548	26,964
1936	206,386	14,026	59,014	29,571	29,443
1937	213,142	14,048	59,231	29,665	29,566
1938	213,744	13,352	55,767	27,174	28,593
1939	222,690	12,060	51,802	25,046	26,756
1940	240,033	12,464	54,266	26,591	27,675
1941	281,160	12,787	57,688	27,910	29,778
1942	334,318	14,064	61,436	29,558	31,878
1943	325,312				
1944	328,294				

* 출전: 홍순권, 「일제시기 부산지역 일본인 사회 인구와 사회계층구조」 『역사와 경계』 51, 2004. 6, 45쪽.

1926년 당시 부산의 인구는 일본인 40,803명이었고, 한국인은 64,928명이 었기에,53) 일본인은 8명당 1인이 소학교 학생이었고, 한국인은 17명당 1인 이 보통학교 학생이었다.

일본인 소학교는 1930년 부산 제5공립 심상고등소학교(보수정 위치, 1906 년 설립)가 부산공립고등소학교로 바뀌었고, 1936년(〈표 4〉 참조54)) 일본인 소학교는 별다른 변동이 없이 용남공립심상소학교55) 2학급 학생 수 55명이 증가하여 9개교 142학급으로 학생 수는 7,416명이었다.

한국인 보통학교는 1932년 남부민공립보통학교, 1935년 수정공립보통학 교가 설립되었고, 성지공립보통학교가 추가되어 1936년에는 7개 학교 100학 급 학생 수 7,245명이었다. 그리고 한국인들은 따로 학술강습소를 운영하였

〈표 4〉 1936년 초등학교

	일본인(공립소학교)	한국인(공립보통학교)
1 9 3 6 년	부산공립고등소학교(1906년)(17학급) - 798명 부산제1공립소학교(21) - 1,019 부산제2공립소학교(24) - 1,330 부산제3공립소학교(23) - 1,117 부산제4공립소학교(13) - 700 부산제6공립소학교(24) - 1,347 부산제7공립소학교(12) - 711 부산제8공립소학교(6) - 339 용남공립심상소학교(2) - 55	부산공립보통학교(1909년)(24학급) - 1,720명 부산진공립보통학교(1911)(18) - 1,287 목도공립보통학교(1920)(13) - 980 부민공립보통학교(1921)(23) - 1,643 남부민공립보통학교(1932)(8) - 585 수정공립보통학교(1935)(5) - 378 성지공립보통학교(1922)(9) - 652
	9개교 142학급 합계 - 7,416명 인구 59,014명 8명당 1인 학술강습회(3) - 48	7개교 100학급 합계 - 7,245명 인구 147,372명 20명당 1인 학술강습회(16) - 2,763

* 출전: 김대상, 『부산약사』.

---

53) 인구에 관하여는 홍순권, 「일제시기 부산지역 일본인 사회의 인구와 사회계층 구 조」, 『역사와 경계』 51, 2004, 45쪽 참조.

54) 김대상, 앞의 책, 275~276쪽.

55) 『釜山日報』, 1915. 6. 9, 「용남소학교 개교식」. 대연리에 위치한 학교로 1915년에 설립되었다.

는데, 16학급에 2,763명의 학생들이 공부하였다.

1936년 인구는 일본인 59,014명이었고, 한국인 인구는 147,372명이었다. 일본인은 8명당 1인이 소학교 학생이었고, 한국인은 20명당 1인이 소학교 학생이었다.

3. 일제 말기 부산지역 초등학교

1) 제3차 조선교육령

총독부는 황국 식민화를 보다 철저하게 추진하려는 의도에서 제3차 조선교육령을 1938년 발표하였다.[56] 이 교육령에서는 한국인 학교의 명칭과 일본인 학교의 명칭을 동일하게 하여 종래의 보통학교를 심상소학교로, 고등보통학교를 중학교로, 여자고등보통학교를 고등여학교로 개칭케 하였다. 일본의 학교령을 그대로 한국에 확대했다.[57]

그리고 한편 사립학교의 설립을 허락하지 않아 1938년부터 1943년까지 공립중학교 17교, 공립고등학교 22교를 설립하면서도 사립중학교의 설치는 억제하였다.

이러한 제3차 조선교육령의 발표로 조선 내에 있는 일본인은 이제 형식상으로 한국인과 같은 교육을 받게 되었다. 그러나 여전히 소학교, 중등학교 등의 일본인 학교와 한국인 학교는 분리 운영되었다. 다만 보습학교나 일본인이 운영하는 각종 학교의 경우는 한국인들이 다니는 경우가 늘어갔다.

---

56) 조선총독부 학무국, 『조선에 있어서 교육개혁의 전모』, 1938, 23~24쪽. 『釜山日報』, 1938년 3월 6일자에 조선교육개정령 칙령 제103호의 전문이 실림.

57) 吉川宣子, 「일제시대의 중·고등교육」, 『교육사학연구』 6·7집, 서울대 교육학과, 1996, 47~48쪽.

2) 국민학교제도

한편 조선총독부는 1941년 2월 칙령 제148호로 국민학교령[58]을 제정하여 소학교를 국민학교로 그 명칭을 변경하였다.[59] 국민학교는 "황국의 도(道)에 즉하여 초등보통교육을 실시함으로써 국민의 기초적 연성(鍊成)을 위함"을 목적으로 하였다. 그리고 학생들로 하여금 황국신민이라는 자각을 하도록 하고 일시동인(一視同仁)의 성지를 받들도록 강조하였다.

조선총독부는 교육체제를 전쟁 수행을 위한 군사목적에 맞게 개편하기 위하여 1943년 제4차 조선교육령을 발표하였다. 그리고 이어 '전시학도 체육훈련 실시 요강', '학도 전시 동원제 확립 요강', '교육에 관한 전시 비상조치령'을 발표하여 교육제도를 전시체제에 맞도록 적용하였다. 그러나 초등교육제도는 국민학교를 그대로 존속시키면서 징병을 위한 국민학교 의무교육제 실시를 준비하였다.

조선총독부는 제3, 4차 조선교육령 시행기에도 특히 초등교육의 보급에 역점을 두어 초등교육 보급 및 확충계획을 수립, 추진하였다. 이와 같이 조선총독부에서 초등교육 확충을 위한 시책을 강력히 추진한 것은 한국인을 일본의 식민지 백성으로 삼기 위해 가능한 한 한국인에게 초등 정도의 교육을 실시하여 조급한 교육을 받은 전사와 노무자를 양성할 필요가 있었기 때문이었다.[60]

3) 부산지역 일본인 초등교육기관

1940년에 이르면(〈표 5〉 참조[61]), 일본인 초등학교는 학교 명칭을 심상소

---

58) 『조선총독부관보』, 1941. 3. 31. 국민 학교의 명칭은 초등보통교육을 위한 황국신민의 양성이라는 측면에서 붙여진 이름으로 추측된다. 조연순, 앞의 글, 104쪽.
59) 藤井正昭, 앞의 책, 104~105쪽.
60) 오천석, 『한국신교육사』, 1964, 368~371쪽.
61) 조선총독부 학무국, 『조선제학교 일람』, 1940.

학교에서 공립소학교라고 하여 부산제1공립소학교, 부산제2공립소학교, 부산제3공립소학교, 부산제4공립소학교, 부산제6공립소학교, 부산제7공립소학교, 부산제8공립소학교, 부산제9공립소학교, 부산제10공립소학교 등으로 명칭이 변경되었고, 부산공립고등소학교만 그대로의 명칭으로 유지되었다. 10개 학교 164학급으로 학생 수는 7,875명이었다.

한국인 공립소학교는 봉래공립소학교, 부산진공립소학교, 목도공립소학교, 부민공립소학교, 남부민공립소학교, 수정공립소학교, 성지공립소학교 등과 그간에 설립 또는 편입된 초량공립소학교, 대신공립소학교, 남항공립소학교, 대연공립소학교 등 4개 학교를 합하여 11개교, 198학급, 학생 수 13,834명이었다.

당시 일본인은 54,226명으로 7명당 1명이 초등학교 학생이었다. 한국인은

〈표 5〉 1940년 초등학교

	일본인(심상소학교)	한국인(공립소학교)
1940년	공립소학교 부산제1공립소학교(24학급) 부산제2공립소학교(24) 부산제3공립소학교(24) 부산제4공립소학교(18) 부산제6공립소학교(24) 부산제7공립소학교(15) 부산제8공립소학교(8) 부산제9공립소학교(2) 부산제10공립소학교(6) 총 164학급 일본인 - 7,083명, 조선인 - 38명	봉래공립소학교(30학급) 부산진공립소학교(27) 목도소학교(26) 부민공립소학교(30) 남부민공립소학교(15) 수정공립소학교(24) 성지공립소학교(16) 초량공립소학교(14) 대사공립소학교(10) 남항공립소학교(2) 대연공립소학교(4)
	고등소학교 부산고등소학교(19학급) 총 19학급 일본인 - 792명, 조선인 - 103명	11개교 198학급 13,834명 인구 185,767명 14명당 1인 1인당 경비 26원
	인구 54,266명 7명당 1인 1인당 경비 58원	

* 출전: 조선총독부 학무국,『조선제학교일람』, 1940.

185,767명으로 14명당 1명이 초등학교 학생이었다. 그리고 일본학생은 1인당 경비가 심상소학교는 59원, 심상고등소학교는 63원, 고등소학교는 52원이었다. 한국인 학생의 경우는 1인당 경비가 26원이었다.

소학교의 명칭이 공립국민학교로 바뀐 1941년(〈표 6〉 참조[62])의 상황을 보면, 일본인 학교의 경우 10개 학교에 170학급, 학생 수 7,923명 중 한국인 학생은 221명으로 1인당 경비는 59원이었고, 일본인 인구가 57,688명이었기에 7명당 1인이 초등학교 학생이었다. 한국인 학교는 11개교, 226학급, 학생 수 15,828명으로 1인당 경비는 19원이었고, 한국인 인구가 223,472명이었기에 14명당 1인이 초등학교 학생이었다.

〈표 6〉 1941년 초등학교

	일본인(공립국민학교)	한국인(공립국민학교)
1941년	부산제1공립국민학교(24학급) 부산제2공립국민학교(24) 부산제3공립초등학교(24) 부산제4공립국민학교(13) 부산제6공립국민학교(24) 부산제7공립국민학교(16) 부산제8공립국민학교(10) 부산제9공립국민학교(3) 부산제10공립국민학교(8) 9개교 151학급 일본인 - 7,259명 조선인 - 43명	봉래공립국민학교(32학급) 부산진공립국민학교(30) 목도공립국민학교(30) 부민공립국민학교(32) 남부민공립국민학교(17) 수정공립국민학교(25) 성지공립국민학교(19) 초량공립국민학교(18) 대신공립국민학교(14) 남항공립국민학교(4) 대연공립국민학교(5)
	고등소학교 부산제5공립국민학교(19) 총 19학급 일본인 - 664명, 한국인 - 178명 인구 57,688명　7명당 1인 1인당 경비 59원	11개교 226학급 15,828명 인구 223,472명　14명당 1인 1인당 경비 19원

* 출전: 조선총독부 학무국, 『조선제학교일람』, 1941.

---

62) 조선총독부 학무국, 『조선제학교일람』, 1941.

4) 초등교육기관과 학생 수 증가의 의미

위와 같은 일제시기 부산지역 일본인과 한국인 초등학교의 설립과 학생들의 증가를 볼 때, 몇 가지 특징을 발견할 수 있다.

첫째, 부산지역 일본인 초등학교와 학생의 증가는 일본인 거류민의 숫자와 비례하고 있음을 알 수 있다. 초등학교 학생 수는 1910년 2,500명, 1926년 5,329명, 1936년 7,416명, 1940년 7,875명, 1941년 7,923명으로 증가하였다.

둘째, 부산지역 한국인 초등학생은 일본인에 비하여 그 증가의 폭이 높았다. 1910년 223명에서 1926년에는 3,719명으로, 1936년에는 7,245명으로, 1940년에는 13,834명, 1941년에는 15,828명으로까지 증가하였다. 이는 부산부의 한국인 인구가 48,000명 정도에서 240,000명까지 증가한 것도 하나의 요인이었지만, 일제가 식민정책에서 초등교육을 확장하여 황국신민을 양성하고자 하였던 것이 주효하였던 것으로 보인다. 특히 1930년대 후반부터 한국인 초등학생이 급격히 증가하고 있는 것은 일제가 한국 학생들을 전쟁에 동원하기 위해 의무교육을 준비하였던 것과도 맥이 닿아있다고 하겠다.

셋째, 일본인 초등학생은 1910년 거류민 9.5명당, 1926년 8명당, 1936년 8명당, 1940년과 1941년은 거류민 각 7명당 1인의 숫자였으며, 한국인 초등학생은 1910년 213명당, 1926년 17명당, 1936년 20명당, 1940년 14명당, 1941년 14명당 1인의 숫자였다.

일본인의 경우는 거류민당 학생 숫자가 대체로 7~8명으로 유지되고 있으나, 조선인의 경우는 여전히 그 배인 14명당 1인에 불과하다. 즉, 일제가 황국신민을 길러내기 위한 정책으로 초등교육을 확대·강화하는 정책을 폈지만 실제로는 교육을 받은 숫자가 많지 않았음을 알 수 있다. 이는 재원의 문제 등 기본적인 교육정책의 차별화가 빚어낸 것이라고 보인다.

넷째, 부산지역 일본인 초등학교와 학생의 숫자는 1936년을 즈음해서부터 그 숫자가 증가하지 않고 있다. 거류민들의 경우도 1937년을 정점으로 줄어들다가 1942년에 가서 증가하고 있다. 이는 부산지역 일본인 사회가

1930년대 후반 전쟁과 관련하여 더 이상 확대되지 않고 있었던 것에서 비롯된 것으로 보인다.

Ⅲ. 부산지역 초등교육 교과과정과 내용의 변화

1. 일본인 초등교육

일본인 소학교 교육은 원래 일본의 교육 내용을 그대로 가져와서 시행하였다. 1910년 이후에도 역시 한국의 교육령과는 별개로 1912년의 조선공립소학교규칙[63]을 따라 심상과 6년, 고등과 2년의 과정으로 시작하였다.

이 규칙에서 소학교는 일본인 아동을 교육하기 위한 곳으로 아동의 신체의 발달에 유의하고, 도덕교육 및 국민교육의 기초와 생활에 필수인 보통의 지식기능을 가르치는 것을 본지로 한다고 하였다.

특히 조선에 있는 일본인 교육의 경우 정신교육을 강조하고 근검 역행의 미풍을 함양하고 무엇보다도 시폐에 빠지지 않도록 강조하였는데,[64] 소학교 교육에 있어서도 규칙에서 교육의 주요한 목적이 "忠君愛國의 志氣를 발양하여 忠良한 國民을 육성하는 것"임을 강조하여 특히 성실·강의·견인·관용·근검 등의 덕을 함양하여 시폐의 감화를 줄 수 있는 도덕교육을 강조하였다.

그리고 교과목으로 현지 상황에 맞게 교수시간 외에 수공·재봉·농업·상업을 개설하여 아동들이 그중의 한 과목을 선택해 매주 2시간씩 공부하도록 하였다. 고등소학교에서는 선택으로 매주 2시간씩 조선어를 할 수 있

---

63) 조선총독부 학무국,『조선교육요람』, 1915, 90~91쪽 ; 조선총독부 학무국,『조선교육요람』, 1919, 118~119쪽. 이 규칙은 20조로 되어 있었다.

64) 조선총독부 학무국,『조선교육요람』, 1915, 91~93쪽 ; 조선총독부 학무국,『조선교육요람』, 1918, 120~121쪽.

도록 하였다.

전국적으로 볼 때 1910년 일본인 소학교는 120개교, 1915년에는 300개교에 이르렀는데, 이 중 61개교가 농업을, 118개교가 수공업을, 8개교가 상업을 가르쳤고, 소규모의 신설학교를 제외하고는 대체로 학교원, 실습지, 학교림을 갖고 있었다.[65]

이 당시의 부산지역 일본인 초등교육의 구체적 내용을 보기 위해 그 예로서 1914년의 부산제1공립심상소학교의 교육 내용을 살펴보겠다.[66]

앞서 보았듯이 이 학교는 1877년에 설립되어 1912년 조선공립소학교관제 발표에 따라 공립소학교가 되어 부산 제1공립심상소학교가 되었다. 1913년 조선총독부로부터 칙어와 등본을 받았다.

1914년 학교의 규모는 1,829평의 부지에 394평의 건물을 갖고 있었으며, 도서 700권을 소유하고 있었다. 이때 학생 수는 846명이었다.

학교의 교과과정을 보면 〈표 7〉과 같다.[67] 즉, 수신은 각 학년당 2시간, 국어는 9시간에서 13시간까지, 산술은 4시간에서 6시간, 역사·지리는 5학년과 6학년에서 각 3시간, 이과는 5학년 6학년에서 2시간 등이었다. 한국인 학교의 경우도 마찬가지이지만 수신이라는 과목이 다른 주요 과목과 비등하게 중요시되고 있다는 것은 '충량한 국민'을 육성하고자 한 일제의 교육관이 강하게 드러나는 부분이라고 하겠다.

그 외에 도화·창가·체조·재봉·수공 등의 수업이 있었다. 특히 재봉과 수공 등은 조선소학교규칙에서 제시하였던 것으로, 이 학교에서는 재봉은 3학년부터 2시간에서 3시간 가르쳤고, 수공은 1학년에서부터 시작하여 3학년부터는 남학생의 경우 1주일에 1시간씩 가르쳤다. 이 교과과정은 다른 심상소학교에도 그대로 적용되는 것이었다. 이러한 실업교육에 대한 강조에서도 일본인들이 초등교육을 통하여 어떠한 인간을 길러내고자 하였

---

65) 조선총독부 학무국, 『조선교육요람』, 1915, 98~101쪽.
66) 부산 제1공립심상소학교, 『부산 제1공립심상소학교 요람』, 1914.
67) 부산 제1공립심상소학교, 『부산 제1공립심상소학교 요람』, 1914, 21~22쪽.

〈표 7〉 심상소학교 교과과정(1914)

과목 / 학년	수신	국어	산술	역사	지리	이과	도화	창가	체조	기술	수공	계
1	2	9	5	·	·	·	·	4			1	21
2	2	11	6	·	·	·	·	4			1	24
3	2	13	6	·	·	·	1	1	3	2	남1	남27 여28
4	2	13	6	·	·	·	1	1	3	3	남1	남27 여29
5	2	10	4	3		2	남2 여1	남1 여2	3	3	남1	남28 여20
6	2	10	4	3		2	남2 여1	남1 여2	3	3	남1	남28 여30

* 출전:『부산 제1공립 심상소학교 요람』, 1914, 21~22쪽.

는가가 잘 드러난다.

그리고 일본인 소학교에서는 교과과정 이외의 학생활동을 강조하여 많은 활동이 이루어졌다.

학생들의 중요 활동으로 평소 학생들이 습득한 사항을 발표하는 학예회를 개최하였다. 이는 매학기 1번 개최된 소학예회가 있었고, 학년 말 1회 개최되는 학예대회가 있었다. 그리고 성적품 전람회를 개최하였는데 학급별로 한 학기에 한번씩 개최하고, 대 전람회는 학년 말 1회 개최하였다.[68] 이 역시 다른 심상소학교에도 그대로 적용되는 것이었다.[69] 일본인 초등학교의 중요 활동이었던 것으로 보인다.

그리고 매학기 한 번 단련 원족을 행하고 기념일 후에는 기념 원족을 하였다. 지금의 소풍과 같은 것이었는데, 각 학년별로 단련 원족지를 정하여

---

[68] 『釜山日報』, 1915. 7. 18,「제1심교 동창회」.

[69] 『釜山日報』, 1915. 3. 20,「심상고등교학예회」;『釜山日報』, 1925. 6. 20,「제4심 학예회」.

매년 행하였다.70)

또한 중요 활동으로 아동의 체육을 장려하고 규율을 정하고 협동하는 정신을 양성하기 위해 운동회를 개최하였다. 운동회는 교기회와 소운동회와 대운동회로 나누어 개최되었는데, 대운동회는 매년 1회 가을에 개최되었고,71) 소운동회는 매학기 1회, 교기회는 매월 1회 제1금요일에 개최되었다.72) 그리고 일상운동으로 조례 후 2분간 체조를 하도록 하였다. 이러한 학생들의 활동은 다른 일본인 초등학교에서도 행해졌던 행사이다.73) 이 같은 체육교육의 강조는 학생들의 호연지기를 키운다는 것이었지만, 1931년 만주사변 이후 일본이 사실상 전시체제로 들어간 이후에는 학교의 전시준비기관의 성격과도 밀접한 관련을 가졌다.

특기 사항으로 조례를 실시하였는데, 조례는 충군애국의 지기를 흥기하고 또 훈련의 통일을 위한 것이었다. 조례는 매일 아침 천황의 사진을 모신 곳을 향해 운동장에서 거행하였으며, 단 우천 시에는 교실에서 하였다.74) 이러한 조례야말로 일제의 천황제 군국주의적인 면을 잘 드러내준 것이라 할 수 있다.

위와 같은 부산제1심상소학교의 교육 내용과 활동을 볼 때 일제가 부산 내의 일본인 초등교육을 통하여 길러내고자 하였던 일본인상은 일본의 근대화 자본주의 발전, 또한 제국주의에 기초가 될 인물들을 키워내고, 특히 식민지 경영에 도움이 될 인물을 키워내고자 하였던 교육이라고 하겠다.

그리고 학생들의 선량한 풍습을 조장하고 자치의 정신을 양성하기 위해 각 학급에 급장 1인과 부급장 2인을 두었다.75) 교실당번제를 두었고, 3학년

---

70) 『釜山日報』, 1915. 11. 5, 「제1심상교 원족회」.

71) 『釜山日報』, 1915. 10. 8, 10. 10, 「제1심 대운동회」 ; 『釜山日報』, 1918. 10. 22, 「제2심 운동회」 ; 『釜山日報』, 1918. 10. 25, 「부산 제5심 운동회」.

72) 공립 소학교 5교가 연합운동회를 개최하였다. 『釜山日報』, 1918. 5. 22, 5. 25, 「소학교 연합 대운동회」.

73) 『釜山日報』, 1916. 4. 15, 「제5심 춘계운동회」.

74) 부산 제1공립심상소학교, 『부산 제1공립심상소학교 요람』, 1914, 37쪽.

이상의 학생들은 학급일지를 기재하도록 하였다. 이러한 제도 역시 군사주의적 색채가 강한 교육 내용을 보여주는 것이라고 하겠다.

이러한 교육 내용은 전형적인 일본인 초등학교의 것으로 한국인 보통학교들도 차츰 이에 준하는 내용으로 교육의 내용이 바뀌어 가게 된다.

당시 학생들의 인적 사항을 요람에서 살펴보았는데, 당시 학생들은 1학년이 140명(여학생 66명), 2학년 148명(여학생 59명), 3학년 115명(62명), 4학년 174명(여학생 58명), 5학년 156명(여학생 93명), 6학년 124명(여학생 37명)으로 전체 857명이었고, 이 중 여학생이 375명이었다.

학생들의 출신 부현(府縣)을 보면 도쿄(東京)·카나가와(神奈川) 등 제1지방은 42명, 니가타(新潟)·군마(群馬) 등 제2지방은 20명, 홋카이도(北海道) 등 제3지방은 15명, 미에(三重)·아이치(愛知) 등 제4지방은 53명, 교토(京都)·오사카(大阪) 등 제5지방이 119명, 야마구치(山口)·히로시마(廣島)·시마네(島根) 등 제6지방이 316명, 나가사키(長崎)·후쿠오카(福岡) 등 제7지방이 289명이었다. 단일로 가장 많은 지역이 야마구치현(山口縣)으로 180명이었다. 이러한 학생들의 출신으로 볼 때 부산지역 일본인들의 출신을 파악할 수 있다.

또 출생지를 보면 399명이 원적지에서, 277명이 부산에서, 나머지는 다른 지역에서 출생하였다. 846명 중 부산 출신이 277명이라는 것은 이 학교 학생들의 학부모들의 상당수가 일찍이 한국에 들어온 사람들이라는 것을 보여준다.

학생들의 연도별 입학 시기를 보면 상당히 많은 학생들이 중간에 편입학을 하고 있음을 알 수 있다. 6학년의 학생들의 경우 122명 중 62명만이 1학년 때부터 다녔고 60명은 중간에 편입학한 학생들이었다. 아마 이는 일본인들의 조선으로의 이주가 많아지면서 취학아동들이 같이 입국했기 때문일 것이다.

---

75) 부산 제1공립심상소학교, 『부산 제1공립심상소학교 요람』, 1914, 40~41쪽.

그리고 학생들의 졸업 후의 진로를 조사하였는데 1912년 졸업생들은 79명 중 55명이 고등소학에 진학(67.08%)하였고, 13명이 중학교에, 4명이 상업학교에 진학하였다. 그리고 바로 취직한 학생이 7명이었다. 1911년의 경우 115명 중 91명(79.14%)이 고등소학에, 23명이 중학교에, 1명만이 취직하였다.

보호자들의 직업을 조사하였더니, 정말 다양하여 123종의 직업에 종사하고 있었다. 잡화 60명, 관리 59명, 회사원 48명, 노동 40명, 무직 37명, 목공 33명, 米屋 33명, 과자 25명, 무역 22명, 고물 20명, 선원 20명, 請負 15명, 仲買 15명, 魚屋 15명, 점원 15명, 음식 13명, 용원 13명, 仕立屋 12명, 연초 12명, 吳服 11명, 은행 11명, 의사 11명, 船夫 11명, 材木 11명 등 다양한 직종에 종사하고 있었다.

일본인 초등학교의 재원은 학교조합에서 담당하고 있었고, 1931년 이후에는 부산부의 제1특별경제가 담당하였다.

2. 한국인 초등교육

조선인의 초등교육을 담당하는 보통학교 교육은 이미 1906년 소학교령을 폐지하면서 통감부에 의해 내려진 보통학교령으로 시작되었고 1911년의 제1차 조선교육령에 따른 보통교육령으로 그 내용이 구체화되었다.[76]

여기에서 주목되는 것은 일본인 소학교와 구분하여 수업연한을 4년으로 하였다는 것이고, 1906년의 보통학교령과 가장 다른 것은 교과과정(〈표 8〉 참조[77])에서 볼 수 있듯이 이제 일본어가 국어가 되었다는 것과 국어 및 한문이 조선어 및 한문 과목으로 바뀌었다는 점이다. 그렇게 되니 자연히 일본어 수업이 10시간이 되고 조선어 수업이 6시간이 되었다.

---

76) 주 21) 참조. 앞의 제1차 조선교육령 한국인교육 참조.
77) 손인수, 앞의 책, 101쪽.

〈표 8〉 제1차 조선교육령 이후 보통학교 교육과정

과목 / 학년	수신	국어	조선어 및 한문	산술	이과	창가 체조	도화	수공	재봉 공예	농업 초보	상업 초보	계
1	1	10	6	6	·	3	·	·	·	·	·	26
2	1	10	6	6	·	3	·	·	·	·	·	26
3	1	10	5	6	2	3	·	·	·	·	·	27
4	1	10	5	6	2	3	·	·	·	·	·	27

* 출전: 손인수, 『한국 근대 교육사』, 51쪽.

일본인 소학교 교과과정과의 차이를 본다면 조선어 수업이 있는 점과 아직 수공, 재봉, 도화 시간에 대한 구체적 시간 배정이 없다는 점이다.

이러한 교육 내용은 앞서도 지적하였듯이 일본어 보급을 목적으로 하고 조선 민족을 충량한 국민으로 만들고자 한 것이었음을 알 수 있다. 특히 일본어 강독의 내용은 일본을 선전하는 것이 대부분이었다. 그리고 이른바 시세와 민도에 맞는 교육을 하고자 하였다. 즉, 황국신민 육성과 저급한 근로자로서 일할 수 있는 능력을 기르는 것이 바로 일제교육의 기본 방침을 이루고 있었다.[78)]

그러다가 1922년 제2차 조선교육령[79)]이 발표되면서 보통학교 교육에도 일정한 변화가 일어났다. 그 목적으로는 아동의 신체 발달에 유의하고, 이에 체육을 베풀어 생활에 필요한 보통지식 기능을 조성하는 동시에 국민된 성격을 함양하는 것이었다. 특히 이 교육령은 일본어를 상용하는 자의 초등교육은 소학교령에 의하며, 일본어를 상용하지 않는 자의 초등교육은 보통학교에서 규정하였다. 그리고 보통학교의 수업연한을 6년으로 하며, 입학연령은 6세 이상으로 하고, 수업연한 6년의 보통학교에 2년의 고등과를

---

78) 함종규, 『한국교육과정 변천사 연구』, 교육과학사, 2004, 83쪽.
79) 위의 책, 167~168쪽.

둘 수 있다고 하였다(5조).

여기에서의 큰 변화는 소학교와 같이 수업연한이 6년이 되었다는 것과 2년의 고등과를 설치할 수 있게 되었다는 것이다. 그러나 소학교와 보통학교는 엄격히 구분되어 운영되었다.

교과과정표를 보면 〈표 9〉와 같다.[80] 이 교과과정에서 두드러진 것은 일본어의 수업이 많이 늘어나고, 조선어의 수업시간이 많이 줄었다는 점이다. 그리고 5학년과 6학년에서 일본의 역사와 지리가 각 2시간씩 배정되었다는

〈표 9〉 제2차 조선교육령 이후 보통학교 교과과정

과목＼학년	1	2	3	4	5	6	계
수신	1	1	1	1	1	1	6
국어	10	12	12	12	9	9	64
조선어	4	4	3	3	3	3	20
산술	5	5	6	6	4	4	30
일본역사	·	·	·	·	2	2	4
지리	·	·	·	·	2	2	4
이과	·	·	·	2	2	2	6
도화	·	·	1	1	남2 여1	남2 여1	남6 여4
창가	3	3	1	·	·	·	남22 여19
체조			3	남3 여2	남3 여2	남3 여2	
재봉	·	·	·	여2	여2	여2	여8
수공	간단한세공	간단한세공	간단한세공	간단한세공	간단한세공	간단한세공	간단한세공
계	23	25	27	남29 여30	남29 여30	남29 여30	남162 여165

* 출전: 藤井正昭, 『식민지 시대 조선 교육의 개요와 일본인 교사의 역할에 대한 연구 서설』, 71쪽.

---

80) 藤井正昭, 앞의 책, 71~72쪽.

것이다. 즉, 이는 보통학교의 수업연한을 6년으로 늘이되, 그 교육의 내용에 있어서는 일본인 소학교와 거의 유사한 내용의 교육을 시키겠다는 것으로 볼 수 있다.[81]

그리고 이러한 수업 배정표는 일본어 배정 시간과 조선어 과목 배정을 제외하고는 거의 일본의 교과과정과 차이를 갖지 않았다.[82]

3. 일제 말기의 초등교육

1) 제3차 조선교육령 이후의 초등교육

1938년 제3차 조선교육령에서 소학교 규정을 통하여 이때부터 한국인과 일본인의 초등교육이 소학교라는 같은 명칭 안에서 이루어졌다. 보통학교와 소학교로 따로 명칭을 쓰던 것을 일원화하였다.

소학교 규정의 내용을 보면,[83] 소학교의 교육이 충량한 황국신민을 육성하는 데 그 목적이 있음을 강조하고, 심상소학교(6년)와 고등소학교(2년)로 나누고 있다.

심상소학교의 교과목은 〈표 10〉, 〈표 11〉과 같이, 수신·국어·산술·국사·지리·이과·직업·도화·수공·창가·체조 등으로 여아를 위하여 가사와 재봉을 첨가할 수 있도록 하였다. 단, 조선어는 선택과목으로 하도록 하였다. 그런데 사실 이때부터 일제는 각급 학교에 대하여 조선어를 가르치지 못하게 하였을 뿐만 아니라, 그 사용을 금하게 하고 일본어 사용을 강행하였다.[84] 교육내용으로 일본적인 정신을 강화하기 위한 일본어·일본

---

81) 일제시대에 설정되었던 초등학교 교과목에 대한 비교는 조연순,『한국초등교육의 기원』, 학지사, 1996, 150쪽의 표 참조.

82) 세계교육사연구회 편,『일본교육사』2, 147쪽.

83) 손인수, 앞의 책, 242쪽.

84) 함종규, 앞의 책, 154쪽.

사·수신·체육 등의 교과를 강화하였다. 한편으로 조선어를 못 쓰게 하여 모두 일본어로 강의하고, 학생들도 일본어를 사용하도록 하였다.[85]

그리고 아동들에게 자신들을 황국신민으로서 자각케 하도록 하고, 내선일체의 미풍을 기르고, 일어교육을 통하여 황국신민으로서의 성격을 함양시키고자 하였다. 또한 일본사를 통하여 나라의 유래와 국운진전의 대요를 가르쳐 황국신민으로서의 정신을 함양시키고자 하였고, 창가의 가사도 황

〈표 10〉 제3차 조선교육령 이후 심상소학교의 교과과정(6년제)

학과목 \ 학년	1	2	3	4	5	6
수신	2	2	2	2	2	2
국어	10	12	12	12	9	9
조선어	4	3	3	2	2	2
산수	5	5	6	6	4	4
국사	·	·	·	·	2	2
지리	·	·	·	·	2	2
이과	·	·	·	2	2	2
직업	·	·	·	남2 여1	남3 여1	남3 여1
도화	·	·	1	1	남2 여1	남2 여1
수공	1	1	1	1	1	1
창가	4	4	1	1	2	2
체조	·	·	3	3	남3 여2	남3 여2
가사 및 재봉	·	·	·	3	4	4
계	26	27	29	남32 여34	남34 여34	남34 여34

---

85) 조선총독부, 「소학교규정」(총독부령 제24호), 『官報』, 1938년 3월 15일 호외 ; 김영우, 앞의 책, 222~223쪽. 소학교 규정의 제16조 교육방침에 의하면 교수용어를 일본어로 하도록 하였다.

국신민의 정조를 함양하는 데 적절한 것으로 하도록 하였다.[86]

이 소학교 규정은 일본인이건 한국인이건 상관없이 내선일체와 황국신민화를 위한 정신 교육에 그 강조점이 있었다.[87]

특히 제3차 조선교육령은 한국인들에게는 교명을 개칭하여 일본인과 같은 교육을 받는 것으로 생각케 하면서 일본어·일본사·수신·체육 교육 강화를 통하여 한국인들을 황국신민으로 만들고자 한 것이었고, 특히 조선어 교육은 물론이고 학교에서 조선어 사용을 금하여 철저하게 한국인의 민족 사상을 말살하였다.

교과서의 경우 한국인 보통학교는 총독부에서의 편찬 및 검인정을 따르

〈표 11〉 1938년 이후 심상소학교의 교과과정(4년제)

학과목＼학년	1	2	3	4
수신	2	2	2	2
국어	12	12	12	11
조선어	3	3	3	2
산술	5	6	6	5
국사·지리	·	·	·	2
이과	·	·	·	3
직업	·	·	남3 여1	남3 여1
도화	·	1	1	1
창가	3	3	1	1
체조	3	3	남3 여2	남3 여2
가사 및 재봉	·	·	3	3
계	26	28	남34 여31	남36 여33

---

86) 八木信雄, 『학제개혁과 의무교육의 문제』, 1939, 29~36쪽.

87) 조선총독부 학무국 학무과, 『조선학사 예규』, 경성: 조선교육회, 1938, 316쪽.

던 것을 문부성에서 저작한 것을 사용하는 경우가 많아졌다.[88]

큰 변화가 있기는 하였지만 이러한 것들이 한국인과 일본인이 함께 같은 교육장에서 공부하는 것을 의미하지는 않았다. 소학교라는 명칭 아래 일본인의 교육장과 한국인 교육장은 엄연히 분리되어 있었다. 물론 한국인들 중에 일본인 학교에 가서 공부하는 경우가 있었지만 〈표 5〉에서 볼 수 있듯이 1940년 8,016명의 일본인 소학교 학생 중 141명만이 한국인 학생이었다. 그리고 그중에서도 고등소학교 학생이 103명으로 대부분이었고, 심상소학교는 단지 38명이었다. 이같이 일본인 교육과 한국인 교육은 분리되어 있었다.

이러한 분리는 교육을 지원하는 재정의 경우를 보면 더욱 뚜렷하다. 1931년까지 학교조합과 학교비가 담당하였던 교육 지원은 1931년 이후 일본인 공립소학교의 경우는 제1부 특별경제에 의해 설립·경영되었고, 한국인 공립소학교는 부(府)의 제2부 특별경제에 의해 경영되었다.

그리고 일본의 소학교와의 차이를 본다면 아직 한국 내의 초등학교는 의무교육이 아니었다. 교과과정을 보면 일본 내 소학교와 한국 내 소학교 사이에 별다른 차이가 없었지만 수공(手工)을 필수 과목으로 하였고, 직업과 관련한 과목을 부과하였던 점이 차이였다. 한국 내 학교 보급 상황을 보면 1938년 5월 관공립 소학교가 3,129개였고, 사립교는 100개교였다. 취학 아동은 학령 아동 총수의 30%였다.[89]

당시 일본인 소학교에서는 학생들이 고사기관총을 국가에 헌납한 일이 일어났다.[90] 이는 1931년 만주사변 이후 일본인 교육이 얼마나 군국주의적 교육으로 가고 있었는가를 보여준다.

---

88) 함종규, 앞의 책, 166~167쪽.
89) 당시 이러한 취학률을 일본은 총독부가 1937년부터 6년간에 걸쳐 초등 보통교육 기관의 확충 배가 계획을 수립한 결과로 분석하고 있다. 조선총독부 학무국 학무과, 『조선 교육의 개관』, 1939, 15쪽.
90) 『釜山日報』, 1938. 3. 10.

그 대표적 예로 부산지역 일본인 소학교 학생들은 이미 1933년 부산애국소년단을 설립하기에 이르렀다. 원래는 부산지역 차원에서 애국소년단을 설립하자는 논의가 있었는데,[91] 후에 학교를 주체로 하는 조직으로 변경되었다. 이는 1931년 일본의 만주침략과 관련하여 학교가 병영화되어 가는 초기 단계의 모습을 보여주는 것이라고 하겠다. 또한 이는 학교가 전쟁 수급에 필요한 여러 가지를 조달할 수 있는 기초조건을 가장 잘 갖추고 있었던 단위였음을 말해준다. 따라서 부산 지역 일본인 사회의 가장 기본 조직으로서 초등학교가 역할하였음을 알 수 있다.

2) 국민학교 교육

조선총독부는 1941년 국민학교령을 제정하여 초등학교의 제도 개편을 단행하였다(〈표 12〉 참조). 먼저 국민학교 내에 초등과, 고등과, 특수과를 두었다. 초등과는 6년제로 입학 자격은 6세 이상이었으며, 교과목은 국민과(國民科: 수신·국어·국사·지리), 이수과(理數科: 산수·이과), 체련과(體練科: 체조·무도), 예능과[음악·도화·습자·공작·가사 및 재봉(여자)], 직업과(職業科: 농업·공업·상업·주산) 등이었다.

고등과는 초등과를 졸업한 사람을 받아서 교육시켰다. 특수과(特修科)는 고등과를 졸업한 사람을 대상으로 교육하였다. 직업교육과 그 외 당시 상황에 맞는 사항을 교육시켰는데, 국민학교 교과를 보습하는 것으로, 고등과의 교과를 준용하였다.

그 외 특별학급을 운영하였는데, 신체가 허약하고 정신박약 등 심신이 이상한 아동을 특별히 옹호할 필요가 있다고 인정되는 경우 편성하였다. 그리고 유치원·맹아학교 등 초등학교와 같은 등급의 학교를 부속기관으로 설립토록 하였다.[92]

---

91) 「부산애국소년단」, 『釜山日報』, 1933. 7. 12, 9. 21, 11. 1, 11. 17.
92) 藤井正昭, 앞의 책, 105~106쪽.

이러한 교육내용은 일본인과 한국인에게 다 적용되는 것이었다.

〈표 12〉 국민학교의 제도적 개요

편성	수업년한	입학자격	교과목
초등과	6년	6세 이상	국민과(수신·국어·국사·지리), 이수과(산수·이과), 체련과(체조·무도), 예능과(음악·도와·습자·공작·가사 및 재봉[여자]), 직업과(농업·공업·상업·주산)
고등과	2년	초등과졸	
특수과		고등과졸	
특별학급	신체허약, 정신박약, 기타 심신이상 아동에게 특별한 보호가 필요하다고 인정되는 경우 편성된다.		
부속기관	유치원·맹아(盲啞)학교 및 국민학교류의 각급학교를 부설한다.		

* 출전: 金英宇, 皮貞晩 共著, 『最新韓國敎育史硏究』, 敎育科學社, 1995.

3) 부산지역 초등교육 내용 분석

일제하 부산지역의 공립소학교와 한국인 보통학교의 교과과정과 내용의
변화를 살펴보았을 때 몇 가지 점으로 정리해 볼 수 있다.

첫째, 일제는 부산지역 일본인 교육을 한국인 교육과는 별개로 전개하였
지만 1938년 교육령에서부터는 명칭을 소학교로 같이 하여 교육을 전개해 나
갔고, 국민학교로 개칭한 후에는 거의 같은 내용의 교육을 하였다. 즉, 일제
는 일본의 교육을 확대하여 한국인을 일본의 교육 속으로 끌어들인 것이다.

둘째, 부산지역 초등학교의 교과서를 보면, 한국인에 대하여 처음에는 총
독부에서 발간하거나 인가한 것으로 사용하였는데 일본의 교육 속으로 한
국인의 교육을 끌어오면서 차츰 일본 문부성의 것으로 교체하였다. 교육을
통하여 한국인을 일본인으로 만들어 가는 것을 볼 수 있다.

셋째, 그러나 여전히 장을 달리하여 부산지역 일본인 교육과 한국인 교

육을 차별하는 정책을 폈다. 이는 일본인과 한국인을 철저히 구별하여 식민지 지배자와 피지배자로서의 관계를 정립하고, 이를 통하여 부산에 있는 일본인들을 식민통치의 주체로서 인식케 하고자 한 것이라고 하겠다.

넷째, 일제는 이렇게 분리된 교육의 장에서 부산지역 일본인 아동들에게 수신을 일주일에 2시간씩 두어서 한국인보다 1시간 많은 시간을 할애하였다. 그리고 일본어와 일본 역사 등에 많은 시간을 할애하였다. 이는 소학교 교육의 목적을 충군애국의 지기를 발양하여 충량한 국민을 육성한다는 목적과 부합한 것이라고 하겠다.

다섯째, 일본인 초등학교는 교육연한이 6년이고 한국인은 4년이었다. 한국인 학교가 6년제로 바뀐 뒤에도 4년제가 많았다. 이는 시세와 민도에 맞는 교육을 시키고자 한 일제의 속셈을 드러낸 것이라고 하겠다. 한국인들은 식민지민으로서의 저급한 교육만이 필요하다고 보았던 것이다.

여섯째, 기본적으로 일본인교육과 한국인 교육은 재원을 달리하여 운영하였다. 1931년까지는 학교조합과 학교비로 분리되어 지원되었고, 그 후는 제1부 특별경제와 제2부 특별경제로 나뉘어졌다. 교육의 내용을 일체화한다고는 했지만, 여전히 일본인 교육과 한국인 교육의 분리가 필요했던 것이다.

Ⅳ. 맺음말

본고에서는 일제하 부산 지역의 일본인 사회의 초등교육을 고찰하여 보았다. 특히 한국인 교육과의 비교를 통하여 그 성격을 드러내 보이고자 하였다.

한국 내의 일본인은 식민지의 침략세력으로 식민통치에 앞장서는 세력이었으며, 또한 시간이 흐르면서 식민지의 일본인으로 자리매김해 갔다. 어떻게 본다면 일본인과 한국인 사이에 존재하는 특이한 층들이었다고 볼 수 있다. 식민통치자의 국민으로서 그 통치에 앞장서면서, 원하지 않았지만 한국인과의 관계를 유지해야 했던 세력들이었다. 한국 내 일본인 사회의 교육 역시 그러한 성격을 강하게 갖고 있었다.

가장 기본 교육인 초등교육의 경우, 초기교육은 일본 내의 일본인 교육을 그대로 답습하는 것이었다. 1877년부터 시작된 부산지역의 초등교육은 일제가 한국 내 일본인들의 상행위 등의 활동을 지원해 주는 가장 기초적인 작업이었다. 때문에 한국에서 일제의 위치가 강고해진 1905년을 계기로 적극 지원하고 학교조합 등의 설립을 통하여 그 기반을 확실히 해 나가는 데 앞장섰다.

그리고 식민지 초기 시기에 일제는 한국인과는 다른 일본의 소학교령에 따른 일본인 교육을 실시하였다. 일본인은 6년 과정, 한국인은 4년 과정의 학교 교육을 받았다. 때문에 한국 내의 같은 초등교육이라고 하여도 그 교육의 내용에는 많은 차이가 있었다. 일본인은 일본의 교육을, 한국인은 다른 교육을 받았고, 그 내용 면에서 같은 초등교육이라고 하여도 질적인 차이를 가질 수밖에 없었다. 또 교육을 받은 수혜자가 부산지역 일본인은 2,500명이었으나 한국인은 그 10분의 1인 223명에 불과하였다.

당시 부산에 머물면서 아이를 학교에 보내고 있던 학부형들의 신분이나 경제적 조건이 다 좋지는 않았고, 하층 노동자층이나 실업자까지 있었지만, 식민지에 머물면서 나름대로의 혜택을 받고 있었기에 아이들을 학교에 보낼 수 있었다. 한국 내 일본인은 식민지민인 한국인 위에 하나의 지배세력으로 군림하고 있었다.

1922년 제2차 조선교육령으로 보통학교가 6년제가 되면서 일본인 교육과 한국인 교육의 연한이 같아지게 되었다. 그러면서 일본어 수업은 늘어나고 조선어 수업은 줄어들었으며, 5학년부터는 일본의 역사와 지리를 가르쳤다. 내용 면에서도 상당히 일본인 교육으로 근접하여 갔다. 1926년에 이르면서 부산지역 일본인 학교는 8개, 한국인 학교는 4개로 증가하였다. 그러나 일본어를 사용하지 않는 학교이기에 보통학교로서 일본인 소학교와는 큰 거리가 있었다.

1938년 제3차 조선교육령으로 한국인 보통학교의 명칭이 같은 소학교가 되었고, 이에 소학교령에 따라 일본인 교육과 한국인 교육이 일체가 되는 시기에 이르렀다. 그리하여 조선어 교육이 원천적으로 봉쇄되었고, 일본인과 한국인은 똑같이 일본어·일본사·창가·체조 교육 등을 통하여 황국신민교육을 받는 등 그 간격이 없는 것으로 되었다. 그러나 일본인과 한국인의 학교는 구별되어 있었고, 1940년 부산지역 일본인 10개 학교 8,016명의 학생 중 조선인은 141명에 불과하였다. 한국인 학교에 일본인 학생은 거의 없었다. 즉, 내용 면에서는 일본인 교육과 한국인 교육은 거의 근접하였으나, 형식에 있어서는 완전 분리를 택하고 있었다.

이러한 양상은 일제의 조선에서의 통치정책의 일면을 보여주는 것으로, 자국민을 앞세워 조선에서의 통치를 확대해 나가고자 하였음을 보여준다. 자국민을 한국인 위에 군림하도록 하여 통치의 선도자로서 역할을 하게 하려 했다고 할 수 있다

전쟁 수행 등의 필요에 따라 내선일체가 필요하고 황국신민화가 필요하였지만 한국인은 여전히 2등 국민으로서 1등 국민인 일본인과 거리를 두게 하고자 하였다.

때문에 부산지역의 일본인 교육을 통하여 키워졌던 일본인들은 식민지에 살고 있지만 여전히 일본의 사람들과 같은 교육 조건 속에서 교육받고 있는 것으로 생각하면서 한국인들과는 전혀 다른 일본인으로서의 정체성을 키워가고 있었다.

〈사진〉 부산거류민단립심상소학교 전경

〈사진〉 부산공립보통학교 전경

개항 이후 1910년대 용두산신사와 용미산신사의 조성과 변화과정

김 승

I. 머리말

　일본의 신도(神道)는 일찍이 불교, 유교와 같은 외래종교와 습합과정을 거치면서 일본인들 사이에 신앙적 성격을 지닌 종교로서 자리 잡았다. 이러한 신앙적 성격의 신도는 막부 말기 국학자들의 고학(古學)에 대한 인식의 심화과정을 거치면서 개항 이후 서세동점의 위기 상황에서 존왕양이(尊王攘夷)를 표방한 세력들의 사상적 기조로 정착된다. 1868년 명치유신을 단행한 일본정부는 서구열강의 침략을 막아내고 내부적 근대개혁을 단행하기 위해 강력한 천황제국가를 기획하였다. 그 결과 명치정부는 출범과 함께 신도를 일본의 근대국가를 떠받치는 중요 이데올로기적 지주로서 활용하였다. 그리고 일제는 신사(神社)·신도를 일본 본국에 한정시키지 않고 국외의 식민지를 개척하면서 식민지배 전체 영역 내에서 '제국국민의 통합' 논리로서 신사를 적극 동원하였다.[1] 특히 식민지 조선에서 신사참배는 1937년 중일전쟁 이후 내선일체의 황민화정책 속에서 다른 어느 지역보다 혹독하게 강요되었다. 그 결과 각 관공서는 물론이고 초·중등학생에 이르기까지 천황숭배를 비롯한 각 신사에 모신 제신(諸神)들에 대한 경신사상(敬神思想)이 가정의 일상에까지 침투하게 된다.[2] 따라서 중일전쟁 이후 황민화정책의 수행과정에서 학교, 공장, 가정 등의 각종 연맹조직, 분회조직 등과 같은 그물망 속에서 기층 민중들이 신사참배를 강요받았던 만큼, 일제강점기 지배이데올로기의 상징물로서 작동한 신사들이 애초 이 땅에서 어떻게 정비되고 변화해 갔는지 황국신민화의 전사(前史)로서 1910년대

---

1) 일제의 신사체제 강요는 한국에 한정되는 것이 아니었다. 조선과 대만을 포함하여 멀리는 사할린과 싱가포르 남양군도에 이르는 일본제국 전체에 신사를 통한 천황제 이데올로기 확산이 광범위하게 전개되었다. 예를 들면 제법 규모가 큰 신사의 경우 1945년 한국에서는 82社, 대만에서는 68社의 신사가 각각 존재했다. 규모가 작은 신사까지 포함하면 한국에는 862개의 신사가 있었다(川島眞彙, 『植民地神社と帝國日本』, 吉川弘文館, 2005, 81~82쪽).

2) 山口公一, 「戰時期(1937~45) 조선총독부의 神社政策」, 『한일관계사연구』 8, 1998.

신사설립과정을 살펴보는 것은 매우 의미 있는 일이 될 것이다. 그러나 지금까지 국내의 신사연구는 1980년대 중반 이후 조선신궁 또는 부여신궁 혹은 황민화정책에 맞선 기도교계통의 신사참배 반대운동 등에[3] 주로 초점이 맞추어져 있었다. 더구나 국내에서의 신사연구는 이들 선행연구가 나온 뒤 심화된 형태로 발전되지 못하고 답보상태에 머무르게 된다. 오히려 국내의 신사연구는 1990년대 이후 일본인 학자들에 의해 혹은 일본인 학자들이 '해외신사(海外神社)' 측면에서 식민지 지역의 신사를 연구하는 과정에서 한국의 신사에 대해 언급하는 것이 주류를 이루게 된다. 그 결과 한국에서 신사연구는 신사정책의 차이에 따라 시기별 세 시기로 구분하여 제1기 신사법규의 성립 및 조선신사 창립 움직임(1918)부터 1925년 조선신궁 진좌제까지, 제2기 조선신궁 진좌제 이후부터 1936년 신사제도 제정까지, 제3기 1936년부터 1945년까지 신사정책들이 어떻게 변화해 왔는지 그 대강을 밝히기에 이르렀다.[4]

물론 국내에서도 최근에 1937년 이후 정비된 호국신사에 대한 연구를 통해 호국신사에서 진행된 각종 추모의례 등이 전쟁(청일전쟁, 러일전쟁)의 기억을 전승하고 국민국가의 정체성을 창출하는 역할을 담당했다는 심성

---

3) 김승태, 「일본 신도의 침투와 1910·1920년대의 '신사문제'」, 『한국사론』 16, 1987 ; 손정목, 「부여신궁 조영과 부여신도 건설」, 『일제강점기 도시계획연구』, 일지사, 1990 ; 손정목, 「조선총독부의 신사보급·신사참배 강요와 기독교 말살정책」, 『일제강점기 도시사회상연구』, 일지사, 1996. 손정목의 위 글들은 원래 1987년에 발표된 글들이다.

4) 1990년대 이후 일본인의 국내 신사연구는 앞의 山口公一, 앞의 책, 1998과 山口公一, 「植民地期朝鮮における神社政策と宗敎管理統制秩序－'文化政治'期を中心に－」, 『朝鮮史硏究會論文集』 No.43, 2005 ; 靑井哲人, 「朝鮮の居留民奉齊神社と朝鮮總督府の神社政策－"勝地"としての神社境內の形成およびその變容と持續－」, 『朝鮮學報』 172, 1999 ; 菅浩二, 『日本統治下の海外神社: 朝鮮神宮·臺灣神社祭神』, 弘文堂, 2004 참조. 본문에서 언급한 한국에서 신사정책의 3기 시기구분은 山口公一, 앞의 책, 1998 참조, 이 밖에 식민지역에 있었던 일본의 신사 곧 '해외신사'연구의 동향 및 시기구분(제1기 1868~1914년, 제2기 1915~1931년, 제3기 1932~1945년)에 대해서는 中島三千男, 「'海外神社'硏究序說」, 『歷史評論』 602, 2000 참조.

사(心性史)의 시각에서 신사를 연구한 성과들이 나왔다.[5] 그러나 이 또한 파시즘이 극에 달한 일제 말기 호국신사에 초점이 맞추어져 있을 뿐, 국내 각 지역의 거점 도시를 중심으로 광범위하게 세워졌던 개별 신사들에 대한 연구는 미흡한 실정이다. 따라서 향후의 일제강점기 신사연구는 각 시기별 일제의 식민정책이 어떻게 변화하였는지 식민정책사와 맞물려 미시적이면서도 세부적인 연구들이 뒷받침되어야 할 것이다. 이를 위해서는 각 지역에 설립된 신사들이 실제 지역차원에서 어떤 과정을 거쳐 설립되었으며 또 어떤 사회적 기능 등을 담당하였는지 그것에 관한 구체적인 연구들이 선행될 때 일제의 신사정책이 지닌 전체적 특성 또한 선명하게 드러낼 수 있을 것이다. 이런 점에서 최근 전주와 부산지역의 신사에 대해 언급한 연구들은[6] 주목받을 필요가 있다. 그러나 전주의 연구는 경관(Landscape)의 측면에서 신사의 장소성에 비중을 두고 접근한 탓에 정작 신사 그 자체의 조성 경위라든지 사회적 기능 등에 대해서는 구체적으로 살펴보지 못했다. 그리고 부산의 경우 역시 전주보다는 덜하지만 근대공원으로서 용두산공원 조성에 역점이 놓여 있어 용두산신사 그 자체에 대해서는 실증적이고 엄밀한 연구가 이루어지지 못하였다.

　부산은 주지하듯이 전근대 왜관(倭館)이 있던 곳이면서 최초의 개항장으로 많은 일본인들이 다른 어느 지역보다 일찍부터 거주했던 지역적 특성을 가지고 있다. 이에 일본인들의 신사에 대한 정비 작업 또한 일찍부터 이루어졌다. 이런 지역적 특징들을 매개로 부산의 용두산신사의 조정과 변천과정을 살펴보는 것은 지역사는 물론이고 일제강점기 신사정책의 특성을 이

---

5) 정호기,「전쟁사자 추모공간과 추모의례」,『식민지의 일상 지배와 균열』, 문화과학사, 2006.

6) 전주의 경우 최진성,「日帝强占期 朝鮮神社의 場所와 權力 ; 全州神社를 事例로」,『한국지리학회지』제12권 제1호, 2006. 부산의 용두산신사에 대한 언급은 정지영,「근대 용두산공원의 공간변천에 관한 연구」, 동아대학교 석사학위논문, 2005 ; 정지영·조승래·강영조,「근대 용두산공원의 성립과 그 변용에 관한 연구」,『한국전통조경학회지』Vol. 24. No.1, 2006 참조.

해하는 데 조금이나마 도움을 제공할 것이다.

Ⅱ. 초량왜관 시절의 신사

1. 신사의 기원

신도는 고대로부터 덕천막부에 이르기까지 외래로부터 들어온 불교, 유교, 도교 등과 습합하면서 일본 고유의 신앙으로 역대정권은 물론이고 일반인들 사이에서 광범위하게 자리 잡고 있었다. 그러다가 명치유신 이후 신불판연령(神佛判然令)을 통해 천황제국가의 지도이념으로 변화하게 되면서 신도는 천황제를 떠받드는 국가신도로 급부상하였다.[7] 이에 명치정부는 일본 전국의 모든 신사를 등록케 하고 대장을 만들어 법률상의 사격(社格)을 부여하였다. 이리하여 아마테라스 오오미카미(天照大神)의 본관(本官)인 황대신궁(皇大神宮)을 정점으로 하는 피라미드적 계서제의 신사체계를 마련하였다. 이때부터 신사와 신사의 제사는 중앙정부에 의하여 정치적 이데올로기로 채용되어 통치권력과 불가분의 관계를 맺는다. 따라서 오랜 민간신앙의 거점으로서 가부장적·봉건적 형태를 지녔던 신사가 청일전쟁, 러일전쟁 등을 치르면서 일본 군국주의에 의해서 크게 재조정되고 마침내 제국주의, 파시즘의 사상적 지주로서 역할을 담당하게 되었다.[8] 명치정부의 신도에 대한 국가이데올로기화의 과정을 보면 명치유신 직후 전국의 신사(神社)·신직(神職)을 모두 신지관(神祇官)에 부속시키고 정부의 직접 지배하에 조직할 것을 밝힌 제정일치의 포고와 1869년 '대교선포(大敎宣布)의 조(詔)'

---

7) 일본의 신도(神道)와 신사(神社)에 대한 전반적인 이해는 武光誠, 『神道と神社』, 河出書房新社, 2007 참조. 최석영, 『일제의 동화이데올로기의 창출』, 경인문화사, 1997, 77~83쪽.

8) 손정목, 앞의 책, 1996, 590~591쪽.

를 통해 신도의 포교를 장려한 이후 1871년 일본의 모든 신사를 국가의 종사(宗祀)로 하고 사격제도를 마련하여 신사의 공적지위를 확립하였다. 그러나 이러한 일련의 신도 국교화 조치가 비판을 받게 되자 일본정부는 1882년 신도를 '국가의 제사(祭祀)'로서 일반 종교로부터 분리시켜 제사와 종교를 분리 조치하였다. 일본정부는 '신도는 국가의 제사로 종교가 아니다'라고 주장하여 실제 신도의 초종교적 절대 우위를 확립했다. 그 결과 교파신도, 불교, 기독교 등 일반 종교 위에 군림하면서 신도의 국가신도성을 확립하고 이를 통하여 다른 종교를 통제·배제·관리하고 신앙의 자유, 정교(政敎) 분리론의 비판을 봉쇄하였다.[9] 개항장 부산에서 일본인들이 1880년부터 과거 초량왜관에 있던 신사에 대해 본격적인 관심을 갖기 시작한 것은 일본 본국의 이러한 신도정책의 흐름과 밀접한 연관이 있었기 때문이다.

2. 초량왜관의 신사

전근대 한일관계의 창구였던 초량왜관에는 일찍부터 여러 종류의 신사가 존재하였다. 각 신사들의 현황을 보면 용두산 자락에 재물의 신인 벤자이텐(辨才天)을 모신 벤자이진자(辨才神社), 상업의 신을 모신 이나리진자(稻荷神社), 비를 오게 하고 항해의 안전을 지켜주는 신으로 뱃사람들이 많이 믿었던 고토히라진자(金刀比羅神社) 등이 모셔졌으며, 용미산에는 일본의 8대 효원(孝元)천황의 아들로 9명의 자식들을 두고, 신공황후(神功皇后)와 함께 중애(仲哀)천황의 죽음을 숨기고 외정(外征)에 나섰던 다게시우찌노스쿠네(武內宿禰)를 모신 타마다레진자(玉垂神社) 등이 있었다.[10]

---

9) 김승태, 앞의 글, 282쪽.

10) 다시로가즈이(田代和生) 지음, 정성일 옮김, 『倭館』, 논형, 2005, 84·325쪽 ; 龍頭山神社事務所, 『龍頭山神社史料』, 1936, 63·75쪽. 『龍頭山神社史料』에서는 이들 신사 3개가 1678년 초량왜관 설치와 동시에 설립된 것으로 기술하고 있다. 이나리진자(稻荷神社)와 고토히라진자(金刀比羅)에 대해서는 武光誠, 앞의 책, 69·76쪽.

　이후 1764년(영조 40년) 일본에 벼농사기술을 가르쳤을 뿐만 아니라, 신공황후(神功皇后)의 삼한(三韓) 정벌 당시 황후를 잘 보살폈으며, 죄와 부정, 재앙 등을 떨쳐버리는 설불(禊祓, 미소기하라) 의식과 해상교통의 안전을 비는 의식에 등장하는 스미요시다이진(住吉大神)을 비롯해 8세기 후반 학자로서 활동하다 태재부(太宰府)에 좌천되어 2년 동안 유배 생활을 했던 학문의 신인 스가와라노 미치자네(官原道眞)를 모신 스가와라 오오미와(官原大神) 등이 용두산의 고토히라진자에 각각 모셔졌다.11) 그리고 1763년 대관(代官) 타치시게타네(橘滋胤) 주관으로 벤텐샤를 개조하고 그 뒤 1819년 3월 임진왜란 당시 선봉장이었던 가토키오마사(加藤淸正)를 타마다레진자에 합사(合祀)하고 이어서 그해 5월 아사히나진자(朝比奈神社)를 건립하였다. 아사히나는 1213년 일본의 화다(和田)전투와 관련해서 수영(水泳)의 달인으로 알려져 있던 아사히나 요시히데(朝比奈義秀)를 지칭하는 것으로 현재 광복동의 중간쯤에 신사를 건립하였다.12)

　결국 초량왜관시절 왜관에는 용두산을 중심으로 벤자이진자(辨才神社), 이나리진자(稲荷神社), 고토히라진자(金刀比羅神社), 아사히나진자(朝比奈神社) 등과 용미산의 타마다레진자 등 전체 5개의 신사가 존재하였음을 알 수 있다.13) 신사에 모셔진 신들 또한 용두산을 중심으로 재물(벤자이텐진

　다게시우찌노스쿠네(武內宿禰)에 대해서는 大修館書店, 『日本の神佛の辭典』, 2002, 804쪽 참조.

11) 龍頭山神社事務所, 앞의 책, 52 · 54 · 65쪽. 스미요시다이진(住吉大神)에 대해서는 다시로가즈이(田代和生) 지음, 정성일 옮김, 앞의 책, 325~326쪽. 스가와라노 미치자네(官原道眞)에 대해서는 武光誠, 앞의 책, 67쪽 ; 홍윤기, 「교토 땅의 고대 한국 큰 명소들을 찾아서」, 『순국』 통권191호, 2006, 103~111쪽 참조.

12) 龍頭山神社事務所, 앞의 책, 64~65 · 75쪽. 아사히나 요시히데(朝比奈義秀)는 다시로가즈이(田代和生) 지음, 정성일 옮김, 앞의 책, 327쪽 주) 119 참조.

13) 초량왜관과 일제강점기 당시 신사들의 위치를 확인하기 위해 필자는 卞璞이 그린 ①『왜관도』(卞璞에 대해서는 김동철, 「왜관도倭館圖를 그린 변박卞璞의 대일교류 활동과 작품들」, 『한일관계사연구』 제19집, 2003 참조) ② 1917년 『부산부전도』 ③ 1931년 『부산부전도』 ④ 1938년 『부산부전도』 등을 살펴보았다. ①의 경우는

자), 상업(이나리진자), 항해의 안녕(고토히라진자, 아사히나진자) 등과 관련된 신들이 모셔졌다. 그리고 1764년 이후 스미요시다이진, 스가와라노 미치자네 등이 고토히라진자에 추가로 봉사되고, 1819년 3월 용미산의 타마다레진자에 임진왜란 당시 선봉장이었던 가토키오마사 등이 합사되고 이어서 같은 해 5월 아사히나진자가 건립되었음을 알 수 있다.[14] 이를 통해 초량왜관에 모셔졌던 초기의 신들은 주로 왜관에 체류하는 일본인들의 기복(祈福)신앙적 성격을 띤 신들이 모셔졌지만 18세기 중엽 이후 신공황후의 삼한정벌과 관련된 스미요시다이진을 비롯해 임진왜란 당시 무장이었던 가토키오마사 등이 19세기 초에 각각 합사되었음을 알 수 있다. 초량왜관에서 일본인들이 봉사한 신들의 이러한 변화를 통해 당시 왜관에 체류한 일본인들의 의식적 변화과정을 간접적으로 엿볼 수 있을 것이다. 곧 18세기 중엽 이후 초량왜관에서 봉사되는 신들의 변화는 막부시대 일본 국학자(國學者)들의 목소리가 높아지는 것과 일정 정도 연관되어 있었던 것으로 보여진다.

용두산 서쪽에 '神堂'만 확인되고 용미산에는 신사 표시가 없었다. ②에서는 ①과 마찬가지로 용미산에는 신사가 없고 용두산 주위에 신사 1개를 발견할 수 있었다. ③에서는 용두산 주위 도리(鳥居) 3개[근대역사관에서 올라가는 곳, 부산호텔에서 올라가는 곳, 용두산 정상(현 이순신동상이 있는 곳)]를 확인하였다. ④에서는 용두산 공원 정상부에 용두산신사, 용미산신사란 지명과 함께 4개의 도리를 확인하였다. ④의 경우는 옛 부산시청과 영도다리 공사가 완료된 뒤 이후에 작성된 지도이므로 용두산 정상에 용미산신사가 옮겨져 있었음을 알 수 있었다. 용미산신사는 1932년 용두산신사의 오른쪽 터로 옮겨졌다(釜山日報社, 『新釜山大觀』, 1934, 18쪽).

14) 1878년 발행된 石幡貞의 「朝鮮歸好餘錄」(龍頭山神社事務所, 앞의 책, 6쪽)에 "日本館城內有二山焉 日龍頭 日龍尾突出港口 怪石森立 上多喬松 三面控海 景象宏壯 項安二祠 相傳爲加藤淸正廟 實合祀住吉玉津島二神也"라는 한시 구절이 있다. 여기서 끝 부분의 '住吉玉津島二神'이란 스미요시다이진과 옥진도 두 신을 의미한다. 따라서 정확한 시기는 알 수 없지만 전후문맥을 보았을 때 용미산 쪽에 있던 타마다레진자에 스미요시다이진뿐만 아니라 옥진도 또한 모셔져 있었음을 알 수 있다.

Ⅲ. 용두산신사와 용미산신사의 조성과정

1. 개항 이후 신사의 정비

초량왜관 내에 있던 5개의 신사는 세월이 흐르면서 그 모습이 번성하지 못하고 쇠락하였다. 이는 1880년 9월 16일 거류지의 보장(保長) 두취 대행이었던 아비루모리스케(阿此留護助)가 부산영사관 영사 곤도마스키(近藤眞鋤)에게 '겨우 청소 담당자만 있고 잡초들이 자라 불결한 상태로 사당이 파손되어 흡사 폐사(廢社)와 다르지 않는 모습'임을 지적하면서 신사들을 개선할 것을 요구한 진정서에서 확인할 수 있다. 따라서 개항 직후만 하더라도 부산의 신사는 그 상태가 그렇게 잘 보존되고 있지는 않았다. 이러한 신사의 상태를 개선하기 위해 아비루모리스케(阿此留護助)는 ① 대마도 이즈하라의 원래 신직(神職)이었던 나가요리히사시(永瀨永)에게 각 신사를 모두 맡기게 할 것, ② 제전(祭典) 기타 청소비용으로 매월 3원을 맡길 것, ③ 신사가 많이 훼손된 벤텐샤(辨天社)의 경우 서쪽에 1실(室)을 마련하여 머물 수 있도록 할 것 등을 부산영사관에 제의하였다. 그리하여 1880년 9월 관민의 기부금 2천여 원으로서 고토히라진자를 개조할 수 있었다.[15]

그 뒤 1881년 부산거류지회에서 신사와 관련하여 '공유신사(共有神社)' 2개소의 제전 및 청소부 비용은 1개월 3원으로 정하고 그것을 실행하는 담당인은 거류민단 총대(總代)가 정하고 공유(共有) 각 신사의 영선(營繕)은 필요할 때마다 그것을 담당한 사람이 총대에게 견적서를 제출하면 그 경비는 신앙자의 기부금으로 충당할 것 등을 부산거류민단회에서 결의하였다.[16] 이런 내용들을 통해서 다음과 같은 점들을 알 수 있다. 첫째, 재부일본인들은 1880년을 기점으로 초량왜관 때부터 내려오던 신사들에 대해 본격적인 관심을 갖기 시작하였다는 점이다. 둘째, 정확한 시기는 알 수 없지

---

15) 龍頭山神社事務所, 앞의 책, 75쪽.
16) 龍頭山神社事務所, 앞의 책, 7~8쪽.

만 개항 이후부터로 추측되는데 각 신사에 대해 최소한 1880년 무렵에 이미 '공유'의 개념을 사용했다는 점이다. 이는 그동안 신사관리에서 뚜렷한 주체가 없이 개별적으로 민간신앙의 차원에서 운영되던 것을 지양하고 부산거류민단회에서 공동·공유로 운영하기 시작하였음을 의미하는 것으로 늦어도 1880년부터는 신사운영에서 거류민단회가 중심이 되었음을 알 수 있다.

결국 일본 본국의 신사들이 1871년 일본정부의 사격(社格)제도 정비를 통해 정리된 것과 달리 부산의 신사는 1880년을 기점으로 부산거류민회를 중심으로 자발적으로 정비되고 있었다. 실제 1880년대 초 신사의 개보수 등이 어떤 절차를 거쳐 진행되었는지 그 과정을 살펴보면 부산거류민회 전체가 앞장섰다기보다는 거류민들 중에서 독지가·유력가들이 중심이 되어 신사의 정비가 이루어지고 있었다. 이는 1882년 1월 고토히라진자와 벤텐샤 등에 대한 수선 공사를 두고 독지가들이 정한 '특지연중대리위원권한 및 선거규칙(特志連中代理委員權限並選擧規則)'을 통해서 확인할 수 있다. 이들 규칙을 보면 다음과 같다.[17]

> 제1장 위원권한
>
> 제1조 신사 영선비는 이전의 거류지회 결의대로 신앙자의 기부금으로서 충당하고 특히 금번의 신축(고토히라진자 개건 및 벤텐샤 수선 – 옮긴이)은 처음의 사업인 만큼 독지가들 중 대리위원을 선거하여 다음과 같은 권한을 위임함.
>
> 제2조 위원은 공사 일체의 업무 및 그 경비 조사에 이르기까지 총대역소와 협의하여 독지가 전체의 명의로 대신 결정하는 권리가 있다.
>
> 제3조 위원은 항상 사무를 취급함에 전조(前條)의 권한 내에서 사건에 대하여 그 이해득실을 토의 심의하여 결의한 사항(條款)을 총대역소에 인계함. 단 그 사항에 따라 위원 결의의 사항이더라도 순조롭게 인가를 얻지 못하면 곧바로 공사에 착수하지 않음.

---

17) 龍頭山神社事務所, 「特志連中代理委員權限並選擧規則」, 『龍頭山神社史料』, 1936, 11~13쪽.

제2장

제4조 위원은 독지가 인원 중 5명을 선거함.

제5조 위원이 되는 자는 독지가 인원 중 금 3원 이상의 기부금을 내는
　　　25세 이상의 남자에 한함.

제6조 위원의 선거는 총대역소에서 취급하고 그 투표 수에 의해 당선인
　　　을 선정하고 동수인 경우는 연장자를 취하고, 동갑인 경우는 제비
　　　뽑기로서 정함. 만약 당선자 중에 부득이한 사정으로 본인이 사양
　　　할 때는 차점자가 이를 맡음.

제7조 위원의 임기는 공사낙성까지로 정하고 그 기간 안에 귀국하거나
　　　질병, 사고 등으로 업무를 볼 수 없을 때는 다시 일반의 투표를
　　　요함.

위의 규칙을 보면 고토히라진자와 벤텐샤를 개건·수선할 때 거류지 내의 독지가들 중 총대사무소(總代役所)에서 선거를 통해 당선된 위원들이 신사관련 작업을 주관하였다. 그런데 위의 2, 3조에서 드러나듯이 위원들이 신사관련 모든 사항들을 독단적으로 결정할 수 있는 것은 아니었다. 신사관련 사업은 총대사무소와 긴밀한 협의(2, 3조) 아래 운영되었으며 독지가들 중에서 선정된 위원 역시 그 임기는 공사의 낙성까지로 제한되어 있었다. 그리고 당선된 위원들은 3원 이상의 기부금을 낼 수 있는 25세 남자에 한정되었다. 이러한 독지가 위원들을 중심으로 한 신사 정비는 2년 전에 부산거류민회의 총대를 중심으로 신사 개보수를 추진하고 또 그에 따른 경비를 '신앙자'들 중심으로 조달하던 방식과는 약간 다른 양상을 보여준다. 즉, 1882년부터 신사의 개보수는 단지 총대가 임명한 담당자들이 공사를 맡는 형식이 아니라, 재부일본인들 사이에서 유지급에 해당하는 인물들의 선거를 통해 뽑힌 인물들이 신사의 개보수 공사에 적극적으로 앞장서서 이루어졌던 것이다. 이는 지역의 유지들이 지역의 제례와 의례의 행사를 주관함으로써 지역사회에서 자신들의 주도권을 관철시키려고 하는 모습으로 판단된다.[18) 즉, 개항 직후 통계수치상 82명에 불과했던 일본인이 1880년이 되면서 2,066명으로 늘어나고[19) 그 상황에서 일본인들의 계층적 분화가 자

연스럽게 나타나면서 재부일본인들 사이에서 생겨난 유지·유력자층 인사들의 위계질서 확립 욕구가 신사와 관련된 의례에 독지가들이 적극 참여한 원인이 된 것으로 보여진다.

한편 1897년 10월 신직(神職) 나가요리히사시(永瀨永)은 신사의 규모가 장엄하지 못함을 우려하여 거류민 총대 사하라준이치(佐原純一), 부산거류지회 회장 고토쇼우이치로(古藤昇一郎), 부산거류지회 의원 야바세간이치로(矢橋寬一郎), 사까다요이치(坂田與市), 호게사다하치(保家貞八), 후쿠다마스효우(福田增兵衛), 쿠로이와나타로(黑岩那太郎), 토목기수(技手) 시나가(土井仲) 등이 거류지회의 의결로 신사 개건(改建)위원이 되어 부산영사관 영사 이쥬우인히코키치(伊集院彦吉)에게 기부금을 모으게 하도록 청원하였다. 당시 개건위원들 중 신원이 파악되는 인물들(고토쇼우이치로, 야바세간이치로, 사까다요이치, 호게사다하치, 후쿠다마스효우, 시나가)의 약력을[20] 보면 대마도 이즈하라(嚴原) 출신들(고토쇼우이치로, 호게사다하치, 후쿠다마스효우)이 많았는데, 대개 경제인(수산업, 무역업, 주조업, 건축설계)들로 당대 혹은 그뒤에 부산거류지회의원, 부산번영회회원, 부산상업회의소 역원 등을 역임한 인물들이었다. 결국 개항장 부산에서 여론을 주도할 수 있는 유력자들이 개선위원들을 맡고 있었다. 이들 개선위원들의 노력에 의해 종중정백(宗重正伯)을 비롯한 내외 관민유지들의 기부금 1만여

---

18) 에릭홉스봄(Eric Hobsbawm)은 흔히 전통이라고 생각하는 것들이 근대 국민국가 형성기에 새롭게 만들어진(국경일, 의례, 각종 상징물) 것들이라고 하며 그러한 가공의 전통 구축이 갖는 함의성을 지적하였다(에릭홉스봄 외 지음, 박지향·장문석 옮김, 『만들어진 전통』, 휴머니스트, 2004). 재부일본인들의 신사 정비과정 또한 제례＝의례와 관련된 것으로 일정 정도 에릭홉스봄의 문제의식과 관련성이 있을 것이다.

19) 개항 이후~1910년대 부산지역 인구동향에 대한 최근의 정확한 분석은 김대래·김호범·장지용·정이근, 「일제강점기 부산지역 인구통계의 정비와 분석」, 『한국민족문화』 26, 2005, 295~296쪽 〈표 2〉 참조.

20) 각 인물에 대한 자세한 약력은 홍순권 편, 『일제시기 재부산일본인사회 주요인물 조사보고』, 선인, 2006, 64·274·287·438·684·689쪽 참조.

원을 마련하여 1898년 9월 8일 신사의 개건사업에 착수, 이듬해 1899년 5월 28일 거류지의 신사를 새롭게 정비하였다. 이 과정에서 1880년 9월 이미 개조가 되었던 고토히라진자를 1899년 2월 4일 부산거류지회의 결의에 따라 '거류지신사(居留地神社)'로 그 명칭을 바꾸게 된다. 그런데 '거류지신사'는 명칭 변경이 있고 난 뒤 5개월이 지난 1899년 7월 8일 신사의 천궁식(遷宮式)을 거행하면서 용두산신사로 다시 한번 명칭을 바꿨다. 이때 신사의 제전 집행은 부산거류지회 의원이면서 신습교파(神習敎派) 소교정(小敎正)인 야바세간이치로(矢橋寬一郎)이 제주(齊主)를 맡았다.[21] 이로써 일제강점기 용두산신사의 원형이 모습을 갖추게 되었다. 이런 과정을 거쳐 조성된 용두산신사는 1907년 2월 23일 보고된 자료에 따르면 다음과 같은 제신들을 모시고 있었다.[22]

〈표 1〉 용두산신사의 祭神 · 神體 및 봉사연대

	祭神	神體	최초 봉사 연월일(일본 연호)
1	金刀比羅大神	大物主命	1678년 3월(延寶 6년)
2	住吉大神	底筒男命 中筒男命 表筒男命	1764년(明和 1년)*
3	官原大神	管原道眞公	1764년(明和 1년) 7월**
4	天照皇大神	天照大神	1865년(慶應 1년) 2월
5	八幡大神	應神天皇	1880년(明治 13년) 8월 15일
6	弘國大神	宗義智公	1896년(明治 29년) 4월 1일
7	素盞鳴大神	素盞鳴尊	1899년(明治 32년) 4월 29일
8	神功皇后大神	息長足姬命	1899년(明治 32년) 4월 29일
9	豊國大神	豊臣秀吉公	1899년(明治 32년) 4월 29일

21) 龍頭山神社事務所, 앞의 책, 42~43 · 75~76쪽 ; 川島喜彙, 『新釜山大觀』, 1935, 18쪽.

22) 龍頭山神社事務所, 앞의 책, 59~61쪽. 〈표 1〉의 *와 **는 원문에 각각 연월불상(年月不詳)과 1765년(明和 2년)으로 되어 있다. 그러나 전후기록을 감안할 때 스미요시다이진과 스가와라 오오미와는 1764년 각각 봉사된 것으로 보아야 할 것이다.

위의 〈표 1〉를 통해서 개항 이전 용두산 주위에 있던 벤자이진자, 이나리진자, 고토히라진자, 아사히나진자 중 고토히라진자는 1865년 이후 여러 신들을 모시면서 용두산신사로 발전하였으며, 원래 타마다레진자에 있던 스미요시다이진은 최소한 1890년까지는 타마다레진자에 배향되어 있었고[23] 그 후 용두산신사에 모셔졌음을 확인할 수 있다. 용두산신사에 모셔진 제신들은 앞서 보았듯이 19세기 이전까지는 항해의 안녕, 벼농사, 지혜 등과 관련된 제신들이 중심을 이루고 있었다. 그러나 1880년을 기점으로 이러한 기복신앙적 성격의 제신들 이외에 일제의 한반도 침략과 관련되는 인물들이 봉사되기 시작하였다. 즉, 고대 일본의 실질적인 첫 번째 천황이라고 할 수 있는 응신천황(應神天皇, 황위 자체는 15대)을 시작으로, 1896~1899년 사이에는 일본전관거류지의 전신이라고 할 수 있는 초량왜관의 개설에 공이 많았던 대마도주 종의지를 비롯해 일선동조(日鮮同祖)·일한동역론(日韓同域論)의 가장 기본적 인물로 묘사되는 수사노오노미코도(素盞嗚尊)[24] 그리고 임나일본부설과 밀접한 관련을 갖는 삼한정벌의 주인공 신공황후,[25] 이밖에 임진왜란의 원인 제공자였던 토요토미 히데요시 등이 용두산신사에 합사되어 있었다. 이들 가운데 종의지를 제외한 나머지 인물들은 한반도 진출과 밀접한 관련성을 갖는 인물들이었다. 이는 1894년 청일전쟁에서 일본이 승리한 후 자신들의 한반도에 대한 영향력이 강화되는 현실적 상황과 맥락을 같이하여 한반도를 지배하고자 하는 당대 일본인들의 욕구가 반영

---

23) 龍頭山神社事務所, 앞의 책, 77쪽.

24) 수사노오노미코도(素盞嗚尊)는 일본의 개국시조인 아마테라스 오오미카미(天照大神)의 동생으로『日本書紀』八段 一書의 四에서는 그가 "자신의 아들 이타케루(五十猛)를 거느리고 신라국에 내리셔서 소시모리(曾尸茂梨)라는 곳에 있었다"는 기록이 수록되어 있다. 일선동조론자들은 이런 내용을 갖고 수사노오가 조선인의 시조라고 고집했다. 保坂祐二 著,『日本帝國主義의 民族同化政策 分析』, 제이앤씨, 2002, 140·143~145쪽.

25) 이만열,「일제관학자들의 식민사관」,『한국의 역사인식』하, 창작과 비평사, 1979, 101~102쪽.

된 결과로 여겨진다. 곧 당시 재부일본인들의 적극적인 한반도 진출을 염원하고 기원하던 시대상이 용두산신사에 봉사되는 제신에 그대로 반영되었던 것이다. 한편 1908년 9월 10일 용두산신사는 역사의 유래가 오래되고 경내 풍광이 수려함을 내세워 간베이샤(官幣社)로서 승격을 일본 신직회에 제출하였다.[26] 이어서 1912년 10월 용두산신사와 용미산신사를 간베이타이샤로 하고 신사의 명칭 또한 한향신사(韓鄕神社)로 하기 위해 총독부에 청원서를 제출하였다. 이때 신사의 명칭을 한향신사로 하려고 했던 것은 용두산신사에 모셔진 수사노오노미코도(素盞嗚尊)가 "조선국의 祖神"으로 신라땅(韓鄕)에 강림했다고 믿었던 데 있었다.[27] 그러나 거류민단의 이러한 요구는 받아들여지지 않은 채 세월이 지난 1917년 7월 10일 용두산신사로 정식허가를 받게 된다.[28]

이처럼 용두산에 있던 신사들이 고토히라진자를 중심으로 정비되고 있을 때 용미산에 있던 타마다레진자 또한 정비의 과정을 밟는다. 앞서 살펴본 바와 같이 1678년 초량왜관 설치 당시 사전(社殿)을 설치하여 다게시우찌노스쿠네(武內宿禰)를 봉사(奉仕)한 타마다레진자(玉垂神社)는 1819년 3월 임진왜란 당시 선봉장이었던 가토키오마사(加藤淸正)를 합사하였다. 그리고 같은 해 5월 현재의 광복동 중간쯤에 건립되었던 아사히나진자(朝比奈神社) 또한 명치 초년에 이르러 쇠락하게 되자 타마다레진자에 합사하였다.

---

26) 龍頭山神社事務所, 앞의 책, 79쪽.

27) 龍頭山神社事務所, 앞의 책, 90~96쪽.

28) 靑井哲人, 앞의 책, 150쪽. 참고로 총독부로부터 신사들이 공인을 받기 시작하는 것은 1915년 8월 발표된 「신사사원규칙」 이후인 1916년부터 본격화한다. 예를 들어 1916년 17개, 1917년 13개의 신사가 총독부로부터 공인을 받았다(中島三千男, 앞의 글, 52쪽). 한편 한향신사(韓鄕神社)로 개칭이 실현되지 않은 이후 재부일본인들은 용두산신사의 칭호를 '부산신사'로 하기 위해 유력자(총대, 각 町世話계통, 관공서주임, 학교조합장) 518명에게 가부를 묻고 난 뒤 절대 다수의 지지 속에서 1928년 3월 '부산신사'로 개칭하기 위한 청원서를 조선총독 앞으로 제출하였다(龍頭山神社事務所, 앞의 책, 112~113쪽). 그러나 이 또한 실현되지 않았다. 용두산신사의 명칭은 해방이 될 때까지 그대로 사용되었다.

그런데 타마다레진자는 1878년 봄에 화재로 소실되었다. 이에 거류민 가운데 유지자였던 호게사다하치(保家貞八), 니시무라덴베어(西村傳兵衛), 다가끼마사타로우(高木政太郎), 신마고이시엔몬(秦孫石衛門), 아비루젠쿠로우(阿比留善九郎), 사이토만지로(齊藤萬次郎) 등이 거금을 모아 사당을 조영(造營)하였다.29) 이들 유력자들 가운데 필자가 확인한 인물은 호게사다하치와 니시무라덴베어 두 사람이다. 호게사다하치는 무역상, 부산상업회의소 의원, 부산민단의원을 역임했으며, 니시무라덴베어는 야마구찌 출신으로 미곡잡화상, 선박회조업 등을 경영하면서 거류지회 의원을 역임했다.30) 나머지 인물들의 경우 신원이 잘 파악되지 않는 것으로 보아 고토히라진자 개건 위원들보다 사회적 지위가 조금 낮았던 인물들로 보여진다. 어쨌든 이후 1890년 봄 거류민 의원 후쿠다마스효우(福田增兵衛)가 타마다레진자의 공사를 감독하고 부산거류지사무소 또한 일부 타마다레진자의 수선에 참가하여 마침내 1899년 2월 4일 부산거류지회의에서 타마다레진자를 '거류지신사(居留地神社)'라고 개칭하였다. 그러나 곧바로 같은 해 7월 용미산신사로 다시 명칭을 바꾸게 된다.31) 따라서 재부일본인들은 1899년 2월 무렵 앞서 보았던 용두산의 고토히라진자와 마찬가지로 용미산의 타마다레진자를 '거류지신사'로 개칭하였다. 즉, 개항장에 있던 고토히라진자, 타마다레진자, 벤자이텐진자, 동도하신사, 서도하신사 가운데 고토히라진자와 타마다레진자를 정비할 당시 한때 '거류지신사'로 불렀음을 알 수 있다.

그런데 용미산신사는 개칭에도 불구하고 신사의 위세가 썩 나아지지 않았다. 그리하여 '유지(有志) 일반의 기부금을 기본금으로 하여 그것에서 생기는 이자를 통해 용두산신사의 운영에 드는 각종 경비(日供神饌費, 樂人養生傳習費, 매년 4월 例祭 경비)를 충당할 목적'에서 1900년 10월 결성된 경신회(敬神會)에서32) 용미산신사의 쇠퇴를 애석하게 생각하여 1905년 여름

---

29) 龍頭山神社事務所, 앞의 책, 77쪽.

30) 홍순권 편, 앞의 책, 274 · 376쪽.

31) 龍頭山神社事務所, 앞의 책, 77쪽.

경신회 회장 야바세간이치로(矢橋寬一郎)과 간사 고토쇼우이치로(古藤昇一郎) 등이 중심이 되어 회원을 크게 모집해 용미산신사의 조영 계획을 논의하였다. 이때 거류지민단장 이시하라한엔몬(石原半右衛門) 등과 협의한 결과 마침내 거류지회의 승인을 받아 호세가와후작(細川侯爵), 소오백작(宗伯爵)을 시작으로 광범위하게 기부금을 모집하여 5,500여 원의 금액을 1906년 11월 지진제(地鎭祭)에 사용할 수 있었다. 그 결과 1907년 3월 신사를 새롭게 기공하여 동년 7월 낙성식을 거행하면서 신직(神職) 대행을 두게 되었다. 그리고 이듬해 2월 6일 천궁제(遷宮祭)를 집행하고 매년 10월 2일 밤을 예제(例祭日)로 정하였다. 거류민단에서 금 800여 원을 투자하여 용미산신사의 사당을 정비하였던 것이다.[33] 이러한 과정을 거쳐 정비된 용미산신사의 1907년 2월 현재 신사에 모셔진 제신들을 보면 다음과 같다.[34]

〈표 2〉 용미산신사의 祭神·神體 및 봉사연대

	祭神	神體	최초 봉사 연월일(일본 연호)
1	옥수대신(玉垂大神)	武內宿禰	1678년 3월(延寶 6년)
2	가등대신(加藤大神)	加藤清正公	1819년(文政 2년) 3월
3	조비나(朝比奈大神)	朝比奈義秀公	1819년(文政 2년) 5월

이처럼 1907년 당시 용미산신사에서는 타마다레, 가토, 아사히나 등 삼대신(三大神)을 모셨는데 원래 초량왜관 시절 독립된 신사로 존재했던 아사히나진자(朝比奈神社) 또한 "維新後" 곧 명치유신 이후 용미산신사에 합사되었다.[35] 부산항에서 돌출된 용미산의 경우 좁은 공간적 조건 때문에 앞의 〈표 1〉에서 보았듯이 부산의 신사는 용두산신사에 각 제신들이 집중되

---

32) 龍頭山神社事務所, 앞의 책, 70쪽.
33) 龍頭山神社事務所, 앞의 책, 78쪽.
34) 龍頭山神社事務所, 앞의 책, 61~62쪽.
35) 龍頭山神社事務所, 앞의 책, 65쪽.

었다. 이런 까닭에 용미산신사의 경우는 용두산신사에 합사된 제신의 3분의 1정도만 봉사되고 있었다. 이렇게 1907년 무렵 용두산신사와 용미산신사가 형성될 때 용두산에는 이즈키시마다이진(嚴島大神, 神體＝市杵島姫命)을 모신 벤텐진자, 그리고 히가시우가노미타마노미코도(東倉稻魂命)와 니시우가노미타마노미코도(西倉稻魂命)를 각각 모신 히가시이나리진자(東稻荷神社), 니시이나리진자(西稻荷神社) 등이 별도로 각각 존재하고 있었다.[36] 이외 부산에는 1903년 10월 남빈정 쪽에 세워진 스이산진자(水産神社)와 영도 주갑(洲岬, 현 대평동)에 1906년 6월 세워진 히루코진자(蛭子神社) 등이 설립되어 있었다.[37] 따라서 1907년 무렵 부산에는 용두산자락에 있던 용두산신사 · 벤자이텐진자 · 히가시이나리진자 · 니시이나리진자, 용미산의 용미산신사 · 스이산진자 · 히루코진자 등 7개의 신사가 있었다.

2. 용두산신사의 시설물

1907년 무렵 용두산신사와 용미산신사 두 개의 신사가 경내에 어떤 부속시설물들을 갖고 있었는지 살펴보면 먼저 용두산신사의 경우 1907년 5월 31일 현재 크게 신전(神殿), 배전(拜殿), 경내신사(境內神社)로 구성되어 있었다. '신전'은 목조동즙(木造銅葺) 14평, '배전'은 ① 목조와즙(木造瓦葺) 21평 2합 5작 ② 경내 건물로 ㉠ 신찬소(神饌所) 4평, ㉡ 사무소(社務所) 목조와즙 20평 7합 5작 ㉢ 수세소(手洗所) 2개소 등이 있었다. 그리고 '경내신사'로 벤텐진자, 이나리진자 등이 있었다.[38] 이를 통해 용두산신사에는 과거 독립된 형태로 있던 벤텐진자와 이나리진자 등이 용두산신사의 경내로 부속되어 있었음을 확인할 수 있다. 즉, 1907년 용두산신사는 크게 신전과 배전의 영역으로 구분되고 다시 배전의 권역에 목조와즙, 신찬소, 사무소, 수

---

36) 龍頭山神社事務所, 앞의 책, 61쪽.
37) 강신용 · 장윤환 지음, 『한국근대도시 도시공원사』, 대왕사, 2004, 122쪽.
38) 龍頭山神社事務所, 앞의 책, 72~73쪽.

세소(手洗所＝手水舍데미즈야), 그리고 경내신사로 벤텐진자, 이나리진자 등이 있었다. 이나리진자는 히가시이나리진자와 니시이나리진자로 구분되어 있었다. 히가시이나리진자는 원래 용두산 정상에 있었는데 언제부터인지 용두산신사 배전의 오른쪽에 자리 잡았다. 그리고 니시이나리진자 역시 원래 벤텐진자의 왼쪽에 있었는데, 이 또한 용두산신사의 경내신사로 분류될 정도로 용두산신사 가까이에 위치하는데 히가시이나리진자와 니시이나리진자 모두 1902년 8월 거류민의 기부금으로 대폭 수선을 하여 본전과 배전을 갖추고 있었다.[39]

원래 일본 신사의 경내 구조는 맨 앞에 인간의 영혼을 날라다 주는 새가 머무는 곳을 상징화한 도리(鳥居), 도리를 지나 신사 건물과 그 건물 앞 좌우에 해태상 한쌍, 신사건물의 한쪽 귀퉁이에 약수터처럼 보이는 곳으로 손을 씻는 데미즈야(手水舍) 등이 있고 이런 석상들 뒤에 있는 건물이 배전이다. 그리고 신사에서 가장 중요한 본전(本殿＝神殿＝正殿)은 배전 뒤에 있다. 본전에는 각 신사의 제신과 제신을 상징하는 예배 대상물로 구슬, 거울, 검, 방울 등 다양한 신체(神體)가 모셔져 있으며 일반 참배자는 출입금지다. 일반적으로 신사의 건축양식을 말할 때는 바로 이 본전의 양식을 의미한다.[40] 이 밖에 축사를 아뢰는 축사전(祝詞殿), 그리고 신관(神官)과 참예자(參詣者)들이 재액의 제거를 비는 불전(祓殿), 신관이 몸과 마음을 깨끗이 하고 부정을 가까이 하지 않기 위한 재관(齋館), 제례가 있을 때 회식을 하기 위한 직회전(直會殿), 신찬(神饌)을 받치는 어취전·어찬전(御炊殿·御饌殿), 부정한 것을 재액하기 위해 씻는 물이 흐르는 불천(祓川), 신이 처음으로 그 모습을 드러낸다는 것으로 전하는 돌로 된 영향석(影向石) 등이 신사의 시설물들이었다.[41] 이러한 신사의 일반적 시설들과 1907년 당시 용두산신사의 시설물들을 대비한다면 용두산신사는 아직 반듯한 도리(鳥居)

---

39) 龍頭山神社事務所, 앞의 책, 66쪽.
40) 박규태, 『일본의 신사』, 살림, 2005, 5~7쪽 ; 武光誠, 앞의 책, 52~53쪽.
41) 社會思想社, 『日本を知る事典』, 1989, 553쪽.

조차 건립되어 있지 못한 신사의 가장 기본적인 형태만을 갖추고 있었을 뿐이었다. 이러한 용두산신사의 모습은 뒤에서 살펴볼 1916년 용두산공원 조성 이후 많은 변화를 겪게 된다.

용미산신사의 경우는 신사의 운영을 부산거류민단에서 맡고 있었는데 1911년 당시 경내 전체 면적은 700평으로 평당 40원으로 계산할 때 시가 2만 8천 원에 해당하였다. 그리고 시설물들은 신전 4평, 배전 13평, 사무소 13평 등으로 이 또한 5,500여 원의 가치를 갖고 있어 1911년 당시 용미산신사 전체의 재산은 3만 500여 원 정도였으며 신도 수는 2만 5,000여 명으로 파악되었다.[42] 한편 1908~1912년 사이 부산일본거류민단의 세출누계표를 통해서 신사의 경비지출 부분을 살펴보면 다음과 같다.

〈표 3〉 부산일본거류민단 세출누계표(1908~1912년)

구 분		1908	1909	1910	1911	1912
공원비	세출경상비	69	185	275	387	148
	세출임시비	2,111	634	356	0	186
신사비	세출임시비	484	—	—	—	

* 출처: 강신용·장윤환 지음, 『한국근대도시 도시공원사』, 대왕사, 96쪽에서 재인용.

부산거류지의 지출명목을 보면 1908년 2,111원으로 가장 많이 지출하고 이후 신사비는 1909년 이후 더 이상 지출이 없었던 것으로 파악된다. 그러나 실제 공원비 지출의 대부분은 용두산신사의 신사분위기 조성과 밀접한 관계가 있는 경비지출로 보아야 할 것이다.[43] 곧 1907년 이후 용두산신사 경

---

42) 龍頭山神社事務所, 앞의 책료, 86쪽. 1901년 당시 중구 일대 시내 쪽의 지가는 1등지(평당 50~35원)부터 4등지(평당 12원 이하)로 구분되었다(김의환, 『부산근대도시형성사연구』, 연문출판사, 1973, 44~45쪽). 이를 볼 때 용미산신사가 있던 곳은 산의 정상부임에도 불구하고 번화가와 접근성 때문에 1등지로 분류되고 있었다. 용두산신사의 신도 수는 1911년 당시 재부일본인 25,252명(김대래·김호범·장지용·정이근, 앞의 글, 296쪽)을 고려한다면 상당히 과정된 것으로 보여진다.

43) 강신용·장윤환 지음, 『한국근대도시 도시공원사』, 대왕사, 96·102쪽.

내의 직접적인 지출은 더 이상 확장되지 않았지만 원래 신사라는 것이 삼림이 우거진 곳에 위치하면서 뭔가 신비로움과 그윽함을 자아내야 하는 신사 고유의 분위기를 필요충분조건으로 한다는 점을 감안하면, 부산의 대표적 공원이었던 용두산공원의 조성은 공원 그 자체로서 끝나는 것이 아니고 용두산신사의 위상은 물론이고 사회적 역할 등과 밀접한 연관성을 지니고 있었다. 따라서 1908~1912년 사이 세목은 공원비로 지출되었지만, 기실 그 지출에 따른 효과는 용두산신사와 깊은 관련이 있었던 것으로 판단된다.

Ⅳ. 용두산신사의 확장과 사회적 기능

1. 1916년 용두산공원 조성

일본인거류지 부산에서 일본인들의 근대식 공원 조성은 신사의 정비 및 창건과 밀접한 관련이 있었다. 왜냐하면 경승지에 우선적으로 신사를 창건하고 신사건물과 그 경내의 보호를 위한 장식이 설치되면 신사의 경내는 자연스럽게 공원의 기능을 담당한다고 생각했기 때문이다.[44] 따라서 부산의 중심지였던 용두산에 근대공원을 조성한다는 것은 곧 용두산신사의 정비 및 확장과 맞물려 논의될 수밖에 없었다. 그리고 그것은 식민지 근대도시의 표상이라고 할 수 있는 공원과 신사의 사회적 기능이 깊이 연관되어 있음을 의미하는 것이기도 하였다.[45] 이러한 맥락 속에서 1916년 조성된

---

[44] 강신용 · 장윤환, 앞의 책, 41쪽. 실제 용두산신사뿐만 아니라 원산 · 인천 · 경성 · 군산 · 논산 · 마산 · 목포 · 청주의 경우 신사와 공원은 밀접한 관계를 맺고 있었다(靑井哲人, 앞의 책, 150~151쪽).

[45] 최근 근대도시형성사와 관련하여 "문화적 경관연구(Cultural Landscape)"의 입장에서 도시공간 환경의 특성과 거기서 살았던 사람들의 일상적 삶의 문화적 특성의 상관성에 주목해야 한다는 지적이 있다(고석규, 『근대도시 목포의 역사 · 공간 · 문화』, 서울대출판부, 2004).

용두산공원의 조성과정을 통해 용두산신사가 어떻게 정비되었는지 자세한 내력을 살펴보고자 한다.

용두산 신사는 1915년 2월 공사비 5,000여 원을 들여 새로운 건물인 신락전(神樂殿)을 4월 21일 준공할 계획으로 공사에 착공하였다. 그런데 1915년은 일제강점기 근대도시의 형성이란 측면에서 볼 때 새로운 공원 조성이 본격화하는 원년이기도 하였다.[46] 여기에 1915년 8월 총독부에서 총독부령으로 「神社寺院規則」을 발표하여 '신사는 국가의 종사(宗祀)로서 존엄(尊嚴)한 我(일본)國體의 성립, 빛나는 국민의 성적(成迹)과 표리일체를 이루며 경신(敬神)의 본의를 명징하여 사도(斯道)의 흥륭을 꾀함은 국민사상 함양상 긴절의 요무(要務)'라고 하는 국가신도로서의 법령을 공포하였다.[47]

따라서 1915년의 이러한 사회적 여건과 맞물려 부산에서도 용두산을 중심으로 한 대단위의 용두산공원 조성사업이 본격적으로 논의되고 여기에 따라 용두산신사의 정비도 자연스럽게 맞물려 논의되게 된다. 그런데 당시 용두산공원 조성은 애초 천황즉위를 기념하는 어대전기념사업의 일환으로 부산상업회의소에서 제기하면서 시작되었다. 이처럼 대규모 토목공사라고 할 수 있는 공원 조성사업이 부산부에서 먼저 제기되지 않고 부산상업회의소에서 발의했던 데는, 부산부에서 1915년 어대전기념사업의 목표를 이미 '수도수원 함양림식수(水道水源涵養林植樹)'에 두고 있었기 때문이었다. 물론 공원 조성사업에 대한 논의는 부산상업회의소에서 시작되었지만 용두산에 공원을 짓기로 최종 결정을 본 뒤에는 공원 조성을 위한 사업은 부산부로 이관되게 된다. 그리하여 용두산공원 조성사업의 실행 자체는 부산부에서 하게 된다.[48]

용두산공원 조성이 애초 어떻게 시작되었는지 그 과정을 살펴보면 다음과 같다.[49] 부산상업회의소는 어대전기념을 위해 1915년 7월 22일 중역회

---

46) 강신용·장윤환, 앞의 책, 41·120쪽.

47) 손정목, 앞의 책, 1996, 594쪽 ; 靑井哲人, 앞의 책, 149쪽.

48) 『釜山日報』, 1915. 7. 28, 9. 5 ; 1916. 10. 19.

의를 열었는데, 회두 하자마 후사타로(迫間房太郎)가 부산공원 설치에 관한 사안을 본격적으로 제안하게 된다. 이에 부산상업회의소는 부산부민들의 적극적인 참여와 함께 공사에 따른 재원을 새로 제정된 부산상업회의소령을 통해 옛 부산상업회의소 토지와 가옥을 매각한 경비 1만 원으로 충당할 것을 제의했다. 원래 이 경비는 부산공회당을 짓는 데 사용될 예정이었다. 그러나 '공원이 일진월보 향상 발전하는 동아(東亞)의 현관 부산항의 체면상으로 논하더라도 공회당 보다는 지금의 시점에서는 공원의 조성이 더 최대 급무'라고 판단한 끝에 7월 24일 부산상업회의소에서 부산부협의회, 부산상업회의소, 부산학교조합회의원들이 모여 협의한 끝에 15명의 공원 조성 조사위원(조선인 1명)을 결정하고 실질적 조사관련 사항은 이들 중 전형(詮衡)위원 3명을 뽑아 공원 조성계획을 추진하기로 하였다. 이때 만장일치로 선정된 전형위원 3인은 오이케 츄우스케(大池忠助, 부산부협의회 측), 하자마 후사타로(迫間房太郎, 부산상업회의소 측), 카시이 켄타로(香椎源太郎, 부산학교조합회의원 측) 등이었다.[50] 이렇게 선정된 조사위원들은 공원의 조성 자체에는 찬성하였으나 공원을 막상 어느 장소에 둘 것인가 하는 문제에 있어서는 다소의 견해 차이를 보였다. 실제 7월 24일 부산상업회

---

49) 용두산공원 조성에 대한 대략적인 이해는 정지영, 앞의 글(본고 주 6)을 참조하기 바란다. 본고에서는 정지영의 글에서 구체적으로 다루지 못한 용두산공원설립 초기의 논의과정에 역점을 두어 살펴보고자 한다. 그 이유는 현재의 용두산공원이 조성된 시원을 확인할 수 있을 뿐만 아니라 공원 조성 논의과정에서 드러난 재부 일본인들의 길항관계를 비롯해 용두산신사의 위치를 정확히 조명하기 위해서이다.

50) 『釜山日報』, 1915. 7. 24, 7. 25. 이날 선정된 공원 조성 조사위원들은 다음과 같다. 迫間房太郎(위원장), 香椎源太郎, 坂田文吉, 田中秀次郎, 石原源三郎, 伊藤祐義, 豊田福太郎, 福島源次郎, 安武千代吉, 光義介, 田端正平, 井谷義三郎, 水野嚴, 堤貞之, 李圭直. 이들 각 인물에 대한 약력은 홍순권 편, 앞의 책 ; 홍순권, 「1910~20년대 '부산부협의회'의 구성과 지방정치—협의원의 임명과 선거 실태 분석을 중심으로—」, 『역사와 경계』 60, 부산경남사학회, 2006, 〈부표 1〉 및 〈부표 2〉 ; 김동철, 「부산의 유력자본가 카시이 켄타로의 자본축적과정과 사회활동」, 『역사학보』 186집, 2005 ; 차철욱, 「일제강점기 부산상업(공)회의소 구성원의 변화와 '釜山商品見本市'」, 『지역과 역사』 17호, 2005, 294~295・316~323쪽 (별첨) 참조 바람.

의소에서 어대전기념사업을 어떻게 할 것인가 하는 문제를 두고 회원들 사이에서 '여러 갈래로 의견이 분분(衆議紛紛)'하였는데, 이는 대략 7개의 안으로 정리할 수 있다.

> ①안－공원의 명칭을 부여하지 않고 운동장으로 할 것인지 아닌지 그것을 먼저 결정하고, 운동장으로 하는 것이 결정되면, 공원은 외형만을 조성하는 것도 장래의 한 방책이 될 수 있을 것.
> ②안－어대전기념사업으로서 공원 조성 설계만을 먼저하고 나머지 공원 조성의 실행은 후년으로 남겨 둘 것.
> ③안－이번에 부산상업회의소에서 공원설치 자금 1만 원을 제공하는 것은 어대전을 기념하는 것인 만큼 공원 자체의 조성 및 유지책은 후일로 넘겨 장차 이용할 종합외형의 공원 설치는 부산부에 위임할 것.
> ④안－부산상업회의소에서 제공해야 할 1만 원을 공원설치자금으로 부산부에 기부하여 부산부에서 사업의 실행을 결정할 것.
> ⑤안－부산상업회의소의 기부금을 배가하여 2만 원으로 출지하고 이밖에 주민으로부터 3천 원을 기부 받고, 관민유지의 기증으로 기념수를 식목한 뒤에 공원을 설치할 것.
> ⑥안－용두산에 시설을 마련하여 공원으로 조성할 것.
> ⑦안－부산상업회의소 자체 어대전 기념사업으로서 공원설치 이외에 공회당 또는 그 밖의 적당한 사업이 있지 않을까 그 유무를 먼저 조사할 것.

이와 같은 7개의 의견 가운데 ①과 ②안은 공원조정에서 소극적인 입장, ③~⑥안은 적극적인 입장, 그리고 ⑦안은 중립적 입장으로 당시에는 분류하고 있었다.[51] 이처럼 어대전기념사업을 두고 부산상업회의소 회원들 사이에서 여러 가지 안들이 제시되었다. 그리하여 7월 28일 모임에서는 그동안 조사위원들이 조사한 후보지로서 거론된 ① 고등여학교부근, ② 지방법

---

51) 『釜山日報』, 1915. 7. 27.

원부근, ③ 구산유원지부근에 대한 위치, 지세, 공사의 용이성 등을 두고 논의를 전개하였다. 이 과정에서 부산세관장 관사 뒤쪽의 산과 보수정 위의 하자마 후사타로 소유의 땅 등 1, 2가지의 다른 안들도 제시될 정도로 회의는 공원부지 대상지를 두고 난상토론을 거듭했다.[52] 이 과정에서 공원을 서부 시가지 방면에 조성할 것 경우 1만 5천 평의 넓은 부지를 확보할 수 있는 장점이 있지만 땅값이 비싼 것이 문제시되고, 지방법원부근에 공원을 설치할 경우는 도로에 붙어 약 6, 7천 평에 공원시설을 조정할 경우 이곳 역시 경비가 3만 원 정도 소요되기 때문에 공원부지로서 부적절함이 지적되었다. 그리고 부산형무소 부근의 공원 조성은 땅값 문제는 쉽게 해결할 수 있지만 시내에서 접근성이 떨어지는 것이 결점으로 지적되었다.

이렇게 여러 안들이 논의되는 과정에서 새로운 안이 제시되었다. 그것은 공원과 운동장을 분리해서 조성하자는 안이었다. 즉, 부산 제1공원은 용두산공원에 설치하고 운동장의 기능을 갖는 부산 제2공원은 서부시가지 중에서 적당한 곳에 설치하는 것이었다. 결국 운동장과 공원을 분리해서 조성하자는 안이 당일 7월 28일 회의에서 만장일치로 가결된다. 이에 부산상업회의소에서 내게 되는 공원 조성경비 1만 2,000원 중에서 7,000원은 용두산공원 조성경비로 나머지 3,000원은 아직 명확한 부지를 서부지구에 정하지는 않았지만 제2공원(운동장) 확보경비로 충당할 것을 결정하였다.[53] 그러나 이 결정은 8월 1일 부산상업회의소에서 부산부협의회, 부산상업회의소, 부산학교조합회 관련자들 24명이 모인 자리에서 몇몇 참석자들의 2개의 공원 조성은 불가하다는 의견이 개진되면서 의견이 분분하여 회의가 "휴회"될 정도로 논란이 되었다. 이에 하자마(迫間) 위원장은 회원들의 중의(衆議)를 쫓아 7월 28일 결정한 사항을 무효로 하고 어대전기념사업으로서 용두산공원을 확장할 것을 제의하여 참석자들이 만장일치로 이것을 받아들임으로

---

52) 『釜山日報』, 1915. 7. 29.
53) 『釜山日報』, 1915. 7. 30.

써 7월 28일의 결정사항은 번복된다.

당시 상황을 전하는 기사 내용을 자세히 보면 하자마(迫間) 본인은 서부 공원과 용두산공원 두 곳을 개발하는 쪽의 의향을 갖고 있었다. 그리고 여기에 대해 오이케(大池)와 카시이(香椎)는 반대의 입장을 명확히 하였는데, 하자마와 오이케와 카시이 사이의 이런 입장 차이는 부산을 대표하는 경제인으로서 지역의 헤게모니를 장악하기 위한 이면의 알력관계가 작용한 결과로 보여진다. 즉, 부산 서부지역 일대에 땅을 많이 가지고 있었던[54] 하자마로서는 당연히 자신 소유의 땅값이 상승할 개연성이 높은 서부지구 개발안(案)을 선호했을 것이다. 그리고 평소 하자마와 경쟁관계에[55] 있었던 오이케와 카시이는 자연히 하자마에게 유리한 서부개발의 전망을 갖는 서부지구 공원건설 방안을 반대했던 것으로 생각된다.

어쨌든 어대전기념 부산공원 조성사업은 8월 1일 모임에서 최종적으로 용두산공원에 조성키로 하고, 소요 경비 또한 1만 2,000원에서 2,000원을 감한 1만 원으로 결정한 뒤, 공원조사 및 준비를 위해 발기인총대로서 오이케 츄우스케·카시이 켄타로·하자마 후사타로 3인을 선정하고 용두산공원 설계를 동경 우입구(牛込區)의 일본정원주식회사에 의뢰하였다.[56] 이후 부산부의 협조와 부산상업회의소의 옛 회의소 매각대금 1만 원의 제공에 힘입어 1915년 11월 10일 어대전기념 봉축행사에 맞추어 용두산공원 기공식을 갖는다. 그 결과 이듬해 1916년 6월까지 공사가 진행되어 오늘날 용두산공원에 올라갈 수 있는 4개의 도로(① 근대역사관에서 올라가는 길, ② 부산

---

54) 하자마(迫間)가 부산의 서부지역(대신동, 부평동, 보수동) 일대에 많은 땅을 가지고 있었음은 車相讚, 「南隊」, 『別乾坤』 제22호, 1929, 123쪽. 하자마, 오이케, 카시이의 초기 자본축적 과정에 대해서는 최원규, 「19세기후반·20세기초 경남지역 일본인 지주의 형성과정과 투자사례」, 『한국민족문화』 14, 1999, 143~150쪽.

55) 하자마와 카시이 및 오이케 사이의 이런 대립은 실제 부산부협의회 선거와 부산 상업회의소 선거에서 각각 충돌하게 된다(홍순권, 앞의 글, 203~209쪽 ; 차철욱, 앞의 글, 298~300쪽 참조).

56) 『釜山日報』, 1915. 8. 3, 8. 4 ; 『朝鮮時報』, 1915. 8. 4.

호텔 방향에서 올라가는 길, ③ 광복동에서 올라가는 길, ④ 신창동 파출소 건너 옛 미화당 백화점에서 올라가는 길)를 비롯해 각종 나무(버드나무, 단풍나무, 철쭉, 등나무시렁)들을 식목하고 산위의 정상을 2단으로 구분하여 밑단은 250평, 윗단은 270평 정도의 평지를 각각 조성하게 되었던 것이다.[57] 이 과정에서 막상 공사가 진행되자 용두산의 꼭대기를 깎아 공원으로서 대광장을 만들 때 아래쪽에 있는(현 이순신 동상의 주변) 기존의 용두산신사가 손상되고 더럽혀지는 것이 문제시되었다. 게다가 용두산의 정산부는 경질의 암석으로 되어 있어 이것을 제거하는 데 따른 경비 또한 많이 소요될 것이 예상되었다. 이에 용두산공원 조성의 사업방향을 아래쪽에 있던 용두산신사를 윗단 최정상부로 옮기고 이러한 신사의 이전에 따른 경비를 제한 나머지 경비로서 기존의 아랫단 부분을 평지로 조성하는 것이 더 경제적인 것으로 판단되었다.[58] 이런 설계변경을 거쳐 1916년 10월 15일 용두산공원은 준공식을 갖게 된다. 1년 가까운 공사 끝에 마련된 용두산공원은 공원 그 자체의 정비뿐만 아니라 용두산공원이 갖고 있는 지질적 특성 때문에 용두산신사의 여러 조경과 부대시설에 변화를 가져왔다. 약간 장황하지만 다음의 기사를 통해서 용두산공원이 1916년 10월 준공되었을 때 공원으로서 어떤 모습을 갖추었으며 또 신사로서 용두산신사가 어떤 공간적 변화과정을 거쳤는지 자세히 살펴볼 수 있다.[59]

① 從前의 頂上 약 250평의 광장을 약 1칸(1.82미터 — 옮긴이) 깎아 약 610평으로 확대해 同所에 용두산신사 및 사무소를 끌어 올려 境內를 확장해 同 신사가 관폐중사(官幣中社)의 자격을 얻는 데 지장이 없을 만큼 境內를 만들게 이르렀고 또 같은 장소로부터 ② 南方 6척 아래에 약 220평의 평지를 만들어 그 한 구석에 이나리진자(稻荷神社)를 옮기고, ③ 同所 21척

---

57) 『釜山日報』, 1915. 10. 21, 11. 10 ; 1916. 6. 3, 6. 7.
58) 『釜山日報』, 1916. 1. 27.
59) 『釜山日報』, 1916. 10. 13.

아래 즉 원래 신사 터를 착평하여 원래 신사 앞 광장과 합쳐 약 1,100평의 평지를 만들어 이들 상, 중, 하의 세 곳 평지의 중간에는 石段을 세워 이것을 연결해 정상의 깍은 것과 그 외 착평 공사를 위해 잘라내었던 흙은 약 800평에 달한다. ④ 다음에 本町 측면에서 위로 口道路 약 15간을 2간 내지 3간 폭으로 개수했을 뿐만 아니라 思案橋 및 지은사(知恩寺, 현 중앙동 중앙성당 뒤쪽 비탈-옮긴이) 부근에서 정상에 이르는 도로 그 외 용두산 산중의 산책(逍遙)도로 1간 내지 1간 반 약 500간을 뚫고 신사의 동쪽 아래 방향의 앵곡(鶯谷)에는 길게 4간의 10橋(앵곡교라고 칭함-원문)를 가설하는 등 공원 내의 교통을 편리하게 하고 또 ⑤ 공원 내의 소나무, 기타를 손질해 常盤樹를 이식할 뿐만 아니라 종래 정상에 있던 ⑥ 즈에효고(津江兵庫)의 碑는 신사의 동쪽 아래 방면으로, (종래-옮긴이) 중턱에 있던 죽중촌향(竹中邨香)의 비석은 신사의 서쪽 아래 방면으로, 소방조(消防組)의 기념비는 지은사 안으로 이전하는 등 ⑦ 공원 내의 風致는 일층 그 분위기를 더하기에 이르고 용두산 신사 부근의 景色은 웅대하고 몇 층의 장엄을 더하기에 이르렀다. 금후 매년 府費로써 화분 기타 정원수를 심는 등 …… 본년도의 가공공사도 낙성함에 따라 16일에 성대한 낙성식을 거행하려고 하지만 虎役이 아직 종식되지 않음에 따라 그것을 연기하는 것으로 되었다.

먼저 ①을 통해서 용두산의 정산부 250평을 깎아 610평으로 확대함과 동시에 이런 공사를 통해 용두산신사의 사격(社格)을 관폐중사급으로 승격하려고 했음을 알 수 있다. 명치유신 이전에는 신사를 일궁(一宮), 이궁(二宮), 삼궁(三宮) 등으로 신사의 사격을 구별하였다. 그러다가 명치정부 이후에는 내무성(內務省)에 신사국(神社局)이라는 것을 설치하여 전국의 신사를 크게 간베이샤(官幣社), 고쿠베이샤(國幣社) 및 제사(諸社)로 나누었으며 사격의 높은 순으로 간베이타이샤(官幣大社), 간베이쥬샤(官幣中社), 간베이쇼샤(官幣小社), 고쿠베이타이샤(國幣大社), 고쿠베이쥬샤(國幣中社), 고쿠베이쇼샤(國幣小社), 별격(別格)관폐사로 구분하였다. 그리고 이 구분에 들어가지 않는 것은 제사로 분류했다. 이외 부(府), 현(縣), 촌(村)에서 경비를 조달하는 부사, 현사, 촌사 등이 있었다. 간베이샤와 고쿠베이샤의 구별은 춘

추의 예제일(例祭日)에 드리는 신찬폐료(神饌幣帛料)를 황실에서 지출하는가 국고에서 지출하는가의 구별에 의해 분류되어 명치 초에는 상당한 차이가 있었지만 시간이 지나면서 실질적 차이는 없어졌다.[60]

그리고 ②와 ③의 내용을 통해 최정상 바로 아래 220평 규모의 평지공간을 확보해 이나리진자를 이전하고 최정상으로부터 21척 아래에 기존의 터와 함께 새롭게 평지 확장공사를 하여 1,100평의 넓은 공간을 마련했음을 알 수 있다. 그 결과 최정상의 상단 610평, 중단 220평, 하단 1,100평의 삼단 계단식의 평지를 확보한 셈인데 이런 지형의 모습은 현재의 용두산공원 정상부의 구조와 대체적으로 일치한다. ④의 내용을 통해 용두산공원으로 올라가는 북쪽방향(지은사, 현 근대역사관 쪽), 동쪽방향 본정(현 동광동 부산호텔 쪽)에서 올라가는 도로, 그리고 서남 쪽(현 신창동파출소 건너 구 미화당백화점 방향)에서 올라가는 도로 등을 각각 정비했음을 확인할 수 있다. 이와 함께 기존의 용두산공원에 있던 각종 비석의 위치 이동(⑥)과 식목을 통한 풍치·풍광의 변화(⑤, ⑦)를 엿볼 수 있다. 이러한 공원 조성과 용두산신사 이전에 따른 총경비의 지출분은 다음과 같았다.

〈표 4〉 1915~1916년 용두산공원 조성 경비 내역

내역	설계 및 감독비	御遷座 諸費	신사 이전비	사무소 이전비	地均 공사비	도로 開鑿費	수목손질 및 원내정리비	잡비	총액
금액(圓)	835	283	1,570	570	5,164	950	500	128	10,000
비율(%)	8.35	2.83	15.7	5.7	51.64	9.5	5	1.28	100.00

* 출전: 『釜山日報』, 1916. 10. 19.

---

60) 손정목, 앞의 책, 1996, 593쪽. 용두산신사는 1940년 사격이 고쿠베이쇼샤로 되어 있었다(日本電報通信社 編, 『神社大觀』, 1940, 777쪽. 본고 〈부록〉 참조). 대체적으로 간베이샤는 천황을 제신(祭神)으로 하는 신사 또는 역대 천황의 숭경(崇敬)을 두터이 하는 신사이고, 고쿠베이샤는 국토경영에 공적이 있은 신격(神格)을 제사하는 신사로 구분되었다(靑井哲人, 앞의 책, 75쪽).

위의 용두산공원 조성 공사비를 보면 부산상업회의소에서 지원한 1만 원의 50%에 해당 경비가 공원 정상부의 평지 조성에 사용되었고, 그 다음으로 용두산신사와 관련된 경비(어천좌제비, 신사이전비, 사무소이전비)가 24.2%를 차지하였다. 곧 용두산공원 조성 전체 경비 중 4분의 1에 해당하는 금액이 용두산신사 조성에 사용되었다. 이는 공원 조성 경비로 책정된 1만 원의 경비 중 적지 않은 부분이 신사 조성에 충당되었음을 의미한다. 그리고 이것은 그만큼 1916년에 완공되는 용두산공원의 조성은 공원 그 자체로서만이 아니라 신사의 정비와 맞물려 진행되었음을 뜻한다. 신사는 약간의 차이는 있지만 대개 20년 간격으로 기존의 신사건물이 있는 곳에서 약간 떨어진 곳에 새로운 신사건물을 짓게 되는데 이를 식년천궁(式年遷宮)이라고 한다. 식년천궁은 현재에도 계속해서 진행되는데 신사관련 목조건물의 제작 기술전수와 함께 반복적 재건축을 통해 그 신앙의 변화 없음과 '영원한 현재'를 모색하는 일본인들의 종교적 심리를 잘 보여주는 행위이다.[61] 결국 용두산신사가 1916년 8월 공원 조성에 따라 최정상부 쪽으로 위치를 이동한 것 역시 완전히 신사관련 건물을 신축한 것은 아니지만 일종의 식년천궁과 같은 의미를 갖는 것이었다.[62]

2. 용두산신사의 사회적 기능

1916년 용두산신사와 용두산공원이 정비되고 난 뒤 용두산정상은 부산부 주관은 물론 각종 관변단체들의 행사들이 열리는 중요 공간으로 자리잡는다. 이들 행사들이 어떤 방식으로 열렸으며 또 어떻게 진행되었는지 그 내용을 통해 용두산신사와 용두산공원의 사회적 기능을 살펴보도록 하겠다.

---

61) 박규태, 앞의 책, 69~72쪽.

62) 아래쪽에 위치하던 신전과 배전을 모두 기계로 최정상부로 옮겼다. 이 과정에서 신전의 기초에 흰개미들이 부식하고 있음을 발견하여 방제작업을 하기도 했다 (『釜山日報』, 1916. 7. 6 ; 『朝鮮時報』, 1916. 8. 12, 8. 17, 8. 19).

제국재향군인회 부산분회에서는 1915년 4월 30일 야스쿠니(靖國)신사의 예
제일에 맞추어 순국충사자(殉國忠死者)의 영혼(英魂)을 위로하는 초혼제를
용두산 정상에서 개최하였다. 이 대회에는 부산 부윤을 비롯해 부산경찰서
장, 실업야학교장, 제1, 2심상고등소학교장, 애국부인회원, 재향군인회 부산
분회원, 예비역 소좌 외 군인가족 100여 명과 부산수비대원 등이 참석하여
예제의 공식적인 행사를 오전 10시에 마쳤고, 이어서 10시 반에 부산중학생
들이 선생들의 인솔하에 식장에서 참례하였다.[63] 그리고 용두산신사는 제1
차 세계대전에 참전한 일본군의 승리가 있을 때마다 대첩보고제 또는 승리
축하회를 개최하였는데 1914년 11월 전승축하회와 함께 가장행렬을 비롯해
축포행사들이 용두산신사 앞에서 열렸다.[64] 그리고 1916년 10월 1일 일한
병합6주년 기념식을 용두산신사에서 거행하였으며,[65] 1918년 3월 부산군인
분회에서 러일전첩기념 봉축식을 열고, 같은 해 11월 21일 용두산신사의 신
락전(神樂前) 앞에서 대규모의 전첩축하대회를 부산 부윤, 중국영사, 러시
아영사를 필두로 500여 명이 참가한 가운데 성대하게 개최하였다. 이날 부
산중학교, 상업전수학교, 소학교 등 9개 학교 3,000여 명의 학생들은 교직원
의 인솔하에 손에 일장기를 들고 부산역광장에서 출발하여 초량 방향으로
갔다가 다시 광복동 쪽으로 돌아오는 시가행진을 했다.[66] 이처럼 전승기념
과 관련한 각종 집회들이 개최되는 중요 장소로서 용두산신사 혹은 신사
앞의 광장이 활용되었다. 이 밖에 명치유신 이후 농업생산의 향상을 위해
각 지역별로 가을에 추수한 햇곡식을 헌상하는 수발식(修枝式)과 명치천황
에 대한 요배식 등을 재부일본인들은 용두산신사에서 치렀다.[67] 그리고
1917년의 10월 31일 관민합동의 천장절 행사를 기존의 거류지제(居留地祭)

---

63) 『釜山日報』, 1915. 4. 30, 5. 1.

64) 『朝鮮時報』, 1914. 11. 8, 11. 10.

65) 『釜山日報』, 1916. 10. 1.

66) 『朝鮮時報』, 1918. 3. 11 ;『釜山日報』, 1918. 11. 23.

67) 『朝鮮時報』, 1917. 7. 30, 9. 26, 10. 10.

행사보다 더 크게 대대적으로 거행하였는데 "불경하지 않는 범위 내에서" 씨름을 비롯한 각종 여흥 등을 열 수 있도록 하였다.[68]

1910년는 물론이고 일제강점기 내내 용두산신사와 용두산공원에서는 여러 행사들이 열렸는데, 그중에서 가장 중요한 행사는 4월에 개최된 용두산신사 예제의 신행식(神幸式)과 천황즉위 기념일을 축하하는 어대전행사였다. 먼저 1915년 4월 22일에 열린 용두산신사 예제 때 진행된 신행식을 보면 다음과 같다. 4월 22일 아침 제관과 부산 부윤을 필두로 신전제식(神前祭式)을 거행한 뒤 신위를 모신 가마(神興)와 각종 신물(神物)을 앞세우고 오전 10시 용두산신사를 출발하여 보수정의 심상고등소학교 교정에 12시 도착, 2시간 동안 머문 뒤 오후 2시 학교를 떠나 4시에 용두산으로 귀환하는 것으로 되어 있었다. 이 행사에는 신관을 비롯한 신악(神樂)들이 동행하였는데 그날 밤 제등(提燈)행렬에서는 100명씩을 1단으로 하고 각 단과 단 사이는 10칸의 거리를 두고 시가행렬을 하였다. 이 행렬에는 각 정(町)의 가정 및 상점에 신등(神燈)과 일장기를 걸고 주민들 또한 가마 행차에 적극 동참하였다. 이때 대청정(현 대청동)의 경우 붉은등(紅提燈) 2,000여 개를 각 집의 추녀마루에 달아 마치 대청동 일대는 '불의 바다'를 연상케 할 정도였다. 당시 신행식과 그날 밤에 있었던 제등행렬이 어느 정도였는가 하는 점은 신행식 당일 부산의 각 상점, 은행, 곡물시장 등이 모두 휴업하고 이튿날 『釜山日報』와 『朝鮮時報』 같은 주요 언론사까지 휴업을 할 정도로 성대하게 거행되었다.[69] 그리고 신행식과 제등행렬이 있었던 다음 날 23일 부산시내 일본인 학생들이 다녔던 공립 각 학교 생도들은 여학교를 제외하고 오전 8시부터 대청정 제1공립심상소학교의 생도 1,000여 명을 선두로 보수정과 영도에 있던 공립심상소학교와 심상고등소학교, 초량의 상업전수학교 생도 250여 명 등, 전체 4,000명의 학생들이 용두산신사 앞에서 참례를

---

68) 『朝鮮時報』, 1917. 10. 19.
69) 『釜山日報』, 1915. 4. 21, 4. 22.

하였다.[70] 이들 행사에 참석한 학생들의 대부분은 일본인 학생들이었다. 이는 일본인 교육을 전담한 법인단체였던 학교조합에 속한 학교의 학생들을 동원한 데서 알 수 있다. 일반인과 학생들이 참가하여 도시축제 형식으로 신행식을 거행한 것은 시간적 편차는 있지만 1935년 대만과 서울에서 동일하게 거행되었다.[71]

이러한 신행식 이외 용두산신사와 용두산공원에서 치러진 대표적 행사로 천황 즉위를 기념하는 어대전행사를 꼽을 수 있다. 용두산신사에서는 천황의 즉위를 기념하는 어대전 기념행사를 매년 개최하였는데 1915년의 경우 경신회(敬信會)와 같은 단체에서는 회원 700명이 다가오는 어대전행사를 용두산신사에서 치르고 각 정(町)과 각 가정에서도 봉축의 뜻을 새기도록 하였다.[72] 용두산신사와 용두산공원에서 치러진 어대전 봉축행사는 신사의 신행식 못지않게 거창하게 진행되었다.

1915년 어대전행사의 경우[73] 11월 10일부터 18일까지 거행되었다. 행사기간 내 시내 각 거리(장수통, 남빈정, 대청정, 부민정, 녹정, 목도)에서는 신행식 때와 마찬가지로 제등을 하고 일장기를 비롯한 각종의 기(旗)를 거리마다 교차하여 '깃발의 터널'을 만들었고, 16~18일 사이에는 시내 관청이 모두 휴업을 하였다. 어대전 봉축식은 10일 오후 2시 부산부청에서 개최하였고 여기에 참석하지 못한 시민들은 용두산에 마련된 식장에서 거행하였

---

70) 『釜山日報』, 1915. 4. 24.

71) 靑井哲人, 앞의 책, 286~294쪽. 서울 시내에서 신행식이 거행될 동안 참가자들은 현재 일본에서 마쯔리 때 외치는 왓쇼왓쇼(ワッショ, ワッショ)를 외치면서 가마를 운반하였다.

72) 『朝鮮時報』, 1915. 9. 12.

73) 필자는 용두산공원 준공 이후의 어대전행사를 보고자 하였다. 그러나 현재 『釜山日報』와 『朝鮮時報』의 경우 1916~1919년 사이 어대전행사를 엿볼 수 있는 11월 신문자료는 남아 있지 않다. 다행히 1917년 11월의 신문기사를 확인할 수 있지만 1917년의 어대전행사는 당시 만연하던 유행성독감 때문에 온전하게 치르지를 못하여 행사에 대한 자세한 내용을 알 수가 없었다. 따라서 본고에서는 1915년의 어대전행사에 한정할 수밖에 없었다.

다. 그리고 용두산신사와 용미산신사는 10일 당일 오전과 오후로 각각 나누어 어대전 기념제전을 개최하였다. 이어서 16일 오후 2시 부산 부윤이 주관하는 봉축연회와 17일 정오 개최된 관민축하회를 용두산에서 개최하였는데 봉축식 당일 부산의 각 공장과 기차, 항구에 입항한 기선들은 오후 3시 반에 일제히 기적을 3분간 울려 도시 전체의 축제 분위기를 고조시켰다. 그리고 봉축식이 있었던 10일 밤 부산시내는 각 권역별(시내방면, 초량고관방면, 부산진방면, 영도방면) 학교의 학생들 5,000여 명을 제등행렬에 참여시켰다.[74)]

　학생들이 참가하는 동일한 제등행렬이지만 어대전 제등행렬과 용두산신사 신행식 때의 제등행렬에는 차이가 있었다. 신행식 때의 제등행렬에는 일본 학생들만 참가시킨 반면, 어대전 제등행렬에는 일본 학생들 이외에 해당 권역의 한국인 보통학교와 중등학교(상업학교)의 학생들도 참가시켰다. 이는 일본 전통문화라고 할 수 있는 신사의 제례행사와 '일본제국의 국민·신민'으로서 식민지배를 받는 국민(한국인)이 최고 통치권자인 천황에 대해 존경심을 표시해야 하는 어대전이 갖는 성격의 차이를 보여주는 것이라 하겠다. 곧 1910년대 중반까지만 하더라도 신행식은 일본 전통문화의 계승이란 측면에서 그 성격이 일본인들만의 축제에 가까웠다면, 이에 반해 어대전행사는 일본본국과 식민지 지역 구별할 것 없이 일본제국의 국민으로서 모두가 기꺼이 참가해야 하는 축제로 일제가 인식했음을 의미한다. 따라서 시간이 지날수록 제국국민으로서 갖추어야 할 의무인 어대전행사는 한국학생들의 참가규모의 확대를 가져왔다. 예를 들어 1928년 11월 10일 어대전행사를 보면, 용두산공원 정상에서 관민합동으로 봉축식을 열고 당일 초등학교 4학년 이하 학생들이 낮에 기행렬을 가졌다. 그리고 이튿날 11일 초·중·고 학생들이 참가한 대규모의 기행렬이 세 방면(시내, 초량·부산진, 영도)에서 진행되었다. 예를 들어 시내 방면의 경우 고등학교로 부산고

---

74) 『釜山日報』, 1915. 11. 10, 11. 12.

등여학교(현 부산여고), 실천상업학교(현 동주여상), 삼도여학교(현 남성여고) 등과 부민보통학교(현 부민초등학교)를 비롯한 일본인 소학교 등이 참가하였다. 이들 시내 방면의 기행렬은 현재 동대신동 → 법원 → 보수동 → 부평시장 → 토성동 → 광복동 → 중앙동 → 대청동 → 용두산공원 정상에서 행렬을 마치는 코스로 움직였다. 그리고 11월 17일 거행된 제등행렬 역시 시내방면은 부산역전에서 오후 6시 집합하여 기행렬 코스와 비슷하게 순회하고 용두산공원 정상에서 삼세삼창으로 해산하였다. 야간에 진행된 제등행렬은 기행렬과 달리 남학생의 부산중학교(현 부산고등학교), 제1상업학교(경남상고 → 부산부경고등학교), 제2상업학교(부산상고 → 현 개성고등학교) 등이 참여하고 이들 학생들 뒤에 각 해당 지역 정(町)의 단체들이 뒤따랐다. 야간의 제등행렬에는 초등학교의 경우 5학년 이상의 남학생들만 참가할 수 있었다.[75]

이상에서 살펴본 바와 같이 1910년대 용두산신사와 용두산공원은 각종 예제 및 어대전행사의 중요한 공간으로 활용되었다. 그리고 용두산에서 개최된 신행식과 어대전행사는 단순한 제례 행사로 그치는 것이 아니었다. 관공서와 상점들이 휴업할 정도로 재부일본인 모두가 참가하는 하나의 큰 축제로 진행되었다. 따라서 봉축식 이후 재부일본인들은 "불경하지 않는 범위 내에서" 씨름과 같은 각종 오락을 열기도 하고, 주간에는 화려한 기행렬을, 야간에는 제등행렬 등을 개최하였다. 재부일본인들은 신행식을 통해서는 자신들만의 문화적 일체감을 과시하고, 다른 한편으로는 재부한국인들에 대해 제국의 국민으로서의 단결을 어대전행사와 같은 것을 통해 강화하였다. 이러한 이중적 이데올로기가 작동하는 상징물이 곧 1910년대 용두산신사였다.

---

75) 부산부, 『釜山』 10월호, 1928, 17~20쪽.

V. 맺음말

부산에는 조선시대부터 초량왜관이 있었던 만큼 초량왜관에는 여러 신사들이 설립되어 있었다. 따라서 부산의 신사는 한국에서 신사들이 대거 설립되는 1900~1915년보다 훨씬 앞선 개항 이전부터 운영되었다는 특징을 갖고 있다. 그리하여 초량왜관 시절에는 용두산을 중심으로 벤자이진자(辨才神社), 이나리진자(稲荷神社), 고토히라진자(金刀比羅神社), 아사히나진자(朝比奈神社) 등을 포함하여 용미산의 타마다레진자 등 전체 5개의 신사가 있었다. 그리고 신사에 모셔진 신들 또한 용두산을 중심으로 재물(벤자이텐진자), 상업(이나리진자), 항해의 안녕(고토히라진자, 아사히나진자) 등과 관련된 신들이 모셔졌다. 그 뒤 1764년 이후 스미요시다이진(住吉大神), 스가와라노 미치자네(官原道眞) 등이 고토히라진자에 모셔지고 계속해서 1819년 3월 용미산의 타마다레진자에 임진왜란 당시 선봉장이었던 가토키오마사(加藤淸正) 등이 합사되었다. 그리고 같은 해 5월 아사히나진자가 건립되었다. 따라서 초량왜관에 모셔졌던 초기의 신들은 주로 왜관에 체류하는 일본인들의 기복(祈福)신앙적 성격을 띤 신들이 많이 봉사되었음을 알 수 있다. 그러나 18세기 중엽 이후 신공황후의 삼한정벌과 관련된 스미요시다이진을 포함하여 임진왜란의 선봉장이었던 가토키오마사 등이 19세기 초에 각각 모셔지게 된다. 초량왜관에서 일본인들이 봉사한 여러 신들의 시기별 변화를 통해 당시 왜관에 체류한 일본인들의 의식적 변화과정을 읽을 수 있다. 곧 18세기 중엽 이후 초량왜관에서 봉사되는 신들의 변화는 에도막부 시절 일본 국학자(國學者)들의 목소리가 높아지는 것과 일정 정도 연관된 현상으로 판단된다.

한편, 초량왜관 당시의 5개 신사는 개항을 전후한 시기에 이르러 보존상태가 그렇게 양호한 편은 아니었다. 그 결과 재부일본인들은 일본 본국에서 1871년 사격제도 등이 정비되는 것과 맞물려 1880년부터 부산의 신사들을 정비하기 시작하였다. 이때 신사정비는 종래까지 신앙자들을 중심으로 경비를 조달하던 방식에서 벗어나 선거를 통해 뽑힌 유력자들이 신사의 개보수 공사에 적극적으로 앞장서게 된다. 이는 재부일본인들 사이에서 유력자들이 제례·의례 등을 장악함으로써 일본전관거류지 내에서 헤게모니와 위계질서를 확립하려는 독지가·유력자들(경제인, 부산거류지회원의원, 부산번영회원, 부산상업회의소 역원)의 욕구가 작용한 결과로 보여진다. 이 과정에서 1898년 용두산신사 개건사업에 착수하여 이듬해 1899년 7월 신사의 천궁식을 거행하고 신사의 명칭 또한 용두산신사로 개칭하였다. 이때부터 용두산신사란 명칭이 통용되는데 1907년 용두산신사에는 9명의 제신이 모셔졌다. 이들 제신들 중 1865~1888년 사이에 모셔진 2명은 일본천황제와 관련되고 1896~1899년에 봉사된 4명은 일선동조론·일한동역론 및 한반도 정벌과 관련된 인물들이었다. 즉, 1894년 청일전쟁에서 승리함으로써 한반도를 보다 더 자신들의 영향권 아래에 두게 되었다는 자신감의 발로가 과거 한반도와 관련되어 있거나 한반도에 적극적으로 진출한 인물들을 배향하게 된 것으로 여겨진다. 재부일본인들의 한반도에 대한 침략의 심성은 1912년 용두산공원을 한향신사(韓鄕神社)로 개칭하려고 했던 데서도 확인할 수 있을 것이다.

한편, 초량왜관에 있던 5개의 신사 중 하나였던 타마다레진자 역시 용두산신사와 함께 1899년 7월 8일 용미산신사로 개칭되었다. 이 무렵 용미산신사에 모셔진 신들은 타마다레, 가토, 아사히나 등이었다. 원래 독립된 신사였던 아사히나진자는 명치유신 이후 타마다레진자에 합사되기에 이른다. 한편, 용두산신사로 명칭이 정해질 무렵 용두산신사의 경내에는 벤텐진자와 이나리진자 등이 경내 부속 신사로서의 모습을 갖춘다. 그리하여 1907년 무렵 부산에는 용두산자락에 용두산신사, 벤자이진자, 히가시이나리진자, 니시이나리진자 등이, 용미산 쪽에는 용미산신사, 그리고 영도와 남포동 방면에 히루코진자와 스이산진자 등 전체 7개의 신사가 설립되어 있었다. 한일병탄이 있기 전에 이미 이렇게 많은 신사들이 있었던 곳은 부산이 유일할 것이다. 그런데 1911년 용미산신사의 사례 또는 1912년 용두산신사에서 총독부에 제출한 청원서 등을 참고로 할 때, 이들 신사에 대한 운영은 부산 거류민단회에서 맡고 있었음을 알 수 있다. 즉, 거류민단에서는 신사 운영에 따른 경상경비를 지속적으로 지출하고 경우에 따라서는 신사의 신직(神職)까지 거류민단장이 대행할 정도로, 1910년대 부산지역의 신사들은 총독부와 부산부청 등으로부터 어느 정도 독립된 형태로 운영되었던 것이다. 이러한 자율성은 한때 용두산신사와 용미산신사를 '거류지신사'라고 불렀던 데서도 엿볼 수 있다. 용두산신사와 용미산신사의 1910년대 이런 자율적인 모습은 1920년대를 거치면서 총독부에서 신사의 열격(列格)을 정하고 간섭하는 단계, 나아가 1931년 만주사변과 1937년 중일전쟁 이후 황국신민화를 위한 신사참배를 전국에 강요하고 이를 거부하는 학교에 대해서 폐쇄조치를 내리던 총독부 주도의 일방적인 신사운영단계와도 분명한 차별성을 갖는 것이었다.

한편, 용두산신사는 1915년 어대전 기념사업으로 출발한 용두산공원 조성사업이 진행되면서 새로운 전기를 맞는다. 용두산공원 조성사업은 부산상업회의소 주관으로 크게 세 번의 방향 수정을 거친 끝에 확정되게 된다. 1915년 7월 24일 처음 공원 조성에 대해 부산상업회의소에서 논의했을 때는 7가지의 방안이 제시되었다. 그러다가 7월 28일 다시 논의한 끝에 용두산공원과 제2공원(운동장)을 각각 건립하는 것으로 정리되었다. 하지만 8월 2일 최종적으로 부산상업회의소에서 제공하는 1만 원의 기금으로 용두산에 공원을 조성하는 것으로 결정을 보게 된다. 이 과정에서 부산상업회의소의 회두이면서 서부지역에 땅을 많이 가지고 있던 하자마 후사타로는 서부지역의 개발 가능성을 높이게 되는 7월 28일의 결정을 고수하는 편이었다. 이에 반해 카시이 켄타로와 오이케 츄우스케는 하자마 후사타로가 유리해질 수 있는 7월 28일의 결정을 견제하였다. 그 결과 1915년 어대전 기념을 위한 부산상업회의소의 공사는 용두산에 공원을 조성하는 쪽으로 결정이 나게 된다. 그 결과 용두산공원은 1915년 11월 10일 어대전 기념식에 맞추어 기공식에 착수, 1년 동안 공사한 끝에 1916년 10월 15일 준공식을 개최하였다. 이로써 현재와 같은 용두산공원이 만들어지게 된다. 그런데 공원 조성 과정에서 용두산신사와 관련된 소요 경비는 전체 1만 원의 경비 중 4분의 1에 해당하는 금액이 용두산신사와 직접 관련하여 소요되었다. 그만큼 용두산공원 조성과 용두산신사의 이건과 확장사업은 밀접한 관련을 맺고 있었다. 이 과정에서 한 가지 언급할 부분은 대개 신사들의 경우 신사 조성을 위해 신사 주위를 공원으로 만드는 것이 일반적 경향이었는데, 용두산신사의 경우는 그 반대로 용두산공원 조성과정에서 용두산신사를 정비하였다는 점이다. 그리고 장소성과 관련하여 서울의 조선신궁이나 전주신사의 경우처럼 대개의 신사는 시(市)외곽 지역에 설립되어 시각적으로 한국인 지역을 내려다보는 구조를 갖고 있었다. 다시 말해 조선신궁은 남산에서 경복궁 방향의 북쪽을 바라보는 형상이고, 전주신사는 서쪽에서 한국인들이 많이 살고 있는 동쪽 방향으로 내려다보는 형상이었다. 그러나 용두산신사와 용미산신사는 과거 초량왜관 때부터 존속했던 지형적 특색 때문인지, 1916년 공원 조성과정에서도 신사의 부속건물들은 초량왜관 시절 앉아 있었던 방향 그대로 일본 쪽을 바라보는, 곧 남쪽을 바라보는 형상을 그대로 고수하게 된다. 이런 장소성의 특징이 여타 지역의 신사와 용두산신사가 갖는 차별성이라고 하겠다.

1916년 용두산공원 조성과정에서 용두산의 정상에 위치하게 되는 용두산 신사는 일제강점기 줄곧 제국재향군인회, 군인, 청년단, 부인회, 학생 등이 참가하는 각종 관변적 성격의 행사들이 개최되는 주요 장소로서 이용되었다. 그중에서도 용두산신사와 용두산공원에서 개최된 대표적 행사는 매년 4월의 신행식과 천황의 즉위를 기념하는 어대전 봉축행사였다. 용두산에서 개최된 1915년의 신행식과 어대전행사는 단순한 제례행사로 그치는 것이 아니었다. 관공서와 상점, 언론사 등이 휴업할 정도로 재부일본인 모두가 참가하는 하나의 큰 축제로 진행되었다. 1910년대 신행식은 일본 전통 문화의 계승이란 측면에서 그 성격이 일본인들만의 축제에 가까웠던 반면에 어대전행사는 이와 달리 본국과 식민지 지역 구별할 것 없이 '일본제국의 국민' 모두가 기꺼이 참가해야 하는 축제로 운영되었다. 다시 말해 신행식은 타자인 재부한국인에 대해 주체인 일본인들이 지배민족으로서 피지배민족인 한국인에 대해 경계를 지우면서 우월성을 과시할 수 있는 문화행사였다. 이에 반해 어대전행사는 '일본제국의 국민'으로 재부일본인과 재부한국인 모두 동일의 '국민'으로서 적극 참가해야 하는 행사로 운영되었다. 그러나 신행식을 통한 '분리'(주체＝일본인／ 타자＝한국인, 차별과 멸시)와 어대전행사를 통한 '통합'(일본제국의 국민)은 주체인 일본인과 타자인 한국인이 끊임없이 '분리'와 '통합'을 반복하는 이중적 모순구조의 반복되는 재현에 지나지 않았다. 이러한 이중의 모순이 작동하는 이데올로기적 만남의 장소가 1910년대 용두산신사와 용두산공원이었다.

〈부록〉1940년 조선의 신궁 · 신사 현황

神社名	社格	祭神	例祭	創立日	位置
朝鮮神宮	官幣大社	天照大神, 明治天皇	10월 17일	1919년 조선신사로 창립, 1925년 조선신궁으로 개칭	경기도 경성부 남산
扶餘神宮	官幣大社	應神天皇, 齊明天皇, 天智天皇, 神功皇后		1939년 6월 15일	충청남도 부여군 부여면
京城神社	國幣小社	天照大神, 國魂大神, 大己貴命, 少彦名命	10월 18일	1898년 11월	경기도 경성부 倭城臺町
龍頭山神社	國幣小社	天照大神, 國魂大神, 大物主命, 表筒男命, 中筒男命, 底筒男命, (配祀)素盞嗚尊, 息長帶姬命, 八幡大神	10월 16일	1675년 3월 金刀比羅神社로 창립, 1894년 居留地神社로 개칭, 다시 龍頭山神社로 개칭	경상남도 부산부 변천정
大邱神社	國幣小社	天照大神, 國魂大神, (配祀)素盞嗚大神	10월 15일	1906년 대구신궁으로 창립, 1914년 대구신사고 개칭	경상북도 대구부 達城町
平壤神社	國幣小社	天照大神, 國魂大神	10월 2일	1915년 창립	평안남도 평양부 慶上里
仁川神社	道供進社	天照大神, 明治天皇	10월 11일	1916년 창립	경기도 인천부 宮町
淸州神社	道供進社	天照大神	10월 15일	1922년 창립	충청북도 청주군 청주읍
大田神社	道供進社	天照大神, 明治天皇, 昭憲皇太后	10월 10일, 10월 11일	1908년 대전신궁으로 창립, 1917년 대전신사로 개칭	충청남도 대전부
全州神社	道供進社	天照大神, 明治天皇, 大國魂神	10월 14일	1916년 창립	전라북도 전주부 華山町
光州神社	道供進社	天照大神	10월 15일	1917년 창립	전라남도 광주부
晉州神社	道供進社	明治天皇	10월 14일	1917년 창립	경상남도 진주군 진주읍

海州神社	道供進社	天照大神, 明治天皇, 國魂大神, 素盞嗚大神	4월 28일, 10월 17일	1918년 창립	황해도 해주군 해주읍
平安神社		天照大神, 天之子八根命, 品陀別命	5월 10일	1917년 창립	평안북도 신의주부 櫻町
春川神社	道供進社	天照大神, 明治天皇, 國魂大神, 素盞嗚大神	10월 14일, 10월 15일	1918년 창립	강원도 춘천군 춘천읍

* 출전 : 日本電報通信社 編, 『神社大觀』, 1940, 777쪽.

1914년 전후시기 부산지역 유력 일본인

박 철 규

I. 머리말

부산은 최초의 개항장으로 일본인이 처음으로 활동한 무대이기도 했으며, 일제는 일찍부터 이곳을 침략의 발판으로 삼고자 노력을 기울였다. 부산에 거주했던 일본인은 1876년 82명에 지나지 않았으나, 8·15해방 직후에는 공식적인 통계만 보더라도 6만 명 이상으로 부산 전체인구의 20%나 차지하였다. 따라서 일제 강점기 부산은 다른 지역보다 일본인들의 지배력이 강고했으며, 일본인 중심의 상공업도시라는 성격을 강하게 띠었다. 게다가 일제시기 부산은 국토의 종심을 가르는 중요한 교통 요지임과 동시에, 물자보급의 중요한 거점이었기 때문에 이러한 목적에 걸맞은 변화까지 강요받았다.

개항 당시 조그만 포구였던 부산이 이와 같이 변모하게 된 것은 기본적으로 일본의 식민정책 때문이다. 식민정책을 지역사회에서 받아 안고 그것을 관철시키면서 '활로'를 찾아갔던 재부산 일본인들의 움직임에 대해서는 지금까지 간과되어 온 감이 없지 않다.

본고에서는 먼저 일본인들이 부산에 온 상황과 그들이 조직한 거류민들의 조직변화와 활동을 살핀 후, 1914년 전후시기 유력 일본인들이 자치, 자생적으로 만든 주요한 단체인 거류민단(居留民團)과 부산번영회, 기로회(耆老會)와 갑인회(甲寅會) 등을 통하여 부산지역의 유력 일본인들에 대해서 살펴보고자 한다. 참고로 이 과정에서 드러난 유력 일본인 152명의 주요경력 등에 대해서는 〈별표 1〉로 정리해 두었다.[1]

---

1) 재부산 일제 강점기 유력 일본인들의 진면목을 온전히 확인하려면 식민지 전 기간을 대상으로 분석해야 할 것이다. 하지만 본고에서는 일차적으로 1914년 부제 실시를 전후한 시기까지 한정해서 검토할 것이다.

Ⅱ. 일본인의 來釜와 거류민

1. 일본인들의 부산진출

부산항에 일본인들의 유입은 일본과 교통이 가장 오래, 또 지리적으로 가장 가까운 곳에 위치해 있었기 때문에 점점 증가하다가, 아래의 〈표 1〉에도 잘 나타나 있듯이 특히 러일전쟁과 한일합방 후 급속하게 늘어났다.[2] 이에 일본 당국은 재조선 일본인들을 통일적이고 획일적인 조직체로서 일원화시키기 위하여, 1905년 3월 일본국 법률 제41호로서 전문 6조의 '거류민단법'을 공포하였다. 1906년 7월에는 통령 제21호로서 전문 6장 59조와 부칙으로 구성된 '거류민단법시행규칙'과 '실시요강'을 공포하였으며, 이를 통감부령으로 실시하였다.

〈표 1〉 개항 이래 재부산 일본인의 인구추이

	1876	1880	1897	1905	1907	1910	1911	1915	1916	1918	1919	1920	1925	1930	1933
호수		402	1,026	2,362	4,423	5,583	6,826	7,369	7,110	6,993	7,575	7,689	9,584	10,347	12,358
인구	82	2,066	6,025	13,364	18,481	25,252	26,586	29,890	28,012	27,895	30,499	33,085	40,803	44,273	51,032

*출전: 부산부, 『신부산대관』, 1934 ; 부산상업회의소, 『부산요람』, 1912, 8~10쪽.

이 시기 거류민단의 인구는 부산 15,702명, 인천 12,937명, 경성 11,724명, 원산 5,120명, 평양 4,530명이었다. 이렇게 된 데에는 강화도조약으로 만들어진 3개 개항장에다 경성·평양 등 개시장이 포함되었기 때문이었다. '거류민단법'[3]으로 한국 내의 개항장과 개방된 잡거지에 거주하는 일본인들은 일본거류민단을 조직할 수 있게 되었다. 거류민단은 법인체로서 일본정부의 감독을 받으며, 조약 범위 내에서 공공사무를 처리하게 되었던 것이다.

---

2) 부산상업회의소, 『부산요람』, 1912, 7~8쪽.

3) 統監府法規提要 거류민단법 1905년 3월 법률(일본) 제41호 ; 이현종, 「구한말 외국인 거류지내 조직체에 대하여」, 『역사학보』 34, 1969, 21쪽.

그리고 거류민단법에서는 거류민단 내에 행정담당 이원(吏員), 즉 관리(官吏)와 의회격인 거류민의회를 두며 거류민회의 조직, 거류민회 이원, 거류민의회 의원의 임면, 선거, 임기, 급여, 직무, 권한과 거류민단의 재산·부채·영조물·경비·회계관계 등은 명령으로써 하도록 규정하고 있다. 이리하여 재조거류민단법의 실시와 함께 거류민단이 침략거점으로서 제구실을 하도록 했던 것이다. 그리고 지역에 따라 영업규칙도 따로 정하여 운영하면서 한국에 대한 일본인 이주정책은 더욱 강력히 추진되었던 것이다.

거류지의 조직과 구성 임원을 살펴보면 거류민단법 이전까지는 많은 경우 10여 명 정도, 적으면 5~6명이 매월 교체되었다. 지역에 따라 서비스직(世話掛), 명예직, 유급직, 윤번제 등으로 保長, 用番, 頭位, 總代, 保長頭取, 保長總代, 居留民總代, 居留民長, 居留地總代, 民長, 이사, 掛長, 평의원으로 불렸다. 이것 역시 지방에 따라 조금씩 상이하게 나타나지만 대개 부산의 경우와 비슷한 양상으로 바뀌어 갔을 것으로 보인다.[4]

더욱이 1910년을 전후한 시기가 되면 부산의 일본인 수가 급속하게 늘어간다. 즉, 1908년 98,001명에 불과하던 일본인이 1908년에는 126,168명, 1909년에는 146,147명, 1910년 171,534명, 1911년 210,689명, 1912년 243,729명으로 불어났다.[5] 물론 개항 이후 일본인이 급격하게 증가하게 된 것은 일본의 대한 이민정책에 따른 것으로, 그들의 군사력에 기반한 것이었다. 거류민단의 임원 수의 증가는 거류민단의 발전을 의미하는 것이며, 임원은 民長 1인, 助役 1명(또는 2명), 회계역 1명, 서기 기술원 등이 있었다.[6]

1914년 4월 1일부터 부제(府制)가 실시됨에 따라 거류민단에서 관장하던 일체의 사무가 부산부(釜山府)로 넘겨졌다. 즉, 거류민단 또는 그 초기의

---

4) 부산 거주 일본인들의 거류조직의 간부에 대해서는 부산부, 『신부산대관』, 1934년, 28쪽 참조.

5) 조선총독부, 『조선에서의 내지인』, 1924, 5쪽.

6) 참고로 전문 3장 48조의 '재부일본인거류지회규칙'은 이현종, 앞의 글, 23~24쪽에 그 내용이 소개되어 있다.

조직은 개항장에 설립되어 1914년 폐지될 때까지 신의주, 진남포, 목포, 대구, 군산, 마산, 원산, 평양, 인천, 부산, 경성 등 11곳에 존재하였다.[7]

한편, 경남 각 지역에는 일본인거류민단(日本人居留民團)이 조직되기 이전까지 일본인이 거류한 곳에는 일본인들의 모임인 '거류지회'가 있었다. 이는 거류민단의 전신이라 볼 수도 있을 것이나 거류민단처럼 법으로 설정된 것이 아닌 일종의 자생적 조직에서 시발된 것이다. 이는 처음 명칭이 지역에 따라 약간의 차이는 있으나 주로 일본인회(日本人會)라고 지칭하였다.[8] 즉, 일본인회는 거류민단과 똑같은 일본인들의 모임이지만 그 어떤 법규정에 의해 조직된 것이 아니란 점과 자연발생적 친목단체의 성격을 지니고 있다는 점에서 거류민단과는 구별된다. 또한 일본인회는 지역에 따라서 그 명칭도 거류민총대역장, 거류민회, 거류민단체로 지칭된 경우도 있었다. 이 단체는 주로 한국 내의 교통상의 요지, 즉 철도연변이나 상업상의 요지에 존재하며 일본인 거류지가 설정된 곳과 표리관계를 이루고 있었을 것이다.[9]

이렇듯 급속하게 유입된 일본인들이 주로 어디서 이주해 왔으며, 부산에 와서는 어떤 직업에 종사했는지, 일본 거류민단 내의 한국인 수와 그들의 직업을 살펴보면 다음과 같다.

개항 이전 일본인들은 공식적으로 長崎縣 對馬島 사람 외에 부산으로 올 수 없었다. 하지만 개항 이후 太政宮포고 제128호가 공포된 이후 일본 내의

---

7) 木村健二, 『재조일본인의 사회사』, 미래사, 1989의 제3장 '제단체의 구성과 활동'.

8) 이현종, 『한국개항장연구』, 1975, 329~344쪽.

9) 1900년대의 일본인회가 공식적으로 조직된 곳은 79개소인데, 경남지방은 밀양, 삼랑진, 구포, 물금, 낙동, 김해, 동래, 울산, 하단, 다대포, 통영, 고성, 삼천포, 진주, 창원, 八佐村, 蔚崎灣 등 17개소였다. 일본인회가 조직되지 않았던 곳이지만 일본인들의 집단거주가 확인된 지방은 도합 77개소인데 경남지방은 기장, 언양, 웅천, 진해, 곤양, 長橋, 靈梁津, 장승포, 거제, 거창, 島嶼~욕지도 12개소였다. 경남 각 지역의 일본인들 집단거주지에 대해서는 『경상남도안내』(경상남도청, 1914, 128~158쪽) 참조.

여러 곳에서 이주할 수 있게 되었다.[10] 그리하여 부산에는 1912년 말 현재 25,641명의 일본인이 거주하였다. 먼저 이들 가운데 500명 이상이 이주해 온 곳을 중심으로 정리해 보면 다음과 같다.[11] 山口 4,766명, 長崎 3,229명, 福岡 2,031명, 廣島 1,918명, 大分 1,441명, 大阪 993명, 佐賀 963명, 愛媛 931명, 岡山 910명, 熊本 844명, 兵庫 816명, 香川 691명, 島根 655명이다.[12] 이처럼 부산으로 이주한 일본인들은 기본적으로 부산과 지리적으로 가까운 곳에서 이주해 왔다고 볼 수 있다.

다음으로 재부일본인들의 주요 직업구성을 경제활동과 성과를 무시하고 단순수치 중심으로 정리해 보면 다음과 같다. 관공리 467호, 小間物 및 잡화상 274호, 고물상 129호, 백미소매상·음식점 각각 115호, 이발점 72호, 下宿屋 77호, 술판매상 59호, 質商 47호, 무역상·薪炭商·料理屋 각각 39호, 의사 38호, 연초상 34호, 靑物果實商 32호, 湯屋 31호, 吳服商 29호, 과자상·여관 각각 27호, 金物商·산파 각각 25호, 약종상 23호, 주양조업·해산상 22호, 가구 및 疊建具商 20호, 장유양주업 16호, 대서업 15호, 신문기자 및 통신원·履物商·材木商·승려 및 선교사 각각 13호, 장유판매상 12호, 정미업·回漕業 및 운수업, 도기상이 각각 10호이다.[13]

한편, 부산민단 관내 한국인의 인구 수와 주요 직업구성을 살펴보면 다음과 같다. 1911년 현재 관내 한국인은 총 22,610명이었다. 이들 가운데 4,639명을 대상으로 이들의 직업을 조사한 바에 의하면 농업 1,424명, 상업 1,166명, 日雇 871명, 어업 770명, 기타 189명, 공업 130명, 무직 54명, 관공리 23명, 광업 4명, 兩班 6명, 유생 2명이었다.[14]

---

10) 『부산 — 개항50주년기념』, 1926, 70~71쪽.

11) 자세한 것은 부산상업회의소, 앞의 책, 10~12쪽 참조.

12) 大池忠助의 회고에 의하면 개항을 전후한 시기에 부산으로 온 일본인은 약 100여 명으로 전부 대마도출신이라 한다(박원표, 『개항90년』, 태화출판사, 1966, 12~21쪽).

13) 기타 10명 이하 종사한 직업에 대해서는 부산상업회의소, 앞의 책, 12~13쪽 참조.

14) 부산부, 앞의 책 ; 부산상업회의소, 앞의 책, 8~10쪽.

이상 일본인과 부산민들의 직업구성을 비교해 보면 일본인들의 직업구성에서는 관공리가 많은 것은 특이하며, 대부분 상업과 유통·서비스업에 종사하였다. 이렇게 된 데에는 부산항으로 들어온 일본인들의 학력, 이전 직업과 고향의 생활 문화와의 차이가 영향을 미쳤을 것으로 보인다.

2. 거류민들의 주요활동

거류민단의 활동은 크게 토목, 교육, 위생, 소방으로 나눌 수 있다. 토목분야에서는 도로, 교량, 도랑, 우물 등의 관리와 보수 외에 매축사업 등을 벌였다. 교육분야는 당초 사원(寺院)의 자선사업으로 출발하였으나, 이후 거류지비(居留地費)에 의해 초등, 실업교육을 실시하였으며, 이 업무는 민단폐지 후에도 '학교조합'으로 계승되었다. 위생분야에서는 민단립병원(民團立病院)의 설립, 촉탁의사의 초빙, 위생조합규칙의 제정, 유행병 예방비의 계상 등이 있었다. 소방분야에서는 소방기구의 구입, 소방조의 편성 등과 경찰기관으로서의 기능도 함께 수행하였으며, 이 외에도 신사(神社)의 신축과 관리도 함께 하였다. 부산거류민단에서 벌인 주요사업은 다음과 같다.[15]

> 避병원개축, 대청산복병산麓배수공사, 부산심상소학교건축, 소방시설완성, 초량심상소학교증축, 부산심상고등소학교건축, 병영이전, 상업학교신축, 묘지이전, 관거류지내도로 溝渠개축, 용미산신사개축, 부산심상소학교목도분교신축, 연병장부지교환, 嶺新里韓人입퇴, 감옥서이전, 초량·牧島양교증축, 초량·고관·부산진방면도로 측량, 공원설비, 제1수원함양림, 건강진단소건축, 병원신축, 고등여학교신축, 초량·목도 양교증축, 遊廓이전, 사하면신시가경영, 수도부설, 시구개정, 제2수원함양림, 학교림, 부분림, 죽림경영, 營繕山영국영사관산착평매립공사, 薩摩堀埋築, 影島신시가경영, 法水川정리, 초량방면시가경영측량, 하단도로측량, 상업학교이전신축, 전염

---

15) 부산상업회의소, 앞의 책, 41~45쪽. 사업개시일과 투자자본 성격 등에 대해서는 앞의 자료를 참조.

병원이전, 건강진단소증축, 민단립병원확장

　이 같은 활동 외에도 거류민단은 황위의 발양과 충군애국정신의 부식에 적극 노력함과 동시에 다양한 방식으로 전쟁에 기여하였다. 즉, 청일전쟁 시에는 외무대신에게 파병을 청원하고, 일본군대의 환영단을 조직하였으며, 거류지비에 의한 수비대의 병영을 신축하는 등의 활동을 했다. 또한 러일전쟁 시에는 전쟁을 촉구하는 성명 발표, 의용병 조직 등이 이루어졌다.[16]

Ⅲ. 유력 일본인들의 주요단체

1. 거류민단과 부산번영회

　1907년 무렵에는 부산의 중심인물들인 森岡佐太郎, 迫間房太郎, 保家貞八(무역상), 福田增兵衛, 石川眞平, 五島甚吉 등이 일본 적십자 총회에 참석하기도 한다. 이들 외에도 당시 주요인사 가운데에는 長谷川龜太郎(繩叺商), 石原半右衛門, 小方駒藏, 大池忠助 등이 있었다. 또한 1908년경 부산번영회 회원들이 下關을 방문하기도 한다.[17] 이들 가운데 특히 1914년 해산된 부산 거류민단의 대표 大池忠助, 그리고 민회의장 香椎源太郎과 의원 迫間房太郎은 부산의 3대 재벌로 행세하면서 전 부산의 권력과 재력을 좌우하였다.[18] 이 같은 사정은 1912년 9월 현재 부산거류민단 의원명단 〈표 2〉와 1908년 부산번영회 회원명부 〈표 3〉을 비교해 보면 확연히 드러난다.

---

16) 木村健二, 앞의 책의 제3장 '제단체의 구성과 활동.'
17) 부산번영회, 「부산번영회회원명부」, 1908. 5 ; 부산부, 앞의 책, 28쪽.
18) 박원표, 앞의 책, 25~26쪽.

〈표 2〉 1912년 9월 현재 부산거류민단 의원명부

보직	서명 및 활동
의장	大池忠助(부산수산주식회사장, 무역상, 미곡, 정미업, 석회상, 해상, 화재보험, 상의의원)
의원	田端正平(**상품진열관장**)　五島甚吉(부산정미소, 정미업, 장유양조 및 판매상, 상의회두) 迫間房太郎(부산잔교주사장, 부산창고주사장, 무역상, 미곡, 연초판매상, 화재, 생명보험, 상의의원) 坂田文吉(무역상, 미곡, 상의상임의원) 山本純一(부산식량품주식회사장, 장유양조및 판매상, 味噌제조 및 판매, 吳服商, 상의상임의원) 萩野彌左衛門(대일본맥주판매점대표, 洋紙御商, 부산상선조, 回漕業, 통관업, 생명보험, 상의상임의원) 福田增兵衛(주양조업, 장유양조 및 판매상)　安武千代吉(변호사) 村上元治郎(양지어상, 연초판매상, 생명보험) 小澤宇三郎(田中善지점, 방적 및 金巾御商, 韓人向잡화상, 상의의원) 岡楳三郎(변호사)　　　　　　　竹下佳隆(**부산수산주식회사 취체역**) 迫間保太郎(무역상, 미곡, 상의의원)　和田野茂光(의사) 岩崎新平(수출무역상, 해산)　　　堤貞之(**주류업**, **청주**) 小宮萬次郎(광산업)　　　　　　三輪保吾(－) 香椎源太郎(어업)　　　　　　　磯村武經(**목장업**, **우유**) 河內山品之助(－)　　　　　　　岩鶴金之助(**무역상**) 岩橋一郎(부산공익주식회사장, 통관업)

* 출전: 부산상업회의소, 『부산요람』, 1912, 42~43쪽. 자세한 것은 〈별표 1〉 참조.
* 씨명 (　)는 현직, (－)는 미확인.

부산번영회는 1906년 12월 부산의 일본인 관민 유력자들이 '부산번영'에 대해 연구하여 그 실행을 촉구한다는 명목으로 설립되었다. 매월 25일 월례회를 개최하여 각종 문제를 해결하고, 필요에 따라 평의원회를 열어 처리하였다. 부산번영회의 인적 구성을 보면 부산지역의 일본인 유력자를 망라하고 있다. 부산번영회는 민단이나 상업회의소처럼 당해 기관에 대해 그 실행을 촉구하기도 하였다. 또한 부산의 일반적인 편익을 도모한다는 명목으로 기성사업 또는 공사기관의 시설경영 등을 발의, 제창하기도 하였다. 이와 같은 점에서 보면 부산번영회는 단순한 사교단체가 아니라 부산지역의 유력한 압력단체였던 것이다. 1912년 현재 회장은 부산세관장이었던 山

岡義五郎이었고, 회원은 100명이었다.[19] 참고로 1908년 부산번영회 회원 일부 명단은 〈표 3〉과 같으며, 전체 명단과 주요 경력 등은 〈별표 1〉에 정리해 두었다.[20]

〈표 3〉 부산번영회 회원명부(1908년)

보직	성명 및 활동	
회장	山岡義五郎(부산세관장, 통감부서기관)	
부회장	石原半右衛門(거류민단단장)	
평의원 (19)	石原半右衛門	石埼震二(대판상선회사부산지점장)
	石田信一郎(18은행부산지점장)	迫間房太郎(부산상업회의소회두, 부산민단의원)
	龜山理平太(부산이사청 이사관)	仲神佐太郎(**제국철도청 부산지점장**)
	中村克己(일본우선주식회사 부산지점장)	野口弘毅(부산제1은행지배인)
	久納重吉(부산상업회의소서기장)	松岡廣之(통감부철도관리국사무관)
	深川傳次郎(부산이사청부이사관)	佐藤潤象(**철도주식회사 상무**)
	佐佐木淸麿(한국창고취체역겸지배인, 상업회의소회원)	
	佐藤成敎(제염업)	木下重松(부산세관항무과장)
	島田歸(거류민단장)	志賀良三郎(부산우편국장)
이사	野口弘毅(회계사무) 久納重吉(서무) 木下重松(서무)	
간사	村上節三(회계사무) 福井梅太郎(서무)	
명예 회원	男爵 目賀田種太郎　동경　귀족원의원 松井茂　경성　내무부경무국장　　전체 89명 이하 생략	
회원 (86) 이하 〈별표 1〉 참조	石原半右衛門 (민단장)	迫間房太郎(부산상의회두 민단원)
	豊田福太郎(부산상의원 무역상)	大池忠助(민단및상의원)
	河村茂八郎(부산상의원 무역상)	中村俊松(민단상의의원 무역상)
	久納重吉(부산상의서기장)	窪田梧樓(민단회원 대서업)
	坂田文吉(민단및상의원 무역상)	桐岡金三(부산상의원 중매상)
	山本純一(민단및상의원)	松田才助(민단 무역겸 小間物商)
	福田增兵衛(민단)	五島甚吉(민단및상의원)

* 출전: 부산번영회, 「부산번영회회원명부」, 1908. 5 ; 朴元杓, 『개항90년』, 태화출판사, 1966, 28~30쪽. 자세한 것은 〈별표 1〉 참조.
* 씨명 (　)는 현직.

---

19) 부산상업회의소, 앞의 책, 339쪽 ; 釜山甲寅會, 『日鮮通交史(附 釜山史近代記)』, 1916, 311~312쪽.

20) 부산번영회, 앞의 문서, 1908. 5 ; 박원표, 앞의 책, 28~30쪽.

　　부산번영회의 중심인물들과 〈별표 1〉의 1912년 당시 부산거류민단의원과 당시 상의의원명단을 비교해 보면, 부산번영회의 인적 구성이 훨씬 더 광범위하다는 것을 알 수 있다. 즉, 부산번영회는 부산상의원, 민단의원, 나아가 당시 부산의 각 기관 간부들과 관공리로 구성되었으며, 심지어 청나라와 영국영사, 인천이나 성진의 관리들도 회원으로 끼어 있었다. 결국 부산번영회는 명실상부한 부산의 실력자이자 재력가 그리고 실무 핵심자들로 구성되었던 것이다. 이와 같은 부산번영회에 한국인은 단 한 사람도 없었다. 이 같은 사실은 부산상의의원이나 민단의원과는 달리 명칭이 '부산번영회'였음에도 불구하고 한국인들을 소외시키고 일본인만을 위한 부산번영을 도모했던 사실을 잘 보여주고 있는 것이다.

2. 기로회와 갑인회

　　기로회는 1909년 6월 부산에서 25년 이상 거주 한 일본인 36명이 1년분 회비 7엔 중, 6개월분을 선납하여 설립되었다. 1916년 현재 회장은 1871년 이래 45년간 부산에 거주한 당시 72세였던 福田增兵衛였다. 기로회는 초기 도항자들의 친목도모를 위한 단체로 매년 춘추에 대회를 개최하고 기로원(耆老園) 등의 기념사업을 추진하였다. 이들은 뒤에 언급할 부산갑인회의 모태가 되었다.[21) 기로회의 구성원을 직접적으로 언급한 자료는 찾을 수 없었다. 다만 1926년 당시 45년 이상 부산에서 거주한 생존일본인 19명과 사망자 19명의 명단을 보면 유추해 볼 수 있다. 이 명단에서 생존자와 사망자를 각각 19명으로 제시한 것을 보면 초기 도항자 가운데 유력자를 선별한 것으로 보인다.[22)

---

21) 『釜山日報』, 1916. 1. 27 ; 釜山甲寅會, 앞의 책.
22) 이들에 대해 자세한 것은 〈별표 1〉 참조.

〈표 4〉 부산에 온 지 40년 이상된 주요 일본인

생존자 (19명)	大池忠助(1875)	小宮萬次郎(1878)	中上福三郎(1880)	迫間房太郎(1880)
	豊田福太郎(1880)	五島甚吉(1880)	中川重太郎(1881)	石川眞平(1881)
	中村淸七(1882)	河野卯吉(1882)	竹下佳隆(1883)	上田和三郎(1884)
	松尾藤太郎(1884)	迫間保太郎 (1884)	長谷川龜太郎(1885)	靑見久米藏(1885)
	中村俊松(1885)	福永政次郎(1886)	村上元次郎(1886)	
사망자 (19명)	福田增兵衛(1871)	松井幸次郎(1875)	秦喜左衛門(1877)	森岡佐太郎(1878)
	野田卯三郎(1879)	山本松之助(1879)	萩野彌左衛門(1880)	飯田權之助(1881)
	矢橋寬一郎(1882)	山本庄太郎(1882)	今西峰三郎(1883)	栗山貞助(1884)
	上田勝藏(1885)	山本純一(1887)	齋藤孝藏(1884)	池田友次郎(1882)
	村山藤太郎(1883)	中上興作(1881)	西村傳兵衛(1876)	

* 출전:『부산－개항50주년기념』, 1926, 120~121쪽 ; ( )안의 숫자는 來釜 연도. 이들의 주요경력
등 자세한 것은 〈별표 1〉 참조.

　유력 일본인들의 단체 가운데 명확하게 '지방자치권의 획득'이라는 정치
지향의 목표하에 결성된 단체가 부산갑인회이다. 부산갑인회는 구 민단역
소(民團役所) 마지막 간부와 같은 시기 학교소합 의원 등이 1914년 부제실
시에 따라 자치기관인 민단의 해체에 항의하여 1914년 3월 31일 결성되었
다.23) 단체 명칭은 결성된 해의 간지(干支)를 따서 갑인회라고 명명하였
다.24) 일제의 민단해체 방침에 대해 저항한 곳은 부산만이 아니었다. 1912
년 10월 우리나라 각지의 11개 일본인 민단에서는 연합회를 결성하고, 다음
과 같은 요지의 진정서를 조선총독에게 제출하였다.25) 당시 부산 거류민단
의 대표로 서명한 자는 무역상이자 부산번영회부회장이었던 坂田文吉과
변호사 安武千代吉・岡棋三郎이었다.26)

　　조선에서 우리 일본인이 직접경영하고 있는 거류민단의 수는 11개입니

---

23) 釜山甲寅會, 앞의 책, 316쪽 ;『釜山日報』, 1915. 5. 18.

24)『釜山日報』, 1925. 11. 4.

25) 박원표, 앞의 책, 24~25쪽. 전문은 釜山甲寅會, 앞의 책, 118~121쪽에 실려 있다.

26) 釜山甲寅會, 앞의 책, 122~123쪽.

다. 우리들은 일합병합 전부터 동포들의 권익을 위하여 애써왔습니다. 그 중 큰 곳은 인구 5만에 달하고 적은 곳이라도 수천 명의 모국동포를 포용하고 있습니다. 우리는 하나의 자치기관으로 학교, 도로, 산업, 위생, 경비의 일들을 우리 힘으로 부담하고 日·鮮人 동화정책에도 적극호응하고 있는 이 마당에 같은 제도하에 모국 관헌들이 조선을 통치하려는 것은 통탄할일이 아닐 수 없습니다.

일한합병의 취지는 조선인을 우리 일본과 동일시하고 동일한 대우를 한다는 것입니다만 우월한 민족에게는 우월한 제도가 필요하고 미개한 민족에게는 미개한 제도가 필요할 것이온데 日鮮人 간의 그 능력 습관이 다름에도 불구하고 막연히 두 민족을 혼돈하여 동일제도하에 둔다는 것은 공평을 잃은 처사입니다. 지금 조선에 있는 우리들 일본인은 단순한 移民의 종류가 아니고 도시를 건설하고 주의 주장을 가진 자치단체로서 대륙발전을 위한 선구자라는 것을 인정해 주셔야 할 것입니다.

이 진정서의 내용은 첫째, 민단이 한일합병 전부터 일본인들의 권익을 위해 투쟁했다는 점 둘째, 자치기관으로 학교, 도로, 산업, 위생, 경비 등을 정비하고 셋째, 조선인과 일본인 간의 동화정책에도 적극 호응하면서 자치단체로서 대륙발전을 위한 선구자라는 점을 인정해 달라는 것이다. 이는 결국 민단을 자치기관으로 인정해달라는 것임과 동시에 그들의 기득권을 유지하기 위한 것이었다. 그런데 이들은 자치권을 계속 유지해야 하는 이유로 한국인은 미개한 데다가 능력·습관이 다르기 때문에 같은 제도하에 통치하려는 것은 부당하다는 점을 지적하면서 강력하게 항의하고 있다. 이와 같은 진정서의 내용에서 당시 일본인들이 가진 부산지역민 나아가 한국민에 대한 인식을 단적으로 엿볼 수 있다.

부산갑인회는 자치기관의 해체에 항의함과 동시에 첫 사업으로 『日鮮通交史(附 釜山史近代記)』를 저술하여 부산에서의 그들의 노력을 밝히고자 하였다. 1916년 현재 이 단체의 대표·중심인물은 〈표 5〉와 같다.[27] 갑인회

---

27) 위의 책, 123~143쪽. 이 외에도 1915년 9월 17일 부산상업회의소 내 상공구락부에 부산기자단이 高木末熊(고문, 조선시보사장), 芥川正(고문, 부산일보사장), 津原,

의 중심인물의 면면에서도 확인할 수 있듯이 이들은 대개 상공인들, 특히 상인이었다.[28] 부산갑인회는 부산상업회의소, 부산번영회와 함께 부산에서 가장 강력한 압력단체이자 정치단체였다고 할 수 있다.

〈표 5〉 부산갑인회의 중심인물

직책	성명
구 거류민단장	大池忠助
구 거류민단 助役	田端正平
구 거류민단 회계역	田中信敏
구 거류민단 의원 (21명)	光藤介, 三輪保吉, 坂田文吉, 香椎源太郎, 萩野彌左衛門, 五島甚吉, 安武千代吉, 松本小三郎, 井谷義三郎, 植松通太郎, 堤貞之, 河內山品之助, 岡槷三郎, 阪本岩松, 山中庄次郎, 岩崎新平, 福田增兵衛, 田中秀治郎, 窪田梧樓, 迫間房太郎, 立花增愛

* 출전: 釜山甲寅會, 『日鮮通交史(附 釜山史近代記)』, 122~143쪽. 이들의 주요경력 등은 〈별표 1〉 참조.
* 씨 명(도합 24명).

　이들 가운데 특히 大池忠助, 香椎源太郎과 迫間房太郎은 부산의 3대 재벌로 행세하면서 전 부산의 권력과 재력을 좌우할 정도였다.[29] 이들은 福永政次郎, 五島甚吉과 함께 1926년 부산개항 50주년기념 무역품 및 항만전람회 발회식에서 표창장을 받기도 한다. 즉, 大池는 미곡잡화무역, 迫間과 五島는 米豆무역, 福永은 綿糸布무역, 香椎는 수산무역에 대한 공로자표창장을 받았던 것이다.[30] 이들 뿐만 아니라 재부산 유력 일본인들의 치부(致

都甲, 勝村, 高山(간사) 등에 의해 친목도모, 동 직종 종사자의 공동이익 도모를 목적으로 조직되었다(『釜山日報』, 1915. 9. 19).
28) 갑인회를 직접 다룬 것은 아니지만 차철욱, 「개항기~1916년 부산 일본인 상업회의소의 구성원 변화와 활동」, 『지역과역사』 제14호, 부산경남역사연구소, 2004. 6. 참조. 이들 인물에 대해 자세한 것은 〈별표 1〉 참조.
29) 박원표, 앞의 책, 25~26쪽.
30) 『부산-개항50주년기념』, 1926, 62쪽.

富)과정은 기본적으로 파렴치하고 비도덕적이었지만, 전기 3인이 치부과정에서 저지른 행태에 대해서는 같은 일본인인 井上淸贗조차도 신랄하게 비판할 정도로 심하였다.[31]

앞서 언급했던 것처럼 1907년경의 부산지역의 일본인사회에서 중심적으로 활동한 인물들은 森岡佐太郎, 迫間房太郎, 保家貞八, 福田增兵衛, 石川眞平, 五島甚吉, 長谷川龜太郎, 石原半右衛門, 小方駒藏, 大池忠助, 香椎源太郎 등이다. 이들 일본인 실력자들 대부분은 민단의원·상의의원·부산번영회원, 그리고 갑인회와 기로회의 등을 거쳤다. 이 시기 민단이 구성된 다른 11개 지역도 사정이 부산지역과 크게 다르지 않았을 것으로 보인다. 이후에도 이들 대부분은 부산지역에서 유력 일본인으로 행세하였다. 나아가 이들은 일정 기간 동안 부산의 전 영역에서 주도권을 행사하였으며, 각종 사회단체에서도 예외가 아니었다.

〈별표 1〉에서 제시한 유력 일본인 152명을 몇 가지 기준에 의해 분석해보면 다음과 같다. 먼저 부산번영회, 민단, 갑인회나 기로회 등의 모든 조직에 관여한 인물은 今西峰三郎, 大池忠助, 迫間房太郎, 福田增兵衛, 山本純一, 五島甚吉, 竹下佳隆, 萩野彌左衛門, 坂田文吉, 窪田梧樓 등으로 모두 11명이다. 이들 가운데 대부분이 부산상업회의소 구성원이었음 감안하지 않는다 하더라도 당시 재부일본인들 가운데 최고 유력자로 보아도 무방할 것이다.

출신지가 확인되는 64명의 원적(原籍) 구성은 다음과 같다. 長崎縣이 15명으로 가장 많으며 그 가운데 대마도 출신이 7명이다. 다음으로 山口縣 9명, 福岡縣 6명, 和歌山·東京·5명, 熊本縣 4명, 佐賀縣·靜岡 각각 3명, 愛媛 2명, 京都·廣島縣·庶業·滋賀·德島縣·岡山·石川·兵庫·崎玉·金澤·豊前·長野 각각 1명 순서이다. 앞서 언급했듯이 전체 일본인 이주자 수는 1912년 기준으로 山口, 長崎, 福岡 순으로 많았으나, 유력자들의 출신지는

---

31) 그 내용에 대해서는 박원표, 앞의 책, 27쪽 참조.

長崎가 23.4%로 단연 앞서고 있다. 이렇게 된 것은 초기 이주자들 대부분
이 부산과 지리적으로 가까운 대마도 출신이었기 때문일 것이다.

152명의 직업 구성을 살펴보는 것은 쉽지 않다. 왜냐하면 의사, 변호사 등
전문직 종사자들은 대개 그 직업을 지속적으로 유지하지만, 관공리를 포함
한 대부분의 유력 일본인들은 무역을 중심으로 한 상업 또는 다른 사업으로
전직 또는 겸직했기 때문이다. 이와 같은 사정을 염두에 두고 〈별표 1〉에
제시된 133명의 대표적인 직업에 근거하여 대략적인 직업구성을 살펴보면
다음과 같다. 먼저 관공리가 30명, 교직 5명, 의사 6명, 변호사 · 기자 각각
3명으로 관공리와 전문직이 도합 47명으로 35.4%이다. 다음으로 회사의 지
배인 6명, 취체역 4명, 사장 5명, 지점장 4명으로 관리자가 모두 19명으로
11.4%이다. 마지막으로 무역상 25명, 잡화상과 기타 상업자가 17명, 미곡상
2명으로 총 44명으로 33%, 기타 23명으로 언뜻 보면 관공리가 많은 것처럼
보이지만 실제는 상업에 종사하는 사람들이 가장 많으며, 그 비율은 이보
다 훨씬 더 높을 가능성이 크다. 왜냐하면 당시의 부산의 경제적상황과 일
본에서 건너온 사람들의 조건이 주로 상업에 종사할 수밖에 없는 구조였기
때문일 것이다.

Ⅳ. 맺음말

이하에서는 본고의 내용을 간단히 정리함과 동시에 향후과제를 제시함
으로서 결론을 대신하고자 한다. 첫째, 부산으로 이주한 일본인들은 기본적
으로 부산과 지리적으로 가까운 곳에서 이주해 왔다고 볼 수 있다. 물론 지
리적 입지뿐만 아니라 일본의 정국변화와 이주정책이 영향을 주었을 것이
다. 그리고 부산항으로 들어온 일본인들의 학력, 이전 직업과 고향의 생활
문화에 대한 내용을 검토할 수 있다면 그들의 활동을 파악하는 데 보다 유
용할 것이다. 그리고 재부일본인들의 직업구성에서 관공리가 많은 것은 특

이하며, 대부분 상업과 유통·서비스업에 종사하였다.

둘째, 부산 거류민단은 인구의 증가에 따라 여러 차례 제도와 명칭을 바꾸어 오다가 '거류민단법'이 시행되자 1906년 8월 거류민단을 설치하고 구역을 확정하면서 온전한 자치단체가 되었다. 그러나 실상은 재조거류민단법의 실시와 함께 거류민단이 침략거점으로서 제구실을 하도록 했던 것이다. 거류민단에서 관장하던 일체의 사무는 1914년 4월 1일부터 부제(府制)가 실시됨에 따라 부산부로 넘겨졌다. 이에 저항하여 부산거주 일본인 유력자들은 갑인회를 조직하였다. 한편 일본인거류민단(日本人居留民團)이 조직되기 이전까지 일본인이 거류한 곳에는 일본인들의 모임인 '거류지회'가 있었다. 이는 거류민단의 전신이라 볼 수도 있을 것이나 거류민단처럼 법으로 설정된 것이 아닌 일종의 자생적 조직에서 시발된 것이다. 거류민단은 크게 토목, 교육, 위생, 소방활동 등을 벌였다.

셋째, 1907년경의 부산지역의 일본인사회에서 중심적으로 활동한 인물들은 森岡佐太郎, 迫間房太郎, 保家貞八, 福田增兵衛, 石川眞平, 五島甚吉, 長谷川龜太郎, 石原半右衛門, 小方駒藏, 大池忠助, 香椎源太郎 등이었다. 1914년 전후한 시기에도 이들은 여전히 유력 일본인으로 행세하였으며, 일본인 실력자들 대부분은 민단의원, 상의의원, 부산번영회원을 거친다. 이와 같은 점은 민단이 구성되었던 다른 11개 지역도 예외가 아닐 것이다. 이후에도 이들 대부분은 여전히 부산의 전 영역에서 주도권을 행사하였으며, 각종 사회단체에서도 예외가 아니었다.

이처럼 유력 일본인들은 일제 식민정책의 입안 및 집행과정에서 조선총독부 예하의 공식적인 조직과 함께 일정한 역할을 했음이 틀림없다. 또한 이들은 사회단체 등을 통하여 한편으로는 취미활동과 친목도모 나아가 그들의 일상적인 이익을 옹호하고, 다른 한편으로는 부산민들의 배일의식에 기민하게 대응하면서 식민지 지배를 용이하게 하는 데 일조했던 것이다.

〈별표 1〉 1914년 전후시기 부산(釜山)지역의 유력 일본인 주요경력 (총 153명)

	原籍	출생	來釜	대표 직업	前職	학력	주요경력	부산 번영회 1907년	민단 의원 1912년	갑인회 1916년
賈文蒸				관공리			淸國派駐釜山府領事官	번영 회원		
岡槌 三郎	愛媛縣	1878	1908	변호사		京都 法政大	1904년 법대 졸 1908년 4월 부산에서 변호 사업 1910년 2월 부산거류민단 회 의원 1911, 1912, 1914년 부산거 류민단역소 의원 1916년 부산갑인회 회원 1917년 변호사, 학교조합 의원 부산변호사회		민단 의원	갑인회
岡正矢	동경	1855		전무 이사	관공리		秋山好古(동생, 陸軍大將), 秋山眞之(동생, 海軍少將) 伊豫 松山의 藩士 秋山久. 敬의 차남, 岡 家門의 양 자로 감 1890년 日本鐵道局에 들 어가 電信手가 됨 1896년 遞信省 鐵道技師 로 승진 1897년 鐵道事務官 1902년 관직에서 물러나 日本鐵道株式會社 입사 1906년 統監府 鐵道管理 局 事務官으로 옮김 1911년 日韓瓦斯電氣株式 會社에 입사하여 支配人 이 됨 1912년 京城電氣株式會社 전무이사, 1917년 현재에 이름 正5位 勳5等	번영 회원		
芥川正	熊本縣	1865	1906	언론 사주	기자		1906년 朝鮮時事新報社 입사	번영 회원		

							1907년 조선시사신보의 폐간과 부산일보로의 개칭 1908년 부산일보 기자, 부산번영회 회원 1911년 부산일보사 사장 1917년 부산일보사장 아들 芥川浩 육군 기병 소좌 釜山日報 專務取締役으로 입사, 사장, 1935년 현재까지 부산府會議員 역임			
高橋恕	兵庫縣			교장			1908년 부산고등여학교장, 부산번영회 회원 1909년 부산고등여학교장 1912년 부산공립고등여학교장 1917년 부산공립고등여학교장	번영 회원		
高木 末熊	熊本縣	1868	1895	언론 사주	사원 기자	熊本濟濟黌 졸	九州日報사원으로 청일전쟁 당시 종군기자 전쟁 후 구주일보사가 관계한 조선시보의 기자로 來釜 조선시보사 사장으로 승진 1904년 조선시보사장 1908년 조선시보사사장, 부산번영회 회원 1911년 조선시보사 사장 겸 주필 1917년 조선시보사 사장 부산기자단	번영 회원		
高雄 謙三	長崎縣			관공리			1908년 부산이사청 통역관, 부산번영회 회원 1909년 정7위 훈6등, 부산이사청 통역관	번영 회원		
谷井鋼 三郎				관공리			거류민단역소기사	번영 회원		
光藤介	愛媛縣			의사			위생총조장 민단의원 대판부민회 부산의사회			갑인회

廣田直三郎	福岡縣	1872	1904	교직	교사 군법 판사	동경대 사학과	일본 각지 중학교에 봉직 1904년 2월 예비사관으로 소집, 5월 조선으로 건너와, 12월 韓國駐箚軍司令部附로 長谷川군사령관 및 大谷군참모장에 전속하여 군법회의 판사를 겸함 1906년 4월 소집해제되어 統監府敎育事務囑託 1910년 統監府中學校敎諭로 임용 1913년 4월 부산중학교 창설로 학교장으로 임명됨 1917년 부산중학교장, 종6위 훈5등, 육군보병중위 재향군인회			
橋本寬	東京	1870	1906	관공리	판사	농경대 법대	일본 각지에서 판사 1906년 8월 부이사관으로 조선에 옴 1908년 부이사관, 부산번영회 회원 1909년 종6위, 11월 통감부판사로 부산지방재판소, 경성공소원판사 역임 공주지방법원부장 1917년 부산지방법원부장 평양복심법원부장 역임 1920년 9월 해주지방법원장 1922년 정5위, 훈5등 해주지방법원장 부산지방법원장을 최후로 칙임관으로 퇴직	번영 회원		
橋本基一				교장			부산상업학교장	번영 회원		
久納重吉				상의 서기장			부산상의서기장 釜山獸畜養屠(株) 대주주	평의원 이사 · 서무		
久保成治	長崎縣	1860	1901	의사		동경대 의대	졸업 후 각지의 병원에 재임	번영 회원		

						1901년 부산거류민의 초빙으로 공립병원장 취임 1904년 공립병원장 1908년 久保病院長, 부산번영회 회원 1917년 의사 부산의사회			
龜山 理平太				관공리	법대	1908년 부산이사청 이사관, 부산번영회 평위원 1909년 종5위 훈5등, 법학사	평의원		
宮本熊	德島縣		1881	상의원		1881년경 판사보로 부산영사관에 근무하며 재판사무에 종사 관제변경으로 서기생에 임명 부산영사관에서 영사보조 및 영사대리로 다년간 종사 1891년 경성으로 전근, 다시 원산으로 이동하여 영사대리 근속 관직에서 물러나 동경으로 돌아갔다가 다시 부산거류지의 초빙으로 상업회의소 이사가 됨 1903년, 1904년 日本弘道會 부산지부장			
今西 峰三郎	長崎縣 壹岐		1883	주조업	상업 문옥	어려서부터 상업에 종사하여 누차 부산에 왕복함 1883년 부산에 개점하여 문옥 겸 주조업 시작 문옥은 그만두고 무역 겸 주조를 업으로 삼음 상업회의소, 거류민회 의원에 당선 1904년 무역 겸 주조업 경영, 상업회의소 의원, 일기저축정윤사장(壹岐貯蓄正潤社長), 주조업조합장 1908년 주조업 경영, 부산번영회 회원	번영 회원	민회	기로회

						1909년 주제조업, 부산거류민단 의원 1912년 주양조업, 주판매업 경영 1917년 주제조업 경영		
今村保				관공리		경성통감부철도관리국 부산공립병원장	번영 회원	
磯谷 喜三郎	山口縣	1862	1891	무역상	미곡상 정미업	1875년 이래 한국연안 항해 1891년 9월 부산에 정주하여 무역상 경영 1904년 무역상, 赤十字社 修身正社員, 부산상업회의소의원 1908년 무역상, 부산번영회 회원 1909년 정미업, 부산상업회의소 의원 1912년 미곡수출무역상, 정미업 경영 1917년 정미업 경영 釜山丸米運送(株)대주주	번영 회원	
磯村 武經	金澤市	1861	1892	목장업	순사	1892년 외무성순사로 조선에 들어옴 1902년 부평정 4정목에서 목장 시작 1908년 牛乳搾取業, 부산번영회 회원 1910년 30여 년간 우유판매 1911년 민단의원(2회), 부산상업회의소의원 1917년 부산상업회의소의원 加越能鄕友會	번영 회원	민단 의원
吉村 直二郎				관공리		1908년 부산세관감시과장, 부산번영회 회원 1909년 관리 1911년 부산세관 항무관 1917년 부산경찰서 항무관, 종6 훈6	번영 회원	
內山 米太郎	長崎縣		1905	무역상		집안 대대로 상업 종사 십여년 전에(1905년 기준) 來釜 수입무역	번영 회원	

							근년(1905) 미국인 타운젠트상회와 약정, 松箱石油販賣組合 조직 내산상점 운영(송극석유 특약점 겸 수입무역상), 대구 지점 부산 인근 및 목포까지 토지와 가옥 소유 거류민회의원 상업회의소의원 1908년 3월 부산번영회 입회, 부산번영회 회원 부산잔교주식회사 감사역		
內山守太郎				기자			신문기자	번영회원		
大屋權平	산구현	1861		관공리	동경대		陸軍省에서 근무 1886년 鐵道技師가 되어 東海道鐵道 線路건설에 종사 名古屋鐵道作業局 出張所長, 臨時鐵道隊 技術部長, 鐵道作業局 工務部長을 역임 1901년 鐵道視察를 위해 歐米각국으로 파견 출장 중에 工學博士 학위를 받음 귀국 후 京釜鐵道株式會社 工事長 1906년 統監府가 설치되자 統監府 鐵道管理局 技師 鐵道管理局 長官, 鐵道廳 長官 1909년 鐵道院 技監 한일합방 후 朝鮮總督府 鐵道局 長官에 임명 후 재직 중	번영회원		
大池忠助	長崎對馬島	1864	1875	무역주조			거류민단·상의의원 부산번영회장 1929, 부산수산주식회사장, 무역상, 미곡,	번영회원	민단의장	갑인회기로회

							정미업, 석회상, 해상, 화재보험, 瑞寶章 藍綬寶章 수여			
大塚 梅三郎				관공리			초량철도관리국보선사무소장 기사	번영 회원		
大幸 頓慧							부산자선교사			
渡邊 幸吉				회사 지배인			韓國臺鹽販賣合資會社 지배인(대만소금 한국 독점 판매) 1907년 3월 16일 부산번영회 입회	번영 회원		
稻垣甚				관공리			통감부철도관리국 기사 정5위, 훈5등 부산철도국 공무과 기사	번영 회원		
島田歸	東京		1895	상선 전무			일한상선전무 상의의원 일본홍도회 부산지부활동	평의원		
桐岡 金三	岡山縣			중매상			부산상업회의소 의원 중매상, 곡품 및 해산물상 부산식량주식회사 취체역 1907년 4월 8일 부산번영회 입회	번영 회원		
藤信夫	長崎 대마도		1895	의사		동경 의대	보통학교를 졸업하고 1887년 현역병으로 입영 동경의과대학 병리학 및 과학을 배움 1892년 졸업 후 1893년 동경피부병원 부장이 됨 1895년 사임하고 부산(이미 아버지가 부산에서 자리잡음)에 와 의원을 열어 三圭堂이라 함 부산 금평정에 양풍의 의원을 신축, 서정에 지원을 둠 거류민회의원으로 당선, 부의장에 호선 부인회와 독지간호부인회 등을 발기			

藤井 淺太郎	長崎縣	1863		무역상			長崎人이 설립한 重林社에 입사 무역에 종사 중림사 해산 후 佐佐木商店에 입사, 이 상점이 철수할 때 독자적인 중매상 경영 부산일본상업회의소 의원 1907년 4월 8일 부산번영회 입회	번영 회원		
木下 方三	靜岡縣	1860	1907	관공리		빈송 사범 학교	1907년 2월 조선으로 와 부산곡물시장 서기장書記長)이 됨(茶舖) 1917년 경상남도곡물검사소 주임 1919년 진남포 곡물조합 이사 1920년 1월 동조합을 그만두고 부산곡물신탁주식회사 지배인이 됨 부산번영회 회원 부산보생회	번영 회원		
木下 重松	靜岡縣			관공리			정6위 훈4등 부산세관 기사 奏任官 2등 3급, 항무과장 부산번영회 회원(1907년 3월 7일) 부산번영회 평의원(1908년 1월 6일 ~)(1908) 부산번영회 이사 서무담임(1907년 3월 7일)(1908)	평의원 이사· 서무		
武內 豊松								번영 회원		
迫間 房太郎	和歌山	1860	1880	무역상			부산상의회두·거류민단의원 부산잔교주사장, 부산창고주사장, 무역상, 미곡, 연초판매상, 화재, 생명보험 和歌山현인회 적십자	평의원	민단 의원	갑인회 기로회

迫間 保太郎	和歌山		1884	무역상			박간상점 대표(무역상) 박간방태랑의 아들 부산항에서 상업에 종사, 강원도에서 멸치 판매에 종사, 전라도에서 미곡 출매에 종사 상의의원	민단 의원	기로회
飯田 權之助 飯田 權之祐			1881	잡화상			五服太物洋反物		기로회
飯田章				관공리			경찰서장	번영 회원	
芳野 愛介				의사			의사	번영 회원	
白井朴	長崎縣	1879	1884	무역상	촉탁 교사	중졸	중학교 졸업 후 동경에서 부기를 수학 1884년 來釜 거류지 소학교에 촉탁교사, 1886년 거류지 역장수석서기, 1890년 사퇴 후 상업에 종사 청일전쟁 종군記章 및 金員을 하사받고 타군대로부터 상장을 받음 1898년 목포해산회사업무 담임, 목포거류민회 의원 1899년 부산으로 돌아와 마산포 부산간 우편물 遞送청부 1901년 부산사업회의소 수석서기, 조선어업협회 평의원 부산수출조합, 일본해원액제회, 제5회박람회 진상회, 청한협회경부철도회사, 일본적십자사 등을 위해 일함 1899년 이후 거류지회 의원 3회, 1903년 상업회의소를 사퇴 적십자		

保家 貞八	長崎 對馬島	1848	1863	무역상			부산민단 의원, 상업회의소 의원, 적십자사 특별회원 海員掖濟會 특별원	번영 회원		
保家 八郎							부산자선교사			
福本 良之助	東京	1873		관공리			1916년 5월 부산소방조 小頭 1917년 6월 부산학교조합회 의원 당선 1928년 3월 부산소방조 副組頭 1935년 현재 부산소방조 부조두, 보험대리, 貸家業			
福永 政次郎	滋賀縣	1864	1886	무역상			훈6등(1935) 1886년 부산부에 와 거주 선대 高瀨政太郎과 함께 면사포업 창업 1917년 합명회사로 조직, 機業所 설치, 생목사의 제직 1919년 선친사후 대표사원이 됨, 高瀨合名會社代表 본점을 부산부 본정에 두고, 경성, 군산, 목포, 평양, 원산, 대구, 여수에 지점 둠 1920년 5월 자본금 3백만원 증자. 견직물, 면사, 제잡화 판매, 토지경영, 조림개간 행함 1919년 香椎源太郎과 사립부산부상업야학교(부산실천학교) 설립 자제의 교육에 노력하는 독행가 1935년 현 부산부상업실천학교장 여수에서 고뢰농장을 경영(1935) 부산공생단의 창립에 관여, 유지비를 부담(1935)		기로회	

						경성에 和光敎院 설립 정토종(1935) 부산일보 취체역 고뢰합명회사(1917년 10월. 絹綿布販賣)			
福田增兵衛	長崎對馬島		1871	주조업		거류민회의원 상의의원, 주양조업, 장유양조 및 판매상 적십자사	번영회원	민단의원	갑인회기로회
福井梅太郎				관공리		부산세관 감시과 주사 4등 7급(1909) 부산세관 감시과 감시 5등(1917) 부산 번영회 간사 서무담임(1907년 3월)	간사·서무		
富田勝三郎				관공리		초량철도관리국사무관	번영회원		
山岡義五郎	廣島縣			관공리		종5위훈4등 1907년 3월 7일 부산번영회명예회원, 1908, 1909년 부산번영회회장 1908년 부산세관장통감부서기관 1909년 칙임관3등1급 부산세관세관장 3등1급 1910년 이출우검역소장	회장		
山口諫男	佐賀縣	1880	1898	기자	실업	1898년 12월 조선에 건너와 부산에서 실업에 종사 조선해수산조합 집무, 조선시보기자, 신문판매업 1907년 10월 대판매일신문사 경성특파원 1907년 12월 부산번영회명예회원	번영회원		
山口龍之助				관공리		초량보선사무소 기사	번영회원		
山本松之助			1879	수산업		경남수산주식회사영업부장			기로회

山本 純一	山口縣		1887	吳服商			거류민단·상의의원 부산 식량품주식회사장, 장유 양조및 판매상, 味噌제조 및 판매, 吳服商	번영 회원	민단 의원	기로회
山本 庄太郎			1882							기로회
山本 榮吉	山口縣	1873	1896	목재상			1898년 5월 이후 재목상을 경영 1935년 지금에 이름 1918년 4월 부산상업회의 소평의원 당선 1918년 대창정 총대 자선으로 사회사업을 위해 솔선하여 진력함, 부산 수정정 共生園에 다액의 기부, 용두산신사에도 많이 寄進			
山本淸				은행원			은행원	번영 회원		
山田 昌興				회사 지배인			부산전등주식회사지배인	번영 회원		
山中 庄次郎							민단의원			갑인회
森岡 佐太郎			1878	회사 중역			부산식량품주식회사중역			기로회
三輪 保吾							민단역소의원		민단 의원	갑인회
森本 重樹				교사			부산상업학교	번영 회원		
森田 福太郎	靜岡縣			상의 서기			상의서기장 부산상공간화회			
上田 勝藏			1885	무역 중매상			상의의원 무역상 중매정 미업			기로회
上田 和三郎			1884	오복상			상전오복점 경영			기로회
西村 傳兵衛			1876	무역상			小方駒藏에게 사업체 양도			기로회
石埼 震二				회사 지점장			대판상선회사부산지점장	평의원		

石原 東旭						文樂會		
石原半 右衛門	京都	1847		관공리		제국회의 중의원의원 1907년 부산거류민단 민장 1907년 3월 7일 부산번영 회부회장	부회장 평의원	
石田 信一郎	佐賀縣	1863		은행 지점장	보통 학교	장기 18은행에 입사, 원산 지점장, 부산지점장 1907년 부산상업회의소 회두 1908년 부산번영회평의원	평의원	
石川 茂平						부산자선교사		
石川 眞平	福岡縣	1858	1882	무역상		상의의원 미곡수출 겸 백 미업 1882년 조선에 건너와 내 지행상 인가받음 미곡수출상, 무역상 겸 백 미업 1907년 지점은 草梁海岸通 1909년 부신거류민단의원 부산상업회의소의원,　축 풍동지회회장 1907년 10월 부산번영회명 예회원 적십자	번영 회원	기로회
小宮 萬次郎	長崎 對馬島		1878	무역상		광산업, 상의의원 1877년 渡鮮, 친척 대지상 점에 근무 1896년 무역상 개시, 주로 곡물·해산물 취급 1905년 흑연광산 경영(충 남 청산, 경북 상주) 朝鮮海藻會社 취체역, 朝 鮮船渠會社 감사역, 부산 거류민단 의원, 부산상업 회의소 의원 등 역임 1935년 현재 부산상공회 의소 의원, 釜山消防組頭 1935년 현재 흑연공장은 2 남 小宮慶二에게 경영 위 임	민단 의원	기로회

이름	출신지	출생년	도한년	직업		상세			
小倉 胖三郎				연초 회사장		부산연초제조회사장	번영 회원		
小澤 宇三郎				방적 도매상		방적, 상의의원, 田中善지점, 방적 및 金巾御商, 韓人向잡화상		민단 의원	
小轎 三郎				관공리		京城西小門外關稅局경리과장	번영 회원		
松岡 廣之				관공리		통감부철도관리국사무관 1907년 7월 부산번영회명예회원	평의원		
松尾 藤太郎			1884	회사 감사		부산수축양도주식회사(부산초량제3구) 감사역			기로회
松尾 重信	石川縣	1870	1904	은행 감사역	토목	1904년 來朝 北陸토목주식회사경성출장소 주임, 근속 10년 후 北陸組 조직 사장 평양거류민단의원, 평양상업회의소의원, 통감부방역위원 진해학교조합의원 부산상업은행 감사역, 적십자사진해위원 부장, 애국부인회진해위원부 상담역, 경상남도교풍회창원군지부 고문, 진해면 상담역, 진해만기선회사 감사역, 진해수산회사 사장, 경상남도 평의원, 철도항만기성회장, 진해상공회장 등 이등통감, 포훈원총재, 궁내부대신, 사내총독, 적십자총재궁전하, 북해도장관, 석천현지사 기타로부터 금배 및 은배 및 감사장 등을 받음			
松本 小三郎				여관업	토목	민단의원 여관 토목 受負業 대판상선회사선객취급업 1907년 송본여관 경영			갑인회

이름										
松本 重敏				관공리			城津이사청이사관 1907년 종7위 1907년 고등관7등 부이사관 1907년 5월 25일 부산번영회명예회원	번영 회원		
松原 友藏				무역상			미곡중매상 1907년 4월 8일 부산번영회명예회원 1910년 부산상업회의소 부회두	번영 회원		
松前 才助	山口縣	1855		무역	소간 물상		무역겸소간물상(본정통) 부산거류민회의원 1907년 3월 7일 부산번영회명예회원, 상업회의소 부회두, 거류민회 상의원 1907년 송전상점 경영(지점은 대구 목포에 설치)	번영 회원		
松井 幸次郎			1875	미곡상			여관 미곡상 송정여관			기로회
秀島 浩一				변호사			1907년 부산변호사회 1909년 부산수축양도주식회사(부산초량제3구) 감사역			
鵜尾 謹親				관공리			통감부철도관리국 기사	번영 회원		
矢橋 寬一郎			1882	수산회 사장			1909년 부산기선주식회사 취체역 1909년 부산수산주식회사 전무취체역 1907년 3월 7일 부산번영회명예회원	번영 회원		기로회
植松 通太郎	佐賀縣			회사 취체역			민단의원 シンガミシン판매상 釜山獸畜養屠株式會社 취체역 조선실업동지회			갑인회
深川 傳次郎				관공리			1907년 종7위 1907년 3월 7일 부산번영회명예회원	평의원		

						1907년 부산이사청 고등관7등 부이사관 1908년 부산번영회평의원			
安武 千代吉	熊本縣	1866	1906	변호사	동경 법학원	1888년 英吉利法律學敎 수료 동경법학원 졸업 1891년 웅본에서 변호사 개업 1903·1905년 웅본현회의원 웅본시회의원, 웅본 변호사회 평의원 1906년 5월 조선에 건너와 개업 1908년 부산거류민단의원 오래도록 변호사회장직에 있다 사임 독실한 크리스찬 釜山府政硏究會 설립, 신문지 또는 연설회에서 주장을 역설해 부민의 정치적 교육에 힘을 기울인 선도자 부산민단역소 의원 부산부협의회의원(1917) 부산변호사회장		민단 의원	갑인회
安村 順吉						예비역육군일등군의 재향군인회			
岩橋 一郎	福岡縣			회사장	통관업	부산공익주식회사장, 통관업 오래전부터 조선에 들어와 대창정에서 통관운송업으로 암교운송점 운영 부산부협의원, 학교조합의원에 당선되어 부산부의 행정에 진력 전기부영문제 당시 池田, 安武 등과 결속하여 당국에 진정 1935년 현재 부산상공회의소의원(교통부장) 부산상공회의소의원, 운송취급업		민단 의원	

岩崎 新平	山口縣	1863		회사 취체역	무역상	보통 학교	보통학교를 마치고 商界에 투신 부산에 와 중매상, 무역상이 됨 부산기선주식회사 취체역 곡물 및 해산물상 부산상업회의소의원 부산거류민단의원		민단 의원	갑인회
岩鶴 金之助	庶業縣			무역상			민단의원 상의의원		민단 의원	
野口 弘毅	崎玉縣			은행 지배인		법학사	주식회사 제일은행 부산 지점 지배인 법학사 부산거류민단의원 부산상업회의소회두 부산상업회의소 회계역(1907) 부산제1은행 지배인(1908) 부산번영회 평의원(1908) 부산번영회 이사, 회계사무담입(1907)	평의원 이사· 회계		
野田 卯三郎	장기 대마도	1879		미곡상	잡화상		범선으로 금건(金巾), 반물(反物)(옷감) 등의 여러 종류를 수입 판매 거류지회, 상업회의소의 창설을 돕고 의원이 됨			기로회
五島 甚吉	山口縣	1880		무역	정미 창고업		장유양조 및 판매상 合名會社釜山精米所代表 부산민단역소 의원 부산상업회의소 상의원 부산공동창고주식회사 취체역(1917) 부산번영회 회원(1907) 五島商店대표 적십자사	번영 회원	민단 의원	갑인회 기로회
宇都 宮武雄				의사			부산공립병원 부원장	번영 회원		
原信 太郎				창고 지배인			日韓倉庫인천지점지배인	번영 회원		

栗山 貞助	和歌山		1884	주류상			주류상, 일본주 전문, 청주 白鶴印 부산독점 판매원 율산주점 경영			기로회
伊藤 祐義							상의의원	번영 회원		
林駒生				관공리			부산이사청기사	번영 회원		
入佐 淸靜								번영 회원		
立花 增愛							민단의원			갑인회
長谷場 源四郎				상선 지점원			대판상선부산지점원	번영 회원		
長谷川 龜太郎			1885	가마니 상			長谷川商店 경영 繩叺商 상의의원	번영 회원		기로회
齋藤 孝藏	山口縣		1884	무역상	잡화		상의의원 내외무역 잡화 적십자특별사원			기로회
田端 正平	和歌山	1859	1898	진열 관장	관공리	東都 수학	1901년 부산상업회의소 이사장 역임, 이후 정관개정으로 서기장으로 직명 바뀜 1907년 伏虎會 부장, 明太魚倉庫會興社 총무, 한국농사조합 조장, 일본인지주회장, 부산거류민단 의원, 海員掖濟會 평의원 부산일본인상업회의소 부속 상품진열관 설립, 상품진열관 관장 역임 대구일본인회장 등 역임 1917년 부산부학교조합회 의원 상품진열관장, 상의의원	민단 의원		갑인회
田中 秀治郎							민단의원			갑인회
田中 信敏	東京			관공리			민단회계역 부산이사청통역관 정8위, 훈8등			갑인회

| 井谷儀三郎 | 和歌山 | 1876 | 1894 | 무역상 | 곡물상 | 1893년 大阪의 조선무역상 五百井長平商店 입사
1894년 5월 오백정장평상점 부산지점으로 전보
1905년 3월 오백정장평상점 부산지점장
1907년 4월 2일 부산번영회 회원가입
1908년 8월 오백정장평상점에서 독립하여 미곡상 경영
1914년 3월 지방공공사업에 진력한 공로로 조선총독 銀杯 수상
1914년 8월 賞勳局總裁로부터 金杯 수상
1917년 부산상업회의소 평의원
부산부협의회원, 부산곡물상조합장, 부산정미업조합장, 부산미곡취인소 이사장, 鮮米協會幹事, 부산미곡증권신탁주식회사 취체역, 부산상업회의소특별의원, 부산상공회의소특별의원, 부산공동창고주식회사취체역, 慶南繩叺株式會社, 소화토지건물주식회사취체역, 부산수산회사감사역, 부산수산주식회사취체역, 경남은행감사역, 부산잔교주식회사취체역
1939년 현재 조선곡물협회 이사, 日本硬質陶器株式會社 감사역, 부산수산주식회사 감사역
1943년 현재 경남도의회의원, 경남양곡취체역회장
부산곡물상조합(1906년 개설)
정곡정미소(1922년 설립) | 번영회원 | | 갑인회 |

성명	출신지	생년	도한	직업		경력		민단	기타
齊藤 孝藏				무역상		(무역상)	번영 회원		
堤貞之	福岡縣	1867	1905	주류업		청주·음료수의 판매업		민단 의원	갑인회
堤淸力						文樂會			
佐藤 成敎				제염업		상의의원 제염업 토목건축설계 및 감독	평의원		
佐藤 潤象				철도 주상무	이사	1907년 3월 7일 부산번영 회 입회 1907년 부산매축주식회사 부산지점 취체역 이사 1908년 1월 9일 부산번영 회 평의원 취임 1912년 현재 朝鮮輕便鐵 道株式會社 상무취체역	평의원		
佐佐木 淸麿				회사 취체역	창고업	조선흥업주식회장 농업경 영, 창고업 및 보험 1907년 12월 부산번영회 입회 1908년 1월 부산번영회 평 의원 취임 한국창고 취체역 겸 지배 인 부산상업회의소 의원 1917년 조선흥업주식회사 취체역	평의원		
竹下 佳隆	長崎縣		1883	수산 회사 취체역	관공리	전부산세관장 1907년 3월 7일 부산번영 회 입회 1917년 주식회사 부산상 업은행 취체역, 부산수산 주식회사 취체역 방장현인회	번영 회원	민단 의원	기로회
中尾 太直	熊本縣			관공리		1907년 4월 10일 부산번영 회 입회 부산거류민단역소 수입역 (회계역)	번영 회원		

中山 希賢	長野縣			창고 회사장		매축 및 철도공사 장야에서 태어나 적을 東京에 두고 학업을 마친 후 실업계에 투신, 동경 大倉組에 취직함 부산매축회사 및 경부철도공사를 위해 부산에 지점을 설치하자 대창조부산지점장에 취임함 1907년 日韓倉庫株式會社長	번영 회원		
中上 福三郎	長崎 壹岐		1880	무역상	중매상	일찍부터 상업에 종사하다 來釜, 仲買商 무역상으로 성장함 中上商店 경영 거류민회 상업회의소 의원 역임			기로회
中上 興作			1881						기로회
中西 彦三郎				건축업		토목건축 및 인부청부업 부신공우회			
仲神 佐太郎				철도 지점장		제국철도청 부산영업소장 1907년 부산번영회 입회 1908년 1월 부산번영회 평의원 취임	평의원		
中川 重太郎			1881						기로회
中村 久藏	山口縣	1866	1893	철공소 경영		목도위원회 23세에 장기에서 渡鮮하여 원산까지 시찰을 마치고 귀향함 1893년 영주할 계획을 세우고 재차 來釜 1897년 목도 州岬으로 이주 1902년 남빈정에 중촌조 선철공소 설립 1909년 영선정으로 이주 1917년 부산상업회의소 평의원			

이름	출신	연도	직업	업종	경력	역할		단체
					제3금융조합 감사, 목도신탁회사 중역, 영선정 총대, 용두산 신사 氏子總代 등 역임			
中村 克己			회사 지점장	연초 판매상	연초판매상 상의의원 1907년 9월 24일 부산번영회 입회 1908년 1월 9일 부산번영회 평의원 취임 日本郵船株式會社 부산지점장	평의원		
中村 俊松	豊前縣	1885	식량품 사장	무역상	일찍부터 부산에 건너와, 해산물 매매업에 종사 청일전쟁, 북청사변 시 군사품을 공급하고 러일전쟁 시 御用商人이 되어 종군함 무역상 부산거류민단, 상업회의소 의원, 한해수산회[韓海水産會] 대의원 1907년 4월 부산번영회 입회 1917년 현재 부산수산주식회사 감사역, 부산공동창고주식회사 취체역, 부산식량품주식회사 취체역 사장, 부산상업회의소 부회두	번영 회원		기로회
中村 淸七		1882	잡화상		中村商店 경영, 서양 소간물류·서양 음료품류 취급			기로회
池田 友次郎		1882						기로회
志賀 良三郎			관공리		부산우편국장	평의원		
秦喜 左衛門		1877						기로회
靑見 久米藏		1885	무역상		상의의원			기로회
村山 藤太郎		1883	여관업		여관, 연회장 京坂亭			기로회

村上 元次郎			1886	잡화상			양지어상, 상의의원, 연초 판매상, 생명보험 부산자선교사		민단 의원	기로회
村上 節三								간사· 회계		
萩野彌 左衛門			1880	종이 도매상			(무역상·회조업) 대일본 맥주판매점대표, 洋紙御商, 부산상선조, 回漕業, 통관업, 생명보험 대판부민회	번영 회원	민단 의원	갑인회 기로회
坂本 岩松				상점			민단의원 면화상 밀감특약점			갑인회
坂田 文吉	福岡縣			무역상			(거류민회·상의의원) 미곡 무역상, 부산번영회부회장 1929 筑豊同志會 부산야구단 부산자선교사 무역업 경남 관선 도회 의원 부산상공회의소 의원 부산체육협회장 부산 서양요리 연합회 고문	번영 회원	민단 의원	갑인회
豊田 福太郎	長崎 對馬島		1880	무역상			부산상의의원·무역상 경남수산주식회사 중역	번영 회원		기로회
河內山 品之助							민단역소		민단 의원	갑인회
河面 道三郎				회사 지배인			부산수산주식회사지배인	번영 회원		
河邊稔				회사 지배인			札幌製紙會社지배인	번영 회원		
河野 卯吉			1882	잡화상			상점경영			기로회
河村 茂八郎		1869		무역상			부산상의의원·무역상 거류민회	번영 회원		
海部巖				기자			東京報知新聞한국특파원 報知社 부산지국장	번영 회원		

向島 豊之助				관공리			實業の大阪社이사 법학사	번영 회원		
香椎 源太郎	福岡縣		1905	수산	사장		1905년 來釜 거제도 가덕도등의 어업권 수산사업에 진출 부정도정 평의원, 부산상공회의소 회두, 총독부 산업조사회 의원, 조선철도협회 평의원, 부산국방회장 역임 조선와사전기사장, 조선수산협회장, 일본경질도기 사장, 수산 수출조합장, 경성수산 사장, 조선송전 사장, 동척 고문, 전기협회 조선지부장, 경남수산 회장, 선만 어시장연합회장, 서양전기취체역회장, 기타 은행회사의 중역 筑豊同志會		민단 의원	갑인회
和田 野茂光		1869	1897	의사			의사 和田野의원 부산의사회		민단 의원	
荒浪 平治郎				교장			초량부산개성학교교장	번영 회원		
窪田 梧樓				대서업			거류민회의원·대서업 민단의원	번영 회원	민회	갑인회
ボリオ ニー				관공리			부산세관초량출장소촉탁	번영 회원		
レメジ オス				무역상			무역상	번영 회원		

* 출전: 『在韓人士明鑑』, 1905 ; 『在韓實業家名鑑』, 1907 ; 『부산번영회회원명부』, 1908 ; 『朝鮮紳士錄』, 1909 ; 『부산요람』, 1912 ; 『경상남도안내』, 1914 ; 『日鮮通交史(附 釜山史近代記)』, 1916 ; 『신사명감』, 1917 ; 『재조선내지인신사명감』, 1917 ; 『조선인사흥신록』, 1922 ; 『부산개항50주년기념』, 1926 ; 『부산명사록』, 1935 ; 『朝鮮功勞者名鑑』, 1935 ; 『朝鮮人事興信錄』, 1935 ; 『釜山名士綠附銀行會社名鑑』, 1935 ; 『朝鮮人名錄』, 1939·1942·1943 ; 박원표, 『개항90년』, 1966. ① 부산상의는 상의, 거류지회·거류민단의원 등은 민단의원으로 줄임. ② 대표직업은 차철욱, 「개항기~1916년 부산 일본인 상업회의소의 구성원 변화와 활동」, 『지역과역사』 제14호, 2004. 6, 236~238쪽과 『부산요람』, 1912에 따름. ③ 빈칸은 未詳임.

1910년대 전후
부산·경남 조선인의 일제 협력

전 갑 생

Ⅰ. 머리말

부산포 개항 이후 부산·경남은 일본과 지리적·경제적·군사적으로 가까운 요충지로 각광을 받게 되었다. 이 지역은 쓰시마(對馬島)와 지리적으로 가까우며, 부산의 초량왜관을 중심으로 일본어민들이 대거 이주하여 일본군의 협력 아래 군납용 어장을 운영하기도 한 지역이다.[1] 또한 진해만 일대에 러일전쟁을 대비한 군사시설이 확충되기도 하였다.[2] 이에 경상남도 관찰사는 일본군의 폐해를 정부에 보고하기도 하였으나,[3] 반면에 신석린 웅천군수는 러일전쟁에 적극 협력한 공로로 일본정부로부터 훈장을 받기도 하였다.[4] 따라서 이 지역은 '한국병합' 전후로 한일 간에 매우 중요한 관계를 가졌던 곳이라고 할 수 있다.

본고에서는 1910년대 전후 부산·경남 지역의 지방유지와 행정관료들이 일제에 어떻게 협력하여 지역의 토호세력으로 정착되는지를 일진회와 자위단, 지방위원회, 학무위원회, 『釜山日報』[5]에 나오는 인물들을 중심으로

---

1) 1886년 이후 부산, 울산, 거제, 통영 등지에 일본 어업이주 단지들이 개설되었으며 특히 진해만 일대에 대거 집중되었다. 진해만 일대는 한말 명례궁이 관리하던 조선 최대 어장지로 유명하며, 1910년에 일본인 가이시겐타로(香推源太郎)가 대부받아 운영하였다.

2) 일본은 1903년 경상남도 거제군 장목면 송진포리 일대에 '송진포방비대'를 설치하는 훈령을 발표하고, 러일전쟁을 대비하는 해군기지를 건설하였다. 1912년 이 기지는 진해로 이전되어 '진해만요항사령부(鎭海灣要塞司令部)'로 확대·개편되었다.

3) 「경상남도관찰사 민형식이 거제군 송진포(松眞浦)에 일본군함 5척이 정박하고 논과 밭에 병영을 구축하는 등 폐해를 보고」, 『各司謄錄』, 光武 八年(1904) 三月 三十日.

4) 「韓國慶尙道昌原府尹李琦外一名敍勳ノ件」, 『敍勳』 卷三, 外國人, 明治40年.

5) 『釜山日報』의 발행인은 아쿠타카와 타다시(芥川正, 1865년생)로 본적은 구마모또현(熊本縣) 구마모또시(熊本市) 中坪井町이며, 주소는 부산부 변천정(辨天町) 3정목(丁目)이다. 그는 1906년 조선시사신문사(朝鮮時事新報社)에 입사하고, 이 신문은 폐간과 동시에 '부산일보'로 개칭되었다. 1917년 현재 부산일보 사장으로 근무하였다(『在朝鮮內地人 紳士銘鑑』, 조선공론사, 1917, 441쪽). 또한 그의 아들인 아

살펴보고자 한다.

1910년대 부산·경남 지방 조선인들의 일제협력에 관한 연구는 현재까지 전무한 상태이다. 기존 연구는 동아대에서 발간한『일제시기 재부산일본인 사회 사회단체 조사보고』(홍순권 편저, 2005)가 있으나 주로 일본인들에 대한 연구에 한정되어 있다.

따라서 본고는 1910년 '한국병합' 이전 러일전쟁 당시부터 전개된 조선인들의 일제에 대한 협력 양상을, 일진회 지방위원회,[6] 의병토벌 과정에서 결성된 자위단 원호회, 지방위원회 및 학무위원을 비롯한 자문기관 등을 통해 총체적으로 살펴보고자 한다. 이들 단체들의 활동이 1910년 이후 이 지역에 어떤 영향력을 주고 있는지, 또한 주요 인물들은 누구인지를 파악해 보고자 한다.

본고의 몇 가지 주제들을 정리하면 다음과 같이 압축할 수 있다. 첫째, 일진회와 자위단이 일제에 어떻게 협력하는지 살펴보고자 한다. 1903년 이후 일진회 결성부터 1910년 '한국병합'에 이르기까지 일제에 적극 협력한 부산·경남 조선인들을 추적하고자 한다.[7] 지금까지 부산·경남 지역에서 활동한 일진회와 자위단에 대해서는 규모나 구성원들이 잘 드러나지 않고 있다. 따라서 부산·경남에서 활동한 일진회와 자위단에 대하여 전모를 밝히는 데에는 역부족이라고 생각된다. 하지만 일부의 인물들이 지역사회에 어떻게 뿌리내리고 있는지 짚어보고자 한다.

둘째, 1907년부터 1911년까지 조세(租稅)를 비롯한 통치비(統治費) 수급

쿠타카와 키요시(芥川浩)는 육군 기병 소좌 출신으로, 부산일보 전무 취체역으로 입사하여 사장으로 취임하여 1945년까지 지냈으며, 부산부회의원을 역임하였다 (『朝鮮功勞者明鑑』, 민중시론사 조선공로자명감간행회, 1935, 653쪽).

6) 일진회에 대한 논문과 자료는 다음을 참고. 이인섭,『元韓國一進會歷史』, 문명사 1911 ; 김종준,「一進會 支會의 활동과 鄕村社會의 동향」, 서울대학원 석사논문, 2002.

7) 특히 일진회 경남지부 회장을 맡은 박영길이 부산부협의회원으로 진출하는 과정 을『釜山日報』를 통해 분석해 보고자 한다.

과 민심 동향을 파악하기 위해 만들어진 지방위원회에 참여한 조선인들을 파악하였다. 한말 통감부에 의하여 설치된 자문기관인 지방위원회가 지방 토호세력들을 어떻게 규합하는지, 이들이 1910년 이후 지역사회에서 어떻게 일제협력자로 성장하는지를 추적하였다. 물론 지방위원회에 소속된 사실 자체만으로 이들을 '친일파'로 규정할 수는 없다. 단, 식민지 지역사회에서 얼마나 지속적으로 일제에 협력하였는가는 '친일파'로 판단하는 기준으로 작용될 수 있을 것이다.

셋째, 지방위원회와 동일한 자문기관인 학무위원회에 참여한 인물들을 정리하였다. 이들은 1908년 이후 지역 내 '유력자' 혹은 자본가로 활동하던 '신사(紳士)'로 추앙받아온 인물들이다. 그들은 사립학교 설립에 적극적으로 나섰지만, 1910년 이후 군수, 면장, 각종 사업체 사장으로 부를 축적하면서 지방토호로 뿌리내리는 양상을 보이고 있는데 이 과정을 추적해보았다.[8]

넷째, 1915년부터 1918년 12월까지 『釜山日報』에 나오는 주요 조선인들이 일제에 어떻게 협력하는지를 중점적으로 살펴보고자 한다. 현재 이 신문은 1915년 1월부터 1918년 12월까지 34개월만 현존하고 있다.[9] 따라서 이 신문에만 의존하지 않고 각종 사료들을 참고하여 정리하였다.

---

8) 물론 학무위원이라고 하여 '친일파'라고 할 수 없다. 그 이후 지방사회에서 일제에 적극적으로 협력했는지가 판단 기준으로 작용할 수 있다.

9) 『釜山日報』는 1915년 1월~1918년 12월까지 남아 있으나 결호가 많다. 따라서 『釜山日報』의 한계를 극복하기 위해 『朝鮮時報』, 『慶南日報』, 『每日申報』, 『皇城新聞』, 『韓國警察報告資料』 卷4, 『元韓國一進會歷史』, 『齋藤實文書』, 『朝鮮暴徒討伐誌』 등 기타 1차사료들을 참고하였다.

Ⅱ. 1910년 이전 부산·경남 지역 조선인들의 일제협력 양상

1. 부산·경남의 일진회와 자위단 활동

1907년 7월 이후 일제는 구한국군인들로 구성된 의병항쟁을 진압하기 위해 대규모 토벌작전을 벌인다. 이를 일제는 '남한대토벌작전'이라고 명하고 전국 각지에서 항쟁하고 있던 의병들을 무력 진압하였다. 또한 전국의 면 단위로 자위단을 결성하여 의병전쟁에 강력하게 대응하게 하였다.

자위단은 1907년 11월부터 1908년 2월에 걸쳐 조직되었으며,[10] 1908년 2월 말 전국에 조직된 자위단은 총 1,990개[11]에 이른다. 1908년 11월 말 현재 조선헌병대사령부의 집계를 살펴보면 총 2,164개 508,585명인데 다음 〈표 1〉과 같다.[12]

〈표 1〉에 의하면 경상남도 자위단이 전국적으로 1위를 차지하고 있는데, 1908년 11월 말 현재 633개 119,753명의 숫자를 보이고 있다. 경상남도(부산 포함)에 자위단 수나 인원이 많았던 이유는 이 지역에 일진회 조직이 활발하게 활동하고 있었기 때문이다. 홍영기는 자위단을 "일진회가 조직한 단체"[13]로 규정하고 있는데, 한국정부와 일본 한국주차헌병대사령부 그리고

---

10) 자위단에 대한 연구는 홍영기, 「1907~8년 일제의 자위단 조직과 한국인의 대응」, 『한국근현대사연구』 제3집, 1995, 95~138쪽 ; 內部 警務局 편, 『自衛團ニ關スル編 册』(일문) 상·하, 1908 ; 조선헌병대사령부 편, 『조선헌병대역사』, 1906년 10월~ 1908년 12월 28일, 방위연수소전사실, 불이출판 등이 있다.

11) 『自衛團ニ關スル編册』 하, 제167항 「二月末現在 各道組織 自衛數 報告表」. 홍영 기는 전국의 면단위(面單位)에 1개씩 조직한 것과 거의 맞먹는 숫자였다고 했으 며, 중복된 지역을 제외하고서 전체 통계를 산출하면 1908년 2월 말 현재 전국의 면방사(面坊社)는 2,277개이며, 조직된 자위단은 1,990개였다고 주장했다.

12) 조선헌병대사령부 편, 『朝鮮憲兵隊歷史』 제1권, 1906년 10월~1908년 12월 28일, 263쪽. 일제는 의병항쟁을 일본헌병대만으로 토벌작전을 수행하기 힘들기에 자위 단을 지방별로 조직하기에 이르렀고 큰 성과를 낳고 있다고 했다.

13) 홍영기, 앞의 글, 98~101쪽.

일진회로 연결되는 고리로 자위단이 결성되었다고 볼 수 있다. 자위단은 일진회 회원들을 중심으로 구성되어 직접 전투에 참가하거나 조직을 결성하는 데 혁혁한 공을 세웠다. 이하에서는 부산·경남에서 활동한 일진회의 주요 인물들을 추적하고, 자위단의 결성과정과 부산·경남 지역의 자위단 활동상황을 살펴보고, 조선인 유력자들이 어떻게 자위단에 참여하고 있는지도 밝혀보고자 한다.

〈표 1〉 각 도별 자위단 자위단원표(1908년 11월 말 현재)

도명	자위단 수	자위단원 수
경기도	209	50,701
충청북도	119	28,976
충청남도	62	17,833
전라북도	282	72,977
전라남도	67	7,576
경상북도	103	65,752
경상남도	633	119,753
강원도	244	41,488
황해도	123	52,481
평안북도	196	34,319
평안남도	55	14,456
함경북도	1	11
함경남도	70	2,261
합계	2,164	508,585

1) 부산·경남의 일진회 활동

먼저 자위단을 살펴보기에 앞서, 1904년 8월 유신회로 시작한 일진회 경상남도 지부를 간략하게 살펴보고 넘어가고자 한다. 일진회는 "일본의 시정개선을 적극 지지 수용하여 보호통치를 옹호하고 친일 여론을 확산시키며, 나아가 친일정부를 구성하여 일한협력을 공고히 하고 일제의 조선지배 정책 수행에 협조할 목적"으로 결성되었다. 이에 1904년 12월 진보회와 합동하고 11월 일진회 선언서를 발표하며, 1909년에 '합방청원서'를 발표하기에 이른다.

일진회 경상남도지부는 김사영(金士永, 1904년 12월 초), 김세제(金世濟), 박영길(朴永吉, 1906년 4월 16일), 최영구(1906년 8월 21일), 김선재(金善在, 1906년 10월 3일·1907년 12월 29일~1909년 2월 13일), 조흥원(1906년 12월 1일), 정용태(鄭龍泰, 1909년 2월 13일) 등이 회장직을 맡았다.[14] 경남 지부의 각 군별로 회장과 회원들을 살펴보면 아래와 같다.

〈표 2〉 경남의 일진회 지부장과 회원

지역	지부장	회원			
진주	정용태 (鄭龍泰)	박병한(朴秉瀚) 황종락(黃鍾樂) 황도연(黃嶋淵) 최영선(崔榮善) 김수택(金守澤) 최익환(崔翼煥) 박준호(朴準浩) 박용응(朴容應) 유춘일(柳春日) 정준성(鄭俊成) 박기택(朴基澤) 박무일(朴茂日) 강대연(姜大淵) 김갑두(金甲斗) 박병철(朴秉轍) 고대중(高大重) 김선현(金善現) 이기현(李基鉉) 박충일(朴忠一) 손은석(孫殷錫)			
사천		정동형(鄭東珩) 최진환(崔晋煥) 한창원(韓昌源) 강태진(姜泰鎭) 조용칠(趙鏞七) 성낙진(成洛鎭) 이경균(李慶均) 이봉규(李鳳奎) 곽종한(郭宗漢) 김형배(金亨培) 오창묵(吳昌黙) 이종락(李鐘落) 구차익(具慈益) 이충후(李忠厚) 강성희(姜聖熙) 배남옥(裵男玉) 강병주(姜炳周) 강정환(姜正桓)			
합천		김진한(金鎭漢) 김창권(金昌權) 이병만(李炳萬)			
산청		강찬영(姜贊映) 하종홍(河鍾弘)			
통영	유창일 (柳昌一)	이대영(李大榮)			
김해		강위필(姜渭弼) 양부석(梁富錫)			
양산		문주선(文周善) 이시영(李時榮)			
울산		김홍경(金洪經)[15]			

14) 『韓國警察報告資料』卷1~4 ; 이인섭, 앞의 책 참조.
15) 齋藤實,「一進會交涉願末書」,『齋藤實文書』 제12권, 9~34쪽.

경남의 일진회 주요 간부들의 일제협력 사례를 살펴보면 다음과 같다. 김선재는 1909년 일진회 경상남도 지부장을 지내고, 1910~1912년까지 곤양군수를 맡았다.[16] 김사영은 1904년 9월 29일 일진회 평의원, 1905년 1월 23일 경남 사찰위원, 1908년 12월 21일~1910년 9월 12일 일진회 총무원을 맡은 거물급 친일파라고 하겠다.[17] 김사영은 일본에 '합방청원'운동을 전개하였다. 또한 통영출신의 유창일(柳昌一)은 일진회 지부장으로 러일전쟁 당시 참전하여 일본으로부터 공로를 인정받아 1908년 11월 7일 '훈7등서보장'을 받기도 했다.[18] 그는 1929년 1월 26일 일본인 중심으로 구성된 교화단체인 소화웅변연구회 간사,[19] 같은 해 2월 11일 일본 건국절(기원절)을 맞아 통영신사에서 참배하고, 통영경찰서 연무장에서 재향군인 통영분회 정기총회에서 부회장으로 선출되어 활동하기도 하였다.[20] 또한 1933년 12월 1일 통영청년훈련소 후원회 회장,[21] 1933년 9월 15일 『釜山日報』에 "만주국 승인 1주년 기념" 광고를 게재하는 등 친일행적을 남겼다.

다음으로 박영길은 일진회 경남위원회 회장을 비롯하여 지방위원회 위원, 부산부 참사, 부산부 사립 초량학교장, 동래부 민의소 이사, 조선해수산조합소 감사, 부산부협의회원 등을 지낸 인물이다.

여기서 경남의 일진회원들이 어떤 활동을 펼쳤는지 살펴보자. 먼저 의병토벌에 참여한 일진회원들을 중심으로 살펴보고자 한다. 이 과정에서 의병

---

16) 이인섭, 앞의 책 권7, 14쪽.

17) 이인섭, 앞의 책 卷之一, 14쪽 ; 卷之二, 13쪽 ; 卷之六, 46쪽.

18) 「韓國檢事尹甲炳外百五名敍勳及賜金ノ件」, 『敍勳』 卷7, 外國人. 서훈 사유는 러일전쟁 당시 일본군의 군물자 수송과 편의를 제공한 공로가 현저하게 인정된다고 밝히고 있다.

19) 『釜山日報』, 1929. 1. 29.

20) 『釜山日報』, 1929. 2. 14. 통영의 재향군인회는 통영군사협회로 출발하여, 1910년 제국재향군인회 창립으로 1911년 5월 1일 재향군인 진주지부 통영분회를 조직하였다. 특히 조선인이 재향군인 분회 부회장을 맡는 경우는 드문 일이다.

21) 『釜山日報』, 1933. 12. 7.

들이 일진회원들을 총살하는 사례가 많았다. 1908년 3월 29일 하동군 청암면 회신촌(檜新村)에 의병 약 15~16명이 들어와 일진회원 장윤화(張允和)를 총살하였다.22) 같은 해, 5월 6일 하동군 운곡면 자원촌(自院村)에 의병 20명이 들어와 일진회원 신도기(申島基)를 체포하여 가화면 문암시장으로 연행하여 총살하였다.23) 또한 7월 24일 의병 6명이 하동군 내횡포면(內橫浦面) 토동(土洞) 62통 1호에 거주하는 일진회 회원 장재수(張在洙)를 죽였다.24)

이처럼 하동군에서 일진회원 3명이 의병에 의해 총살되었다. 결국 일진회는 의병을 토벌하겠다고 자위단을 조직하였고, 이로써 일진회원들은 더욱 의병들의 표적이 되었다.25) 또한 일본군과 경남의 헌병분견대 소속 헌병들도 의병의 완전한 토벌을 위하여 자위단과 일진회원들을 동원하였다. 그럼 부산·경남 지역의 의병전쟁 과정에서 자위단이 어떻게 결성되는지 살펴보자.

2) 의병전쟁과 자위단 활동

1907년 후반기로 넘어가면서 의병항쟁은 최고조기로 접어들게 된다. 일제와 한국정부는 의병을 진압하고자 1907년 10월에 제14헌병대를 한국주차

---

22) 『폭도에 관한 편책』, 「융희 2년 3월 폭도에 관한 편책」, 「하동군 청암면에 적 내습 일진회원 1명을 총살한 건」, 1908. 4. 2.

23) 『폭도에 관한 편책』, 「융희 2년 4월 폭도에 관한 편책」, 「暴徒一進會員殺害ノ件」, 1908. 5. 11.

24) 『폭도에 관한 편책』, 「융희 2년 6월~12월 폭도에 관한 각도관찰사보고철」, 「경남 하동군 일진회원 1인의 폭도에 의한 타살 건」, 1908. 8. 3.

25) 1907년 11월 20일 일진회는 "各處의 義兵들이 特히 一進會를 미워하여 各地에 있는 一進會員이 多數 殺傷되었으므로 一進會에서 義兵을 自身들이 鎭定시키겠다고 政府에 청하여 許諾을 받은 후 會員을 各道에 派遣하여 武器를 가지고 自衛하기로 하고 이름을 自衛團이라고 하였던 바 이 날 一進會自衛團이 獨立館에서 會議하여 11道에 會員 각각 7·8人을 派遣하여 義兵을 鎭定시키기로" 하였다(『梅泉野錄』, 隆熙 元年 10月 ; 『續陰晴史』下, 隆熙 元年 11月 11日·20日). 결국 일진회가 자위단을 조직하여 의병들을 토벌하기 시작하면서 일진회원들의 사상자들이 더욱 발생하게 되었다.

헌병대로 개편함과 동시에 본부를 서울에 두고 7개 분대를 전국에 배치하고, 1907년 말에 460여 개 분견소와 총 2,400여 명의 병력으로 증강시켰고,[26] 각 도에 선유사를 파견하기도 하였다. 1908년의 한국주차헌병대사령부 경상남도 헌병분견소 현황을 보면 다음과 같다.

〈표 3〉 1908년 7월 28일 현재 경상남도 헌병분견소 현황[27]

분견소	상장관	사관	준사관	하사	상등병	보조원	계
거창				1	4	10	15
합천				1	4	10	15
함양				1	4	10	15
진주		1		1	7	16	15
치노				1	3	8	12
안의				1	3	8	12
산청				1	3	8	12
삼가				1	3	8	12
딘싱				1	3	8	12
하동				1	3	8	12
사천				1	3	8	12

경남지역 자위단의 활동이 전국에서 높은 조직력과 조직원을 확보하고 있었다는 것은 결국 경남지역에서 의병항쟁도 강력하게 전개되었음을 증명한다.

조선주차사령부에서 발행한 『조선폭도토벌지』에 나온 부산·경남 지역의 의병항쟁 과정을 보면 의병항쟁이 주로 지리산을 중심으로 펼쳐진 것을 알 수 있다. 1907년 10월 김동식과 고광순 의병활동을 보면 다음과 같다.

---

26) 홍영기, 앞의 글, 99쪽 ; 김정명 편, 『朝鮮駐箚軍歷史』, 엄남당서점, 1967.

27) 조선헌병대사령부 편, 『朝鮮憲兵隊歷史』 제1권, 1906년 10월~1908년 12월 28일, 不二出版, 243쪽. 이 표는 의병토벌 지역만 한정해 작성했다. 그 외 헌병분견소는 부산, 울산, 동래, 김해, 통영, 언양, 삼랑진, 고성, 곤양 등에 위치했다.

　　(1907년 – 필자주) 9월 전라도에서 봉기하였던 김동식(業東植)·고광순(高光詢)의 배하는 10월 경상남도로 침입하여 거창(居昌)·안의(安義) 부근에서 기세를 올리고 있었다. 진주(晉州) 경무 고문의 토벌이 여의치 않아 진해만(鎭海灣) 중포병대대(重砲兵大隊)에서 파견된 진주 파견대는 10월 4일 야마다소위(山田少尉)가 인솔하는 1소대를 산청(山淸)·안의(安義) 방면으로 파견하고, 남원(南原)수비대는 하사 이하 12명을 안의(安義) 방면으로 급행시켜 그와 책응케 했다. 야마다소대(山田小隊)는 8일 오후 거창(居昌) 서북방 약 60리 지점인 월성(月城)에서 폭도 약 3백과 만나 그 수십을 사상시키고 서방(西方)으로 궤주케 하였다. 거창(居昌)·안의(安義) 부근의 폭도는 지리산으로 들어가 칠불사(七佛寺)를 근거로 4일 하동경무서(河東警務署)를 습격한 것을 비롯하여 시시로 남하하여 약탈을 자행하였다. 진주 파견대장 고야마(小山大尉)는 하동(河東) 방면을 정찰한 결과 폭도 약 3백이 칠불사(七佛寺)·연곡사(鷰谷寺)·문수동(文殊洞)에 있음을 알고 16일간 화개장(花開場)에 이르러 광주(光州) 수비대장 키노대위(木野大尉)가 인솔하는 1소대와 연락하고 17일 새벽 연곡사를 포위 공격하여 수괴(首魁) 고광순(高光詢) 이하 22명을 사살하고 수십을 부상시키고 연곡사는 소각하였다. 폭도는 거의 지리멸렬 여러 곳으로 궤주하였다. 그 후 경상남도의 폭도의 주력은 전라도로 이동, 거의 정온을 되찾았다.[28]

　『조선폭도토벌지』에 따르면, "1908년 6월 21일 고광순 의병이 지리산 근방에서 함양수비대(咸陽守備隊)와 전투를 벌였고, 1908년 8월 30일 덕산수비대(德山守備隊)에서 의병장 유명국(柳明國)을 포박하고, 10월 5일 진주수비대(晉州守備隊)에서는 손마생(孫馬生) 이하 3명을 생포하였다"[29]고 적고 있다.

　이렇게 의병전쟁이 확전되자 일본과 한국정부 그리고 일진회는 의병들을 토벌하고자 고심하였고 급박한 상황에서 일진회가 해결책을 들고 나섰다. 1907년 9월 19일 일진회 부회장을 맡고 있던 홍긍섭(洪肯燮)이 특별총

---

28) 조선주차사령부, 『朝鮮暴徒討伐誌』, 1913, 79~81쪽.
29) 위의 책, 133~134쪽.

무위원회를 개최하여 의병을 강력하게 비판하고, 10월 회원 30명을 선발하여 지방의 상황과 의병활동의 조사를 목적으로 각지에 파견하였으며,[30] 조사한 내용을 바탕으로 의병진압책을 수립하여 10월 하순 내각과 법부에 발송하였다.[31] 이에 이용구는 내각총리대신 이완용에게 자위단을 조직할 것을 건의하고, 이완용은 통감 이토 히로부미(伊藤博文)에게 같은 내용을 요청하였다. 11월 6일 이토는 부통감 및 한국 주둔 군수뇌부들과 함께 자위단에 관한 회의를 개최하였다. 이날 회의에서 참석자들은 일진회가 작성한 자위단 조직을 채택하였고, 1907년 11월 9일에 내부대신 임선준(任善準)의 이름으로 자위단규칙이 발표되었다. 결국 자위단은 일진회에 의해 주창되고 조직되었음을 명백하게 알 수 있다.

또한 1907년 11월 22일 한국주차군 헌병사령관 林忠夫가 육군대신에게 보고한 「韓国に於ける自衛団設置に関する報告の件」[32]을 보면 "11월 18일 한국정부에서 자위단에 관한 내부훈령으로 발표한 것을 송부한다"며 자위단의 내부훈령을 별첨해 보냈다. 자위단의 내부훈령을 보면 다음과 같다.

자위단규칙

제1조 지방안녕을 保持하기 위하여 필요가 있을 때는 각 면에 자위단을 설치하고 지방양민으로써 이를 조직하되 경찰관리와 또는 헌병과 군대의 절제를 받게 한다.

제2조 자위단은 다음의 사항을 담당한다.

－ 호구조사에 관한 일. 양민과 暴民을 식별하고, 경찰 또는 헌병, 군대에게 원조목적으로 행하는 일.

---

30) 『韓國一進會誌』, 707~710쪽.

31) 위의 책, 714쪽. 일진회는 각 지역에서 의병과 군경에 의한 피해, 일반인의 의병과 군경에 대한 감정, 지방의 물가와 생활상태, 의병가담의 동기, 유언비어 등을 집중적으로 조사했다(「靈瑞秘符」, 『朝鮮統治史料』 4, 220~221쪽 ; 홍영기, 앞의 글에서 재인용).

32) 일본 육군성, 『密大日記』 明治40年(1907), 「憲兵司令部 韓国に於ける自衛団設置に関する報告の件」.

－ 私藏한 무기수용에 관한 일. 자위단에서 수용한 무기들.
－ 巡邏境界에 관한 일. 폭도 침입에 방어 목적.
－ 賊情을 정찰하여 이를 관헌에게 보고할 일.
제3조 자위단조직하는 방법에 대하여 경찰관 및 헌병 또는 군대의 지휘
를 받아야 할 일.[33]

자위단규칙을 공포한 직후 내부 경무국에서는 1907년 11월 11일자로 각 도에 자위단을 조직하라는 지시를 내렸으며, 도에서는 각 군에, 군에서는 각 면에 자위단 규칙을 배포하였다.[34] 자위단 조직과 규칙의 자세한 내용을 보면 다음과 같다.

자위단 실행동약서

제1조 자위단을 조직하는 자는 각면에서 도합(圖合)하고 기(其) 당무자
(當務者)를 지망자로서 혹천(或薦)케하여 임원을 편제함.
제2조 자위단을 조직하는 방법은 다음에 준한다. 면단장 1인(매 100명
단위), 부장 2인, 仕長 5인(매 10명 단위).[35]

자위단 조직은 읍면사(邑面社) 단위로 독립적인 단(團)을 설치하였으며, 이를 군단(郡團)에서 총괄하였다. 단 아래 동에는 분단, 리에는 리단(里團)을 설치하였으며, 매 100명에 부장(部長), 매 10명마다 사장(仕長)을 두거나 구장(區長)을 두었다. 지역 자위단은 헌병이나 수비대 및 경찰의 지휘 감독을 받도록 되어 있었다. 또한 일진회는 자위단 원호회를 결성해 지방마다 파견하였는데, 1907년 11월 21일부터 23일까지 자위단원호회 임원과 지방 위원들이 현지로 출발하였다. 경상남도 각 군에는 이범철(李範喆), 탁태윤(卓泰潤), 김명집(金明集) 제11부위원장들이 도착해 자위단 조직의 당위성과 취지를 설명하고 조직을 독려하였다.[36]

---

33) 일본 육군성, 앞의 문서.
34) 『編册』상, 제3항 「自衛團規則 配布件」.
35) 위의 책 상, 95호 「奉花郡自衛團組織ニ關スル件」.
36) 『大韓每日申報』, 1907. 11. 19(3).

지역 자위단의 활동 규정은 한국정부보다 일제의 군경기관에 적극 협조해야 한다는 것을 보여주는 것이며, 이를 통해 자위단이 막강한 영향력도 지니고 있음을 알 수 있다. 또한 군단장은 군수가, 면단장은 면장 또는 지역의 명망가들이 맡았다. 이는 지역의 조선인 유력자 다수가 일제에 협력하여 의병토벌에 앞장섰다는 것을 보여주는 것이다.[37]

1907년 12월 7일 부산경찰서장이 부산헌병대장에게 보고한 내용을 보면, 김해군 자위단 조직은 같은 해 12월 5일 각 면장들을 모아서 조직하기 시작했고,[38] 또한 진주군 자위단은 1907년 12월 12일 결성되었다.[39]

1907년 12월 7일 경상남도 경무서의 「자위단설립에 관한 제1회보고」에 의하면 "진주에서 12월 2일 성외(城外) 장날을 이용하여 객사당(客舍堂)에서 집회를 열고 자위단 원호회장 이하 경성으로부터 이범철(李範喆)[40] 등이 진주에 와 관찰사, 군수, 일진회장, 경무관 등과 청중 백수십 명이 참석해 …… 자위단 필요를 역설하고 국민절대의 임무임을 강조하였다"고 한다.

또한 이날 김사묵(金思黙) 관찰사, 군수, 일진회 위원장, 면장, 동장, 지방신사(紳士) 등이 참석한 가운데 자위단 조직 위원회를 개회하여 "진주군의 각 면에 단장 1인을 두고 면장이 관장하고, 본군 50면을 5할로 나누어 총단장 1인을 두고, 전군(全郡)에 군단장 1인을 두고, 군수가 맡고 …… 군수가 각 면마다 자위단을 결성할 계획을 수립하는 안을 결의하여 목하 각 면에 출장하기로 하였다"[41]고 보고서에 적고 있다.

---

37) 자세한 내용은 홍영기, 앞의 글 참조.

38) 『編册』 상, 27호, 「金海自衛團 組織ノ件」.

39) 위의 책 상, 33호, 「晋州自衛團 組織ノ件」.

40) 이범철은 1907년 11월경 자위단원호회 제11부 위원장을 맡았으며, 1907년 11월부터 1908년 1월까지 경남 각 군 지역에 출장하여 자위단의 조직을 역설하였다. 또한 1908년 12월 합방청원운동 당시 일진회 서기로 활동했으며 1909년 10월에 대한협회와의 연합을 논의할 삼파연합정견협정위원 중의 1인으로 선임될 만큼 일진회 내부의 중요 간부였다. 친일반민족행위진상규명위원회, 『조사보고서』 Ⅱ, 2006, 741쪽.

다음으로 울산군의 자위단 조직은 1908년 1월 7일 울산경찰서장이 보고한 자료에 의하면 자세히 알 수 있다. "울산에서 자위단 조직은 각 면장들을 소집하여 조직하게 되었는데, 본월(1월) 20일 상부면(上府面)에서 자위단을 조직하였고, 다른 면에도 조직을 위해 독려하고 있다"[42]고 보고했다.

그리고 울산자위단 보고서에는 김해군 자위단의 조직현황도 함께 보고되었다. 김해군 자위단은 "지역 경찰서 순사, 파견 헌병 등이 각 면장들을 소집하여 취지를 설명하고 각 면을 조직하기로 하고 군수, 면장 등이 독려하여 자위단을 조직하기로 하였다."[43]

1908년 1월 13일 울산경찰서장이 경무국장에게 보낸「部內 郡內 自衛團 組織」이라는 보고서를 보면 더 상세한 내용을 알 수 있다. 이 보고서에는 "기장군에서 자위단을 조직하고자 면장들이 적극 나서고 있는데 현재까지 조직을 완료한 상태"이며, 울산군은 "동면, 내상면 외에 3개면에서 조직을 완료한 상태"라고 적혀 있다.[44]

1908년 1월 18일 한국주차헌병대장이 통감에게 보고한「자위단설립에 관한 보고」에 보면, "울산경찰서 내 자위단조직은 읍내, 상부면 등에 조직이 완료되었으며, 김해군 각면에도 조직을 독려하고 있으며, 부산 동래부 인민들도 자위단 조직에 나서고 있는데 면장 등이 나서서 인민들에게 취지를 설명하고 자위단조직에 적극 나서고 있다"[45]고 적혀 있다.

1908년 2월 1일 합천경찰서장이 마쯔이(松井) 경무국장에게 보고한 자위단 월별활동사항 보고서에는 "호구조사활동, 정찰정보활동, 궁민구제활동, 자위단 설립에 관한 주민들 감정 조사, 일진회원들이 자위단에 대한 행동, 자위단 조직 지원, 기타 참고 사항"으로 나누어져 있다. 특히 기타 참고사

---

41) 『編册』 상, 45호, 「自衛團設立二關スル第1回報告」.
42) 위의 책 상, 78호, 「蔚山自衛團設立二關スル報告」.
43) 위의 책 상, 78호, 「蔚山自衛團設立二關スル報告」.
44) 위의 책 상, 98호, 「部內各郡二於ケル自衛團組織」.
45) 위의 책 하, 87호, 「自衛團設立二關スル報告」.

항에는 "사천군의 자위단 조직이 현지 인민들의 노력으로 효과를 거두고 있다"고 되어 있다.[46]

다음으로 1908년 2월 13일 마산경찰서장이 경무국장에게 보고한「자위단 조직에 관한 건」[47]에는 "영산(靈山), 창녕(昌寧), 진해, 사천 등지에 자위단을 조직하고 있다"고 자위단 조직현황이 적혀 있다.

위의 각 지역별 경찰서가 보고한 자위단 조직을 보면, 경남도 내 군수, 면장, 지역 유력인사, 일진회원이 망라되어 자위단 조직에 앞장서고 있었음을 알 수 있다. 이들은 한국정부의 훈령에 따라 자위단을 조직한다고 했지만, 조직과정에서 일본헌병대나 경찰서 등이 직접 나서서 조직하기도 하였다.[48]

특히 부산부협의회원을 지낸 박영길(朴泳吉)은 일진회 경상남도 지부장을 맡으면서 자위단 조직에 앞장섰는데, 그의 보고서에 따르면, 자위단 원호회 일행들이 전국 각지를 방문하여 자위단조직과 원호회 참여를 독려하고 있다고 보고하고 있다.[49]

이처럼 일진회 지방위원회가 자위단 조직에 직접적인 개입을 한 것으로 보아 자위단과 일진회의 연관성은 매우 깊다고 하겠다. 따라서 자위단은 일제의 의병토벌을 돕기 위해 자생적으로 조직된 민간조직이라기보다는 일제와 친일내각이 적극적으로 조직한 친일관변조직이라고 봐도 큰 무리는 없을 듯하다. 또한 1907~1908년까지 각 도 관찰사, 군수, 면장, 지역 유력자까지 동원되어 이들이 의병토벌에 적극 협력했다고 판단할 수 있다.

---

46) 위의 책 하, 120호,「自衛團ノ月報進達ノ件」.

47) 위의 책 하, 149호,「自衛團組織ノ關ニ件」.

48) 이 사례는 1908년 2월 1일 천안헌병대장의 보고에 따르면, "현재 청안군 자위단은 우리 헌병(일본)이 주동하여 군수, 경찰관, 각 면장 등과 협의하여 규칙을 결정"하였다고 보고하였다. 특히 자위단의 감독과 운영을 일진회에 일임한다는 내용도 담고 있다(『統監府文書』4권,「統監府報告東京出張中」6,「自衛團組織 斡旋者의 弊害에 관한 報告 移牒」).

49)『編册』상, 39호,「一進會員朴永吉松井局長ニ自衛團組織ニ關スル報告」.

2. 부산·경남 지방위원들의 활동과 주요 인물

지방위원회[50]는 의병전쟁이 전국적으로 확대되는 시기인 1907년 5월 13일 칙령 제31호로 설립되었다. 일제는 징세제도의 정비와 식민지 경영에 필요한 비용을 수탈하기 위하여 강력한 증수정책(增收政策)을 실시했는데, 1907년 의병전쟁이 전국적으로 확산되고 징수실적이 저하되자 이를 타개하기 위하여 지방위원회를 만들게 되었다. 지방위원회는 민중들의 일제에 대한 반발을 막고 증수정책을 강력하게 이어가기 위한 일제협력기관이었고 여기에는 각 지방의 유력인물, 대부호, 전직 한말 관료 등이 포섭되었다. 특히 지방위원들이 조세의 부과, 징수 등의 기능을 수행할 때 경찰관리 또는 군대의 원조를 받기도 하였다.[51] 다음에서 지방위원회의 설립과정과 위원회 조직에 대하여 간략히 정리해 보기로 한다.

1) 지방위원회의 조직과 구성원들

1907년 5월 4일 개최된 대신회의에 이토 통감부 총감이 지방위원회를 제안하였다. 그 이후 같은 해, 위원회가 5월 13일 지방위원회규칙에 의해 설립되어 1911년 3월 31일까지 활동하였다.[52] 이 위원회는 재무에 관하여 관민의 의견을 소통하고 법령의 주지를 도모하여 정부의 자문에 응답하며,

---

50) 지방위원회에 대한 논문은 안용식, 「한말 및 일제초기 지방에 있어서의 자문기관에 관한 연구-지방위원회를 중심으로-」, 『사회과학논집』 22집, 연세대사회과학연구소, 1991 참조. 안용식은 지방위원회의 설립 목적과 기능, 운영상의 문제, 지방민의 반발, 회의 개최 등을 상세하게 소개하고 있다. 필자는 부산·경남 지역만 국한하여 설립과정과 운영 실태만을 정리하였다.

51) 『한국재무경과보고』 제2회(1098년 하반기), 1909. 6, 44쪽 ; 안용식, 앞의 글, 63쪽에서 재인용.

52) 1911년 2월 1일부로 지방위원회 폐지와 동시에 각 군마다 참사관으로 대체하였다. 대부분 지방위원들은 군참사로 임명되었다. 참사는 도에는 3명, 군에는 2명을 각각 임명하였다(『경남일보』, 1911. 3. 28 ; 『조선총독부관보』, 1911. 2. 1).

혹 의원이 있을 때에는 이를 정부에 상신하는 기능을 갖고 있었다.[53]

위원회의 당연직인 회장은 세무관(해당 도관찰사가 겸직)이 맡았다. 위원은 세무관이 지방관과 협의하여 관할 구역 내의 상당한 자산이 있거나 민정에 통달한 자를 각 부·군에 1명씩을 세무감을 거쳐 추천하고 탁지부대신이 이를 의촉(依囑)하였다. 또한 각 지방위원회(세무서 관할)에 일본인 재무관과 보좌관 등이 포진되어 재정고문관 역할을 담당하기도 하였다. 각 구역 내의 위원의 정원은 7인 이상으로 하였으며 명예직이었다. 그러나 지방위원들이 이를 일제에 협력하는 기관으로 인식하면서 회의에 불참하는 사례가 많아지자, 1909년 8월 23일 사세갑(司稅甲) 제2318호에 의해 '면장협의회규정준칙(面長協議會規程準則)'을 신설하여 지방위원회의 보조기관으로 면장협의회를 구성하였다.

다음은 지방위원회가 어떻게 조직되었고, 참여자들은 어떤 인물인지, 회의내용 등을 경남을 중심으로 간략하게 살펴보자.

먼저 지방위원회의 조직 과정을 보면, 1907년 5월 30일부터 6월 9일까지 전국 28개 군을 순회하면서 각지에서 상당한 자산과 신용, 지식을 가진 자를 선발 임명하였다.[54] 이와 비슷한 시기인 1907년 9월 30일에 부산·경남의 지방위원회가 설치되었는데, 초기의 부산·경남 지역 지방위원회가 설치된 곳은 진주, 창원, 밀양, 함양 등이다.[55] 한일병합 이전인 1910년 3월 11

---

53) 자문사항은 조세, 수수료 및 부역, 현품의 부과징수, 화폐정리, 지방금융, 금곡 등을 축적한 기관의 설치 및 그 조치, 기타 지방위원회에 자문사항 등이다(1907년 6월 6일 탁지부령 제18호 지방위원회규칙시행에 관한 건 제5조). 또한 그 기능을 살펴보면, 매월 1회 그 지방의 민정(民情), 농작물상황, 조세부담상황을 보고하고, 조세체납자에 대해 납세 독려 및 납세의무의 존중을 설명하며, 우편국 또는 농공은행에 저금장려, 금융조합의 성질 및 가입방법, 대출금의 이율 주지, 농공은행의 소재지 및 대부방법 등을 주지시키는 것, 신화(新貨)의 보급, 토지개량 등이다(『한국재무경과보고』 제1회 1908년 상반기, 1908. 11, 63~64쪽).

54) 『財務週報』 제11호, 257쪽.

55) 첫 임명된 지방위원은 정원을 초과하는 진주와 밀양 등이며, 함양의 경우 정원에 미달하기도 하였다.

일 탁지부 고시 제1호에 의거하여 지방위원회 설치 처소와 구역이 다음과 같이 설정되었다. 우선 고성군과 동래부에 각각 지방위원회를 설치하였는데, 고성군은 고성군·용남군·거제군·남해군을 구역으로 하였고, 동래부는 동래부·양산군·기장군·울산군·언양군·울릉도를 관할 구역으로 지정하였다.56) 초대 지방위원으로 선임된 지역과 위원은 다음과 같다.

1907년 경남의 지방위원들

진주 - 허만두(許萬斗, 正6品, 출신지 진주군, 임기 1907. 6. 25~1908. 3. 24)
　　　문영관(文永觀, 정6품, 사천군, 1907. 6. 25~1908. 4. 20)
　　　이순의(李舜儀, 하동군, 1907. 6. 25~1908. 4. 22)
　　　정종묵(鄭鍾默, 남해군, 1907. 6. 25~1908. 7. 20)
　　　권석희(權碩熙, 의령군, 1907. 6. 25~1909. 7. 2)
　　　이규선(李奎煽, 곤양군, 1907. 6. 25~1909. 6. 28)
　　　이민희(李民僖, 합천군, 1907. 6. 25~1908. 3. 12)
　　　안종식(安鍾湜, 초계군, 1907. 6. 25~1909. 4. 6)
　　　박병문(朴炳文, 단성군)　　　　민인호(閔仁鎬, 산청군)
　　　이상욱(李相旭, 고성군)　　　　고채순(高采珣, 진남군)
　　　윤영길(尹永吉, 거제군)　　　　정연호(鄭演鎬, 삼가군)
창원 - 조용락(趙鏞洛, 함안군, 1907. 6. 25~1908. 11. 24)
　　　이병홍(李炳弘, 창녕군, 1907. 6. 25~1910. 7. 14)
　　　주시량(周時亮, 칠원군)　　　　이면재(李勉宰, 정3품, 진해군)
　　　주기효(朱基孝, 9품, 웅천군)　　허종흠(許宗欽, 김해군)
밀양 - 정태조(鄭泰朝, 언양군, 정3품, 1908. 6. 25~1909. 2. 23)
　　　최형건(崔炯健, 정3품, 양산군, 1907. 6. 25~1909. 2. 23)
　　　이상승(李相昇), 동래군, 1907. 6. 25~1908. 4. 21)
　　　손지현(孫之鉉, 정3품, 밀양군)　하한청(河漢淸)
　　　하재구(河在鳩, 창녕군)　　　　박상렬(朴相烈, 기장군)
　　　박시룡(朴時龍)
함양 - 김정완(金正完, 함양군)　　　염석구(廉錫九, 안의군)

---

56) 『官報』, 1910. 3. 14.

이우형(李愚亨, 거창군)[57]

초기의 임원들 중에서 주요 인물들을 지역별로 살펴보면 다음과 같다. 우선 진주지방위원회에 허만두는 정6품으로, 대한협회 경상남도 지회장, 1903년 의령 영친왕궁 세감(稅監), 1911년 11월 1일 진주군 지공면 · 정촌면 면장을 지냈다.[58] 문영관은 1867년생으로 사천군 출신이며, 1903년 정릉참봉, 1903년 10월 2일 중추원의관, 1907년 6월 25일~1908년 4월 25일 지방위원, 1908년 동양척식주식회사 설립위원으로 활동하였다.[59] 이순의는 1891년 경상남도 선세(船稅)위원[60]을 지낸 인물이고, 정종묵은 1928~1930년 남해군 이동면장과 무림금융조합장, 1935년 남해산업조합장 등을 지냈다.[61] 민인호는 1919~1920년까지 산청군 참사를 지냈다.[62] 이상욱은 1916년 경상남도 지방토지조사위원회 임시위원을 지냈고,[63] 고채순은 용남군 참사, 용남군 우편주사, 고성군 지방금융조합 평의원 등을 지냈다.[64] 이민희는 1899년

---

57) 1907년 6월 25일 임명된 지방위원은 31명이며, 재임기간이 파악되는 자는 총 13명 이나(『官報』, 1907. 9. 30 ;『皇城新聞』, 1907. 10. 3).

58) 『各司謄錄』,「起案」7,「宜寧 泊津 등에 잡세를 혁파할 것을 훈령」, 1903 ;『統監府文書』6권,「憲兵隊機密報告」158, 憲機第五三八號,「大韓協會員ノ慶南出張」, 1909. 3. 12. 그는 1910년 병탄 이후 1911년 11월 3일 경남일보사가 진주 수정봉 정상에서 개최한 천장절 축하행사에 참석하였으며, 1920년 5월 도청이전방지동맹회 상경진정위원을 지내기도 하였다.

59) 1908년 당시 사천군(泗川郡) 문선면(文善面) 서동(西洞) 제10통(第十統) 190호(一百九十號)에 거주, 1876년 1월 수학가숙(受學家塾), 1907년 12월 20일 상여금 십엔 지방위원사무특별사(『대한제국관원이력서』, 1972). 그는 1919~1920년까지 남해군수를 거쳐, 삼천포에 정착하여 1933년 10월 9일 삼천포신사 건설 대표자회의에서 위원으로 선정되기도 하였다(『釜山日報』, 1933. 10. 13).

60) 『官報』, 1891. 10. 4.

61) 조선총독부, 『조선총독부관서직원록』1928~1930(한국역사정보시스템 참조).

62) 조선총독부, 『조선총독부관서직원록』1919~1920(한국역사정보시스템 참조).

63) 『朝鮮總督府官報』, 1916. 7. 7.

64) 고채순은 1852년 11월 15일생이며, 용남군(龍南郡) 서면(西面) 천동(泉洞)에 거주하고 부친은 고정현(高廷炫, 判官)이며, 한문수학을 하였다(『조선신사대동보』, 1913, 1006쪽).

7월 황해도 관찰부 주사를 거쳐 1901년 3월 중추원 의관을 역임하고 1919년 합천군 합천면장을 지낸 인물이다.[65]

다음으로 창원지방위원회에 주기효는 1902년 경상남도관찰부 주사를 지냈고,[66] 허종흠은 1907년 대한자강회 김해군 회원, 1908년 대한협회 김해지회 회원으로 있었다. 이면재는 1901년 6월 12일 중추원 의관, 1902년 9월 혜민원(惠民院) 참서관(參書官)[67] 등을 지냈다.

이어 밀양지방위원회에 손지현은 교동리 출신으로, 1885년 성균관 진사, 1900년 3월 경기전(慶基殿) 참봉, 1902년 7월 외부 참서관(주임6등), 1908년 3월부터 10월까지 교남교육회 총무를 지냈으며, 1909년 4월 3일 진주군수 등을 지냈다.[68]

하재구는 창녕군 창녕면 출신으로, 창녕 대부호로 알려진 인물로서, 1871~1880년까지 한문사숙을 거쳐 1896~1897년 창녕군 세무주사, 1900년 4월 곤양군수, 1901년 7월 경북 현풍군수, 1902년 1월 경북 비안(比安)군수를 거쳐 1905년 7월 조경단수개감훈관(肇慶壇修改監薰官) 정3품에 올랐다.[69] 정태

---

65) 이민희는 1873년 5월 1일생으로, 합천군(陜川郡) 내하삼리면(內下三里面) 정대동(汀垈洞) 4의 10에 거주하고 있으며, 합천군에 실업전습소를 설립하여 청년에게 문명사상을 권유하기도 하였다(『조선신사보감』, 1912, 81쪽).

66) 『官報』, 1902. 9. 30.

67) 『官報』, 1901. 6. 17 ; 1902. 9. 6.

68) 손지현은 1910년 5월 2일 밀양군수 겸 밀양보통학교장, 1910년 11월 밀양군수(8등 11급 · 정8), 1912년 3월 울산군수(8등10급 · 정8), 1912년 8월 1일 한국병합기념장(韓國合倂記念章)을 받았고, 1914년 3월 창원군수, 1914년 4월~1915년 울산군수(7등9급 · 종7), 1915년 10월 2일 일본적십자사 총재에 의해 특별사원, 1915년 11월 10일 대정대례기념장(大正大禮記念章)을 수여받았다. 1916년 2월 경상북도 경산군수(6등7급 · 정7), 1917년 11월 20일 제국재향군인회 총재로부터 제국재향군인분회(帝國在鄕軍人分會) 고문으로 촉탁됐다. 1917년 경산군수(7등8급 · 종7), 1919년 5월 1일~1920년 9월 30일 경남도로부터 제3부 도참사(道參事)를 지냈다. 1920년 경상남도 민선 평의원, 1921년 3월 15일 경남도지사에 의해 밀양지역 중추원 의원 후보자로 추천됐다(『中樞院調査資料』, 「各道議員推薦ノ件」, 한국역사정보시스템 참조). 그의 아들은 일제 때 중추원 참의와 강원도지사를 지낸 손영목(孫永穆)이었다.

조는 1840년생으로, 언양군 하북면 지내리 출신으로, 언양군공립보통학교 학무위원, 언양군 향교장의, 언양군 영명학교 교감, 금융조합위원, 1919~1920년까지 울산군 하북면장을 지냈다.[70] 이상흔은 1906년 대한자강회 동래 지회장을 지냈다.

함양군지방위원회에 김정완은 1866년생으로, 1919~1920년 함양군 참사, 1920년 함양군 목(木)면장, 1922~1934년 함양군 함양면장, 1929년 함양주조 대표, 1927~1931년 함양금융조합장 등을 지낸 인물이다.[71] 염석구는 1916년 경상남도지방토지조사위원회 임시위원과 1919~1925년 함양군 안의면장[72]을 지냈고, 이우형은 1917년 경상남도지방토지조사위원회 임시위원, 1920년 거창군 거창면장 군 참사, 1927년 거창금융조합장[73] 등을 지냈다. 1908년 6월 12일 추가로 임명된 지방위원은 한대원(韓大源, 진주군), 이기현(李琪鉉, 거창군), 신정식(辛廷植, 영산군, 대부호, 자선가), 고태규(高泰圭, 진남군), 박재시(朴在時, 울산군) 등 5명이다.[74] 또한 1907년 이후 임명된 지방위원들을 살펴보면 다음의 〈표 4〉와 같다 [75]

---

69) 하재구는 중추원 참의 하준석의 부친이다. 하재구는 "昌寧에서 高樓巨閣을 짓고 昌寧 總督의 별명을 듯던 河在鳩君은 獨立軍資金 청구하는 바람에 겁이 나서 그 조흔 집을 단지 5원 月貰로 當地 보통학교장에게 借與하고 첩을 다리고 貫鐵洞에 와서 사는데 허울 조코 능청스러운 平壤名妓 金翠紅과 또 얼려서 병어 입 가튼 翠紅의 입에서 나오는 달콤한 말에 취하야 자기의 생명보다 더 大切하게 알던 상투까지 깍거 버럯다"에서 볼 수 있듯이 독립군자금을 내지 않으려고 도망친 인물이기도 하다(『개벽』 제49호, 1924. 7. 1). 그는 그 이후 창녕군 농촌진흥회에 1만 원을 기부(『동아일보』, 1927. 7. 8)하기도 하였다.

70) 정태조는 언양군(彦陽郡) 하북면(下北面) 지내리(池內里) 1통 7호 거주, 부친은 정병호(鄭秉鎬, 通政)이다(『朝鮮紳士大同譜』, 1913, 503쪽).

71) 조선총독부, 『조선총독부관서직원록』 1919~1934(한국역사정보시스템 참조).

72) 조선총독부, 『조선총독부관서직원록』 1919~1925(한국역사정보시스템 참조).

73) 조선총독부, 『조선총독부관서직원록』 1919~1920(한국역사정보시스템 참조).

74) 『財務週報』 제12호, 1908. 12, 281쪽.

75) 『官報』 1907. 12. 20 ; 1908. 1. 8, 5. 5, 5. 7, 8. 7, 12. 2 ; 1909. 2. 19, 5. 8, 9. 29, 10. 16 ; 1910. 1. 17, 3. 18, 5. 5, 6. 8, 6. 21, 8. 5.

〈표 4〉 경남지역의 지방위원 현황

지역	성명	임기	직책	
			1910년 이전	1910년 이후
진주	姜永优	1908. 3. 24 ~1909. 7. 8		
	鄭昊鍾	1908. 3. 17(임)		
	李鍊俊	1908. 6. 20(면)		
	辛珩錫	1908. 6. 20 ~1909. 5. 26		
	金基範	1908. 6. 20		
	金永植	1908. 7. 20 ~1909. 3. 13	1906년 軍器廠 技手	
	鄭台宥	1909. 3. 13(임)		1923~1931년 중남면장
	鄭秉湜76)	1909. 4. 6 ~1910. 4. 22		1919~1920년 합천초계면장
	河鶴鎭	1909. 5. 26 ~1910. 4. 22		
	李英夏	1909. 7. 8 ~1910. 2. 21		
	李光鍾	1909. 6. 28	1907년 昆陽郡 主事	
	南碩熙	1909. 7. 2 ~1910. 6. 13		
	朴在華77)	1910. 2. 21	1909년 학무위원	진주면장
	趙東皓	1910. 4. 22		
	金榮㮨	1910. 6. 2	1908년 臨時 財源調査局 技手	
밀양	金光鎬78)	1907. 2. 20 ~1909. 5. 3	중추원의관, 탁지부세무주사	
	李槇烈	1908. 4. 21(임)	1909년 동래보통학교 학무위원	
	崔寅洙	1908. 4. 20(임)		
	李敏裕79)	1908. 10. 31(면)	靈山郡 稅務主事	
	辛粲成	1908. 10. 31 ~1910. 5. 27		
	申益楚	1910. 5. 26(면)	德川郡 稅務主事	

	孫振寬	1909. 1. 14 ~1909. 9. 16	1909년 밀양보통학교 학무위원	
	河在容	1909. 2. 19(임)		창녕군참사
	崔商玖	1909. 2. 19 ~1909. 12. 4		
	金孝東[80]	1909. 3. 4(임)		언양군 참사
	李誠熙[81]	1909. 9. 22(임)	1903년 중추원 의관	1919년 밀양군 참사
	嚴宇永[82]	1909. 12. 4(임)	양산군 주사	토지조사 임시위원
	裴致鶴	1910. 5. 27		
창원	趙寅漢	1908. 11. 25(임)		
	李鍾燻	1910. 7. 14		
함양	田在圭	1907. 12. 27(임)		
	俞永煥	1907. 12. 27 ~1909. 5. 26		
	盧千漢	1907. 12. 27 ~1909. 2. 19		
	禹漢瑛	1907. 12. 27 1909. 2. 19		
	愼準根	1909. 6. 23		1919~1920년 거창군 참사
	林碩鍾	1909. 2. 19(임)		
동래	金性河	1909. 5. 14(임)		

* 임－임명, 면－依願免官.

---

76) 1909년 12월 2일 안중근이 이토 히로부미를 암살한 것을 사죄하기 위하여 사죄위원으로 자발적으로 참여하였다. 그는 19일 일본으로 출발하려고 하였으나 경비부족으로 단념했다(『統監府文書』7권, 「安重根關聯一件書類」(「哈爾賓事件書類」一～六, 「伊藤公遭難事件書類」一～四, 「安重根及合邦關係事類」一～三, 「하루빈事件憲兵隊報告」一～三) 215, 「伊藤公凶變에 대한 謝罪委員 日本派遣勸誘書 內査報告 件」].

77) 박재화는 1910년 11월 1일 진주군 축곡면·내동면 면장, 1911년 4월 동양척식회사의 내지관광단원, 1913년 2월 19일 진주금융조합장 1914년 4월 1일~5월 16일까지 진주군 내동면장, 1917년 9월 진주군 진주면장과 진주번영회장, 1920년 7월 29일 진주면 부면장, 1920년 진주 사립일신고등보통학교 발기인, 1920년 5월 도청이전 방지동맹회 상경진정위원, 1921년 3월 진주 무직자구제회(無職者救濟會) 발기인,

이처럼 초기 지방위원들은 대부분 지방관료로 활동하던 인물들로 파악
되었다. 주요 직업별로 보면, 지방위원회의 주요 임무와 관련된 세무주사
출신은 하재구·허만두·이순의·신익초·이민유 등이고, 문영관·이민희·
이면재·김광호·이성희 등 중추원 의관을 지낸 인물도 포함되었다. 나머
지는 지방관리 또는 군수 출신들로 임명되었다. 특히 지방위원들 대부분은
1910년 한국병탄 이후 군수, 군참사, 면장까지 오르면서 지속적으로 일제협
력에 적극적으로 나서는 것을 볼 수 있다.

〈표 5〉 경남지역의 지방위원 인원[83]

지역	1907년		1908년		1909년		1910년		현 정원
	선정	사임	선정	사임	선정	사임	선정	사임	
진주	14		5	5	6	6	3	3	14
창원	6		1	1	1			1	6
밀양	10		2	2	6	6	2	1	11
함양	7				2	3			6

1923년 1월 『조선일보』 진주지국 고문을 지냈고, 1924년 12월 도청이전방지 실행
위원회 상담역을 지냈다. 1925년 1월 도청이전방지 실행위원회 부위원장이 됐다.
1927년 9월에서 1928년 4월 사이 김동준(金東準) 진주군수가 재임할 당시 진주군
진주면 부면장을 역임했다. 1935년 진주읍 금정에서 거주했다(김경현 편, 『일제강
점기 인명록Ⅰ-진주지역 관공리·유력자』, 민족문제연구소, 2005, 283~284쪽).

78) 김광호는 1906년 10월 27일 탁지부 세무주사, 1908년 1월 1일 재무감독 주사, 1908
년 1월 27일 임시 재원조사국 기수 등을 지냈다(『官報』, 1901. 7. 13 ; 1906. 10.
31 ; 1908. 1. 10, 1. 30).

79) 이민유는 1896년 1월 25일 영산군 세무주사, 1900년 6월 23일 중추원 의관, 1902년
11월 12일 충청남도 지계감리 등을 지냈다(『官報』, 1896. 1. 28 ; 1900. 6. 26 ; 1902.
11. 15).

80) 김효동은 1869년 1월 17일생, 언양군(彦陽郡) 중남면(中南面) 신화리(新華里) 4의
6, 부친은 김기윤(金沂潤), 한문 수학, 과시에 급제, 언양군 참사(『조선신사보감』,
262쪽)를 지냈으며, 1927~1929년 언양금융조합장, 1931년 중남수리조합장 등을
지냈다.

81) 이성희는 1923~1929년 밀양군 밀양면장을 지냈다.

82) 1908년 양산군 주사, 1916~1917년 경상남도 지방토지조사위원회 임시위원.

여기서 지방위원들의 재임기간을 살펴보자. 위원의 경우 임기가 없었기 때문에 해임사유가 없는 한 계속 위원직을 유지할 수 있었다. 앞에서 살펴본 지방위원 69명 중 장기간 재임한 인물은 창녕군 출신의 이병홍으로 1907년 6월 25일 임명되어 1910년 7월 14일까지 3년 1개월 동안 활동한 것으로 파악되었다.[84] 하지만 1910년 3월 31일 창원지방위원회 회의 참석자 중 이면재, 주기효, 허종흠 등이 보이며,[85] 또 1910년 11월 7일 경남일보사가 지방위원회 회의에 참석한 위원을 위로하기 위해 연 환영회에 민인호(산청군), 이상욱(고성군), 고채순(용남군), 윤영길(거제군), 정연호(삼가군), 박상렬(기장군), 김정완(함양군), 염석구(안의군), 이우형(거창군)[86] 등이 참석한 것으로 보아 총 12명이 1911년 폐지될 때까지 재임했을 가능성이 높다. 그 다음으로 권석희(의령군), 이균선(곤양군), 안종식(초계군), 정태조(언양군), 최형건(양산군), 김광호(밀양군) 등이 오랫동안 재임했음을 『官報』를 통해 확인할 수 있었다.

다음으로 지방위원회 회의 개최는 1908년 하반기 밀양 3회, 창원과 함양이 각각 2회이고, 1909년 상반기 함양 2회, 밀양과 창원이 각각 1회, 1910년 상반기 밀양과 창원, 진주 등이 각각 1회씩 개최하였다.

2) 지방위원회의 활동과 반발

경남의 지방위원들이 어떤 활동을 펼쳤는지 회의록을 통하여 추적해 보았다. 우선 1908년 8월 28일 오후 2시 진주 선화당에서 개최된 제2회 진주지방위원회 회의 내용을 살펴보자.[87] 이날 참석한 지방위원은 허만두(진주),

---

83) 안용식, 앞의 글, 75~76쪽에서 재인용.
84) 대한제국 『官報』에 나오는 부산·경남 지역 출신들은 총 69명이며, 재임기간이 나오는 경우는 27명이고, 나머지 42명은 임명 또는 면직된 일자만 나온다.
85) 『경남일보』, 1910. 4. 6.
86) 『경남일보』, 1910. 11. 7.

김성완(함양), 문영관(사천), 안종식(초계), 이규선(곤양), 이우형(거창), 박병문(단성), 이순의(하동), 염석구(안의), 민인호(산청), 이상욱(고성), 고채순(진남), 정연호(삼가) 등이며, 세무감, 경남도 참서관, 이토 재무관, 밀양세무관, 시미즈(淸水) 법무보좌관, 야타니(矢谷)·메야(女屋) 재무관보 등이 참석하였다. 회의는 세무감의 훈시연설, 이토 재무관의 연설, 지방위원들의 질의응답, 자문사항 논의 등으로 이어졌다. 특히 회의는 조선인 세무감이 주도하기보다는 일본인 재무관 이토가 지시하거나 훈시하는 식으로 진행되었다.

이날 회의 내용을 보면, 먼저 이토 재무관은 지방위원회가 설립되어도 "인민들이 법령의 취지나 오해를 낳고 있다"며 "지방위원들이 본 위원회의 목적을 이해하고 적극적으로 인민들에게 오해를 불신시킬 수 있도록 주지해야 한다"고 지시하였다. 또한 이날 자문한 사항을 살펴보면 첫째, 법령의 일반인민 주지(周知)에 대한 방법, 둘째 1908년도 결세(結稅)조정의 근거에서 작부(作伕, 작업 인부)사무에 관한 고원(雇員)채용, 셋째 신화(新貨)의 산포 및 엽전정리사항, 넷째 각 지방 미작(米作)의 현황, 다섯째 금융조합 등이다. 이 가운데에서 작부 고원의 건이 최고로 중요하다고 이토 재무관은 강조하였다.

이처럼 지방위원회 회의는 일본인 재무관이 일방적으로 지방위원들에게 훈시 또는 지시하는 형식이었다. 다음으로 지방위원들은 지방위원회의 취지를 인민들에게 설명하기 힘들다고 토로하였다. 허만두 진주위원은 "법령에 대하여 주지하기 힘들고, 본원(허만두-필자주)을 알지 못하고 있다"고 불만을 털어놓았다. 이에 이토 재무관은 "먼저 관보를 각 위원들에게 배부할 것이며, 관계법규를 편찬하여 송부할 것이다"고 말하였다.

반면에 지방위원중에는 일제의 시책에 따라 적극적으로 활동하여 성과

---

87) 『財務週報』 제29호, 1908년 7월호, 407~434쪽. 회의 내용에 대해서는 별도의 각주를 달지 않는다.

를 낳은 인물도 있었다. 그 주인공이 바로 사천 문영관 위원이다. 문영관은 당일 회의석상에서 "나는 법령을 보급하는 것이 중요하다고 여겨 제1회 위원회 설립부터 취지를 재무관으로부터 작부 기타 등의 전달사항을 받아 각 면에서 순행하여 기결과를 인민에게 무한하게 만족케 하였으며, 읍면에서 환영을 받고 (중략) 한 예로 인민들로부터 엽전 80량, 신화(新貨) 12원을 받아냈으며, 면장 이하 단체 등이 환영하고 있다"고 보고하였다.

그 외에 지방위원들은 금융조합 설립, 엽전에서 신화로 사용 확대 운동, 세금 증수 방법 등을 논의하였다.

다음으로 1910년 3월 31일 오전 10시 마산재무서에서 열린 창원지방위원회 회의는 이병홍·이면재·주기효(창원), 조인한·주시량(함안), 허종흠·김종호(김해) 등이 참석한 가운데 12개의 안건을 토의하였다. 주요 안건은 민력함양(民力涵養)의 양법(良法), 화적(火賊)의 근절방법, 농사개량에 대한 의견, 납세의무를 주지케 할 양법, 금융조합 자금이용방법, 금융조합 의탁판매에 대하여 인민의 감상, 시장세의 당부 및 징수방법, 납세의무자 조사, 납세 성적을 양호케 하는 방법, 엽전 유통의 현황 및 전액 수입 등이다. 이날 주의 당부 사항은 지방에서 각 공무기관을 상호 원조하여 친목을 돕고 국가를 위하여 성적을 올리고, 법령 발달이 원활하지 못하니 직무집행에 신중할 것, 각자 담당한 구역 내에서 각 세금의 무면허자를 주의할 것, 관서로부터 명하는 조사는 필히 기한을 위반하지 말 것, 각 리의 감독은 이장이 겸무할 것 등을 지방위원들에게 주지하였다.[88]

또한 1910년 4월 14일 진주, 사천, 곤양, 산청, 합천, 초계, 삼가, 의령 등의 지방위원과 각 면장 등이 참석한 가운데 진주지방위원회 회의를 개최하였는데, 최근 "당국 현하 제반 혁신의 時季에 在하여 無知의 인민은 徒然히 오해감상으로 東唱西應의 결과로 紛擾를 生하여 시설의 방해를 하는 일이 不小한지라"라고 한 것으로 보아 각 지역마다 민중들의 반발이 심상치 않

---

88) 『경남일보』, 1910. 4. 6.

음을 알 수 있다. 이에 지방위원들은 면장회의나 면민회를 개최하여 반발을 해소하고자 나서기도 하였다.[89]

1910년 11월 5일 경남도청에서 열린 지방위원회 회의에서는 세금 증수에서 조선총독부의 시정방침과 병탄 이후의 민심 동향을 탐지하는 데 주요 안건을 설정하였다. 이날 회의는 관제개정을 일반인민에게 주지시킬 것, 은사금의 성지가 민간에 수철(遂徹)되었는지에 대한 민간의 의향, 병합 후에 민심의 의향 등이 논의되었다.[90]

이처럼 1910년 8월 이후 지방위원회는 세금 증수와 민중들의 민심 동향까지 파악하는 등 일제에 협력하였다.

한편 지방위원회에 대한 민중들의 반발도 거세게 일어났다. 그 원인은 몇 가지로 요약할 수 있겠다. 1907년 이후 군대해산으로 전국적으로 확산된 의병전쟁으로 인하여 정부에 대한 불신감과 일제에 대한 저항감이 컸고, 둘째, 대부분의 민중들이 일제가 만든 법령이 규정한 세율, 납기, 기타 납세방법을 주지하지 못하고 있었다는 점이다. 셋째, 세무에 종사하는 자가 인민에게 친절하게 징세의 취지나 그 방법 등을 잘 설명하지 않았다는 사실이다. 넷째, 인민의 몽매, 징세기관의 개정을 틈타 징세권이 없는 군수 기타 공무원이 징세에 관여하거나 인민을 선동, 교사했기 때문이다. 다섯째, 관세관리가 아직 조세의 부과, 징수방법 그중에서도 신세법의 취지를 이해하지

---

89) 『경남일보』, 1910. 4. 20.

90) 『경남일보』, 1910. 11. 5. 이날 참석한 지방위원은 다음과 같다. 이정렬(李楨烈, 부산부), 염석구(안의군), 이종훈(李鍾熏, 마산부), 임석진(林碩鎭, 마산부), 이면재(전 진해), 신준근(愼準根, 거창), 이우형(전 웅천), 박재화(진주), 정병식(삼가군), 정태유(鄭台宥, 남해), 김재구(金在九, 의령군), 조동호(趙東皓, 하동군), 조인한(함안군), 주시량(단성군), 민인호(산청군), 이상욱(고성군), 고채순(용남군), 전재규(田在圭, 용남군), 윤영길(거제군), 정호종(합천군), 김정완(함양군), 하재용(창원군), 이성희(밀양군), 허종흠(김해군), 김종호(김해군), 김효동(金孝東, 언양군), 배치학(裵致鶴, 영산군), 이경조(李敬朝, 울산군), 박상렬(기장군) 등이 참석하였으며, 주기효(웅천군), 박병문(단성군), 김성하(울릉도), 엄우영(嚴宇榮, 양산군) 등이 불참하였다.

못하고 시행을 그르치거나 혹은 과거 군수 등이 인민에 대해 부정의 주구를 행한 것처럼 자칫 주구를 일삼는 데 기인한다는 점이다. 설유 간담으로 소요를 일으키지 않아도 될 사건임에도 불구하고 이와 같은 방법을 강구하지 않고 바로 경찰력을 투입하거나 또한 친절성이 없기 때문에 소요를 일으키게 된다는 점 등이다.[91]

이러한 결과는 1907년 의병전쟁 발발 이후 징세 사무에 미친 피해로 이어졌다. 민중들의 반발이 얼마나 극에 달했는지를 알 수 있는 대목이다. 1910년 6월까지 세금 약탈과 징세 사무에 종사하는 관공리 등이 피살되기도 하였다. 당시 경남지역의 피해상황을 보면, 세금피탈건수 45건 중 재무서원 1건, 공전영수원 42건, 기타 징세종사자 2건으로 나타났다. 또한 피탈 세금액은 재무서원 569원, 면장 6,231원, 공전영수원 34원, 기타징세종사자 6,835원에 이르렀다. 그리고 인명 피해는 사망 1명, 부상 13명, 주택방화 1가구 등이다.[92]

앞에서 지방위원회이 설립과 구성, 주요 활동, 민중들의 반발 등을 차례대로 살펴보았다. 이 위원회는 의병전쟁 이후 세금 증수 정책에 따라 실시되었지만, 민중들의 저항으로 실패로 돌아가고 말았다. 그러나 지방위원회에 참여한 위원들은 지방사회의 유력자 혹은 관공리로 성장을 거듭하였다.

그럼 지방위원회의 역할에 대하여 평가해 보자. 첫째, 식민지 지배체제의 강화를 위해서는 무엇보다 통치비의 재원확보와 민심의 동향을 파악하는 데 꼭 필요한 자문기관으로서 지방위원회가 설치되었다고 하겠다. 특히 지방위원회는 1907년 의병전쟁이 전국적으로 확산되자 지방 민심을 안정시키고 파악하기 위해서 필요했던 조직이었다고 하겠다.

둘째, 지방위원회는 친일세력을 육성하는 수단으로서 설치되었다. 통감

---

91) 『한국재무경과보고』 제5회, 154~155쪽. 전국적인 현황은 세금피탈만 586건이고, 43,451원, 사망자 79명, 부상자 335명, 가옥방화 213가구에 이르렀다.
92) 『한국재무경과보고』 제5회, 154~155쪽. 전국적인 현황은 세금피탈만 586건이고, 43,451원, 사망자 79명, 부상자 335명, 가옥방화 213가구에 이르렀다.

부가 지방의 유지 또는 자본가, 구한국 지방관료 등을 포섭하여 새로운 친일협력자들을 육성하기 위한 수단으로 지방위원회를 이용하였다고 하겠다. 특히 대부분의 지방위원들은 1910년 이후 군수, 참사, 면장 등으로 나아갔다. 일제는 지방의 말단 또는 기초 단위의 토호세력을 친일세력화하는 데 그 목적을 두었다고 하겠다.

따라서 지방위원회는 통감부에 의해 조직된 초기 일제협력 기관이며, 지방의 토착 친일세력을 양성하는 기관으로 변질되었다고 하겠다.

Ⅲ. 1910년 이후 조선인 유력자들의 일제협력과 인물 분석

1. 『釜山日報』에 나온 부산·경남의 일제협력자들

『釜山日報』[93)]는 부산·경남의 유일한 일본어문 신문이자 지역신문으로 창간된 신문이며, 일제의 정책과 제국주의 침략을 선전하는 기관지로 탄생했다. 또한 1876년 이후 부산과 경남지역에 어업 이주하여 정착한 일본인들을 위하여 조선과 일본의 소식을 전달하는 중요한 매체이기도 하였다.

이 장에서는 『釜山日報』가 1915년부터 1918년까지 조선인 유력자들에 대해 보도한 내용을 살펴보기로 한다.[94)] 특히 정계와 경제계에서 조선총독부

---

93) 『釜山日報』는 『朝鮮日報』로 1905년 1월 15일 창간되었고, 1905년 11월 3일부터 『朝鮮時事新報』로 제호를 바꾸었다가, 1907년 11월 1일 다시 신문사의 조직개편을 단행하여 제호를 『釜山日報』로 재차 변경하였다. 1907년 사주는 아쿠타카와(芥川正, 1865. 5. 27)로 구마모또현(熊本縣) 구마모또시(熊本市) 中坪井町 출신이며, 1935년 부산부 변천정(辨天町) 3정목에 거주했다. 1906년 조선시사신문사(朝鮮時事新報社)에 입사, 폐간 후 부산일보로 개칭되었고, 1917년 현재 부산일보 사장으로 근무했다(『在朝鮮內地人 紳士明鑑』, 조선공론사, 1917, 441쪽). 또한 초대 사장이 사망한 이후 1932년 아쿠타카와(芥川浩)는 육군 기병 소좌 출신으로 부산일보 전무 취체역으로 입사, 사장으로 취임하였으며, 부산부회의원을 역임하였다(『朝鮮功勞者明鑑』, 653쪽).

의 정책에 따라 참여하는 주요 인물들을 대상으로 분석하였다.[95] 또한 1921
년 3월 중추원 참의에 추천된 인물도 함께 포함시켰다. 이들은 1910년 전후
로 부산·경남 지역의 유력자들로 알려져 있다.

　이 신문에 나온 주요 인물들의 특징은 다음의 몇 가지로 요약할 수 있다.
첫째, 상공인 인사들이다. 주로 부산상업회의소나 번영회, 주요 회사들의 설
립자들이다. 대표적인 인물인 윤상은(尹相殷)은 경남은행 사무취체역, 초량
일기관(一紀館) 평의원, 부산공립보통학교 학교조합평의원, 영주동, 1916~
1917년 경상남도지방 토지조사위원회 임시조사위원, 1932년 동아일보사 구
포지국 고문, 1928년 동래소방후원회 평의원 등을 지냈다. 특히 1912년 설
립된 경남은행은 이사, 감사, 대주주가 토호 일제협력자들로 구성되었다.[96]
다음으로 윤병준(尹炳準)은 1918년 동래은행을 설립하였으며, 1919~1920년
동래 군참사를 지냈다. 그 외 상공인들은 김성겸(金聖謙, 대동의원장, 경성
괴부연합의학교 출신, 영주동), 김정훈(金正勳, 고려상회 주인, 해륙물산무
여, 부산진), 오인규(吳仁圭, 초량 일기관장, 초량동, 1927~1933년 부산제2금
융조합장, 원산부 운수창고 이사) 등이다.

　둘째, 관공서에 근무하는 주요 간부들이다. 그러나 조선인들이 자주 기
사에 등장하지는 않아 구체적으로 파악하는 데는 어려움이 있다고 하겠다.
따라서 도 참여관이나 군수급으로 한정하여 정리하였다. 먼저 경상남도지
사, 부산·마산부는 일본인으로 임명되었다. 경상남도에 조선인 관리 중 참
여관을 지낸 인물로는 신석린(申錫麟, 참여관, 1910), 최정덕(崔廷德, 참여
관, 1911~1922) 등이 있다. 그 외 각 지역별 군수는 아래의 〈표 6〉과 같다.

---

94) 앞에서도 언급하였지만, 이 신문이 1915년 이전, 다시 말해 1907년부터 1914년,
　　1919년부터 1920년까지 결호가 생겨 전체적으로 1910년대 조선인들의 활동을 파
　　악할 수 없어 안타까우며, 신문발굴이 절실하다고 하겠다.
95) 이 신문의 특성상 부산 중심으로 보도되는 형태를 일관하고 있어, 도청소재지 진
　　주를 비롯한 마산, 통영 등지의 조선인 활동양상을 알 수 있는 내용이 빈약해 심
　　층연구를 하는 데 역부족이었다.
96) 『동아일보』, 1932. 12. 30.

〈표 6〉 1910년대 경남지역의 군수 현황

지역명	1910	1911	1912	1913	1914	1915	1916	1917	1918	1919
동래					申泰建	→			→	韓圭復
기장	金昌洙	崔蕙	朴準性	趙兢顯	→					→
김해	甘麒鉉	李元鎬	→						→	申泰茂
양산	朴茂永	白喆鏞	→	→	嚴衡燮	→			→	韓榮烈
울산	尹命殷		孫之鉉		金澈禎	→			→	申泰建
언양	金徹禎	→	→	울산에 통합						
거창	梁在?	俞相範	→	→	→	→	李泰永	李瓚永	鄭僑源	
창원					孫之鉉		全泰興	→	→	趙東舜
창녕	申泰茂	→	→	→	元勳常	→			→	嚴衡燮
산청	崔蕙	李在鐸	→	→	洪承均	→				→
함양	李在性	→								→
의령	尹明秀	→	→	→	沈能益	→				
함안	李瓚永	→	→	→	洪承均	閔麟鎬	→			→
진주	朴晶奎	→	→	韓圭復	→				→	李達應
남해	文永觀	徐基殷	→	→	李瓚永	→	李達應	成斗植	→	→
하동	金烘埰	→	→	→	李章喜	→				→
사천	河正龍	林英俊	→	申泰建	徐基殷	白喆鏞	→		→	俞相範
거제	李元鎬	全泰興	→ 통영군에 통합							
통영 (용남)	沈能益	→ 용남→통영 명칭변경			全泰興	→	俞相範	→	→	일본인
고성	洪承均	→	→	→	林英俊	→		→	孫永穆	→
밀양	孫之鉉	→	林英俊	→	申泰茂	→			→	元勳常
합천	朴從龍	洪鍾旭	→	吳克善	洪性郁	→				→

* 출전: 조선총독부편, 『朝鮮總督府官署及職員錄』, 1910~1919년 참조.

또한 1913년 3월 지방제도 개정에 따라 통합된 군의 군수들은 다음과 같다. 곤양군 김선재(金善在, 1910~1912년)·이장희(李章喜, 1913년, 진주군에 통합), 단성군 오재규(吳在珪, 1910~1913년, 산청군에 통합), 초계군 홍성욱(洪性郁, 1910~1913년, 합천군에 통합), 삼가군 전봉엽(全奉燁, 1910~1913년, 합천군에 통합), 안의군 김병우(金秉宇, 1910~1913년, 함양군에 통합), 영산군 류성렬(柳成烈, 1910~1913년, 창녕군에 통합) 등이다.

경남의 주요 군수들 중에서 1920년 이후까지 일제에 지속적으로 협력하여 활동한 인물들은 다음과 같다.

이장희(李章熹, 1878년생, 江川忠鄕)는 1908년 5월 경상남도관찰도 주사로 시작하여, 1910년 10월부터 경남도 내무부 학무계 서기, 1920~1927년까지 합천·김해·창녕군수를 지냈다. 1929~1931년 진주면협의회원, 1930~1945년까지 경남도의원, 1931~1945년 5월 21일 초대 진주읍회의원을 지냈고, 1938년 3월 진주농회 부회장, 1939년 3월 26일 진주경찰서 연무장에서 결성된 조선특별지원병 진주후원회의 평의원, 1940년 진주신사 씨자총대, 1940년 8월에는 기원절 황기 2600년 기념식전에 산업공로자로서 참석, 1940년 10월 국민총력 진주부연맹 평의원, 1941년 9월 16일 결성된 경남지주봉공회 상무위원회 상무위원, 1943년 진주부 농회 부회장 등을 지냈다. 그는 1941년 9월 17일 경남도 지주간담회에서 결의한 국방기헌납운동에 동참코자 1,000원을 기탁했으며, 1942년 5월 징병제 실시 축하강연회 강사, 1942년 5월 21일부터 23일까지 경남유림연합회와 경남지주봉공회 및 조선임전보국단 경남지부가 주최한 징병제 실시 축하강연회의 강사로 활동하기도 하였다.[97]

산청군수 출신인 홍순균은 1921~1927년 내무국 사무관, 1928년 학무국 종교과 사무관, 1929년 경북 참여관, 1930년 충북 지사, 1932년 전북 지사까지 지냈다. 특히 1939년 국민총동맹 조선연맹 주최 국민정신선양 각도순회강연에 참여하기도 하였다. 그 이후 1945년 대화동맹 심의원을 지냈다.[98] 원훈상(1881년생)은 1921~1934년까지 밀양·사천·영암·담양·무안군수, 1939년 4월 충남 도의원으로 일본 각지의 신사들을 참배하기도 하였다.[99]

다음으로 밀양 군수를 지낸 손지현의 아들인 손영목은 1920~1927년 고성군수·동래·울산군수를 거쳐 1928년 조선총독부 중추원 통역관 겸 서기관

---

97) 『조선인사흥신록』, 1922, 529쪽 ; 『釜山日報』 해당 연도 날짜 참조.
98) 『조선총독부관서급직원록』, 1910~1932 ; 民族政經文化硏究所 編, 『親日派群像』 참조.
99) 『조선총독부관서급직원록』, 1910~1934 참조.

겸 총독부 사무관과 조선사편수회 간사를 지냈다. 또한 1929~1934년 강원도·경남 참여관과 사무관을 지냈고, 1935~1940년 강원·전북 지사, 1937년 7월 군용기 전북기 헌납기성회장, 1938년 전라북도 군사연맹후원회장, 1940년 9월 선만척식회사와 만주척식공사(滿洲拓殖公社)의 이사, 1940년 10월 국민총력조선연맹 이사, 1941년 10월 22일 조선임전보국단 감사, 대화동맹 이사와 대의당 위원을 역임했다. 1944년 6월 국민총력조선연맹 사무국 징병후원사업부장 등을 지냈다.[100]

다음으로 최원식(崔元植) 1926년 밀양군 군속, 1927년 남해군수, 1928년 의령군수, 1933년 진주읍장, 1937년 진주방호단 부단장, 1939년 조선특별지원병 진주후원회 평의원 등을 지냈다.

셋째, 일제의 식민지 정책에 참여하는 인물들이다. 주로 학무위원회, 명치신궁봉찬회, 각종 품평회 등에 후원금을 낸 자들과 간부들을 정리하였다. 1912년 한국병합기념장[101]을 받은 주요 인물들도 포함된다고 하겠다.

1908년 6월 학부에서 보통교육의 보급 발달을 위하여 각 보통학교 소재지에 학무위원회를 설치하고 학무위원을 두었다.[102] 1913년 2월 15일 총독

---

100) 『조선인사흥신록』, 260쪽 ; 『朝鮮功勞者明鑑』, 42쪽 ; 조선총독부, 『조선총독부시정25주년기념표창자명감』, 1935, 841쪽 참조.

101) 1912년 8월 1일 일본정부로부터 조선인들은 한국병합기념장(明治45年 勅令 第56號, 이하 기념장)을 받았다. 이 기념장은 '한국병합' 당시 기준으로 한국정부에 근무한 관리, 러일전쟁에 참전한 일진회 관계자, 조선귀족 등 공적이 '현저한' 조선인 1만여 명에게 수여하였다. 특히 부산·경남 지역 조선인 수여자들은 고등관 출신자 28명, 도주사 출신자 43명, 군주사 출신 15명으로 총 86명이다. 이들 중 고등관 출신자는 관찰사 2명, 군수 23명, 부윤(府尹) 2명이며, 1912년 이후 행정관료로 활동하는 자는 17명이고, 일본정부로부터 훈장을 수여받은 자는 5명으로 나타났다. 이들이 기념장을 받은 것만 가지고 친일반민족행위자로 모두 확정할 수는 없지만, 일제에 협력한 사실만은 확인할 수 있다고 하겠다. 여기서 수여자 명단은 방대한 분량 관계로 생략하였다.

102) 학무위원회는 통감부에 의하여 보통교육을 보급하고 학교를 통제하기 위한 수단으로, 앞서 살펴본 지방위원회와 같은 자문기관이다. 학무위원은 부윤, 군수, 학교장을 보좌하고, 주로 입학의 권유 및 출석의 독촉, 학교설비, 기타 보통교육장

부가 학무위원들의 이동보고를 폐지하였다.[103] 그 이후에도 학무위원들은 지방에서 유력자로 '조선에서 제일 신분 좋은' 자들로 알려졌다.[104] 1910년부터 1913년까지 부산·경남 지역에서 활동한 주요 학무위원들은 다음과 같다.

    부산·경남 지역의 학무위원[105]
    용남－金驥朝 朴泰右 金淇薰 徐廷遇 劉漢植 李永宰 金亮灝 金琪驪 朴正玉
        徐相大
    진주－李完鍾 姜渭秀 鄭禧協 鄭文永 金炳台 尹炳烈 金琪邰 朴在杓
    마산－金志觀 李承奎 朴基洙
    김해－朴基玟 裵東烈 裵璉煥[106] 裵壽煥[107]
    동래－尹黼炳[108] 朴德秀[109] 李圭鉉 河啓明 朴遇衡[110]

려 등을 자문하였다. 학무위원회는 정원 7명 이내로 명예직으로 임기 2년이었다. 회장은 해당 지역의 부윤 또는 군수, 학교장 및 교감 등이 참여하였다(「學務委員規程準則」, 1908. 7. 2).

103) 『조선총독부관보』, 1913. 2. 15.

104) 당시 학무위원을 비롯한 지역 내 친일세력에 대하여 한 잡지는 "반란진압, 질서유지를 유일의 내용으로 하는 금일의 정치는 주로 포식난의(飽食暖衣)의 그들을 중심삼아 운전되며 잇다. 금일의 조선에 잇서는 제일 신분 됴흔 사람도 그들이며 또는 제일 명망 놉흔 사람도 그들이다. 도평의원, 학무위원, 면협의원, 적십자사원 가튼 모든 영직(榮職)은 거히 그들의 입신을 위하야 잇다"고 신랄하게 비판하였다(『개벽』 제34호, 「한닙이 떨어짐을 보고, 慶南地方을 본 느낌의 一端」, 1923. 4. 1).

105) 『조선총독부관보』, 1911. 1. 6, 3. 3, 5. 29, 7. 8, 9. 6, 12. 19 ; 1912. 2. 29, 8. 30, 6. 19, 11. 7 ; 1913. 3. 25.

106) 배진환은 1929~1931년 김해면장, 1934~1938년 김해군 생림면장을 지냈다.

107) 배수환은 김해양조장 감사, 대한협회 김해지회 회원 등을 지냈다.

108) 윤보병은 1906~1908년 대한자강회 김해지회 회원, 1907년 동래부정정의숙(東萊府貞靜義塾) 감독 등을 지냈다.

109) 박덕수는 1905년 부산진 영가대 일대 해안 매립공사를 정부에 요청하였다.

110) 박우형은 1921년 동래면장 재직 시 공금횡령으로 사퇴하였으며, 1931~1937년 동래읍면협의회원, 1941년 4월 동래금융조합 총대로 공로상을 받았다(『동아일보』,

하동 – 金鎭灝[111] 黃麟秀[112] 李炳執 金翔源[113] 李鍾蘭 金烘泰[114] 愼聖緯

밀양 – 李章奭[115] 朴祥珍 朴秀翰 金鏞柱 韓春玉[116] 丁震珌 尹致璋

부산 – 鄭憙煥 李圭正 金龍奎 吳仁圭 金永基 李任寅 金永圭[117]

부산진 – 金采坤[118] 金鎭伯 宋運用 孔址洙 鄭愚成

함안 – 李洙煥 韓讚東 韓泰奎 趙文尙 李鉉元 具敏三 具載喜

함양 – 李炳憲 李敏鍾[119] 盧斗鉉 盧碩泳 鄭昇鉉[120] 盧千漢 鄭演昌

1921. 8. 21 ;『釜山日報』, 1929. 5. 21, 1941. 4. 15 참조).

111) 김진호는 1919~1920년 하동군 참사, 1926~1931년 하동군 화개면장 등을 지냈다.

112) 황인수는 1868년생, 하동군 적량면(赤良面) 동산촌(東山村)에 거주하였으며, 1901
년 충북관찰부 주사, 전남관찰부 주사, 육품 승훈랑(承訓郎), 대한협회 하동지회
부장, 1917년 경상남도지방토지조사위원회 임시조사위원, 1925년 2월 하동동부
수리조합 일요회 회원, 하동금융조합 감사 재직시 경남금융조합연합회로부터 근
속 공로자 표창(15년 8개월 근무)을 받기도 하였다(『조선신사보감』, 786쪽 ;『釜
山日報』, 1925. 2. 10, 5. 19).

113) 김상원은 1917년 경상남도지방토지조사위원회 임시조사위원, 1922년 동아일보
하동지국 고문, 1925년 2월 하동동부수리조합 일요회 회원, 1926년 하동면협의회
원, 하동자동차 주식회사 감사 등을 지냈다(『釜山日報』, 1925. 2. 10 ; 1926. 11. 7).

114) 김홍태는 1919~1920년 하동군 참사, 1923~1924년 하동면장, 1926년 하동면협의회
원 등을 지냈다.

115) 이장석은 1919년 밀양면장을 지냈다.

116) 한춘옥은 밀양운송사장, 1922년 1월 밀양교회당 건물 건축시 토지 30평 기부,
1923년 동아일보 밀양지국장, 1933년 5월 27일 밀양군방의회 평의원 등을 지냈다
(『동아일보』, 1922. 1. 3, 1923. 3. 19 ;『釜山日報』, 1933. 5. 30).

117) 김영규는 1860년생, 부산부(釜山府) 사중면(沙中面) 영주동(瀛洲洞) 20통 2호 거
주, 영릉참봉(英陵參奉), 전환국무철감관(典圜局貿鐵監官), 부산부공립보통학교
학무위원, 부산항상무사 설립위원장, 일본관광단 단장, 부산항상무사 총무, 경상
좌우도사명사장(慶尙左右道社明査長), 자강회 부산지부장, 일한박람회사무장, 일
본적십자 모집위원, 일한방역회 총무, 동래상업회의소 평의장, 부산부 사중면 민
의소 총무, 객주조합소 총무, 대한협회 지부총무(『조선신사대동보』, 269쪽) 등을
지냈다.

118) 김채곤은 부산육영회 창설, 부산동아개진교육회 교육부장, 부산육영회장 등을
지내고, 1936년 4월 21일 81세로 사망했다(『동아일보』, 1936. 4. 24).

119) 이민종은 삼일산업 대주주, 대창 합명회사 대표, 함양육송 이사, 대성 주식회사
사장 등을 운영하였다.

울산 – 金弘祚 宋台觀[121] 金正國[122] 朴宗黙[123] 金商憲[124] 金佐性[125] 薛聆[126]

창녕 – 河在容[127] 成瑾鎬[128] 成泰根 柳達永[129] 宋鎭穰 河正潤 成銖永 吳龍煥

거제 – 俞公煥 河東洲[130] 曹錫瑾[131] 金敬植 玉有煥

거창 – 池弘基 鄭冕錫 李埈鴻[132] 崔秉洙 金在贊 鄭琪永

사천 – 李炳喆 申楗[133] 崔圭敏 李正華 崔寅皓 崔炳圭[134] 朴彩珪 姜大奎

---

120) 정승현은 경남자동차 회사 이사, 거창자동차 이사 등을 지냈다.

121) 송태관은 1921년 경남은행 두취, 삼산자동차 이사, 부산자동차 회사 상담역, 부산신탄 사장, 조선주조 사장 등을 지냈다.

122) 김정국은 부산해조 회사 이사를 지냈다.

123) 박종묵은 창씨명 德波克宜, 1932년 12월 14일 울산군 농촌지도위원, 1937년 2월 30일 울산수리조합장, 1939년 울산경방단 고문 등을 지냈다(『釜山日報』, 1932. 12. 16 ; 1937. 3. 4 ; 1939. 9. 1 ; 1940. 8. 27).

124) 김상헌은 1919~1920년 울산군 참사를 지냈다.

125) 김좌성은 중추원의관, 1909년 울산민의회 회계, 1922년 울산금융조합장, 1923년 울산도평의원, 1932년 12월 14일 울산군 농촌지도위원, 1941년 9월 16일 경남지주봉공회 울산회원, 그 외 울산축산조합 부조합장, 조선해조주식회사 사장 등을 지냈다(『釜山日報』, 1932. 12. 16, 1941. 9. 18 ; 『동아일보』, 1922. 12. 22, 1923. 2. 2, 1932. 11. 6).

126) 설령은 1919~1929년 울산군 하상면장, 좌병영금융조합 조합장, 울산수리조합장, 울산금융조합 평의원, 1926년 5개 군연합지방개량 면장회의 회장, 1927년 학성면장 재직 시 울산군 교육회 총회에서 '보통학교 교원의 사회교육에 유의사항'이라는 주제로 강연을 하였다(『釜山日報』, 1926. 11. 6 ; 1927. 10. 15).

127) 하재용은 1919~1920년 창녕군 참사를 지냈다.

128) 성근호는 1910년 창녕군 향교직원을 지냈고, 1915년 3월 4일 창녕군 직교리 주민 100여 명과 함께, 묘지규칙 실시에 대해 규칙 반대시위를 주도하여 검거되기도 하였다(『독립운동사자료집』 14 참조).

129) 류달영은 1919~1925년 창녕면장, 창녕자동차(주) 이사, 창녕상사운수(주) 이사, 창녕상사(주) 감사, 창녕주조(주) 사장, 창녕금융조합장 등을 지냈다.

130) 하동주(1865~1942)는 거제면 동상리 출신, 서예가로 추사체를 전승했다고 한다.

131) 조석근은 1858년생, 거제 사등면 사등리 출신, 거제군 참사, 적십자사 사원을 지냈다(『조선신사대동보』, 864쪽).

132) 이준홍은 1908년 거창군 웅양면장(熊陽面長)을 지냈다.

133) 신건은 사천군 용현면 출신, 1909년 1월 25일~1914년 3월 10일 하남면장(下南面長), 1919~1930년 읍남면장(邑南面長), 1931~1939년 용현면장 등을 지냈다. 또한

곤양-文昌鎭135) 李光淙136) 金渾櫓 趙允協 趙鏞炷 朱在憲 鄭禧卿

기장-金台洪 吳哲泳 李語殷 朴仁杓137) 金在坤 李敬豪 盧性範 鄭昇朝

남해-鄭鍾黙 金炳銖 宋獻平 梁權煥 鄭鳳喜 李益模 鄭相基

삼가-朴基準138) 尹炳敏139) 具鎭斗 權丙甲 宋憲植140) 鄭海榮 許鏻

단성-俞鎭奎 李曦洪 崔厚林141) 李瑒奎 邊集中 金鍾轍 李炳昊

양산-全錫準142) 尹顯泰143) 裵永復144) 姜文會 李喆鎬 柳德燮 洪瑨植145)

안의-河璟植 林基淳 鄭圭泰146) 洪祐勝147) 李敏錫 愼宗旬 鄭鍾述

1934년 2월 기원절을 맞아 지방개량에 노력 근업 및 납세 위생 등에 공적을 인정받아 기원절 총독으로부터 표창(銀器 1개조)을 받았다(조선총독부, 『조선총독부 시정25주년기념표창자명감』, 787쪽 ; 『釜山日報』, 1934. 2. 11).

134) 최병규는 1919~1925년 사천군 읍서면장(邑西面長)을 지냈다.

135) 문창진은 1927년 곤양금융조합장을 지냈다.

136) 이광종은 1917~1918년 경상남도지방토지조사위원회 임시위원, 1919~1920년 곤양군 참사, 1922~1923년 곤양면장 등을 지냈다.

137) 박인표는 1919~1920년 동래군 참사를 지냈다.

138) 박기준은 1908년 삼가군 주사, 1919~1921년 합천군 삼가면장 등을 지냈다.

139) 윤병민은 1925~1926년 합천군 삼가면장을 지냈다.

140) 송헌식은 1919~1929년 합천군 대병면장(大幷面長)을 지냈다.

141) 최후림은 1919~1920년 산청군 참사를 지냈다.

142) 전석준은 1916~1917년 경상남도지방토지조사위원회 임시위원, 1919년 양산군 참사, 1921년 경남은행 상무이사과 백산무역 감사를 지냈다.

143) 윤현태는 1889년생, 1914년경부터 본적지에서 대금업(貸金業)을 영위했다. 1916년 12월 이래 부산에서 백산상회를 경영하였으며, 1919년 백산상회를 주식회사로 바꾸고 그 전무 취체역이 되었다가 1926년 사임하였다. 1919년 3월 중 안희제(安熙濟)와 함께 동생인 경남은행 마산지점장 윤현진(尹顯振)에게 수만 엔을 주어 조선독립운동비로 상해 임시정부에 제공하게 한 혐의가 있다(『왜정시대인물사료』 2권).

144) 배영복은 1920년 양산군참사, 전 중추원 참의관, 양산자동차주식회사 사장, 양산보습학교에 1만 원 기부, 양산금융조합장 등을 지냈다(『釜山日報』, 1938. 4. 3).

145) 홍진식은 1919~1920년 양산군 상북면장을 지냈다.

146) 정규태는 1930~1934년 함양군 서하(西下)·수동(水東)면장, 1933년 5월 안의금융조합 평의원, 1933년 7월 경남서부도로포장기성회 함양군 대표 등을 지냈다(『釜山日報』, 1933. 5. 3, 7. 22).

산청－金殷鎬 閔仁鎬 權重敦 趙鍾甲 吳在倫 閔成鎬 姜彌魯
초계－卞榮表 鄭秉湜 卞重錞 金寗錫 李南奎[148] 申佑基 李錫一[149]
의령－申景禧 崔根濬 沈相炎[150] 金尙洙 孫洪晙[151] 沈相華 田畦文
고성－朴珽洙[152] 李慶鎬 李正熙 李舜基
합천－李民僖 金漢章 李南植[153] 李周燮[154] 朴昌純 曹秉必[155] 姜在鏡

위의 학무위원 중 1908년 초기에 임명된 사람들은 김기조, 이완종, 박기수, 김지관 이승규, 이장석, 박상진, 김홍조, 김정국, 박종묵 등이다. 대부분의 학무위원들은 사립학교 설립자이며, 지방위원과 달리 관료 출신보다 지역 내 토호세력들이 많다. 또한 지방위원과 동일하게 학무위원들 대부분이 군수 또는 면장, 도의원 등을 맡으며 지속적으로 일제에 협력하고 있음을 알 수 있다. 또한 1907년 지방위원도 겸직한 사람으로는 정병식, 이민희, 민인호 등이 있다. 특히 부산·경남의 학무위원들은 1910년 이후 대부분 해당

---

147) 홍우승은 1919~1928년 함양군 내시면장(大知面長)을 지냈다.

148) 이남규는 1859년생, 초계군 적동면(赤洞面) 상부동(上部洞) 출신이다. 1917년 경상남도지방토지조사위원회 임시위원, 1919~1920년 합천군 참사 등을 지냈다(『조선신사보감』, 136쪽).

149) 이석일은 1910년 초계군 향교직원이었다.

150) 심상염은 1929년 의령 학자제조조합 판매소를 운영하였으며, 의령청년회장을 맡았다(『釜山日報』, 1929. 1. 7 ; 『개벽』 제34호, 1923. 4. 1, 49쪽).

151) 손홍준은 1927년 의령금융조합장, 1929년 의령자동차부 주인이었다.

152) 박정수는 1926년 동아일보 고성지국 기자, 남선양조(주) 이사, 마산정미소(주) 사장 등을 지냈다(『동아일보』, 1926. 7. 3).

153) 이남식은 1919년 합천군 참사, 1920~1925년 합천면장, 1926년 3월 20일 합천군 농회 평의원 등을 지냈다(『釜山日報』, 1926. 3. 28).

154) 이주섭은 1873년생, 합천군 천곡면(泉谷面) 임북동(林北洞) 출신, 1905년 제릉참봉(齊陵叅奉), 합천군문묘직원으로 재임하고, 조선문우회 찬성원(朝鮮文友會 贊成員), 1919~1922년 합천군 율곡면장 등을 지냈다(『조선신사보감』, 80쪽).

155) 조병필은 1878년생, 합천군 숭산면(崇山面) 구미동(九美洞) 출신, 종사랑 경릉참봉(從仕郎 景陵叅奉), 1919~1927년 합천군 가야면장, 1934년 12월 1일 율곡면 경찰의용대 단장 등을 지냈다(『조선신사보감』, 579쪽 ; 『釜山日報』, 1934. 12. 13).

지역의 군참사, 면장, 각종 사업체 등을 경영하는 자본가로 성장하였다.

학무위원 중에 대표적으로 일제 협력에 나선 인물들을 간략하게 정리하면 다음과 같다.

박정옥은 1919~1928년 통영군 용남면장, 조선제망 주식회사 감사를 지냈다. 강위수는 평북관찰부 주사, 진주보통학교 일어야학회 회장, 1910년『경남일보』사장을 역임하였으며, 1910년 10월『경남일보』사장으로서 일본을 시찰하고 돌아왔다. 진주에 있던 경상농공은행 감사역, 1911년 11월 1일 진주군 가차례면·축동면 통합면장, 1912년 8월 경남은행주식회사 대주주, 1933년 진주군 문산금융조합장, 1933년 진주군 정촌면 예하리경작공동조합장을 지냈다. 1937년 중일전쟁 발발 후 8월 14일 진주에서 유지들로 결성된 애국비행기진주호헌납회에 가입해 1937년 애국비행기 진주호 헌납운동 때 성금 1만 원을 기부했다. 또한 1938년 4월 3일 강위수는 신무천황제 주일과 지원병제 실시를 축하하는 행사로서 거행된 경남도 국방기재 헌납식에서 경남 진주 대표로 나와 중기관총 4정을 헌납했다.

정희협은 곤양군에서 현산(峴山)학교를 설립하였으며, 진주보통학교 일어야학회 학무위원과 1909년『경남일보』대판총무를 지냈다. 1911년『경남일보』부사장, 1914~1918년 경남토지조사위원회 위원, 1919~1920년 경남도 참사를 지냈다.

김은호는 1908년 산청에 사립타명학교(私立楕明學校)를 창설한 뒤에 스스로 설립자 겸 교감이 되어 경영하였으며, 1914년 생초면장에 취임하여 전후 10여 년간 근무하였다. 특히 1919년 3·1운동 당시 생초면장으로 당국의 취지를 이해하고 유설원(遊說員)으로 사황(事黃), 생초(生草), 오부(梧釜) 등 각 면을 돌아다니면서 '과격해진 인심을 위무'하였다. 또한 1920년 산청면장, 1922~1926년 생초면장, 1929년 9월 생초우편소를 설치하였으며, 1927~1931년 산청금융조합장 등을 지냈다, 1932년 12월 조선라예방협회 경남지부 산청군 발기인, 1934년 8월 진주주조조합 평의원, 1934년 10월 산청군 소작위원 등을 지냈다.[156)

  김병태는 1906년 진주농공은행, 1910년 10월『경남일보』사원, 1911년 11월 진주군 성내면·섭천면 통합면장 등을 지냈다. 박재표는 1920년 진주 사립일신고등보통학교 발기인으로 1920~1923년 진주면협의회원 등을 지냈으며, 김지관은 1908년 대한협회 창원지부 총무[157]와 서북학회 회원, 박기수는 창원부 민의소 의장을 지냈고, 이승규는 마산 창신학교 설립자이며 창신학교 학감[158]을 지냈다. 한태규는 1916~1917년 경남 지방토지조사위원회 임시위원과 1919~1920년 함안면장을, 이현원은 1903년 상공학교 교관과 거창군 지방금융조합원을 지냈다. 통영 출신의 유한식은 통영읍 서정(曙町)에서 출생했으며, 1907년 8월 의병전쟁 당시 통영 부근의 조선인이 일본인에 대한 미곡불매동맹을 조직했을 때, 몰래 일본인에게 미곡을 공급했고, 아울러 다른 사람들이 이 동맹에 참가하지 않도록 설득하는 등 일제에 협력했다. 또한 1908년 5월 17일 통영상업회의소가 창립되자 상의원에 피선됐고, 1910년 11월 용남공립보통학교위원에 촉탁, 1911년 3월 1일 통영소방부회장, 1912년 1월 5일 통영통신사 사장, 1912년 6월 1일 용남군립 공업전습소 건립의 공을 인정받아 조선총독으로부터 목배(木杯) 한 벌을 받았으며, 1912년 8월 4일 통영제망주식회사 취체역에 취임, 1912년 3월 1일 위생사상의 보급, 위생상태의 개선에 공로가 현저하다는 이유로 경무총장으로부터 포상을 받았다. 1914년 7월 1일 통영육지면조합장에 당선되었으며, 조선총독부시정 25주년 기념표창자로 선정되기도 했다.[159] 김태홍은 1920~1926년 창원군 북면장, 1927년 4월 창원군 학교평의원,[160] 1934년 12월 마산경찰후원회 창원군 북면 위원 등을 지냈다.

---

156) 조선총독부,『조선총독부시정25주년기념표창자명감』, 1025쪽 ;『釜山日報』, 1932. 12. 4 ; 1934. 8. 10, 10. 27.
157)『대한협회회보』제4호, 1908. 7. 25.
158)『동아일보』, 1922. 4. 22.
159) 조선총독부,『조선총독부시정25주년기념표창자명감』, 1023쪽.
160)『釜山日報』, 1927. 4. 3, 1934. 12. 29.

다음은 부산·경남 지역의 근대 자본가로 성장하여 알려진 인물들이다. 이들은 정계·경제·사회분야에서 일제에 협력하기도 하였다. 주요 인물들은 다음과 같다.

김준천(金準千, 1874년생)은 궁내부 주사, 동래부 경무서 총순(摠巡), 양산군 서기, 청일전쟁 때 종사기장을 받았고, 전라남도 무안항 해륙운수합자회사 사원, 부산항 지점장을 지낸 인물이며, 박영길(朴泳吉, 1854년생)은 사헌부 감찰, 종2품 가선(嘉善), 부산부 참사, 부산부 사립초량학교장, 동래부 민의소 이사, 조선해수산조합소 감사, 일진회 경남위원회 회장, 부산부협의 회원 등을 지냈다. 송운용(1868년생)은 1890년 11월 부산항 일본거류지 일본어 학교, 1888년 9월 사헌부 감찰, 1895년 3월 18일 부산항 감리서 번역관보, 1895년 8월 6일 동래관찰부 주사, 1906년 12월 8일 평리원 주사, 1907년 1월 10일 법부주사, 부산면장, 부산진공립보통학교학무위원, 부산진농진회 중부회장을 지냈다.

이규직(李圭直, 1869~1941년)은 부산부 합주정(溘洲町) 출신으로, 1898년 3월 한국 명례궁 감관으로서 김해에 부임, 김해 양산군 내 호전감리(芦田監理)로 종사한 이래 운현궁 감리, 선희궁 감리, 경상북도관찰부 주사, 내장원 봉세검관, 경리원독쇄관 등을 역임하고 경상남북도 내 역둔토 관리 사무에 종사, 1910년 대산면 부근의 황무지 개간에 착안하여 다액의 자금을 투자하고 개간에 전념하였고, 1919년 1월 대산수리조합의 창립 준비를 시작하여, 이후 각종 준비를 갖추고 1920년 6월 설립신청을 하여 11월에 인가 지시를 받았다. 이후 경남은행 두취, 부산부협의원, 1930년 대산수리조합장, 1933년 산업무역 공로자 표창을 받았다.

이규정(1879년생)[161]은 부산부 사중면 영주동 출신으로, 1904년 11월 3일 일본국 동경 유학하여 12월 1일 동경 동해의숙(東海義塾) 입학, 1905년 9월 중앙대학교법률예과 들어가, 9월 명치대학경찰과, 1906년 12월 졸업(警學)

---

161) 『釜山日報』, 1934. 3. 7.

하여 1907년 1월 3일 귀국하였다. 그는 1916년 경남인쇄주식회사 중역, 1902년 8월 15일 경상북도관찰부 주사, 1907년 7월 29일 내부서기와 내부 주사관 등을 지냈다.[162] 1916년 부산상업회의소 부회두를 맡았다. 1928년 이후 부산에서 울산으로 활동무대를 옮기면서, 울산수리조합 창립, 울산역전에서 현미와 백미 수출업, 조선철도국 화물취급점, 석유주식회사 특약점 경영, 울산상업조합 부조합장, 울산번영회 이사, 울산수리조합 창립위원, 울산곡물조합장, 경남입주식회사 취체역, 1930년 변호사, 울산면협의회원, 1932년 울산상공회 부회장과 조선곡물상조합연합회 경남협찬부 시찰계장, 울산군 농촌지도위원, 1933~1935년 경남도회의원, 1935년 울산곡물조합장 등을 역임했다.

이영균(李泳均, 부산부 영주동 거주)은 협동우편선회사 전무, 부산공립보통학교 학무위원 등을 맡았다.

이조원(李祖遠, 1891년생)은 충남 예산출신이고 1909년 1월 관립 법관양성소 졸업, 2월 재판소 서기, 7월 법관전형시검, 9월 김해구 재판소 판사, 1910년 5월 밀양구 재판소 판사, 퇴임 후 부산지방법원 검사국에 변호사 등록, 1926년 부산부협의회원을 지냈다.

이형우(李馨雨, 1878년생)는 동래부 주사, 조선총독부 서기, 부산부 참사, 민의소 의원, 적십자사 사원, 부산상업은행 주주였다. 정희환(1871년생)은 농상공부 주사, 안동부사판위원, 부산우체사장, 부산부 사중면 면장, 상업회의소 의원, 민의소 의원 동총무, 대한협회 부산항지회지방부장, 경남일보사 총무, 농진협회평의원 등을 지냈다.[163]

장재식(張在軾, 장지연의 아들, 창씨개명 玉山容義, 1886년생)은 마산부(馬山府) 오동동(午東洞) 출신으로, 1910년 창원부 주사, 조선총독부 서기, 1926~1940년 마산부회 의원, 1928년 마산공회설립위원, 구마산금융조합 평의원,

---

162) 『대한제국관원이력서』 2책, 50쪽 ; 『조선신사대동보』, 54쪽.
163) 『조선신사대동보』, 510쪽.

마산방공협회 평의원 등을 지냈다.

넷째, 1921년 총독부로부터 중추원 참의 후보자들을 도지사에게 추천받았다. 당시 추천받은 인물들은 한말부터 1910년 한국병탄까지 적극적으로 일제에 협력한 자들로 지역의 토호들이었다. 이들을 간략히 살펴보면 다음과 같다.

〈표 7〉 1921년 중추원 참의 추천자[164]

지역	이름	한말 경력	1910년 이후 경력	비고
하동	이은우(李恩雨)[165]	궁내부 侍從院 事務	중추원 참의	도지사 추천, 명망가 투표 1위
	정희협(鄭禧協)[166]	寧陵參奉	1919년 도 참사	
울산	김홍조(金弘祚)[167]	학무위원, 경남일보사장	帝國在鄕軍人會 울산분회 특별회원	도지사 추천
부산	문상우(文尙宇)[168]		경남도평의원	도지사 추천
거창	정태균(鄭泰均)[169]	사립학교장	중추원 참의	도지사 추천
통영	김기정(金淇正)[170]	통감부 판사	경남도평의원	도지사 추천
동래	김병규(金秉圭)[171]		경남도의원	
함양	노준영(盧俊泳)[172]		중추원 참의	
	정순현(鄭淳賢)[173]	중추원 의관	중추원 참의	
진주	박재균(朴在均)			
	김기태(金琪邰)		중추원 참의	
	강원로(姜元魯)[174]	중추원 의관	도 참사	도지사 추천
마산	김시구(金時龜)[175]		부산상업회의소 평의원	
사천	최연국(崔演國)[176]	궁내부 주사	중추원 참의	도지사 추천
밀양	손지현(孫之鉉)	지방위원		도지사 추천
창녕	김두찬(金斗贊)[177]		중추원 참의	
	하재구(河在鳩)	지방위원		도지사 추천
김해	김덕재(金悳在)[178]	公錢領收員	학무위원	도지사 추천

164) 『중추원조사자료』, 「各道議員 推薦의 件」, 「경상남도 中樞院 의원 추천의 건」, 1921. 3. 15.

165) 이은우(1881~1938), 하동군 악양면(岳陽面) 입석리(立石里) 196번지(원적), 1905년 2월 부산공립 개성학교(釜山公立 開成學校) 전과(全科)졸업, 1909년 7월 8일 동경 중앙대학 전문부 경제과를 졸업하고, 같은 해 10월 9일 구한국 궁내부 시종원 사무에 촉탁, 1911년 2월 1일 이왕직찬(李王職贊)에 임명, 1919년 7월 19일 하동군 남일물산주식회사 사장에 당선되었다. 또한 1937년 3월 사회교화 강연, 1925~1933년 경남도평의회 의원, 1930년 하동읍장, 1933년 6월 2일 도의원 재직시 황군 감사 결의에 참여, 1933년 9월 하동 국방의회 평의원, 그 외 창녕금융조합장, 군 농회 평의원, 농회 농촌지도위원, 농회 소작위원회 위원, 산업조합 평의원, 학무 위원, 산림회 평의원, 학교 평의원 등을 지냈다.

166) 정희협은 1914~1918년까지 경상남도지방토지조사위원회 위원을 지냈다.

167) 김홍조(1868~1922), 울산군 하상면 출신, 1874년 9월~1883년 12월까지 사숙에 들어가 한학을 마치고, 1888년 3월 6품 선략장군(宣略將軍)에 오르고 사헌부 감찰에 임명, 1891년 7월 종3품 어모장군(禦侮將軍)에 오르고 경상좌병마 우후(虞候)에 임명됐다. 1891년 9월 울산도호부사 겸임, 1900년 7월 동경에서 일본에 망명 중인 박영효(朴泳孝)와 교류했다. 1908년 3월 울산군 민의부(民議府) 의장, 1908~1911년 울산군 공립보통학교 학무위원, 1909~1911년 경남일보 사장, 1911년 6월 제국(帝國) 재향군인회 울산분회 특별회원과 울산군 참사, 1911~1913년 경남은행 이사, 1914년 6월 경남 교풍회(矯風會) 울산지부 고문, 1914년 9월 조선물산공진회 경상남도 도평의원과 울산지방금융조합장, 1915년 2월 일본적십자사 특별사원, 1916년 6월 명치신궁 봉찬회(奉贊會) 조선지부 경남 울산군 위원, 1918년 10월 세국새항군인회 울산분회 명예위원, 1920년 진주 사립일신고등보통학교 발기인, 1920년 6월 조선 해황(海璜)주식회사 사장, 1920년 7월 부산 공립상업학교 상의원(商議員)에 선출되었다(『중추원조사자료』, 「各道議員 推薦의 件」, 「경상남도 中樞院 의원 추천의 건」, 1921. 3. 15 ; 『釜山日報』 참조).

168) 문상우는 1880년생으로 부산부 좌천정(佐川洞) 432번지에서 출생했으며, 1887년 3월 1일 부산진 육영서숙(育英書塾)에 입학하여 한문을 수학하다가, 1896년 12월 말일에 퇴숙(退塾)하였다. 1897년 1월 10일~1902년 12월 말까지 부산 오백정지점(五百井支店)에 취직했다가, 1903년 1월 일본으로 유학하여 동경 정칙예비학교(正則豫備學校)에 입학해, 1906년 6월 25일 졸업하고, 같은 해 7월 동경고등상업학교에 들어가 1911년 7월 졸업했다. 그는 귀국하여 1911년 8월 경성 한일은행에 취직했다가, 1912년 6월 그만두고, 7월에 경남은행 지배인으로 있다가, 1920년 부산부 참사로 임명되었다. 또한 경제계로 진출한 그는 1919년 백산무역 이사, 1920년 대동사(주) 이사와 부산증권 사장, 1921년 8월 5일 경남은행 상무취체역, 1922년 부산미곡증권신탁 이사와 삼산자동차 감사, 1927년 8월 20일 해동은행 정기총회에서 취체역에 선출되었다. 1929년 경상합동은행 대주주, 1938년 풍림철공소 이사, 1942년 경성방직 감사, 1945년 10월 조선주택영단 이사장 등을 지냈다. 그 외

1920~1926년 부산상업회의소 부회두, 부산공립보통학교 학무위원, 1926~1927년 경상남도평의회 의원 등을 지내기도 했다.

169) 정태균은 1908년 사립의명학교장, 1926~1935년 중추원 참의, 1931~1934년 경남도 의원, 1934년 경찰의용대 거창군 위천면 회장, 1931~1939년 총독부 명륜학원 경남도 평의원, 1935년 10월 1일 조선총독부 시정25주년 기념 민간공로자로 표창(은잔 1세트)받았다. 특히 그는 1909년 폭도가 각지에서 봉기하고, 이를 진압하기 위하여 위천면(渭川面)에 수비대가 파견되자 이들에게 주택을 개방하고 임시 막사를 제공하였으며, 1919년 3·1운동 당시 경상남도의 대표로서 총독부가 주최한 시국강연회에 출석하여 청강하는 등 일제 협력에 앞장섰다(조선총독부, 『조선총독부시정25주년기념표창자명감』, 1021쪽 ; 『釜山日報』 참조).

170) 김기정은 1908년 관립 법관양성소를 졸업, 1909년 대심원서기(大審院書記)에 임명되고, 경성지방재판소 서기를 겸임하였다. 동년 밀양구재판소 판사에 임명되었다. 1910년 부산구재판소 판사로 전근하고, 1912년 변호사를 신청하여 인가받았다. 같은 해 8월에 한국병합기념장을 일본으로부터 받았다. 1917년 통영면 상담역, 통영전기주식회사 취체역에 피선되었다. 1920년 제국재향군인회 통영분회 명예회원과 경남도평의원으로 선출되었다(『중추원조사자료』, 「各道議員 推薦의 件」, 「경상남도 中樞院 의원 추천의 건」, 1921. 3. 15).

171) 김병규는 1926년 동래 농회장, 1927~1938년 경남도평의원과 도의원을 지냈다. 또한 동래산업조합장, 동래곡물조합장 등을 지냈다(『釜山日報』 참조).

172) 노준영은 1918년 조선은행 서기에 임명되었고, 1920년 삼일산업주식회사 전무, 이어서 사장이 되었으며 거창자동차주식회사 감사역에도 추천되고 경상남도 평의원, 1920년 함양주조주식회사 중역과 산림회 평의원이 되었고 1930년 금융조합감사, 1931년 함양육운 감사역에 이어 전무, 금융조합장, 농촌지도위원회위원 등을 지냈고, 1934년 함양면장, 학무위원 등을 지냈다(『朝鮮功勞者明鑑』, 171쪽 ; 『釜山日報』 참조).

173) 정순현은 대한제국 중추원 참의관, 1908년 사립함덕학교 설립, 1910년 8월 사립 성험학교장, 경남지방 토지조사위원회 임시위원, 1911년 경남도 참사, 1919~1920년 경남도 참사와 경남도평의회원을 지냈다. 1925~1932년(주임관 대우), 1930년 1월 함양군 지곡수리조합 설립, 금융조합·군농회·도농회·조선농회 등의 산업단체장 또는 의원을 지냈다. 1933년 경남도 농회 부회장, 1935년 10월 1일 조선총독부 시정25주년 기념 민간공로자로 표창(은잔 1세트)을 수여받았다. 1938년 경남도농회 부회장과 경남총후지성회 총대를 지냈다. 1938년 4월 3일 신무천황제 주일과 지원병제 실시를 축하하는 행사로서 거행된 경남도 국방기재 헌납식에서 경남총후지성회 총대로서 육군기관총과 해군기관총을 헌납했다. 1940년 11월 황기 2600년 기념식에 초대됐다(『朝鮮功勞者明鑑』, 264쪽 ; 조선총독부, 『조선총

독부시정25주년기념표창자명감』, 1935 ;『釜山日報』참조).

174) 강원로는 1895년 4월 탁지부 주사를 시작으로 세무시찰관, 재무관, 1899년 2월 중
추원 의관, 1905년 경남 창원항 군용철도조사원, 같은 해 12월 30일 비인(比仁)군
수, 1906년 6월 충남 남포군수 서리와 9월 10일 남포 군수서리, 1907년 2월 서천
군수 서리, 7월 충남 남포 군수서리, 11월 충남 서천군수 서리, 1908년 12월 31일
서천군수, 1910년 회덕군수, 1911년 충남 온양군수, 1913년 진주군 참사, 1912년
8월 1일 일본으로부터 한국병합기념장을 받았다. 1912~1917년까지 경남도 지방
토지조사위원, 1919년 진주군 참사를 지냈다(『중추원조사자료』, 「各道議員 推薦
의 件」, 「경상남도 中樞院 의원 추천의 건」, 1921. 3. 15).

175) 김시구는 미곡무역상, 영주동, 1918년 부산상업회의소 평의원, 1922년 조선교육
협회 이사 등을 지냈다.

176) 최연구(1886~1951)는 창씨명 朝日昇, 1903년 체신국전화과 주사에 임명되고, 1912
년 사천군 사립 명달보통학교장, 1917년 경남은행 취체역, 사천군 농회장, 1918년
계림(桂林)농림주식회사 취체역, 사천군 금융조합장, 1927년 임자신탁주식회사
장, 1931년 경상남도평의원, 사천수리조합장, 경남교풍회 사천지부 고문, 경남은
행 중역, 사천군농회 회장, 계림농림주식회사 중역, 경남도평의원, 사천면협 의원,
임자신탁 취체역회장, 조선소방협회 차조회원, 조선소방협회 사천평의원, 사천군
번영회 회장, 산림회 부회장, 구암토지주식회사 사장, 구암수리조합장, 경남과내
사회교화강사 등을 지냈고, 1933년 6월 3일~1936년 6월 2일 조선총독부 중추원참
의를 지냈다.

177) 김두찬은 창씨명 龜岡斗贊, 1911년 문관보통시험에 합격하여 1914년 총독부 군서
기가 되어 경상남도 내의 여러 군을 역임하고 1919년 관에서 물러났다. 이후 금
융조합 평의원, 금융조합 감사, 도평의원, 군농회 부회장, 수리조합 평의원, 산림
회 부회장, 축산동업조합 부회장, 소방조 부조두, 연초경작조합장 등에 취임하
고, 1933년 6월 3일~1936년 6월 2일 조선총독부 중추원 참의로 활동하였다(『조선
인사흥신록』, 149쪽).

178) 김덕재는 1907년 김해군 좌부면 사립 향명(向明)학교를 설립하였으며, 1908년 12
월 23일 김해군 좌부면 공전령수원과 김해군 좌부면장에 임명되었다. 또한 김해
번영회 부회장, 김해지방 금융조합 설립위원, 1910년 동양척식주식회사 김해군내
소재 토지전부감독 및 소작료징수를 촉탁받았다. 1911년 김해지방금융조합장으
로서 구 한국화폐정리에 다년간 진력한 점이 많았다고 해서 한국은행으로부터 금
20엔을 상여받았고, 동양척식주식회사 주최 제1회 내지시찰원으로서 여행하기도
하였다. 김해군 참사를 1912년 김해위생회 부회장, 김해수리조합장, 경남교풍회 김
해지부장, 김해군농회 부회장, 경상남도지방 토지조사위원회 임시위원, 시정 5년
기념 조선물산공진회 김해군 관람단 단장, 학무위원 등을 지냈다(『중추원조사자

2. 부산·경남 지역의 조선인 유력자들 활동

부산지역의 정계인물 혹은 『釜山日報』에서 뽑은 10대 조선인은 다음과 같다. 이들은 정계뿐만 아니라 경제계까지 큰 영향력을 행사했으며, 1910년대 이 지역의 대표 주자라고 하겠다. 『釜山日報』에서 뽑은 부산의 10대 인물은 김정훈(金正勳), 김성겸(金聖謙), 김시구(金時龜), 문상우(文尙宇), 이규직(李圭直), 이규정(李圭正), 오인규(吳仁圭), 윤상은(尹相殷), 이영균(李泳均) 등이다.[179] 여기서 필자가 추가로 넣을 수 있는 대표적인 조선인들은 어대성(魚大成), 박영길(朴泳吉), 이향우(李響雨) 등이다.

이들 가운데 1914년 부제(府制) 실시 이후 부산부협의회원으로 활동한 조선인들은 1915년 박영길, 이향우, 이규직, 오인규 등이다.[180] 이들은 2년 임기로 1918년까지 부산부의 자문 역할을 담당했으며, 부산부의 세입출부 예산 심의, 전심(傳深)병원 이전 문제 등을 다루기도 하였다.[181] 1918년 6월 임기 만료에 따라 3기 부산부협의회원들은 이향우·박영길을 제외하고 이규직·오인규 등이 3선을 하고, 그 외 박영광(朴泳光), 윤상은 등이 있었다.[182] 1918년 12월 14일에 개최된 부산부협의회에서는 목지도(牧之島, 영도) 도선 문제 등 부산의 3대 역점 사업을 자문하였다. 마산부협의회는 1918년 5월 현재 김태호(金泰鎬), 김정신(金禎信) 2명으로 파악된다.[183]

다음으로 경제계 인물들은 수산, 상업, 금융분야로 나누어 볼 수 있다. 1915년 2월 조선수산조합 총대회가 부산항 내에서 개최되었는데 경남총대로 박종묵(朴宗黙)이 참석하였다.[184] 1917년 2월 개최된 총대회에는 박영길,

---

료』, 「各道議員 推薦의 件」, 「경상남도 中樞院 의원 추천의 건」, 1921. 3. 15).

179) 『釜山日報』, 1917. 4. 4(1), 「釜山ノ名士」.

180) 『釜山日報』, 1915. 3. 10(2) ; 1916. 4. 9(2), 6. 28(2) ; 1917. 12. 21(2) ; 1918. 4. 20(2).

181) 『釜山日報』, 1916. 6. 28(2).

182) 『釜山日報』, 1918. 12. 14(2).

183) 『釜山日報』, 1918. 5. 1(5).

정진홍(鄭鎭弘) 2명이 출석하였다.[185] 또한 1917년 창립한 경남해조수산총대회에는 최창건(崔昌健, 동래), 황도옥(黃道玉, 울산), 서상호(徐相灝, 통영) 등이 참석하였다.[186] 1912년 이후 거제어업조합을 시작으로 구성된 어업조합과 관련한 기사는 상세히 보도되지 않아 초기 구성원들을 알 수 없다.[187]

농업분야에서 1915년 5월 조직된 경상남도 미곡개량조합의 구성원을 살펴보면, 평의원 31명의 선거를 거친 결과, 조합장(일본인)과 이규식(李圭植) 부조합장으로 선출되었고, 평의원은 윤병준(尹炳準, 부산), 김시구(金時龜, 마산), 손인순(孫仁順, 삼천포), 안식원(安植遠, 진영), 박재영(朴載英, 낙동강), 한춘옥(韓春玉, 밀양), 김성진(金聲振)·박화여(朴和汝, 유천), 서우여(徐宇汝, 구포), 임광인(林廣演, 울산) 등이다.[188] 이 단체는 미곡검사규칙의 실시로 미곡의 품질을 개량할 필요에 따라 조직되었다.

부산부는 수산과 더불어 초기 상업자본이 발전해 나가는 상업도시로 성장하였다. 이 과정에서 일본인들을 중심으로 부산상업회의소[189]가 결성된

---

184) 『釜山日報』, 1915. 2. 21(2). 조선수산조합은 '어업조합규칙'과 '조선어업조합규칙', 동일 공포·시행된 '수산조합규칙'과 '조선수산조합규칙'으로 설립되었다. 조선수산조합은 한일합병 전에 일본인의 수산 단체로 활동하고 있었던 조선해수산조합을 개편하여 설립하였는데, 전국을 구역으로 한국인과 일본인의 어업자만을 조합원으로 하여 설립한 특수한 성격을 지니는 예외적 수산조합이었다. 각 도에 지부를, 주요 지방에 출장소를 설치하였다.

185) 『釜山日報』, 1917. 2. 2.

186) 『釜山日報』, 1918. 5. 25.

187) 초기의 어업조합은 『釜山日報』보다 『경남일보』와 『매일신보』에 간혹 보도되기도 하였다. 하지만 이 연구에서 다른 신문은 따로 다루지 않았다.

188) 『釜山日報』, 1915. 5. 15(2).

189) 이 단체는 부산상법회의소(釜山商法會議所, 1879), 부산항일본상업회의소(釜山港日本商業會議所, 1893), 부산상업회의소(釜山商業會議所, 1908), 부산일본인상업회의소(釜山日本人商業會議所, 1914), 부산상업회의소(釜山商業會議所, 1916), 부산상공회의소(釜山商工會議所, 1931)로 변천하였다. 또한 1879년 3월 설립하여 당초 회원으로 부산항 일본인 무역상, 은행업, 해운업, 도매상의 4영업자로 조직하고 의원의 정수는 34명, 역원은 정부회두, 회계위원, 내외상황조사위원, 수출입물품조사위원회 등이며 그 경비는 수출입물품에 대한 원가 1엔에 대하여 2리

다. 여기에 참여한 조선인들을『釜山日報』를 통해 확인해 보면, 1916년 6월 이규직(부회두), 윤대선(尹大善), 김시구, 오남근(吳南根), 윤병준, 이규정 등이 있다.[190]

1916년 6월 실시된 부산상업회의소 선거에는 부산정미조합, 부산약업조합, 부산잡화상조합, 부산수입상조합, 축풍동지회, 서부시가지 등 일본인 측과 경남은행(이규직), 북어(北魚) 창고회사(오남근), 협동우선(協同郵船, 이영균), 초량 일기포(一紀鋪 ; 이명여, 李明汝), 부산진일기포(송운용, 宋運用), 수정일품(水晶一品 ; 김종두, 金鐘斗), 이규정, 윤원일(尹元一), 윤대선 등이 출마하였다.[191]

1916년 2월 조선인 상업회의소 의원들 중 이규정(회두)과 박용수(朴溶水, 서기) 등이 교토(京都)에서 열리는 대정(大正)대례기념식장에 참석하기도 하였다. 이들은 일본인 의원들과 함께 '모국관광단'에 편승하여 일본 주요 지역을 관광하기도 하였다. 이 관광단에게는『釜山日報』와『朝鮮時報』가 공동으로 경비를 협찬해 주었다.[192]

개항 이후 부산의 금융계는 일본금융회사들이 대거 몰려들어와 자리를 잡았는데, 조선인이 운영하는 금융회사로서 1918년 2월 한성은행 부산지점이 개설되었다.[193] 이윤용(李允用, 남작, 은행장), 한상룡(韓相龍, 전문 취체

(厘)씩을 정수하여 충당하기도 하였다. 홍순권,『일제기시 재부산일본인사회 사회단체 조사보고』, 선인, 2005 참조.

190)『釜山日報』, 1916. 6. 23(2), 6. 29(2) ; 1918. 4. 3(2).

191)『釜山日報』, 1916. 6. 17(2). 부산상의 선거 유권자들은 조선인부 경남은행, 북어 창고회사, 협동우선회사, 초량일기포, 수정일품, 윤원일(尹元一), 윤대선(尹大善), 윤임형(尹任衡), 박임홍(朴任弘), 이교윤(李校潤), 박학수(朴鶴壽), 장경택(張敬宅), 이명여(李明汝), 이규정(李圭正), 임우홍(任佑洪), 임성운(林盛雲), 강성문(姜性文), 권순도(權順度), 장남근(張南根), 정상일(丁相一), 최장덕(崔長德), 최시명(崔時鳴), 최봉일(崔鳳一), 최장현(崔莊鉉), 김현익(金鉉翊), 김창구(金昌龜), 김정훈(金正勳), 추한석(秋翰奭), 추내유(秋乃有), 김성옥(金成玉) 등이다.『釜山日報』, 1916. 6. 18(2).

192)『釜山日報』, 1916. 2. 9(2).

193)『釜山日報』, 1918. 10. 1(1).

역), 장홍식(張弘植) 지배인 등이 주요 인물들이었다. 또한 1918년 4월 27일 동래면에 거주하는 윤병준(취체역 두취)이 자본금 50만 원으로 동래은행을 개업했다.[194] 1912년 12월 부산상업은행이 설립되었는데, 1917년 7월 주주 정기총회에서 이규직이 감사역으로 취임하기도 하였다.[195]

1910년대 부산지역의 주요 조선인들은 부협의회나 상공관련 단체 등에 가입하여 자본력 확보와 정치적 입지를 내세우는 데 몰두했다고 볼 수 있다. 특히 부산지역은 1876년 2월 부산포 개항과 1877년 1월 '부산항 일본인 거류지 조차 조약', 정식 영사관의 설립 등으로 1880년 일본인들이 대거 이주해 왔던 곳이다. 따라서 조선인들은 초기 근대상업자본의 첫 경험을 일본인으로부터 배웠다. 이러한 근대자본 사회의 경험은 유력 일본인들과 밀접한 관계를 맺거나 총독부와 긴밀한 관계를 유지하지 않을 수 없게 만들었다. 그들은 경제적 힘을 뒷받침하는 정치적 영향력(부협의회 등)을 얻기 위해 조선총독부의 정책에도 적극 협조하는 관계를 이어갔다.

이처럼 식민지 초기의 조선인 유력자들은 조선총독부의 시정에 참여하면서 '동화(同和)'되어 갔다. 1915년 7월 조선총독부 시정5주년기념 조선물산 공진회 부산협찬회를 결성하는데, 평익원에 이규정·오인규·이형우·박영길 등이 선출되었다.[196] 또한 다이쇼천황 대례기념식(大正大禮記念式) 식전 참배단원 모집에 이규직(부산부협의회원), 이규정(부산선인회의소 회두), 오인규·이향우(李馨雨, 부산부협의회원), 임기춘(林技春)·이명여·이규화(李奎和)·장경택(張敬宅)·최장덕(崔長德, 무역상), 이원조(李祖遠, 변호사) 등이 참가 신청서를 냈다.[197]

특히 이규직과 박영길 등은 대정대례를 축하하기 위하여 '봉축설비위원회'를 결성해 행사를 준비하는 데 나서기도 하였다.[198]

---

194) 『釜山日報』, 1918. 9. 15(2).
195) 『釜山日報』, 1917. 7. 30(2).
196) 『釜山日報』, 1915. 7. 4(2).
197) 『釜山日報』, 1916. 2. 26(2).

1916년 조선총독부는 "황도를 우내(宇內)에 선포하고 국체를 밝혀 국민정신의 진작을 도모하고 신의 대도(大道)를 선양하여 군민일체(君民一體) 국운의 흥륭을 꾀한다"라는 목적으로 명치신궁봉찬회(明治神宮奉讚會)를 조직하였다. 부산지역의 조선인들은 봉찬회에 헌금을 납부했는데, 부협의회원과 상업회의소 의원들이 대부분이었다. 당시 납부한 금액을 살펴보면, 이규직(50원), 오인규(30원), 이규정·김준천(金準千, 20원), 송운용(10원) 등이다.[199]

일제는 1914년 발발한 1차 세계대전의 종전을 맞아 전국 각지에서 '전첩축하대회'를 개최하기도 하였다. 1918년 11월 21일 오전 12시 관민합동으로 용두산신사에서 전첩축하대회를 성대하게 열었다.[200] 23일, 진주에서는 진주소학교에서 학교조합·각 구장·관리장·면장·군수 등이 참석하여 축하대회를 개최했으며,[201] 12월 1일 울산 공립보통학교 교정에서 군청 주최로 '내선인 관민합동 축하회(內鮮人官民合同祝賀會)'를 개최하였다.[202] 특히 경남의 대본산인 범어사, 통도사, 해인사 등 전국 각지 사찰과 승려들이 100원을 모아서 해군혈병취지(海軍血兵趣旨)로 해군성에 헌금하기도 하였다.[203]

또한 통도사 주지인 김구하(金九河) 등이 1917년 9월 2~24일까지 조선총독부 후원으로 조선불교시찰단을 구성하여 일본 불교를 견학·시찰하고, 도쿄(東京)에서 궁성참배, 수상방문, 동경관광 등을 하였다.[204]

大正天皇 즉위기념사업으로서 다이쇼공원 공사에 적극 참여한 조선인 유력자들도 상당수 있었다. 이 공원 조성사업에 후원금을 낸 조선인들은

---

198) 『釜山日報』, 1915. 10. 27(2).

199) 『釜山日報』, 1916. 6. 21(2).

200) 『釜山日報』, 1918. 11. 23(2).

201) 『釜山日報』, 1918. 11. 25(2).

202) 『釜山日報』, 1918. 12. 7(2).

203) 『釜山日報』, 1918. 10. 7(3).

204) 『釜山日報』, 1917. 9. 24(3).

이규직·윤병준(20원), 이영균·오인규·오남근·김시구·김성옥(金成玉)·이성순(李聖順, 10원), 윤상은·박영길·이규정·어대성·이규화(李圭和)·박오겸(朴五兼)·추내유(秋乃有)·장경택·김덕진(金悳鎭)·윤송현(尹送賢)·박우철(朴于澈)·강성문(姜成文, 5원), 장말문(張末汶, 3원) 등이다.[205]

이상으로 일제에 협력하거나 초기 상업자본가로 성장한 조선인들에 대해 간략하게 살펴보았다. 이들 가운데에서 친일 혐의가 있다고 판단되는 인물들은 부협의회원과 상업회의소, 각종 일제협력단체 등에 소속되어 활동을 펼치면서 총독부의 정책에 적극 협력한 인물들로 한정할 수 있겠다.

Ⅳ. 맺음말

이상으로 부산·경남 조선인들이 일제에 협력하는 과정을 살펴보았고, 이를 간략히 정리하면 다음과 같다.

첫째, 의병항쟁에 대해 조선인 유력자들이 일진회나 자위단 등을 결성해 토벌에 나섰다. 부산·경남 지역은 지리산을 중심으로 의병항쟁이 가열되었다. 이에 일제는 한국정부와 일진회에 자위단 등을 결성하도록 압력을 가했고 이들이 앞장서서 의병들을 토벌하였다. 특히 이 지역의 일진회 지부와 자위단 등은 직접 의병토벌에 참여하여 전투를 벌이다가 사망하는 경우도 많았다.[206]

둘째, 지방위원회는 지방의 자본가, 지방관료 등이 통감부의 증수정책과 민심 동향을 파악하기 위해 만든 일제협력기관이었다. 지방위원은 1910년 이후 군수, 참사, 면장 등으로 임명되어 지속적으로 일제에 협력하였다.

---

205) 『釜山日報』, 1918. 1. 9(2).

206) 이 사건은 1908년 4월 2일 의병 14명이 하동군 외횡포면(外橫浦面)에 나타나자, 지역 경찰관 주재소 순사부장, 이규전(李奎田) 순사 등이 출동하여 교전하다가, 일진회원이 사망한 사건이다. 진주경찰서, 「暴徒一進會員銃殺ノ件」, 1908년 4월 6일(국가기록원, MF, CJA0002450-00091-1-1~7).

셋째, 학무위원은 보통학교 교육을 권장하는 지방자문기관이었다. 대부분 위원들은 지방의 유력자 또는 토호들로 1910년 이후 일제에 적극 협력하는 것을 볼 수 있었다. 그들은 지방위원회와 함께 일제 식민지 초기의 '친일적' 협력자로 눈부시게 변신했다.

넷째,『釜山日報』를 통해 본 부산·경남 조선인 유력자들이 조선총독부 시정과 정책에 협조하거나 협력하는 양상을 살펴보았다. 이 신문은 1910년 대『경남일보』(이후 폐간) 외에 유일한 지방신문이었다. 주요 조선인 유력자들은 정계·재계 등에서 활발한 활동을 보이고 있음을 알 수 있었다. 특히 부산상업회의소(이후 상공회의소)와 금융계에서 활동한 인물들은 정계(부협의회나 도평의회원)로 진출하고 일제의 협력단체(명치신궁봉찬회 등)에 가입해 적극적으로 활동하였다.

이와 같이 부산·경남의 조선인 유력가들은 '한국병합' 전후로 비약적인 경제적 성장을 하였고, 조선총독부의 제도적·재정적인 지원으로 지방의 핵심권력자로 성장하였다. 초기 근대자본주의 도시로 성장한 부산부의 조선인 유력자들은 상공계를 중심으로 일본인들과 함께 급성장하는 것을 알 수 있다. 또한 1920년 이후 조선인과 일본인이 하나라는 '내선일체(內鮮一體)'로 정책이 변화해 감에 따라 이들은 더욱 성장해가고 일제에 유착하는 관계로 이어지게 되었다.

본고는『釜山日報』를 통해 부산·경남 조선인 유력자들의 일제협력 양상을 파악하는 데 중점을 두었지만, 자료적 한계를 지적하지 않을 수 없다. 앞으로 1910년대의 조선인들에 대하여 좀 더 심도있는 연구가 이루어져야 할 것으로 보인다.

자료 소개

자료 1. 1910년대 부산의 종교시설

(『日鮮通交史』(附 釜山史 近代紀), 「제8장 종교」)

자료 2. 개항기~1910년대 지도를 통해본 부산의 변화

【자료 1】

1910년대 부산의 종교시설

(출전 : 『日鮮通交史』(附 釜山史 近代紀), 「제8장 종교」)

번역 및 주석 : 하지영

『日鮮通交史』는 1916년 10월 11일 부산 갑인회(甲寅會)[1]에서 발행한 것으로, 1914년 부제가 실시되면서 해체된 재부산 일본인의 자치기관인 거류민단을 회고하면서 자치제 회복을 위한 첫 사업으로 편찬한 것이다. 경성, 평양, 인천 등의 다른 도시들에 비해 오랫동안 정치적, 교통상으로 일본과 특히 관계가 깊었던 부산의 발전모습을 소개하고 있는 이 자료는 1910년대 초 부산의 정치, 경제, 사회, 문화 실정을 확인할 수 있는 중요한 자료이다. 여기서는 그 일부인 「제8장 종교」 부분을 소개하고자 한다.

서구 제국주의 국가가 식민지를 개척하는 과정에서 먼저 선교사를 앞세워 왔다는 것은 널리 알려진 사실이다. 일본 제국주의 역시 신도나 불교 등의 종교를 첨병으로 한 정신적, 문화적 침투를 도모하면서 아래로부터 조선 민중을 포섭하고자 노력하였다. 따라서 일제시기 종교에 대한 이해는 단순히 종교적, 문화적 측면에 한정되는 것이 아니라 일본 제국주의의 정치적 목적을 해명하는 중요한 열쇠이기도 하다. 또한 신사, 사원 등의 종교

---

1) 부산 갑인회는 구 거류민단역소의 마지막 간부와 같은 시기 학교조합 의원 등이 1914년에 부제가 실시됨에 따라 일본인 자치기관이었던 민단이 해체된 데에 항의하면서 1914년 3월 31일에 결성한 것이다. 단체 명칭은 결성된 해의 간지를 따라 갑인회라고 명명하였다. 갑인회와 관련해서는 박철규, 「부산지역 일본인 사회단체의 조직과 활동」, 『역사와 경계』 56, 2005, 172~176쪽 참고.

시설은 당시의 도시 경관을 크게 지배하던 근대 건축물로, 그것의 소재 여부는 지역사회 내의 공간구조를 결정짓는 한 요인이기도 했다. 이러한 중요성 때문에 일제시기 종교에 관한 연구는 지금까지 다방면으로 진행되어 왔고, 그 연구성과 또한 적지 않다. 그러나 지역단위의 보다 세밀한 연구는 아직 부족한 듯하다. 1910년대 부산의 종교현황에 대해 알 수 있는『日鮮通交史』는 그 공백을 메우는 데에 유용한 자료이다.

『日鮮通交史』「제8장 종교」 부분에서는 우선 조선의 종교에 대해 불교를 중심으로 개관하면서 불교가 조선으로 전래된 시기와 과정, 조선의 건국으로 박해받았던 불교가 조선의 멸망과 함께 부흥하고 있다는 사실들을 지적하고 있다. 그리고 1916년 당시 부산의 종교시설에 대해 신사와 사원, 기독교회로 나누어 위치와 연혁, 구체적인 포교활동 등을 비교적 상세히 기록하고 있다. 이를 통해 당시 부산의 구체적인 종교현황뿐만 아니라 갑인회를 중심으로 한 재부산 일본인들의 식민자로서의 인식도 엿볼 수 있다.「제8장 종교」 부분 중 종교시설과 관련된 부분을 번역해서 옮겨 보면 다음과 같다.

1. 神社 및 敎會所

① 용두산신사

용두산 위에 있는 용두산신사는 아직 규모가 크지는 않지만 창건된 유래는 오래되었다. 게다가 조선에서 유일하게 부산을 지키는 신을 모신 社殿으로서, 그것이 창건된 것은 古館이 개관된 이후 70년인 大正 3년(1914)으로부터 246년 이전, 즉 靈元天皇 延寶 6년(1677)이다. 초량 정상으로 이관함과 동시에 宗 對馬守 제3세 義眞이 건립한 것은 넓이 4척의 石祠였는데, 대개 거류민을 수호하기 위해서였다. 그 祭神은 처음에는 金刀比羅大神[2]을 奉祀하

---

2) 金刀比羅神社는 일본 가가와현에 있는 신사로, 곤피라(金毘羅)로 친숙하다. 곤피

였고, 이후에 後櫻町天皇 明和 2년(1765) 7월에는 住吉大神[3]과 天滿天神[4], 孝明天皇 慶應 1년(1865) 2월에는 天照皇大神,[5] 明治天皇 明治 13년(1880) 8월에는 八幡大神,[6] 明治 29년(1896) 4월에는 弘國大神, 明治 32년(1899) 4월에는 須佐之男大神[7]과 神功皇后大神,[8] 豊國大神[9] 등 이상 8柱의 大神을

라는 범어로 Kumbhira라 하는데, 악어를 뜻하는 말이다. 한자로는 '禁毘羅', '宮毘羅'라고도 쓴다. 원래 겐지스강에 사는 코가 긴 악어가 신격화되어 불교에 도입된 것이다. 불법의 수호신 가운데 하나이다. 비를 오게 하고 항해의 안전을 지켜주는 신이라 하여 뱃사람들이 많이 믿었다. 무로마치시대에서 에도시대에 걸쳐 해상 항해자의 안전을 기원하는 곤피라 참배가 성행하였다. 가가와현 金刀比羅神社의 祭神은 大物主神인 崇德天皇, 주로 해상안전과 풍어를 담당하는 신이다. 大修館書店, 『日本の神佛の辭典』, 2002, 518쪽 ; 다시로가즈이(田代和生) 지음, 정성일 옮김, 『倭館』, 논형, 2005, 325쪽.

3) 냇물·강물로 몸을 씻고 신에게 빌어 죄·부정·죄앙을 떨쳐 버리는 禊祓의식, 해상교통의 안전을 비는 의식에 등장하는 신으로, 일본에 벼농사 기술을 가르쳐 주었다는 기록이 있어 농촌을 수호하는 신앙의 대상으로도 널리 퍼져 있다. 신공황후가 삼한을 정벌할 때에 무사히 개선할 수 있었던 것은 住吉大臣의 가호가 있었기 때문인 것으로 알려져 있다. 다시로가즈이 지음, 정성일 옮김, 앞의 책, 325~326쪽 참고.

4) 天神이라는 것은 원래 하늘에 있는 신으로 地祇에 대응하는 말이었는데, 후에 菅原道眞의 신령을 가리키는 것으로 일반화되었다. 菅原道眞은 학문의 신으로 잘 알려져 있는데, 太宰府 天滿宮에 모셔진 그는 신동으로 불릴 정도로 어려서부터 漢詩에 능했고, 학자로서 승승장구하여 정치의 중심에서 활약하면서 55세 때는 右大臣이라는 관직에 오른다. 그 뒤 급전하여 901년 太宰府 관리로 좌천된 그는 유배나 다름없는 생활을 2년 동안 지속하다가 병이 심해져 903년 그곳에서 사망한다. 그의 묘 위에 세워진 것이 天滿宮神社이다. 大修館書店, 앞의 책, 873쪽 ; 다시로가즈이 지음, 정성일 옮김, 앞의 책, 326쪽.

5) '天照'는 '하늘에서 빛나다'라는 뜻의 수식어로 주체는 어디까지나 '위대한 거룩한 신'이라는 뜻의 '大神'인데, '大神' 신앙은 특수한 기능신이 아니라 '최고의 신'이라는 것으로, 일본에서 天照大神은 '大神'으로 취급된다. 곧 天照大神은 800만 신들의 상징으로, 여러 신들이 살고 있는 하늘인 高天原의 통치신이며, 황실의 祖先神, 일본의 總氏神이다. 大修館書店, 앞의 책, 41~43쪽 참고.

6) 應神天皇을 主座, 즉 우두머리로 한 활·화살, 무도(武道)의 신으로 예로부터 널리 신앙되었다. 다시로가즈이 지음, 정성일 옮김, 앞의 책, 326쪽.

7) 일본 신화에서 天照大神의 남동생으로, 폭풍신으로 알려져 있다. 大修館書店, 앞

합사한 것이다.[10]

본 신사가 창건된 유래는 앞서 서술한 대로 오래되었는데, 이후 230여 년의 세월 동안 그 제사는 역대 거류민에 의해 면면히 이어져 끊어지지 않았다. 하지만 祠宇는 모진 비바람으로 몹시 쇠퇴하였다. 이에 明治 13년(1880) 9월에는 거류민장 頭取의 대리 阿比留護助 등이 그것을 매우 개탄하면서 당시의 영사 近藤眞鋤와 모의해서 기부금을 모았고, 2,000엔을 얻음으로써 그것을 개축했는데, 규모는 아직 그다지 크지는 않았다. 그 후에 만물이 교체되고 사람들은 점점 많아지며 해가 갈수록 시가 또한 번성해지는 가운데 차츰 불만스러운 감정들이 생기게 되었다. 明治 30년(1897) 거류민 총대 佐

의 책, 701~703쪽 참고.

8) 신공황후는 中哀天皇의 황후로 이름은 息長足媛이다. 그녀가 한반도로 건너와 신라를 공략하고 일본으로 돌아갔다는 주장이 일본에서 오래전부터 있어 왔다. 일본 제국주의의 식민지 지배의 역사적 정당성을 주장하는 논리의 근거로 제시되기도 하였다. 다시로가즈이 지음, 정성일 옮김, 앞의 책, 326쪽.

9) 도요토미 히데요시(豊臣秀吉, 1536~1598). 1592년 조선을 침공해서 임진왜란을 일으켰던 일본의 무장. 大修館書店, 앞의 책, 922쪽 참고.

10) 초량왜관 시절 용두산을 중심으로 재물의 신을 모신 辨財神社, 상업의 신을 모신 稻荷神社, 비를 오게 하고 항해의 안전을 지켜주는 金刀比羅神社, 수영의 달인이었던 朝比奈神社 등을 포함하여 신공황후와 함께 仲哀 천황의 죽음을 숨기고 外征에 나섰던 武內宿禰를 모신 용미산의 玉垂神社 등 전체 5개의 신사가 있었다. 그 뒤 1764년에는 신공황후의 삼한 정벌 당시 황후를 잘 보살폈으며, 禊祓의식과 해상교통의 안전을 비는 의식에 등장하는 住吉大神을 비롯해 학문의 신인 官原道眞 등이 金刀比羅神社에 모셔졌다. 계속해서 1819년 3월에는 용미산의 玉垂神社에 임진왜란 당시 선봉장이었던 加藤淸正 등이 합사된다. 그리고 같은 해 5월 朝比奈神社가 건립된다. 따라서 초량왜관에 모셔졌던 초기의 신들은 주로 왜관에 체류하는 일본인들의 기복 신앙적 성격을 띤 신들이 많이 봉사되었다면, 18세기 중엽 이후 신공황후의 삼한정벌과 관련된 住吉大神을 포함하여 임진왜란의 선봉장이었던 加藤淸正 등이 19세기 초에 각각 모셔지게 된다. 초량왜관에서 일본인들이 봉사한 여러 신들의 시기별 변화를 통해 당시 왜관에 체류한 일본인들의 의식적 변화과정을 읽을 수 있다. 용두·용미산 신사와 관련해서는 김승, 「개항 이후 1910년대 용두산신사와 용미산신사의 조성과 변화과정」, 『지역과 역사』 20, 2007 참고.

原純一, 거류민회 의장 古藤昇一郎, 의원 矢橋寬一郎, 坂田與市, 保家貞八, 福田增兵衛, 黑岩邦太郎 등이 거류지회의 결의로 改築委員에 천거되었다. 우선 영사 伊集院彦吉의 허락으로 널리 기부금을 모집했는데, 宗 伯爵家를 비롯한 내외 관민으로부터 10,000여 엔을 추렴해 모았다. 明治 31년(1898) 9월에 공사를 시작해서 明治 32년(1899) 5월에 준공했는데, 동시에 新習敎派 少橋正인 矢橋寬一郎을 齋主로 한 장엄한 遷宮式을 거행하였다. 이것이 곧 지금의 신전이다.

용두산신사 전경

신사의 명칭은 처음에 金刀比羅神社로 했던 것을 明治 27년(1894) 居留民神社로 고쳤다가 이후 明治 32년(1899) 2월에 거류민회의 결의로 지금의 명칭으로 바꾸었다. 제일(祭日)은 매년 4월 21일, 22일의 이틀로 정하고, 당일에는 경상남북도 도청과 부산부청 등에서 모두 鏡餠 5승(升) 1중(重)을, 또 宗 伯爵家에서는 神酒 2승과 鮮鯛 2마리를 진상하는 것이 관례이다. 또한 明治 41년(1908) 이후로는 例祭 당일에 神幸하는 의식을 거행하게 되었는데,

明治 43년(1910)에는 유지자가 神輿를 기부하여 바쳤다. 유지비는 明治 41년 (1908) 이후로 거류민단에서 매년 금 1,000엔을 보조해 오므로 신사의 수입과 합하여 지불하는 것이 관례였는데, 민단이 폐지된 후에는 부산부청이 그것을 계승하여 마찬가지로 보조하게 하였다. 기본금은 아직 3,000엔에 지나지 않지만 조만간 독립적으로 유지할 시기가 올 것이다.

현재의 사전 오른쪽으로 조금 내려간 지점에 신축 중인 神樂堂은 건평 31평에 공사비가 1,700엔이고, 그것에 부속된 귀빈실의 건평은 12평으로 공사비는 1,300엔이며, 神庫는 건평 6평에 공사비가 800엔인데, 이 공사비는 모두 講金과 유지자의 기부금으로 지불할 것이며, 낙성되는 날 경내의 규모는 한층 늘어날 것이다.

이와 관련하여 초량왜관시대에 우리 일본인은 이 산을 中山이라고 부르거나, 또는 呼碕山이라 불렀는데, 이것을 용두산, 용미산이라 부르게 된 것은 明治 32년(1899) 5월 용두산신사의 사전 개축공사가 끝난 때부터이다. 일찍이 示橋 齋主에게 새 山名의 출처를 물었더니, 용두와 용미의 산명은 전래된 것이라 하였다. 그런데 조선의 사적에는 모두 이 산을 松峴山이라 지칭하고 있는데, 용두라는 이름으로 된 것은 과문한 탓이겠지만 아직 그 서적이 있다는 것을 듣지 못하였다. 또한 용미산은 원래 용두산과 이어졌기 때문인지, 혹은 특별히 작은 언덕이었기 때문인지 현재로서는 아직 자세히 알 수 없으나 조선의 서적에는 무명의 언덕이다. 이 부근의 지명 중 고서 가운데에서 용(龍)이라는 글자를 사용한 지명으로는 오직 赤碕, 즉 우암포 가까이에 있는 龍洞이 발견될 뿐이다.

② 용미산신사

용미산신사는 延寶 6년(1677) 3월에 창건하여 玉垂神社라 불렀다. 그 제신은 武內宿禰[11]인데, 또한 文政 2년(1820) 3월에는 加藤淸正[12]을, 明治 초

---

11) 일본의 8대 孝元천황의 아들로 9명의 자식을 두고 신공황후와 함께 仲哀 천황의

년에는 용두산 중턱(현재의 부립병원 부근)에서 오랫동안 제사지내던 朝比奈義秀[13)]의 小祠가 이미 썩어 붕괴되었으므로 옮겨서 모두 합사하였다. 옛 사전은 본래 하나의 小祠에 지나지 않았고, 게다가 이미 쇠퇴하여 무너지고 있었는데, 明治 11년(1878) 봄 하룻 밤 사이에 불에 타 그 흔적도 없이 사라지자 保家貞八, 西村傳兵衛, 高木政太郎, 秦孫右衛門, 阿比留善九郎, 齋藤萬次郎 등이 서로 모의하여 기부금을 모아 넓이 2간의 새 사우를 만들었다. 또한 明治 23년(1890) 봄에는 거류지 役場費로 부분적 수리를 하였다. 明治 27년(1894) 신사의 명칭을 居留地神社로 고쳤다가, 明治 32년(1899) 2월 거류지회의 결의로 지금의 명칭으로 바꾸었다. 그런데 사우가 다시 조금씩 무너지니, 明治 38년(1905) 여름에는 이를 두고 볼 수 없었던 敬信會長 矢橋寬一郎, 간사 古藤昇一郎 등이 그것을 개조하기로 계획하였다. 갹출금 모집에 대한 계획을 세워 당시의 民長 石原半右衛門과 논의했는데, 결국 거류지 회의에서 수용되어 細川 후작과 宗 백작을 비롯한 다방면으로부터야 5,500여 엔의 갹출금을 모았다. 明治 40년(1907) 3월에 기공하여 이듬해 2월에 낙성하였고, 같은 달 6일에는 천궁식을 거행하였다. 이어 거류민단은 다시 800여 엔을 투자해 경내 주위를 석담으로 쌓으며 지형을 크게 정리했으니, 마침내 지금의 모습으로 되었다. 祭日은 매년 10월 2일 밤부터 다음날 3일까지 성대하게 거행된다.

　죽음을 숨기고 外征에 나섰던 인물이다. 김승, 앞의 글, 10쪽.

12) 가토 기요마사(1562~1611). 에도시대의 무장이다. 豊臣秀吉과 동향의 사람으로 어려서부터 豊臣秀吉 밑에 있었다. 임진 · 정유왜란 때 조선 침략의 선봉에 섰던 인물로 잘 알려져 있다. 다시로가즈이(田代和生) 지음, 정성일 옮김, 앞의 책, 326쪽.

13) 가마쿠라 전기의 신화적인 무사로, 가마쿠라시대의 무장인 和田義盛의 아들이다. 괴력을 지닌 수영의 달인으로 알려져 있으며, 1213년 和田 전투에서 패하여 도망을 친 뒤 그 이후의 행방은 알 수 없는데, 잔병들을 이끌고 바다 속으로 홀연히 사라졌다가 상어 세 마리를 이끌고 나타났다는 신화적인 이야기의 주인공으로 등장하는 등 이야기책 속에서 자주 등장한다. 다시로가즈이 지음, 정성일 옮김, 앞의 책, 327쪽 ; 湯本豪一 지음, 연구공간 수유+너머 동아시아 근대 세미나팀 옮김, 『일본 근대의 풍경』, 그린비, 2004, 113쪽.

용미산신사 전경

이와 관련하여 용미산신사의 제신 중 朝比奈神社는 고대사 부분에 서술
되어 있는 것처럼 그 본 신사는 절영도의 일본인 칭호인 '牧ノ島'의 북면 산
아래에 있는 小祠였는데, 이는 『大日本史』의 각주 및 대마도 朝比奈神社의
神蹟을 통해서 증거가 충분하므로 의심할 여지가 없다. 그런 까닭에 延寶
연간에 절영도로부터 옮겨, 처음에는 大池旅館의 뒤쪽 갈대밭에서 제사지
냈고, 이후에는 다시 守谷旅館의 아래로 옮겼던 것인데, 무릇 朝比奈義秀는
부산으로 가장 먼저 온 자임에는 틀림없다. 현재 절영도의 사적이 점점 사
라지려고 하는데, 이 귀중한 사적을 어찌 장엄하게 보존하지 않는 것인가.
만약 馬琴14)에게 이 재료를 보고 듣게 했다면, 『朝比奈巡島記』는 중간에
단절된 채로 종결되지 않고, 필시 파도를 불러 나라를 정벌한 爲朝15)의 琉
球에서의 『弓張月』16)과 같이 일찍이 민족적 경향이 짙은 문학으로 일본과

---

14) 曲亭馬琴(1767~1848), 일본의 소설가.

15) 源爲朝. 헤이안 말기 조정의 주도권을 둘러싸고 천황가과 귀족 사이에 싸움이 벌
　　어졌을 때(保元의 亂), 源氏家의 수장이었던 源義朝의 아들.

16) 『椿說弓張月』은 曲亭馬琴이 1807년부터 4년에 걸쳐 쓴 장편역사소설로, 후반부에

조선이 결합되어 세상에 널리 알려졌을 것이다.

③ 辨天神社

辨天神社는 용두산신사의 華表 밖 우측 변천정으로 향한 위치에 있다. 그것이 창건된 연대는 상세하지 않지만 仁位信精의 寬延 3년(1750) 저작『稻荷勸請』상권 중 각주를 통해 보면 그 연대가 오래되었음을 알 수 있으며, 동시에 그 제신을 勸請[17]한 유서 또한 살필 수 있다. 각주에서 이르기를, "현재 속세에서 辨財天[18]이라 부르는 것의 대부분은 이 세 여신을 제사지내는 것인데, 현재 조선국 초량왜관 안에 辨財天을 勸請한 신사가 있다. 그런데 이 辨財天은 木像이다. 어부의 그물에 걸리자 南濱으로부터 우리 나라 사람이 취득해 왜관 내에서 제사지내던 것이 오늘에까지 이르고 있다. 우연한 일이었지만 기괴한 일이므로 은밀히 이곳에 적었다"고 한다. 이 책이 지어진 것은 이미 166년 이전이니 그 연대가 오래되었다는 것은 쉽게 짐작할 수 있다. 그리고 그 제신인 소위 세 여신이라는 것은 조선인 金富軾이라는 자가 편집한『三國史記』중에 있는 여신을 일컫는다.[19] 그 개요는 즉,

---

는 류큐가 주요한 무대로 되어 있다. 그 내용은, 주인공 爲朝는 保元의 亂에서 패한 후 伊豆의 大島로 유배되자 섬을 탈출하여 류큐에 도착한다. 그곳에서 요승 모운과 싸워 寧王의 공주를 도와 내란을 평정하고, 공주와 결혼해 태어난 舜天丸이 류큐 국왕이 된다는 것이다. 이 작품 속의 드라마틱한 무용담은 소설로써 큰 인기를 누렸을 뿐만 아니라, 류큐에 대한 일반적인 관심을 높이며 일본인의 류큐인식 형성에도 커다란 영향을 끼쳤다. 일본역사교육자협의회 지음, 송완범 등 옮김,『동아시아 역사와 일본』, 동아시아, 2005, 156~160쪽 참고.

17) 원래는 불교용어로 부처의 왕림을 청하여 교화를 기원하는 것을 의미하는데, 일본에서는 멀리 떨어진 장소에서 신령을 불러 맞이해 제사지내는 일을 뜻한다.

18) 인도의 여신으로 말재주, 음악, 재복, 지혜를 맡는 일곱 복신, 즉 칠복신(七福神)의 하나이다. 그 모습은 비파를 타는 아름다운 천녀(天女)의 모습으로 표현되고 있다. 일본에서는 재복(財福)의 신으로 추앙되었다. 다시로가즈이 지음, 정성일 옮김, 앞의 책, 325쪽.

19) 탐라국 개국신화로 널리 알려져 있는 이 신화는 제주도에서는 무가(巫歌)나 전설로 구전되고 있으며,『瀛州誌』(미상, 고려 말 또는 조선 초)나『星主高氏傳』(정이

탐라국(현재의 제주도)에는 처음에 사람은 없었고, 한라산은 기이하고 빼어났다. 마치 구름바다와 같이 아득한 위로 신령스러운 和氣가 내려왔는데, 이와 동시에 세 神人이 갑자기 산 북쪽의 毛興穴(이 동굴은 현존한다)에서 솟아 나왔다. 당시 일본의 국왕이 그의 세 딸에게 명하여 이르기를, 서남해 중에 산이 있는데, 세 신인이 나라를 세우려고 한다. 배필이 없으니 너희 등이 가서 섬기라고 하였다. 이에 전부 木船에 태워 五穀·牛馬의 종자를 가지고 가게 했다는 것이 곧 이것이다. 이로써 그 제신이 일본 제국과 인연이 깊다는 것을 알 수 있는데, 아울러 그것을 권청한 유서는 매우 기적적인 것이니 소중하게 여겨야 한다.

④ 大社敎 草梁敎會所

본 교회소는 부산 본정 5정목에 있다. 大正 1년(1912) 12월 27일자로 出雲 大社敎가 관청의 인가를 받았고, 이듬해 1월 31일에 경상남도로부터 허가를 받아 개시하였다. 현재 신자는 약 340명이고, 1개월 경비 약 20엔은 본사로부터 약간의 보조를 받으나, 오로지 賽錢으로 그것을 보충한다. 현재 아직 널리 알려지지는 않았지만 가까운 장래에는 교회소를 신축해서 분원으

오, 1416), 『高麗史』, 『新增東國輿地勝覽』, 『耽羅誌』(이원조, 1653) 등 많은 옛 문헌에 기록되어 전해지는데, 세 신인(神人)의 탄생, 세 공주의 출현과 만남은 탐라 사회의 형성과 발전과정을 설명해 주는 중요한 기록으로, 인종·민족·혼인·주거·수렵·농업·목축 등의 기원을 설명해 주는 귀중한 자료이다. 그런데 이 신화는 수록된 자료마다 조금씩 다른 내용을 담고 있는데, 특히 일본과 관련해서는 『高麗史』나 『星主高氏傳』에는 세 딸이 일본에서 온 것으로 기록되어 있지만, 『瀛州誌』에서는 동해의 벽랑국(碧浪國)으로 기록되어 있어 신화 속의 세 여인이 반드시 일본으로부터 왔다고 보기는 어렵다. 벽랑국이 일본의 동쪽에 있다 한 기록이나 '일본국'이라는 명칭이 7세기 이후에 사용되었던 점 등을 감안한다면 『高麗史』 등에서의 '일본국'은 후대의 기록일 가능성이 높다. 한편 여기서 전거로 삼고 있는 『三國史記』에는 이 신화가 실려 있지 않다. 허춘, 「三姓神話 연구」, 『탐라문화』 14, 1994 ; 정진희, 「조선 초 제주 〈三姓神話〉의 문자화 양상과 그 의미」, 『고전문학연구』 30, 2006 참고.

로 하려는 계획 중에 있다. 관리자는 權大輔教 野上雄治이다.

⑤ 金光教 釜山教會所

본 교회소는 토성정에 있다. 처음에 현 교회장의 대리 大講義 前田吾助는 아직 小講義였는데, 明治 36년(1903) 3월 同 教管長의 인가를 받았고, 같은 해 5월 15일에는 당시 영사의 동의를 얻어 부평정에 교회소를 설치하였다. 이후 직접 教會長으로써 단단히 마음먹고 포교에 최선을 다했는데, 明治 44년(1911) 12월에는 지금의 교회소를 신축하였다.

그 제신은 우주의 본체이고 모든 백성의 大祖인 天地金乃神[20]이다. 그 教義의 대요는 즉, 신은 낮과 밤, 멀고 가까움의 차별 없이 똑같이 대한다. 때문에 부모가 자식을 대하는 애정으로 미루어 氏子를 대하는 神意의 두터움을 깨달아야 한다. 이미 깨달음이 있다는 것은 바로 영험하다는 단서인데, 더욱 성의로써 섬기고 禁壓하는 기도는 피하면서 오직 신의 뜻을 믿어야 한다. 본래 사람은 神德으로 태어난 자이므로 干支五行의 生剋吉凶에 혹하지 말고 천지인의 구별없이 한몸이라는 진리를 잠시도 잊지 않으며, 생사 모두를 신의 뜻으로 일임하면서 오로지 安心自在하는 삶을 향락해야 한다. 신을 떠난 物은 없으니, 我情我慾을 버리고 본심의 玉을 연마하는 것이야말로 인간도리의 큰 근본이다. 특히 우리 大和民族에 있어서는 충효를 도덕의 중심으로 하여 황상을 공경하며, 어린 시절을 잊지 않고 가업에 힘쓰는데, 이것은 군국에 진력하고 신의에 기꺼이 따르는 까닭이다. 무릇 인간 행복의 기초는 가정의 원만함에 있다. 가정의 시작은 결혼에 있으니, 혼담할 때는 相性을 선택하기보다 오히려 믿는 마음을 음미해야 한다. 자손은 가문 번영의 기초이므로 회임했을 때는 복대보다 오히려 마음에 진실한

---

20) 민간에서 악신으로 알려져 있는 金神의 새로운 이름으로, 19세기 중반 일본 금광교 창시자 赤澤文治는 악신인 金神을 선신 天地金乃神으로 변형시켰는데, 신과 인간 사이에서 중개자로 활동하는 것으로 믿어졌다. 박태규, 「일본 신종교의 신발견」, 『종교학연구』 18, 1999 참고.

띠를 묶어야 한다. 또한 무릇 사람은 같은 뿌리의 한 몸이므로 차별이 없다. 그리고 자타가 없으므로 오로지 博愛慈善을 요지로 하면서 겉으로 행하는 것보다 마음으로 행하는 것을 중요한 것으로 해야 한다. 마음으로 행한다는 것은 한마음 한뜻으로 신덕을 믿고 의심하지 않는 데에 있다. 진실로 능히 이와 같이 한다면 필시 결국에는 神人이 일치되는 묘미를 체득하게 될 것이라 한다. 이것은 교조가 초야에서 몸을 일으켜 일생동안 심혈을 기울여 스스로 증명한 정의이다.

본 교회소의 지위는 제4등으로, 현재의 교도는 100여 명, 신도는 1,500여 명이다. 소속된 부인회원은 150명 등인데, 매달 3일, 10일, 22일의 月次祭에는 참예자와 설교 聽聞者가 자못 많다. 또한 明治 44년(1911)에 개설된 대구 포교소의 교·신도는 150명, 大正 2년(1913)에 조직된 원산항 부산교회소 元山組의 교·신도도 700여 명을 헤아리게 되었다.

⑥ 天理教 釜山宣敎所

선교소는 대청정에 있다. 大正 1년(1912) 11월 관리자 大峰仁三郎의 알선으로 신축되었는데, 그 공사비 1,300엔은 모두 독지자의 기부금으로 지불되었다. 처음에 明治 35년(1902) 7월 보수정에 임시 선교소를 설치했던 것이 결국 이 신축을 보게 되었다. 현재 신도는 대략 일본인이 250명, 조선인이 100명이다. 유지비는 모두 이들 신자의 갹출에 의지한다.

⑦ 天理教 東韓宣敎所

본 선교소는 부평정 1정목에 있다. 明治 43년(1910) 11월 南濱喜平의 관리하에 개시되었는데, 현재의 신자는 약 130명이고, 그 경비는 모두 隨喜者의 새전에 의지한다.

2. 사원

① 大谷派 本願寺 釜山別院[21]

일본 眞宗 승려로 조선에서 포교를 시도한 효시는 오래전 嘉吉 3년(1443)에 蔚浦에 21개의 사원이 있었기는 하나, 이후 天正 연간에 美濃國 奧村掃部介라는 자가 머리를 깎고 淨信이라 칭하며 조선에 와서는 부산에 하나의 사원을 창립하면서 釜山海 高德寺라 불렀던 데에 있다. 淨信은 만년에 돌아가 肥前國 唐崎에서 죽었는데, 이후에는 계승하는 자가 없어 그것은 전승되지 못했다. 시간이 흘러 明治 10년(1877) 11월 5일 본산은 寺島 외무경이 大久保 내무경을 통해서 한 권유에 응하여 淨信의 후예 奧村圓心 및 平野惠粹 등을 부산으로 파견하였고, 참판의 관사를 빌려 출장소로 하면서 포교에 종사하게 하였다. 다음 해인 1878년 12월 이 출장소를 현재의 명칭으로 고쳤는데, 실로 이것이 부산 종교계의 선구자였다. 때문에 얼마 되지 않아 많은 壇信徒가 귀의하였다. 더욱 특기할 만한 것은 敎外의 부속사업으로 한 공공적 시설이 한두 개가 아니라는 것이다.

처음에 거류지 내에 어떠한 아동 교육기관도 없다는 사실에 솔선하여 사원 내에 학교를 열고는 일반 아동을 가르치고 길렀는데, 이후에는 200엔의 유지비를 추가해 居留地團 소속으로 옮겼다. 明治 10년(1877) 2월에는 가난한 사람을 구제할 목적으로 慈善敎社라는 것을 조직하였다. 이듬해 1878년

---

21) 일본의 대표적인 불교종파인 신슈(眞宗) 본원사는 일본 도쿠가와 이에야스 시대에 동서로 분리되어 두 개의 본원사로 나뉘었는데, 1873년 히가시혼간지(東本願寺)는 오오타니파(大谷派)라고 지칭되었고, 니시혼간지(西本願寺)는 본원사파(本派)로 불리게 되었다. 1877년 9월 부산의 개항과 함께 일본정부의 요청으로 정토진종 대곡파는 호국(護國)·호법(護法)의 일치를 표방하면서 포교를 개시했는데, 식민지 개척사업의 일환으로서 불교의 포교사업을 추진한 것이었다. 일본 정토진종 오오타니파 본산 히가시혼간지의 부산별원으로 창건된 이 사찰은 처음에는 인법당만 두었으나 뒤에 학교와 병원을 함께 세웠다. 1950년 한국전쟁 때 불에 탔으며, 1969년 경우(鏡牛)가 법당을 세우고 고려 말에 제작한 삼존불상을 모시면서 대찰의 면모를 갖추게 되었다. 현 대각사(부산시 중구 신창동 소재).

11년 1월에는 韓語學舍를 설치해 일반 자제가 한어를 습득하는 편의를 가지게 하였고, 같은 해 7월에는 女人講을 설치해 부덕의 함양에 노력하였다. 明治 12년(1879) 11월 津江兵庫招魂碑 건설을 발기했는데, 스스로 우선 100엔을 기부하면서 유지자를 고무해 결국 성공을 거두었다. 明治 29년(1896) 11월에는 초량에 학원을 설치하였고, 明治 30년(1897) 2월에는 사립유치원을 설치하여 보모를 두고 일반 유아를 양육하면서 오늘에까지 이르렀다. 明治 32년(1899) 봄에는 일본부인회를 조직하였고, 明治 36년(1903) 11월에는 다시 慈善敎社를 확장할 것을 계획하면서 가난한 사람을 더욱 구제할 방법을 강구하였다. 明治 37년(1904) 2월에는 2,600여 엔을 투자해 화장장을 설치하였고, 明治 38년(1905) 봄에는 親友會를 조직해 청년 求道者를 도왔다. 1904년에는 재래의 慈善敎社 내에 奉公部를 두어 출정군인의 가족을 구호하는 데에 전력을 다하였다. 明治 42년(1909) 4월에는 다시 3,400여 엔을 투자해 화장장을 이전해 신설 공동묘지로 접근시킴으로써 일반인의 편리를 도모하는 등 혹은 물질적으로, 혹은 정신적으로 그 거류지에 공헌한 공적은 실로 잊을 수 없는 것이 많다고 한다.

일본 진종 본원사 부산별원 전경

서정 1정목 8번지의 현재 경내는 처음에 官地를 잠시 빌렸던 것이지만, 이후 龜山 理事官 시대에 영원히 차용하라는 인가를 받았다. 그 면적은 968평 2합 8작인데, 그 건평은 本堂이 52평 5합, 庫裡가 57평 7합 5작, 유치원 36평, 鐘堂 4평, 납골당 5평 7합, 物置 6평, 厠 3평 5합, 기타 82평이다. 유지 경비는 明治 35년(1902) 본산의 보조를 거절한 이후로는 오로지 단신도의 布施·喜捨에 의지하며, 화장장 수입 및 貸家料 등으로 그것을 보충하고 있는데, 매우 여유롭다. 이와 관련하여 본 사원의 지붕을 수리할 때에 발견한 棟札이 있는데, 이르기를, "上棟하면서 써서 이르기를, 維時 文政 5년(1822) 壬午 어느 달 차례로 연소하였다. 文政 9년(1826) 丙戌 9월 선례가 있어 곧 공사를 시작하였다. 文政 11년(1828) 戊子 5월에 길일에 館宇가 낙성되었다. 이에 관원을 다음과 같이 기록한다. 전 官主 小川外記, 현 官主 三浦內藏亟, 普講奉行表目付 倉掛忠五郎, 千代役朝鮮方御日帳付 扇太次右衛門, 同 御徒士目付 靑木牧之亟, 公幹傳語官 中尾辨吉, 同 中野吾兵衛, 同 住永正丙衛, 杖突下日 阿比留吉兵衛, 書記 丸島久治, 泥匠 1명, 器械次知 1명, 使換 1명, 上棟修行淸藏, 首工 三山芳右衛門, 同 靑柳善作, 小工 17명, 首引 鋸彌平治, 引鋸 11명, 監董官, 明達 崔知事, 堂上 彝伯, 堂下 金主簿. 文政 11년(1828) 戊子 5월 길일에 館宇를 낙성하였다. 이에 2韻으로 글을 지어 高堂에 갖추어 둔다. 명문에 이르기를, 大館이 이미 세워져 公館이 순조롭게 이루어지니 사면이 영롱하고 안팎이 태평하다."

② 本派 本願寺 釜山別院[22]

本派 本願寺 부산별원은 서정 4정목 57번지에 있다. 처음에 明治 27년(1894) 11월에 本山은 1등 순교사 大洲鐵然으로 하여금 우선 한국 황제 李熙 폐하를 알현하고, 한국 내의 도시, 항만 및 각 연안의 저명한 부락을 시찰하게 한 후, 포교사를 파견하기로 의결하였다. 明治 31년(1898) 8월 開敎

---

22) 일본 정토진종 혼파(本派) 본산인 니시혼간지 부산별원.

師 中山唯然 및 助勤 常盤井亮英 등을 부산으로 파견하였고, 明治 32년 (1899)에는 남빈정 3번지에 임시 포교장을 설립하였다. 明治 35년(1902) 6월 서정의 땅을 살펴본 후 407평을 구입하여 장래 별원의 건축지로 정하였다. 明治 37년(1904)에는 本山에서 특별히 連枝超誓院으로 하여금 친히 부산의 거류자를 위문하게 하였다. 이로 인하여 신도가 갑자기 증가하자 明治 38년 (1905) 1월에는 우선 부인회를 조직하였고, 같은 해 9월에는 예정지에 별원 을 건축하는 공사를 일으켰는데, 明治 39년(1906) 1월에 준공하였으니 기초 가 여기서 마련되었다. 明治 39년(1906) 8월 이미 설치되어 있던 부인회를 확장하였고, 이어 청년회를 설치했으며, 明治 40년(1907) 7월에는 同心會를 일으켰다. 明治 41년(1908) 12월에는 本山으로부터 독립 경영을 인정받았는 데, 이후에는 오로지 단신도의 포시·희사로 유지되게 되었다. 경내의 면적 은 136평 5합 1작인데, 이 가운데 건평은 55평 9합 5작이고, 이층은 47평 5합 7작이다. 절영도에 分敎場이 있다.

③ 眞言宗 金剛寺

高野山 金剛寺는 대청정 4정목 대청산 비탈에 있으며, 明治 31년(1898)에 창건되었다. 처음에 신도 등이 서로 모의한 끝에 우선 大師堂을 건립하였 고, 그 入佛式 및 관리에 대해 本山으로 청구했더니 총본산 智積院에서는 權大僧正 志賀照林에게 管長大理를, 見田政照에게 商在布敎師를 명하였고, 전부터 高野山의 別格 본산인 龍泉院에 안치하고 있던 弘法大師의 尊像을 수호하여 오게 하였다. 明治 31년(1898) 5월 7일에 그 입불식을 거행하였고, 明治 43년(1910) 3월 8일 처음으로 金剛寺라 불렀다. 이어 같은 해 4월 13일 총본산 智積院에서는 본 사찰의 독립자영을 승인하면서 10等地로 사정하였 고, 高野山 金剛寺라는 명칭을 윤허하였다. 이와 함께 見田政照를 주직으로 임명하였다. 이후 주직 見田政照는 본당을 건립하는 데에 오로지 전념하면 서 최선을 다했는데, 大正 2년(1913)에 결국 그 계획을 완성하였다. 같은 해 2월 1일 공사를 시작해 9월 10일에 상동식을 거행하였고, 이듬해 5월 10일

로써 그 공사를 완전히 마쳤다. 堂은 9간에 10간의 가람으로 하여 부산의 사원 중 볼만한 것 중의 하나이다. 그 공사비는 17,000엔으로, 모두 단신도가 희사한 것인데, 필경 불덕이 있어 가능한 것이었겠으나, 見田 주직이 17년 동안 쉬지 않고 열심히 하였던 그 평생의 신념이 있었기에 가능했던 것이리라. 경내의 면적은 1,809평 7합 3작인데, 그 가운데 건평은 본당 90평, 대사당 16평, 庫裡 27평 5합, 不動堂 2평, 炊事場 15평이다. 절영도, 초량, 부산진 등에 출장소가 있으며, 見田 주직이 직접 관리한다.

④ 峨嵋山 總泉禪寺

총천선사는 아미산 중턱 부산항의 전경이 한눈에 들어오는 아주 경치좋은 곳에 위치했는데, 明治 35년(1902) 9월 30일에 창건되었다. 처음에 초장정 1정목에 총천사 부산별원을 설치하고 釜山禪宗敎會라는 명칭으로 개교했지만, 당시에는 아직 꽤 미미하여 널리 떨치지 못하였다. 이때에 포교사 松村良寬이 분발하여 일어나 獅子吼[23]에 크게 노력했는데, 그 효과가 헛되지 않아 신도는 갑자기 모였다. 그리고 明治 38년(1905)에 처음으로 堂宇를 건립할 계획을 세웠고, 明治 41년(1908) 가을에 지금의 당우를 만들었다. 明治 45년(1912) 5월 4일 통감부의 윤허를 얻어 아미산 總泉禪寺로 부르며 曹洞宗 西本山 直末로 되었다. 경내의 면적은 3,112평 8합 7작인데, 그 가운데 부지는 330평을 점하며, 건평은 본당 42평, 向拜 3평, 位牌堂 6평, 方丈 18평, 고리 16평 2합 5작이다. 유지비 연 약 700여 엔은 모두 단신도의 포시·희사만으로도 부족하지 않다고 한다.

⑤ 報德山 智恩院 智恩寺

淨土宗 지은사는 대청정 1정목에 있다. 처음에 本山은 三隅田持門을 부

---

23) 불교용어로 부처의 위엄 있는 설법을 사자의 울부짖음에 모든 짐승이 두려워하여 굴복하는 것에 비유하여 이르는 말.

산으로 파견하였고, 明治 30년(1897) 9월 18일 본정 3정목에 교회소를 설치
해 개교하였다. 우선 明治 31년(1898) 11월에 공사를 시작하였고, 이듬해 8월
12일에 낙성하였다. 伏兵山 묘지 내의 당우는 伏兵山을 굴착해야 하는 관
계로 明治 40년(1907) 3월 1일을 마지막으로 부득이 해체하여 물리지 않을
수 없었는데, 잠시 토성정에 임시 포교소를 두면서 그 재건을 계획하였다.
明治 43년(1910) 8월에 현재의 당우를 준공하였다. 경내의 면적은 148평 7합
5작인데, 경외 즉 토성정 2정목 30번지의 면적은 278평 3합 8작이다. 유지비
는 대가료, 또는 布施米 등에 의지하여도 부족하지 않다.

일본 정토종 지은사 전경

⑥ 日蓮宗 妙覺寺

묘각사는 서정 2정목에 있으며, 창립된 해는 明治 17년(1884)이다. 처음
에 明治 12년(1879) 부산에 法華經 신자로 된 하나의 소집단이 있었는데, 통
일적으로 선도할 사람이 없음을 오랫동안 애석해하다가 明治 14년(1881) 5월
에 坂井兵三郎이라는 자가 이 단체를 대표해 나가사키 本蓮寺로 가서는 포
교사의 파견을 청하였다. 마침 이때에 本山 行院 住職 渡邊日運이 큐슈를

돌아다니며 포교하던 중에 있었는데, 그 청을 수용하여 7월 14일 늙은 몸을 이끌고 왔다. 주직은 서정 1정목의 임시 포교소에 머무르면서 전도에 노력했는데, 이로부터 신도가 크게 증가하였다. 그 포시·희사는 충분히 한 사원을 유지할 수 있는 정도였는데, 이로써 곧 부지를 구입하고 伽藍을 건립하였다. 明治 24년(1891) 11월 25일에 京都 本山 妙覺寺의 별원으로 되었으며, 明治 40년(1907) 5월 4일 統監府令 제45호로 日蓮宗 妙覺寺로 불렸다. 경내의 면적은 194평 5합 2작이고, 그 건평은 58평 2합 5작이다.

⑦ 臨濟宗 妙心寺 布敎場

본 포교장은 부민정 2정목에 있다. 처음에 포교사 谷紹允이 明治 45년(1912) 5월 25일 보수정에 가정집을 빌려서 임시 포교장을 설립했지만, 얼마 되지 않아 입적하였다. 그의 제자 稻葉拙堂이 그의 부음을 듣고 와서는 장례를 준비하고 공양을 마쳤다. 동시에 大本山의 명령으로 선사를 대신해 그 傳燈[24]을 이었다. 그런네 포교를 개시한 지 얼마 되지 않아 신도들이 줄어들면서 그는 홀로 근근이 本山의 포교급여를 받으며 입에 풀칠을 했는데, 그러면서도 탁발해서 모은 자잘한 희사를 기금으로 청하였다. 本山의 보조를 받으며 포교장 신축을 계획하였고, 부지런히 쉬지 않고 열심히 하여 大正 2년(1913) 12월 24일에 성취하였다. 이어 大正 3년(1914) 5월 28일에는 大本山 관장에게 친히 참석해 줄 것을 청하며 입불식을 집행하였다. 포교장은 본래 하나의 小屋에 지나지 않았으나 서서히 건립된 유래를 음미해 본다면, 저 세상에서 거의 강요하다시피 하는 寄附物에 싫증난 大伽藍의 무리에게 당당한 외관을 자랑하기보다는 오히려 그 이상의 실질적 광명이 저절로 다른 사람의 신앙심을 야기한다는 것을 깨닫게 한다.

---

24) 불교에서 불법(佛法)의 정맥(正脈)을 주고받는 일을 등불에 비유하여 이르는 말.

3. 기독교회

① 日本基督敎 釜山傳道敎會

본 교회는 보수정에 있다. 明治 37년(1904) 2월에 창설하여 日本基督敎派에 속하였는데, 일본인을 대상으로 한 전도를 주로 한다. 처음에 교회의 유지비는 절반으로 나누어, 그 절반은 일본기독교회에 보조를 청하였고, 나머지 절반은 신자의 義捐으로 겨우 지불할 수 있었다. 그런데 大正 3년(1914) 이후에는 본부의 보조를 사양하고도 신자의 의연만으로 그것을 부담할 수 있게 되었으니, 마침내 독립된 교회소로 되었다. 이미 전년에는 會堂을 신축하였고, 금년에는 또한 독립경영을 하게 되었다. 전도의 추세는 그 한 단면을 엿볼 수 있게 한다. 목사는 秋元茂雄으로 창설된 이후 계속 근무하였다.

② 釜山聖公會

부산성공회는 대청정에 있다. 처음에 明治 27~28년(1984~1895) 무렵에는 신자가 매우 적어서 특별히 회당을 둘 시기가 아니었다. 때마침 경성에 거주한 영국 선교사가 와서 장수통 林虎之助의 집에서 포교하였다. 그 후에 신자가 점점 증가하여 明治 38년(1905) 12월에는 우선 임시 포교소를 설치하였고, 이어 明治 44년(1911) 7월에는 강의소를 신축하여 그곳으로 옮겼는데, 현재의 공회당이 바로 이것이다. 경비는 모두 신자의 기부에 의지한다. 본 공회는 일본 聖公會派에 속하며, 오직 일본인에 대한 전도만 한다. 그 관리자는 목사 鹽崎信者로, 부인회 및 청년구락부 등을 조직하였다.

③ 米國一致敎會 傳道所

본 전도소는 초량에 있다. 처음에 明治 24년(1891) 미국 일치교회는 목사 베어드(Rev. William M. Baird)를 파견해 부산에 전도소를 열었다. 그다음 해에 또 닥터 휴 브라운(Dr. Hugh M. Brown)이 왔는데, 의술의 전도를 개시했지만 건강이 좋지 않아 끝까지 완수하지 못했다. 그리고 明治 26년(1893)에 는 닥터 어빈(Dr. Charles. H. Irvin) 부부가 와서 브라운을 대신했는데, 이후 로는 오로지 조선인을 위한 전도와 함께 의료를 시행했다. 특히 나병원을 설치하는 등 자선사업에 진력하였다. 明治 44년(1911) 부부가 사직하고 떠 나자, 목사 윈(Rev. George H. Winn) 및 스미스(Rev. Walter E. Smith) 등이 그것을 대신했다.

④ 濠洲一致敎會 傳道所

부산진에 있다. 호주 일치교회 전도소는 明治 23년(1890)에 창설되었는 데, 당시의 목사 데이비드(Rev. Joseph Henry Davies)가 그것을 관리하였다. 얼마 지나지 않아 데이비드가 병으로 죽자 일시 중단되었는데, 이후 明治 27년(1894)에 목사 아담슨(Rev. Andrew Adamson) 부부가 런던에서 와서 그 것을 다시 일으켰다. 아담슨은 학덕이 있어 조선인의 존경을 받았는데, 남 선지방에 있는 교회는 모두 그의 감독 아래에 모였다. 부인 또한 항상 선량 한 사람을 도와서 조선 여성의 교육에 종사하였다. 그 후에 아담슨 부부가 그 본거지를 마산으로 옮겼으므로 목사 멕케이 목사(Rev. James H. Mackay) 가 그것을 대신했다. 그의 부인 및 딸은 엥겔 부부 등을 전도하는 한편 조 선 여아의 교육에 정성을 다하고 있다.[25]

---

25) 부산으로 파견된 호주 장로교 선교회 여자전도부는 선교활동의 기반을 구축하기 위한 교육사업의 일환으로 "날마다 새롭게(日新)"라는 의미의 일신여학교를 1895 년 10월 좌천동에 설립하였다. 근대적 학교시설이라고는 할 수 없는 초가의 방을 교실삼아 근대 여성교육이 시작된 것인데, 1905년 지금의 위치인 좌천동 768번지 에 새 교사를 신축하면서 본격적인 학교시설을 갖추게 되었다. 1919년 일신여학 교 여교사와 여학생들의 만세운동은 부산지역 3·1운동의 효시가 되었을 뿐 아니 라 일신여학교 출신 여성들은 이후 부산·경남 지역 민족운동, 여성운동의 중심 세력으로서의 역할을 담당하기도 하였다. 일신여학교는 1925년에는 동래구 복천 동으로 이전하여 동래일신여학교로 개명하였고, 1940년에는 신사참배를 거부했다 는 이유로 폐교되기도 하였다. 지금의 동래여자고등학교의 전신이다. 좌천동 일 신여학교 교사는 현재 대한예수교 장로회 부산노회에서 관리하고 있는데, 2001년

⑤ 天主敎 公會

본 공회는 大正 3년(1914) 4월에 부산 대청정 2정목 33번지에 특별히 신축한 2층 벽돌담에 둘러싸인 하나의 당우로, 그 모습은 다른 여러 교회에서 좋은 것만 뽑아 만들었으므로 언뜻 보아도 바로 전도소라는 것을 알 수 있게 한다. 관리자는 프랑스인 선교사 쿠 훼라벤으로 일본에 재류한 것이 21년이며, 그 사이 동경에 있었던 것이 12년으로, 자못 동양의 사정에 두루 밝다. 또한 일본어를 꽤 안다. 무릇 조선에 있는 외국인 직할의 여러 교회는 무릇 조선인을 대상으로 한 전도를 그 목적으로 하지만, 오직 본 공회는 일본인만을 교화할 목적으로 하며, 그 교파는 소위 舊敎에 속한다. 이 때문에 특히 日曜敎誨 혹은 설교 등을 하지 않는다고 한다. 현재 관리자는 조선에 거주한 일본인을 전도하기 위해 특별히 선출되어 내지로부터 전근된 자로, 이후로 우선 위와 같은 회당을 지어 부산을 근거지로 하면서 그 기초를 정하였고, 격월마다 밀양, 대구, 김천, 보리, 강경, 전주, 목포, 마산, 진해 등을 巡敎하면서 일찍이 쉬는 날이 없다. 현재 부산에서의 전속 신자는 일본인이 59명, 기타 남조선 각지의 일본인이 500명이고, 경비는 모두 공회가 직접 부담한다.

⑥ 日本멘체스트 釜山敎會

본 교회는 부산 서정 1정목 41번지에 있다. 처음에 大正 2년(1913) 4월 11일 부산에 거주한 10여 명의 희망을 수용해 목사 中山忠恕가 대청정 1정목 42번지에 집회소를 설치하였고, 이후 같은 해 8월 5일에 현재의 교회소를 개설하였다. 매주 일요일에는 오전 중에 信徒養信의 집회를 열고 예배·설교 및 제반 禮典을 집행하며, 오후에는 소위 신도 이외의 유지자를 인도하여 회개신앙을 하게 하는데, 이를 위해 傳道敎誨 및 聖書講述을 한다. 또한

까지 부산신학교 교사로 활용되었다. 하지영, 「부산 최초의 여학교, 일신여학교」, 『부산, 역사의 향기를 찾아서』, 부산은행, 2005, 261~267쪽 참고.

수시로 신도의 집에서 성서연구 또는 기도회를 연다. 일요일 저녁의 예배 자는 20명 내외이고, 기도회 출석자는 약 10명이다. 전속 정회원은 30명, 객원 18명, 지도자 13명이 있다. 경상비는 일본멘체스트 傳道局의 보조와 신자의 헌금으로 지탱한다. 현재의 관리자는 木原外七이다.

【자료 2】

개항기~1910년대 지도를 통해 본 부산의 변화

해제 : 양미숙

지도는 제작되어진 당시 지역의 지리 정보와 함께 인문 정보를 제공해준다. 이런 지도의 제작은 당대의 기술과 미적 감각이 어우러져 표현된다. 따라서 지도는 그 시대의 인문·사회·기술·예술 등의 수준을 알려 줄 뿐만 아니라 작성하는 주체의 목적에 따라 여러 가지 정보를 담고 있어 지역사를 구성하는 중요한 자료가 된다.

부산 지도 연구는 주로 고지도에 대한 연구로 그 종류와 수기 비교적 잘 파악되어 있고 인문·지리적 자료로서 분석되어 왔다.

그러나 현재까지 일제시기 부산 시도에 대한 체계적인 연구는 전혀 없어, 그 종류와 수조차 파악되지 못한 형편이다. 따라서 이 분야의 공백을 메우기 위해서는 우선 일제시기 부산의 지도를 수집하고 그 종류와 수를 파악하는 기초적인 연구에서 출발하여 각 지도에 대한 제작 주체·시기·방법·배경 등의 체계적인 연구가 뒤따라야 할 것이다. 이런 기초 자료조사를 통해 일제시기 부산의 공간적 복원과 일제가 부산을 어떻게 변화시켜나갔는지 구체적으로 확인할 수 있을 것이다.

① 조선 후기 부산의 지도

18세기 들어 다양한 형태의 지도책이 제작되었는데 그중 군현지도책의 제작은 지역에 대해 국가의 파악이 더 구체적이고, 확대되었음을 보여준다.

이런 종류의 지도는 비변사와 홍문관에서 제작되었다.[1] 부산의(동래부[2])
고지도는 주로 18세기 이후에 발행되었으며 조선전기의 지도로는 신숙주가
그린 지도가 유일하다.

부산 고지도의 분류는 동래부, 기장현, 좌수영 등 진영지도, 주제도인 목
장지도, 순절도와 같은 역사기록도 등이 있다. 또 전국지도 중에서 동여비
고(東輿備攷), 청구도(靑邱圖), 동여도(東輿圖), 대동여지도(大東輿地圖)에
부산이 비교적 상세히 그려져 있다.[3]

조선시대 부산의 대표적인 군현지도로는 해동지도계열, 영남지도계열,
군현지도계열을 들 수 있는데 그중 해동지도를 살펴보면 다음과 같다.

---

1) 김기혁, 『부산고지도』, 부산광역시, 2008.
2) 조선시대 동래부는 지금의 부산광역시 중 북구와 강서구를 뺀 나머지 지역과 대
   략 일치한다. 본문에서는 조선시대 고지도의 동래부를 부산으로 표기했다.
3) 김기혁, 「지역연구 자료로서의 부산 지역 고지도 기초 연구」, 『부산지리』 제9호,
   2000.

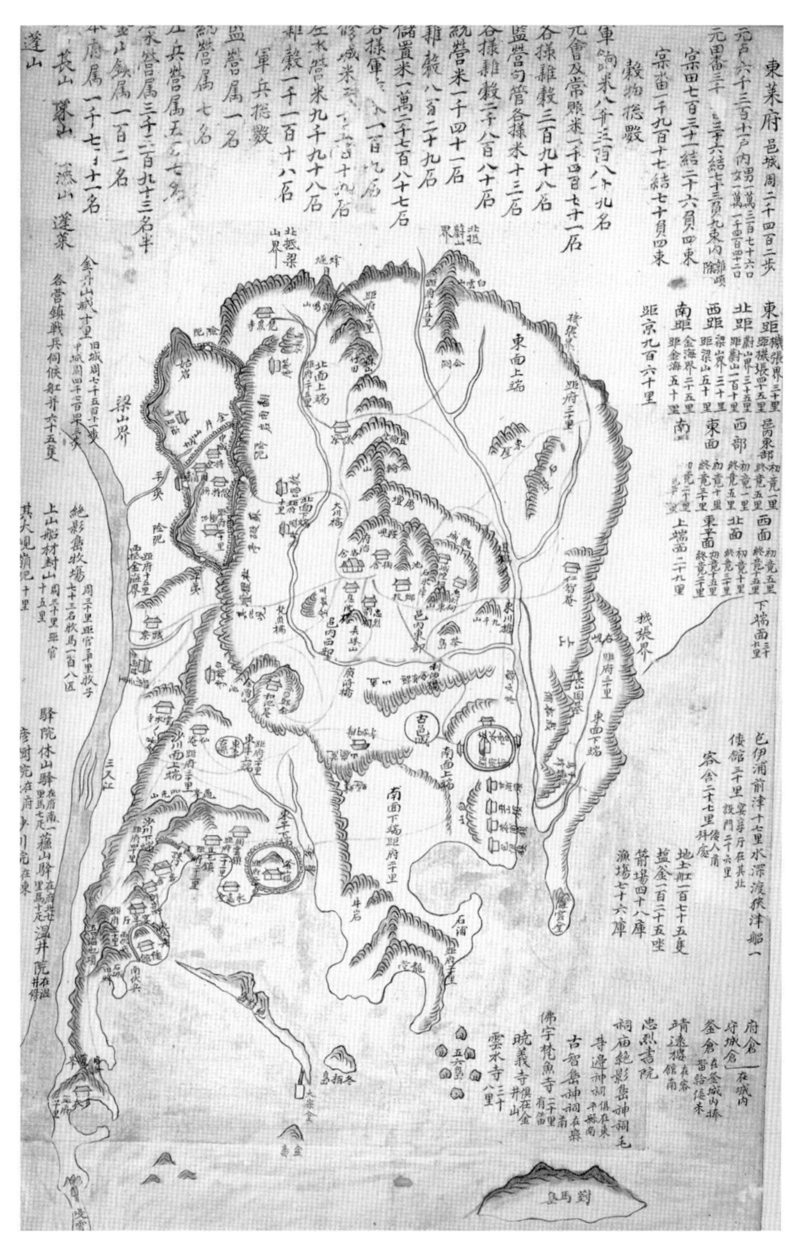

〈해동지도〉 동래부 18세기 중엽(출처: 규장각 소장)

해동지도를 비롯한 조선시대의 지도는 도화서 화가, 선비 화가에 의한 목측(目測)이나 설명으로 제작되었다. 따라서 묘사력이 뛰어나 회화적인 느낌을 주면서 예술미가 높은 것이 특징이다. 이런 특징은 산줄기 표현 방법에서 잘 나타나고 있다.

공간 구성에서는 풍수지리나 음양 오행사상에 영향을 받은 당대의 지리관과 국토 인식을 반영하고 있다. 아사(衙舍)가 있는 읍치를 지도의 중심에 배치하면서 상하좌우 각 방향의 지명이 모두 지도의 중심 즉 관아로 향하고 있다. 이 같은 시점은 삼방 또는 사방시점으로 국가적 입장에서 지방행정을 파악하고 있는 것을 잘 보여준다.[4]

해동지도에 보이는 부산의 지명으로는 산, 고개, 해안, 섬과 같은 자연 지명과 성곽, 마을, 사찰, 교육, 의례, 교통, 경제 관련 지명 등 모두 123개 이다. 이와 함께 지도에 주기가 기록되어 있는데 동래부 읍성의 크기, 호구 수, 인구 수와 곡물, 각 면의 위치 등이 실려 있다. 이처럼 해동지도에 나타난 지명과 주기를 이용해 18세기 전후 지역 상황과 변화를 살펴볼 수 있다.

이 밖에 해동지도의 특징을 보면 초량왜관의 객사, 남복병, 동복병, 서복병, 연향청 등의 지명이 8개가 기재되어 있어 조선시대 왜관의 위치와 구조를 볼 수 있다. 또 조창은 해동지도 외에 군현지도에서만 나타나고 있는데 해동지도의 감동창(甘同倉)으로 표시되어 있는 곳은 현재 구포장 일대 구포나루터의 감동포에 조성되었던 조창이다.[5]

② 개항기~1910년대 부산의 지도

일본은 이웃 나라에 대한 침략의도를 가지고 19세기 중엽부터 임시 측량반을 편성하여 측량, 지도의 편집·제작에 착수하였다. 특히 조선에서는 1890년대 들어와서 본격적인 작업에 착수하였고 이것에 대해 조선인들이

---

4) 김기혁, 「부산 동래부 군현지도의 유형과 내용분석」, 『韓國民族文化』 Vol.19~20, 2002.

5) 김기혁, 앞의 책, 2008.

반발하였지만 비밀리에 지도 제작을 진행하였다.[6]

　이후 일제의 식민지 지배가 시작되는 1910년 전후로부터 지도 제작은 더 한층 본격화되었고 식민지 말기에 이르기까지 지도는 꾸준히 제작되었다. 그러나 지금까지 일제가 그린 지도에 대한 본격적인 연구가 진행되지 않고 있어 그 전체적 수량과 종류를 종합적으로 파악하기는 힘들다. 하지만 현재까지 일제에 의해 그려진 지도만 보더라도 그 종류가 매우 다양해 많은 지도가 제작되었음을 짐작하게 해 준다.

　일제시기를 전후로 한 지도는 먼저 조선 전체를 그린 조선 전도와 각 지역을 그린 지방도로 나눌 수 있다. 이 외에 다양한 의도와 목적에 따라 제작되어진 지도들도 있는데 산업 정책과 관련한 산업지도, 교통정책이나 교통로를 볼 수 있는 교통지도, 동양 및 세계정세를 나타내는 정세도, 전쟁 상황이나 군대의 배치·화력을 표시한 전황도, 각종 관광지와 관광지행 열차와 전차의 시간을 알려주는 여행지도, 매축·도시계획과 관련된 시가지지도, 시내의 상점 등을 선전하는 홍보지도, 전염병의 발생 분포를 표시한 지도 등을 들 수 있다.[7] 이와 같이 여러 목적을 가지고 제작되어진 지도는 문헌자료의 한계를 보충할 뿐만 아니라 근대 도시 형성 과정을 자세히 전달해 줌으로써 향후 지역사 연구의 기초자료로서 그 중요성을 더해가고 있다.

　개항 전후부터 1910년대까지 부산 지도 가운데 부산의 변화를 살펴볼 수 있는 지도를 아래에서 살펴보자.

---

6) 남영우, 「일제 참모본부 간첩대에 의한 병요조선지지 및 한국근대지도의 작성과정」, 『문화역사지리』 제4호, 1992.

7) 서울시립대학교 박물관, 『땅의 흔적, 지도 이야기』, 2004.

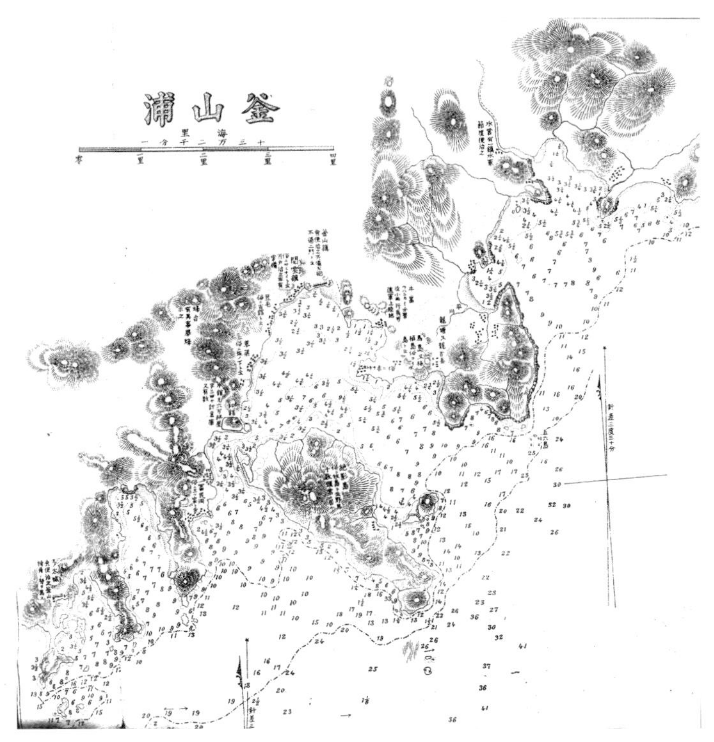

〈조선전도〉 부산포, 1876(출처: 김기혁, 『부산고지도』, 부산광역시, 2008)

　　조선전도의 여백 부분에 다른 지역의 부분도와 함께 부산포 지도가 그려
져 있다. 해안선을 중심으로 바다에 인접해 있는 산을 표시하고 육지와 닿
아 있는 해안과 부근 바다의 수심이 상세히 나타나 있다. 지도에서는 부산
의 군사지명, 구왜관(두모포의 왜관), 초량왜관[현, 용두산공원 주위. 지도
에서는 화관(和館)으로 표기] 등이 표시되어 있다. 이 지도의 제작 연대가
1876년이므로 개항을 전후로 한 부산의 해안, 특히 매립되기 이전의 북빈
(北濱－현 중앙동), 남빈(南濱－현 자갈치), 영도의 주갑(州岬－현 대풍포)
등의 해안을 자세히 볼 수 있다. 이외 조선인들이 살고 있었던 마을들을 점
으로 표시하고 있어 육지의 동래 쪽이 아닌 바닷가 쪽 부산에 조선인들이

어디에 살고 있었는지 확인할 수 있는 지도이다.

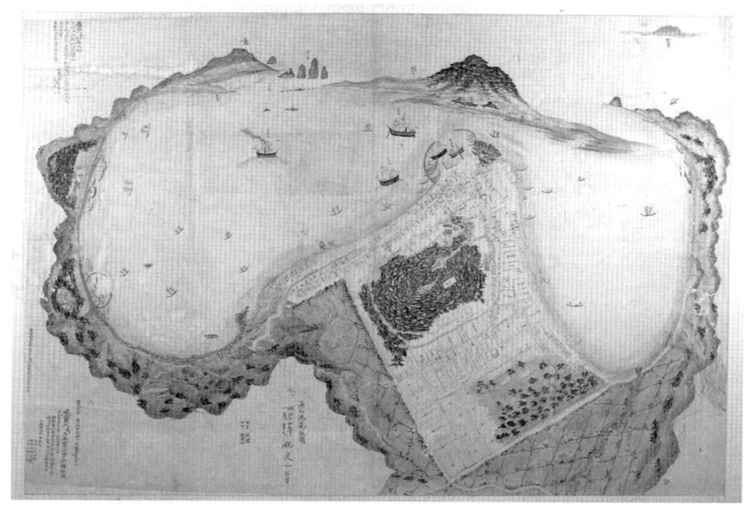

〈포산항건취도〉 1881(출처: 개인소장, 부산근대역사관 전시)

　용두산 일대 일본인 거류지를 중심으로 부산을 그린 지도이다. 실측에
의한 지도가 아니라 일정한 위치에서 보이는 그대로를 묘사한 그림같은 지
도이다. 따라서 이 지도는 회화성이 강하고 왜곡이 많이 되어 있다. 다대포,
오륙도, 영도 등도 모두 포함하여 해안선 전체를 볼 수 있도록 입체감 있게
둥글게 묘사하였다. 특히 일본인 거류지를 확대해서 표현하고 있는데 용두
산이 지금과는 달리 나무들이 빽빽하였으며 용두산 주위를 돌아 흐리고 있
는 하천과 그 하천 위에 많은 다리(16개)가 있었음을 확인할 수 있다. 이 밖
에 일본인 거류지가 현재의 광복동, 신창동인 서정(西町) 정도만을 차지하
고 있고 부평정(富平町－현 부평동)으로는 아직 경지 정리가 되지 않고 나
무들이 무성한 상태로 가옥과 건물들이 들어서 있지 않았음을 알 수 있다.

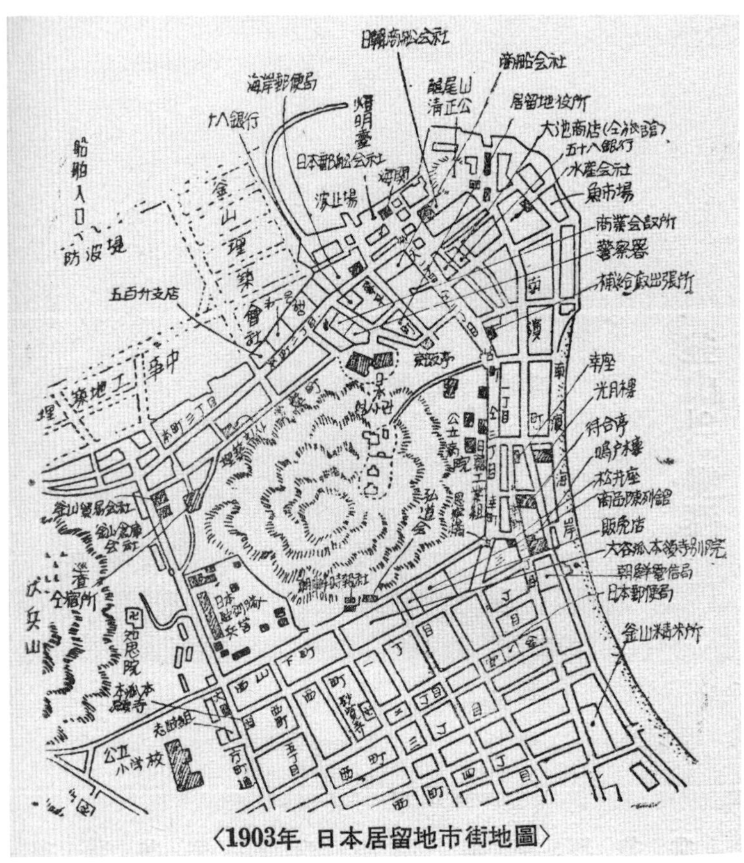

<1903年 日本居留地市街地圖>

〈일본거류지시가도〉 1903

(출처: 김용옥, 「부산의 축항지」, 『항도부산』, 1963)

일제강점기 전 일본인거류지를 상세하게 나타내고 있는 지도이다.

지도의 세부적인 지명을 살펴보면 먼저 일본인거류지의 시가지 내 정명(町名)이 표시되어 있어 정명(町名)의 변화를 확인하는 자료로 활용될 수 있다.

1903년 당시 일본인거류지의 관공서로는 용두산 바로 아래 영사관, 그 주위로 거류지역소, 경찰서, 공립병원 등이 나타나 있다. 용미산 근처 해안으로 해관, 해안우편국이 보이고 남빈 해안 뒤쪽 지금의 광복동에 일본 우편국, 조선전신국이 표시되어 있다. 이 외에 각종 학교, 군사시설, 종교시설, 회사, 은행, 상점, 시장, 요리점 등이 용두산을 주위로 모여 있다. 따라서 일제강점기 이전 일본인 사회는 영사관이 위치하고 있던 용두산을 중심으로 형성되어 이후 일제시기 내내 이곳이 일본인 사회의 중심으로 자리 잡았음을 알 수 있다.

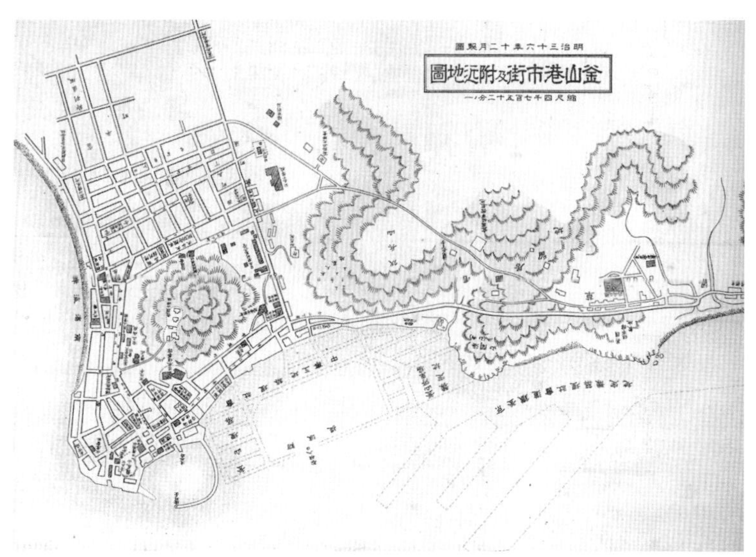

〈부산항시가 및 부근지도〉 1903
(출처: 김기혁, 『부산고지도』, 부산광역시, 2008)

남빈(南濱)해안에서 초량까지 그린 지도이다. 해안선을 따라 매축 예정지와 잔교 예정선을 점선으로 표시하고 있어 매축 전의 부산 해안 모습과 매축 후 변화하게 될 부산 해안의 모습을 비교할 수 있는 지도이다. 북빈매축공사는 1901년 1차 공사가 착공되고 1905년 준공되는데, '부산매축회사

매축지공사중'이라고 지도상에 표시되어 있어 1903년 당시 북빈매축공사가 한창 진행되고 있었음을 확인시켜 준다. 이를 통해 식민지배 이전부터 일제가 자신들의 의도에 맞게 부산시가지를 변화시키고 있었음을 알 수 있다. 북빈 매축지 바로 옆에 부산정거장 예정지(부산역)와 부경철도회사의 매축예정지로 표시된 제1, 2, 3부두(잔교)가 점선으로 표시되어 있는데 이는 부산의 부두시설과 부산역이 연계되어 공사가 진행되고 있었음을 나타낸다. 당시 경부선의 출발지가 부산진역으로 일제는 철도와 관부연락선을 직접 맞닿게 하기 위해 북빈매축 및 쌍산(雙山)의 착평이 필요했다. 현 중앙동 사거리 일대를 매축할 때 사용된 흙은 지도에서 해관산(兩山), 곧 영선산(營繕山) 또는 쌍산(雙山)으로 불렸던 산과 그 옆의 영국영사관부지 일대를 착평한 흙을 이용하였다. 영선산 착평이 1905년 시작된 만큼 이 지도의 발행 연도와 비교하면 착평되기 직전의 모습이라 하겠다. 지도에 나타나 있는 다른 지명들을 살펴보면 현재 영주터널 부근 봉래초등학교의 전신인 개성학교와 그 맞은편에 동래 감리서 등이 잘 나타나 있다. 1903년 당시 일본인거류지는 서정(西町-현재의 신창동과 광복동)까지 구획되어 건물들이 들어서 있지만 그 너머 서쪽인 부평정(富平町-현 부평동) 일대는 아직 구획이 이루어지지 않았음을 알 수 있다. 이외에 일본인거류지 주변의 관공서, 병원, 학교, 은행, 회사 등 주요 건물을 표시하고 있어 1903년 당시 부산의 상세한 지형을 보여준다.

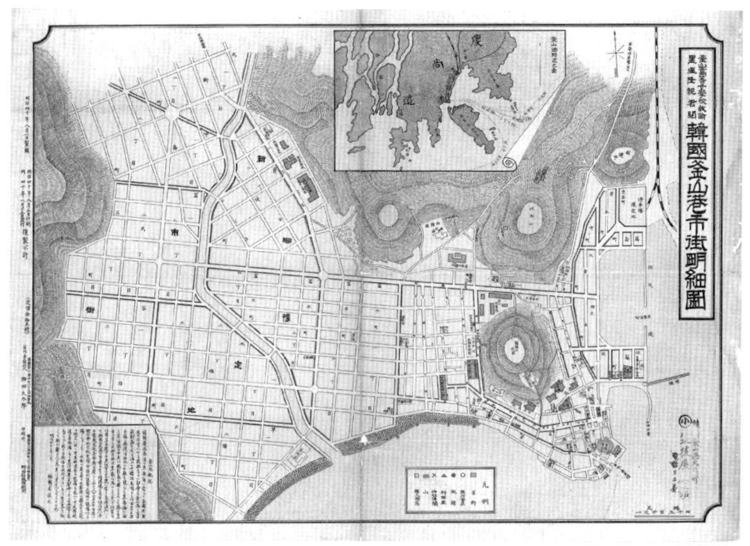

〈한국부산항시가명세도〉 1907
(출처: 김기혁, 『부산고지도』, 부산광역시, 2008)

이전 지도에서는 보이지 않던 일본인거류지 서쪽[부평정(富平町), 초장정 (草場町), 대신정(大信町), 중도정(中島町), 보수정(寶水町), 부민정(富民町), 곡정(谷町) 등]으로의 확장 예정지가 표시되어 있다. 부산으로의 일본인과 조선인 인구 유입으로 일본인거류지만으로는 주거지를 비롯한 공간이 부족하게 된다. 이에 일본인거류지 동쪽 해안(북빈)의 매축과 함께 일본인거류지 서쪽 지역의 확장이 이루어지게 된다. 한편 이 지도에서는 영선산(營繕山, 1905~1912년 착평)이 취괴중(取壞中)으로 기재되어 있어 당시 착평이 진행되고 있음을 확인시켜준다. 현재 자갈치에 해당하는 남빈(南濱) 해안은 일제에 의해 매립되기 전 큰 옥돌자갈들로 이루어진 자갈해안이었는데 이를 잘 표현하고 있어 자갈치의 지명 유래를 알 수 있게 해 준다. 이 외에 일본인 거류지 외곽 산비탈에 조선인 마을을 노란색 네모로 따로 표시하고 있어 일본인 주거지와 조선인 주거지가 분리되어 있었음을 파악할 수 있다.

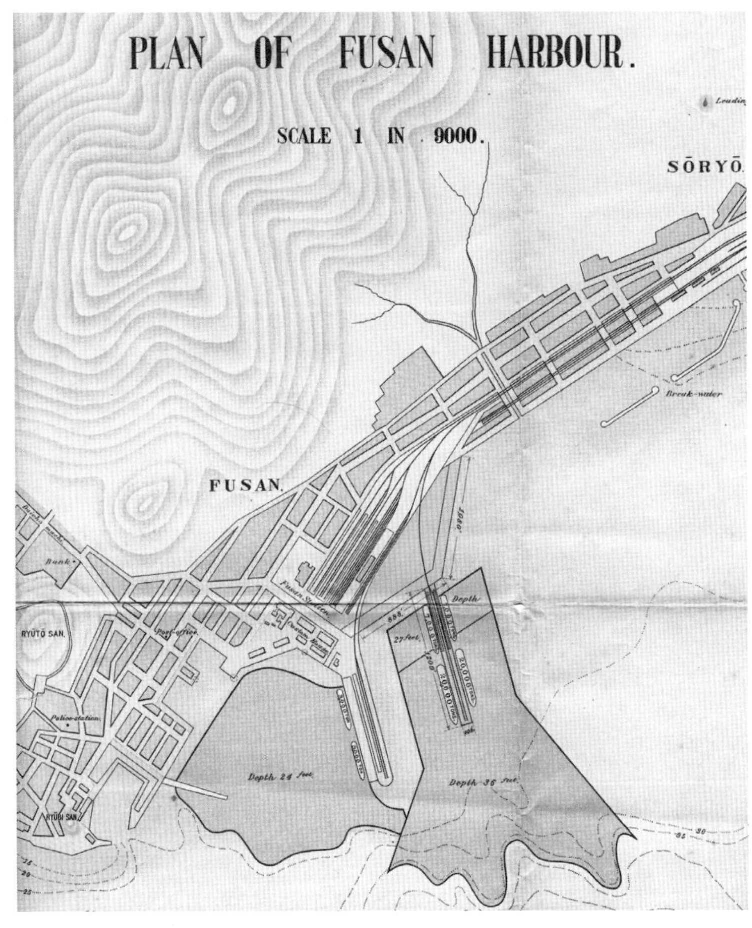

〈부산항계획도〉(출처: 김기혁, 『부산고지도』, 부산광역시, 2008)

제목에서 보이는 것처럼 부산항의 계획을 보여주는 지도이다. 이 지도의 연도는 정확하지는 않지만 용미산이 남아 있고, 부산역(1910년 완공), 철로, 그리고 제2부두가 공사 중인 것, 또한 지도 내에 설명에 제1부두는 공사(1912년 완공)가 끝난 것으로 보아 1910년대 초반 무렵으로 추정된다. 이 지도는 또한 부산항의 계획을 보여주면서 부산역(Fusan Station), 그 외 매축지

의 건물인 부산세관, 우체국, 거류지 내의 은행, 경찰서 건물 등을 표시하고
있다. 건물 명칭 외에 대청로와 용두산, 용미산, 초량 지명이 기재되어 있으
며 제1부두의 경우 3천 톤급 2척, 제2부두의 경우 7천 톤, 2만 톤 각각 4척
이 정박할 수 있는 시설이었음을 알 수 있다.

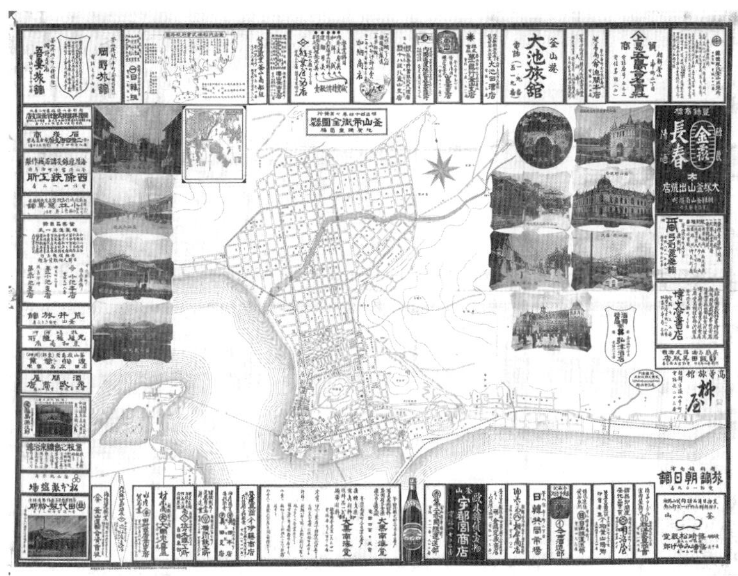

〈부산시가전도〉 지질조사국, 1911
(출처: 김기혁, 『부산고지도』, 부산광역시, 2008)

　일제시기 제작된 여러 가지 목적도 가운데 하나로 부산부의 회사와 상점
을 선전하기 위해 만들어진 지도이다. 1911년 당시 부산부의 유명한 회사와
상점이 지도의 가장자리를 둘러싸고 신문의 박스 광고처럼 표현되어 있다.
부산기선주식회사의 선전은 현재 지하철 노선도를 보는 것처럼 조선 남해
안을 항해하는 각 항로도를 상단에 그림으로 일목요연하게 표시하였다. 이
외 기항지, 기항선의 이름이 나타나 있고 운항 횟수도 기재되어 있다. 재부

조선인 중 유명한 오이케 츄우스케(大池忠助), 하자마 후사타로(迫間房太郎), 후쿠시마 겐지로(福島源次郎), 고토 진키치(五島甚吉) 등과 관련된 회사, 상점, 여관 등이 보이며, 은행, 시장, 무역, 철공소, 서점, 여관, 상회, 도선업, 목욕탕, 주점, 운송업, 문방구, 약국, 양복점 등 각종의 업종이 선전되고 있다. 또한 부산부의 관공서와 주도로의 사진이 지도 주위를 둘러싸고 소개되어 있어 회사, 상점의 선전뿐만 아니라 부산부 전체를 알리는 홍보물의 성격도 겸하고 있다. 이 지도는 이전 시기의 지도와 달리 일본인거류지와 서부 개발지로의 전철선이 깔려 있다. 그러나 부산부의 일본인거류지 내의 전철선의 완공은 1917년 무렵으로, 지도가 1911년에 발행된 것임을 감안하면 전철선이 부설될 예정지로 보는 것이 타당할 것이다.

한편 이 지도에서는 다른 지도와는 달리 영선산(營繕山, 일명 雙山)을 세관산(稅關山)으로 표시하고 있고 영선산 착평이 1912년이었던 점을 감안하면 지도상에 드러난 영선산은 아직 착평이 완성되지 않았음을 보여준다.

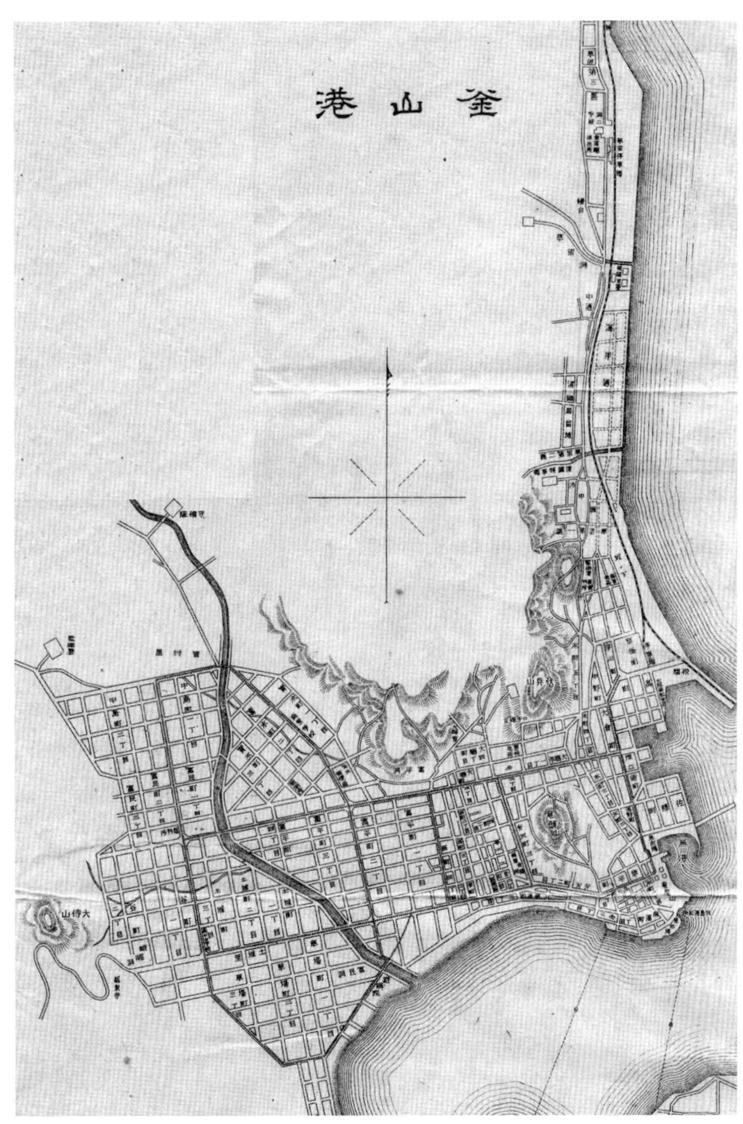

〈조선신지도〉 부산항, 1918(출처: 김한근 소장)

이 지도를 통해서 현 중앙동 사거리 일대의 매축이 이루어졌음을 볼 수 있다. 따라서 새롭게 생겨난 매축지의 정명(町名)이 잘 나타나 있다. 매축지에 붙여진 정명은 매축회사의 대표나 간부의 이름을 따서 지어졌는데 지도상에서도 이를 확인할 수 있다. 지도에 나타나는 전철선은 지도의 발행 연도가 1918년임을 감안하면 예정 선로가 아니라 당시 준공이 된 전철 선로이다. 부산은 부산진과 동래남문을 연결하는 경편철도 공사를 1909년 시작하여 1910년 개통하였다. 이후 1915년 부산진과 온천장입구 사거리 사이의 전철을 계통하였다. 이어서 1915년 부산진과 초량 간을 시작으로 초량과 부산우체국 간의 선로와 부산역과 온천장 간 전차를 개통하였고 1916년 대청정선(부산역~우편국~대청정~보수정~부평시장~토성동) 전차를 개통, 1917년 장수통선(부산우편국~광복동~토성동) 전차를 개통하고 있는데 지도에서 이를 확인할 수 있다.

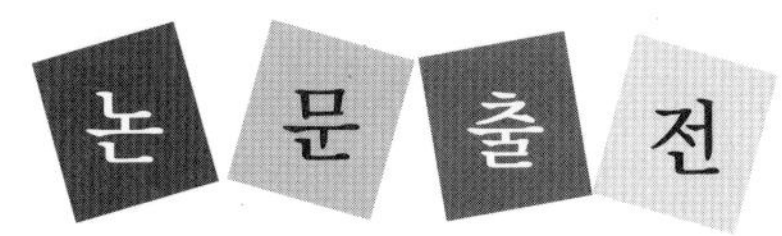

최인택, 「개항기 奧村圓心의 조선포교 활동과 이동인」, 『동북아 문화연구』
제10집, 동북아시아 문화학회, 2006.

하지영, 「개항기 조선상인과 일본상인 간의 자금거래와 곡물유통」, 『지역
과 역사』 제20호, 부경역사연구소, 2007.

이 송희, 「일제하 부산지역 일본인의 초등교육」, 『지역과 역사』 제19호, 부
경역사연구소, 2006.

김 승, 「개항 이후 1910년대 용두산신사와 용미산신사의 조성과 변화과정」,
『지역과 역사』 제20호, 부경역사연구소, 2007.